王勇 主編

『齊魯先賢家譜整理研究』叢書

東郡《傅氏族譜》整理研究

李泉 箋注

齊魯書社
·濟南·

圖書在版編目（CIP）數據

東郡《傅氏族譜》整理研究 / 李泉箋注. --濟南：齊魯書社, 2023.5
（"齊魯先賢家譜整理研究"叢書 / 王勇主編）
ISBN 978-7-5333-4641-6

Ⅰ. ①東… Ⅱ. ①李… Ⅲ. ①氏族譜系—聊城 Ⅳ. ①K820.9

中國版本圖書館CIP數據核字(2022)第212423號

策劃編輯：李軍宏
責任編輯：曹新月
責任校對：王其寶　趙自環
裝幀設計：趙萌萌

"齊魯先賢家譜整理研究"叢書
王勇　主編
東郡《傅氏族譜》整理研究
DONGJUN FUSHI ZUPU ZHENGLI YANJIU
李泉　箋注

主管單位	山東出版傳媒股份有限公司
出版發行	齊魯書社
社　　址	濟南市市中區舜耕路517號
郵　　編	250003
網　　址	www.qlss.com.cn
電子郵箱	qilupress@126.com
營銷中心	（0531）82098521　82098519　82098517
印　　刷	日照日報印務中心
開　　本	880mm × 1230mm　1/32
印　　張	15.25
插　　頁	7
字　　數	396千
版　　次	2023年5月第1版
印　　次	2023年5月第1次印刷
標準書號	ISBN 978-7-5333-4641-6
定　　價	**86.00圓**

“齊魯先賢家譜整理研究”叢書（十部）

《馮氏世録》二種整理研究　張秉國 編著

新城《王氏世譜》整理研究　魏恒遠 編著

《安丘曹氏族譜》整理研究　趙紅衛 校注

萊陽《宋氏宗譜》整理研究　朱秀敏 宋金民 校注

《籠水趙氏世譜》整理研究　王勇 編著

《顔山孫氏族譜》整理研究　江永紅 王濟洲 編著

東郡《傅氏族譜》整理研究　李泉 箋注

《安德田氏家譜》整理研究　黄金元 張金平 校注

《東武劉氏家譜》整理研究　張其鳳 編著

《棲霞名宦公牟氏譜稿》整理研究　王海鵬 編著

主編簡介

王勇，男，1959年9月生，山東淄博人。山東師範大學文學院教授，主要從事中國古代文學藝術及齊魯傳統文化的教學與研究，著有《明清博山趙氏家族文化研究》《山東文學史》等。主持國家社會科學基金項目、山東省社會科學規劃研究項目等多項。曾集體榮獲山東省社會科學優秀成果重大成果并一等獎、山東省高等教育教學成果二等獎。

作者簡介

李泉，1949年2月生，山東嘉祥人，聊城大學歷史文化與旅游學院教授、碩士研究生導師，歷任聊城大學歷史系主任、教務處處長、運河學研究院院長，主要研究方向爲中國古代史、中國史學史、運河史，有《傅斯年學術思想評傳》、《清代聊城傅氏家族文化研究》、《一本書讀懂中國史》、《山東運河文化研究》（合著）等十餘種著作出版，在《中國史研究》《文獻》等刊物發表論文六十餘篇，多項教學科研成果獲國家級及省級獎勵。

山東省2016年齊魯優秀傳統文化傳承創新工程
第一批重點項目

山東省一流學科山東師範大學文學院中國語言文學
學科建設經費資助項目

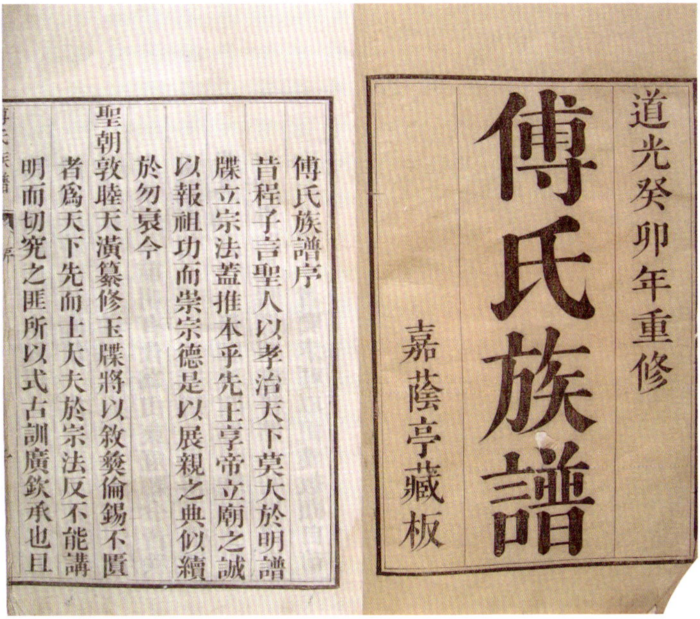

道光癸卯年重修
傅氏族譜
嘉蔭亭藏板
傅氏族譜序
昔程子言聖人以孝治天下莫大於明譜
牒立宗法蓋推本乎先王享帝立廟之誠
以報祖功而崇宗德是以展親之典似續
於勿衰今
聖朝敦睦天潢纂修玉牒將以敘彝倫錫不匱
者爲天下先而士大夫於宗法反不能講
明而切究之匪所以式古訓廣欽承也且

道光二十三年（1843）重修《東郡傅氏族譜》

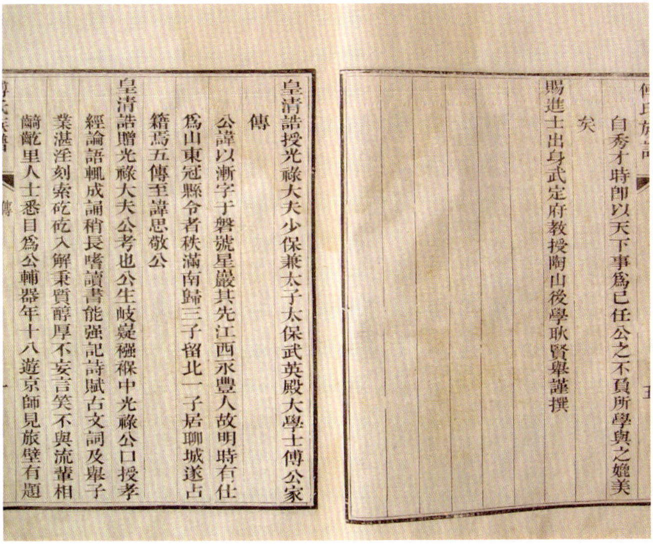

自秀才時即以天下事爲已任公之不負所學與之媲美
矣
賜進士出身武定府教授陶山後學耿賢舉謹撰
皇清誥授光祿大夫少保兼太子太保武英殿大學士傅公家
傳
公諱以漸字于磐號星巖其先江西永豐人故明時有仕
爲山東冠縣令者秩滿南歸三子留北一子居聊城遂占
籍焉五傳至諱思敬公
皇清誥贈光祿大夫公考也公生岐嶷襁褓中光祿公口授孝
經論語輒成誦稍長嗜讀書能強記詩賦古文詞及舉子
業湛淫刻索矻矻入解秉質醇厚不妄言笑不與流輩相
齮齕里人士悉目爲公輔器年十八遊京師見旅壁有題

重修《東郡傅氏族譜·傅以漸傳》

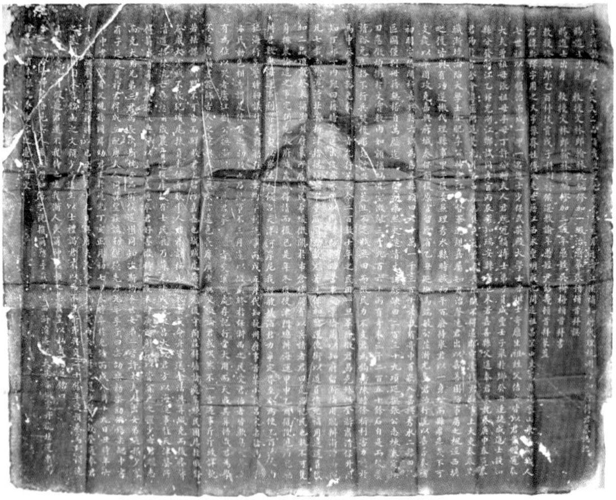

傅以漸墓志銘（傅樂銅提供）

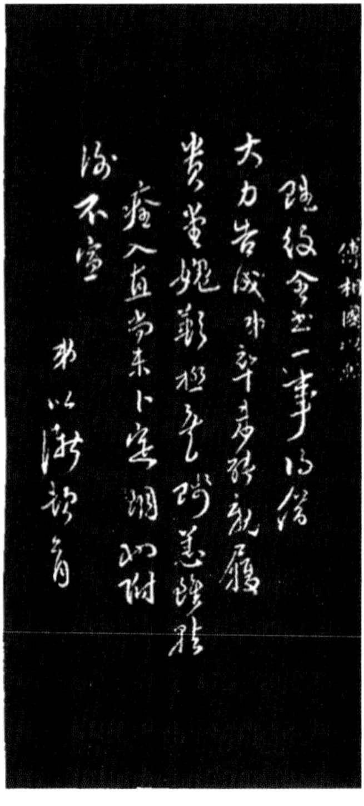

傅以漸尺牘

聊城市傅氏先塋石牌坊（傅樂銅提供）

傅氏宗祠舊址（傅樂銅提供）

傅繩勛與傅氏族人合影（傅樂銅提供）

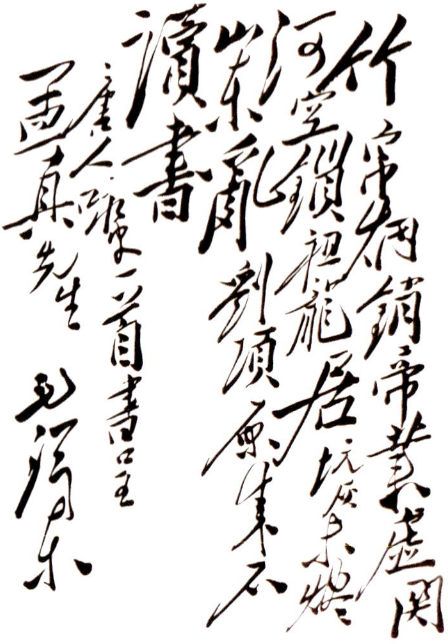

毛澤東贈與傅斯年的手書唐詩（聊城市傅斯年陳列館藏影印件）

總序

『齊魯先賢家譜整理研究』叢書（以下簡稱『叢書』），是山東省二〇一六年齊魯優秀傳統文化傳承創新工程第一批重點項目、山東省一流學科山東師範大學文學院中國語言文學學科建設經費資助項目。經過山東省內外十所高校與科研單位老中青三代十餘位學者的共同努力，終於順利結項，即將出版發行。作爲項目負責人，我感到十分欣慰，也堅信『叢書』將對齊魯優秀傳統文化乃至中華優秀傳統文化的創造性轉化、創新性發展産生積極影響。

一

『家譜』又稱『譜牒』『譜諜』『族譜』『家諜』『家牒』『譜録』『宗譜』『世譜』『家乘』『世録』『房譜』『譜稿』『牒譜』等（皇帝家譜則稱『玉牒』），或單稱『譜』『牒』『諜』『乘』等，是記載一姓（少數多姓）世系、重要人物事迹，以及家教、家風、家訓等內容的譜籍。它起源於父系社會，由國家纂修，漢代司馬遷《史記·太史公自序》曾連稱『維三代尚矣，年紀不可考，蓋取之譜牒舊聞，本於兹，於是略推，作《三代世表》第一』『幽厲之後，周室衰微，諸侯專政，《春秋》有所不紀；而譜牒經略，五霸更盛衰，欲睹周世相先後之意，作《十二諸侯年表》第二』[一]。至魏晋南北朝時，已有零散的私人家譜資料記載，如《世説新語》，南朝梁劉孝標注就引家傳四十餘部。唐代出現了私家族譜專書，《新唐書·藝文志》隨之增設『譜牒類』。到宋代，私修家譜的規模已經大大超過官修家譜，其中歐陽修的《歐陽氏譜圖》、蘇洵的《蘇氏族譜》都是影響深遠的家譜名著。明清以來，私修家譜日益普及，并且往往定期重修。

中國的家譜源遠流長，浩如烟海，素與方志、正史鼎足而三，被看作中國古代典籍的一大支柱，自古以來廣爲人們關注。上海圖書館編、王鶴鳴先生主編的《中國家譜總目》[二]，係全球中文文獻資源共建共享項目、『十五』國家社會科學基金項目、全國高等院校古籍整理研究工作委員會資助項目。全書由海内外六百一十四家譜牒文獻收藏單位、五千餘名譜牒文獻收藏者和一千餘名譜牒文獻研究者、編纂人員合作完成，共計十册，一千二百三十萬字，著録海内外家譜五萬二千四百零一種、姓氏六百零八個，是迄今爲止規模最大的帶有内容提要的中國家譜聯合目録，也是極其重要的中華文明探源成果。該書出版以來，先後榮獲第十届全國優秀古籍圖書獎一等獎、上海市第十一届圖書獎特等獎、上海市第十届哲學社會科學優秀成果獎著作類二等獎、第二届中國出版政府獎圖書獎等，在海内外赢得了廣泛好評，也爲我們從事研究、申報課題提供了極大便利。

『先賢』一詞，至遲在秦漢典籍中已見。《禮記・祭義》云：『祀先賢於西學（周代小學名），所以教諸侯之德也。』[三]這裏的『先賢』指的是先世賢人，也即古代德才兼備者。他們既包括賢君、賢主、賢王、賢辟（德才兼備的君主），也包括賢相、賢輔、賢宰（德才兼備的宰相），還包括賢伯（德才兼備的諸侯）、賢牧（德才兼備的州郡長官）、賢令（德才兼備的縣令）、賢臣（德才兼備的臣子）、賢吏（德才兼備的官吏）與賢民（德才兼備的平民），是中國古人的杰出代表，也是中國古代家譜的亮點。先賢家譜大都具有文物價值，這從各級、各地公私收藏機構與個人競相收購先賢家譜、價格亦不斷攀升即可見一斑。近年來，新聞媒體也較關注先賢家譜的文物價值。二〇一六年三月，中央電視臺綜合頻道《我有傳家寶》節目導演賀躍進先生主動邀請筆者組織籠水（山東省淄博市博山區）趙氏族人代表趙捍東先生携帶清代刻本《籠水趙氏世譜》等赴京製作專題節目，并於當年四月四次播出，在山東省内外都産生了較大反響。而先賢家譜的輯佚、校勘、研究和利用價值，也應該高度重視。

以山東臨朐馮氏（始祖明代馮裕）爲例：《中國家譜總目》衹著録山東省圖書館藏清抄本《馮氏家乘》一卷；張秉國先生則注意到還有清道光二十八年（1848）纂修的《馮氏世譜》四卷及清光緒三十三年（1907）、民國十九年（1930）兩次續修本，一九六二年在其基礎上纂修的《馮氏族譜分派兑部》，明代以來私人過録、收藏《馮氏世録》抄本四種。經過全面比較，張秉國先生選擇《馮氏世録》二種（治源本、青州本）作底本進行整理研究，并發現了一些他書不載的碑傳墓志類文獻、世所罕見的各種誥敕，解决了諸如馮惟敏的卒年等問題（張秉國《〈馮氏世録〉二種整理研究》），爲《中國家譜總目》增補、修訂提供了重要綫索，也爲明清兩朝誕生了九位進士、九位四品以上官員并至少撰寫了六十餘種著作的臨朐馮氏家族等文獻輯佚、校勘、研究和利用奠定了堅實基礎。

先賢各有生態，也即特定環境中生存、發展的狀態及其生活習俗等，包括家族生態與社會生態。先賢家譜既是先賢家族生態的主要載體，也是先賢社會生態的輔助載體。家譜的主體是世系，通常記載始祖以來家族成員的名字、别號、生辰、幼教、婚配、子嗣、忌日、墓地、祠堂等，是研究其家族生態的第一手資料，有的還是傳世文獻中僅見的珍品。家譜中的傳記、墓志銘等，介紹家族成員科考、仕宦、交游、節操等多種信息，是研究其社會生態的重要資源，有的還可補充、糾正正史與方志等傳世文獻的缺失。先賢家譜是老祖宗留給我們的寶貴遺産，兼具物質文化遺産（家譜實體）與非物質文化遺産（家譜編纂方法）雙重屬性，是社會主義精神文明建設的深厚滋養，能够幫助世人察古鑒今，勿忘其身。它們既可爲解决人們『我是誰』『我從哪裏來』的問題提供幫助，也可爲人們明確『我到哪裏去』『我怎樣到那裏去』的目標與途徑指示方向。一九九六年底上海圖書館家譜閲覽室正式對外開放以來，爲海内外成千上萬的尋根者、續譜者與研究者解决了困難，并極大地促進了全球華人對中華民族精神基因的認同，有力地推動了當代文明家庭建設與各地旅游事業發展。先賢家譜中收録的一些家訓、家規，至今仍有借鑒意義。新城王氏四世王重光制定的書面家訓『所存者必皆道義之心、所行者必皆道義之事、所友者必皆讀書之人、所言者必皆讀書之言』及八世王士禛所寫的廉政家規《手鏡録》，還引起中共中央紀委、國家監察部的高度關注。二〇一六年四月，中央紀委、監察部網站《中國傳統中的家規》欄目組專門趕赴山東省淄博市桓臺縣王士禛故里，拍攝專題片《山東桓臺王漁洋家族：忠勤報國潔己愛民》。節目推出後，在中國共産黨内外引起了熱烈反響，爲宣傳良好家風，推動廉政建設做出了積極貢獻。

二

齊魯大地歷史悠久，文化燦爛，先賢産生早、數量多、影響大、定位高，是一道獨特的風景綫。遠在秦代以前，就已誕生了孔子、孟子、孫子（孫武、孫臏）等先賢，并爲管子、墨子、莊子、荀子等先賢提供了成就偉業的平臺。孔子更培養了三千弟子、七十二賢[四]。此後開疆拓宇，代不乏人。及至明代嘉靖年間（1522—1566）禮部會議孔廟祭禮時，甚至衹把顔淵、曾參、孔伋、孟軻等十哲以下和孔子其他及門弟子稱爲『先賢』，而把左丘明以下稱爲『先儒』[五]。

受『至聖先師』孔子及其家族的深刻影響，齊魯先賢及其家族特别重視譜牒編纂。從孔孟顔曾到民國諸賢，兩千餘年綿延不斷，書寫了一部家譜伴先賢成長、先賢爲家譜增色的壯麗史册。清嘉慶十九年（1814），劉鐶之主持纂修的《東武劉氏家譜》全部完成，阮元應邀爲其作序。阮元是清代著名學者、出版家，他撰寫的《疇人傳》與《積古齋鐘鼎彝器款識》，是研究中國歷代天文學家、數學家生平與古文字學的重要參考文獻，主編的《經籍纂詁》、校刻的《十三經注疏》、彙刻的《皇清經解》等，都在中國文化史上産生了巨大影響。阮元盛贊被乾隆皇帝譽爲『海岱高門第』的東武劉氏家族，稱許該譜『井然秩然，何其慎也』『不妄推世系，又何慎也』，且認爲『是譜之修，非止世家之乘，且裨國史之表，誠不可緩於今日矣』。此論持之有據，絶非虚誇。張其鳳先生經過廣泛調查，發現東武劉氏家譜除清嘉慶十九年刻本，還有清乾隆二十一年（1756）劉統勛主持纂修的《東武劉氏家譜》（已佚），以及清宣統三年（1911）劉心鑒参與纂修并抄録的《東武劉氏家譜槎河支譜》、二〇〇二年劉德浦重印嘉慶本并補劉緒煊後裔手抄本、二〇〇四年劉德浦纂修《東武劉氏家譜槎河支譜續》、二〇〇九年劉鏡如編著《東武劉氏家乘》（以上五種家譜俱不見於《中國家譜總目》），并選擇嘉慶本作底本整理研究。張其鳳先生通過全面比較，認爲劉統勛、劉墉爲清代漢族父子宰相第一。又根據《東武劉氏家譜》分别統計，發現東武劉氏有品官銜者四百一十一人次（含封贈），無品官銜者九十一人次（含封贈），是著名的仕宦世家；東武劉氏擁有十一位進士，四十二位舉人，一百五十二位監生，五十二位庠生，又是著名的科舉世家；東武劉氏擁有水利、刑名、書法、醫學、金石學、版本目録學、詩學、史學、理學、文字學等專家，傳有一百八十餘部各類著作，還是著名的文化世家。此外，東武劉氏家族六人入選《清史稿》傳記，二人入選賢良祠，三人次入選名宦祠，五人次入選鄉賢祠，三次得到清帝賜匾、題詩或盛贊（康熙、乾隆、嘉慶），是全國一流的名門望族（張其鳳《〈東武劉氏家譜〉整理研究》）。這些成果真實地展現了齊魯先賢家譜的重要地位及其輯佚、校勘、研究和利用價值。

新城王氏在明清時期共孕育了三十位進士、五十二位舉人、數十位高官，除王士禛，還有大約七十人留下了各類不同著作，是山東乃至全國最著名的仕宦望族和文化世家之一。據魏恒遠先生考察，除已見於《中國家譜總目》的《王氏族譜》十三卷［明崇禎三年（1630）毛氏汲古閣刻本］、新城《王氏世譜》八卷首一卷［清乾隆二十五年（1760）刻本］、新城《王氏世譜》不分卷［清嘉慶十三年（1808）刻本］、《大槐王氏家譜譜略》一卷（清抄本）、新城《王氏世譜》三十五卷［民國四年（1915）木活字本］、《新城王氏世譜》八卷（一九九四年鉛印本），新城王氏還有明萬曆三年（1575）、清康熙五十五年（1716）、清同治三年（1864）、二〇〇八年纂修諸譜。甚至在萬曆三年五世王之垣『創修』之前，已有其叔王文光的《徙新城譜略》（魏恒遠《新城〈王氏世譜〉整理研究》）。魏恒遠先生選擇乾隆本作底本整理研究，并廣泛收集各個版本新城王氏家譜的資料等，彙爲《新城〈王氏世譜〉整理研究·附録》一百二十一條。其中，有明代著名學者焦竑的《少司農王公傳》，明代著名戲曲作家、文學家屠隆的《王司徒誄》，明代著名文學家于慎行的《王氏琅邪公傳》《明故正議大夫户部左侍郎誥贈户部尚書見峰王公暨元配夫人于氏合葬墓志銘》《明故奉直大夫户部四川司員外郎錦峰王公墓志銘》《宣府巡撫大中丞新城王公生祠記》，明代著名戲曲作家、文學家湯顯祖的《大司馬新城王公祖德賦（有序）》，明代著名書法家邢侗的《資政大夫户部尚書王公行狀》，明代著名書畫家董其昌的《王氏族譜序》，明末清初著名文學家錢謙益的《王季木墓表》，清代著名詩人施閏章的《吏部考功司員外郎王公墓碑》，清代著名文學家、戲曲家尤侗的《王東亭進士傳》，清代著名散文家汪琬的《王象乾傳》《御史王公傳并贊》《節孝王先生傳》《誥封王母張宜人墓志銘》，清代著名文學家陳維崧的《祭王西樵先生文》，清代著名文學家姜宸英的《新城王方伯傳》，清代著名文學家朱彝尊的《文林郎湖廣道監察御史王公墓表》《誥封朝議大夫國子監祭酒新城王公墓碑》，清代著名史學家萬斯同的《王象乾傳》，清代著名經學家孫星衍的《資政大夫經筵講官刑部尚書王公傳》等。這些成果又一次清晰地展現了齊魯先賢家譜的突出地位及其輯佚、校勘、研究和利用價值。趙紅衛女士的《〈安丘曹氏族譜〉整理研究》，朱秀敏女士、宋金民先生的《萊陽〈宋氏宗譜〉整理研究》，王勇的《〈籠水趙氏世譜〉整理研究》，江永紅女士、王濟洲同志的《〈顏山孫氏族譜〉整理研究》，李泉先生的《東郡〈傅氏族譜〉整理研究》，黄金元、張金平先生的《〈安德田氏家譜〉整理研究》，王海鵬先生的《〈棲霞名宦公牟氏譜稿〉整理研究》，也都與此相似，各具價值。

遺憾的是，齊魯先賢家譜的收集、整理、研究和利用工作還做得不够。截至目前，尚未專門全面收集傳世齊魯先賢家譜的基本信息，也未正式出版系統整理研究齊魯先賢家譜的相關著作。有鑒於此，我們群策群力，分工協作，首選明清時期十家、十一種齊魯先賢古舊族譜整理研究，希望能够拋磚引玉，得到社會各界的重視與支持，進而探源逐流，不斷拓展，以推動齊魯先賢家譜的搶救、保護和利用，促進中華優秀傳統文化的繼承、創新和發展。

三

『叢書』自準備到完成，歷時三年半，得到很多領導、專家的殷切關懷與精心指教，令筆者倍感温暖，終生難忘。

二〇一六年二月二十九日，中共山東省委宣傳部、山東省發展和改革委員會、山東省財政廳、山東省文化廳、山東省新聞出版廣電局、山東省文物局聯合下發《關於推進齊魯優秀傳統文化傳承創新工程重點項目的通知》（魯宣發［2016］3號），面向全省徵集七個類别、三十個重點項目的相關課題。四月十二日，《中共山東省委高校工委關於組織申報2016年齊魯優秀傳統文化傳承創新工程重點項目的通知》（魯高工委通字［2016］22號）正式發布，要求全省各高校認真組織申報工作，并將擇優報送省委宣傳部參加評選。我在認真研讀文件、廣泛查閱資料後，申報了『研究闡發項目』類别中的『齊魯先賢家譜整理研究叢書』。其間，數次得到山東省政協原副主席、山東師範大學原副校長、山東師範大學山東省齊魯文化研究院原院長王志民教授，山東省委宣傳部副部長王紅勇同志、文藝處處長王偉同志，山東師範大學山東省齊魯文化研究院副院長仝晰綱教授，以及山東師範大學社科處副處長孫書文教授、顧大偉老師的悉心指導。九月一日，六部門又聯合下發了《關於推進2016年齊魯優秀傳統文化傳承創新工程第一批重點項目的通知》（魯宣發［2016］22號），正式公布經全省各地、各部門及高校組織推薦，專家學者評審，最終確定的包括『齊魯先賢家譜整理研究叢書』在內的七十二個重點項目。九月二十七日，山東省財政廳下達省級宣傳文化發展專項經費給予資助。自此，項目工作全面啓動。

早在二〇一〇年上半年王志民教授組織召開的《山東文化世家研究書系》第一、二次作者會議上，筆者就已與《清代聊城傅氏家族文化研究》作者李泉先生、《清代諸城劉氏家族文化研究》作者張其鳳先生、《清代德州田氏家族文化研究》作者黄金元先生、《清代棲霞牟氏家族文化研究》

作者王海鵬先生、《明清安丘曹氏家族文化研究》作者趙紅衛女士、《臨朐馮氏家族文化研究》作者張秉國先生結下了良緣。『叢書』正式立項後，本着家族文化研究與家譜整理研究、遴選家譜與聘請作者相互結合的原則，筆者首先聯繫這六位學者，他們全都慨然允諾。李泉先生『項目很有意義，稿費并不重要』的表態，尤其令我感動。除筆者以外，其餘三書作者或爲同鄉，或爲學生，也都愉快地接受邀請，并迅即展開工作。

二〇一七年三月十八日至十九日，在山東師範大學舉行了『叢書』編纂工作研討會。山東師範大學文學院院長楊存昌教授、黨委書記王興盛老師，齊魯書社社長昝亮編審，山東師範大學社科處副處長孫書文教授，山東師範大學文學院省級重點建設學科中國古代文學學科帶頭人陳元鋒教授、中國古代文學教研室主任王琳教授，山東師範大學文學院辦公室主任張冰老師，以及『叢書』十部著作的主要作者與編者共二十人，參加了本次研討會。大家集體學習了中共中央辦公廳、國務院辦公廳《關於實施中華優秀傳統文化傳承發展工程的意見》及中共山東省委宣傳部、山東省財政廳的有關文件，并就『叢書』編纂與出版計劃等進行了熱烈而深入的研究與討論。會後，由筆者起草『叢書』凡例、編撰排版要求及試寫稿共同討論修改，以便統一體例。同年十二月十七日起，『叢書』初稿陸續提交。由筆者首先通讀，并與作者隨時討論。然後轉交『叢書』責任編輯復審，再與作者和筆者共同討論，經課題組内外專家審閱後定稿，申請結項。其間，『叢書』又多次得到山東省作家協會副主席、山東師範大學文學院院長孫書文教授的具體指導，并得到山東師範大學文學院黨委書記肖光軍老師及社科處處長高景海老師、副處長顧大偉老師等的熱情幫助。

『叢書』付梓之際，筆者謹向有關領導、專家與全體作者、編者表示崇高的敬意！向協助『叢書』推進工作的山東師範大學文學院辦公室主任李金波老師及我的研究生高燕、徐寧同學表示衷心的感謝！由於時間緊迫，能力有限，書中錯誤疏漏在所難免，敬請廣大讀者批評指正！

王　勇

二〇一九年八月十五日於山東師範大學文學院

【注】

〔一〕〔漢〕司馬遷：《史記》卷一三〇《太史公自序》，中華書局一九五九年版，第一〇册，第三三〇三頁。

〔二〕上海圖書館編，王鶴鳴主編：《中國家譜總目》，上海古籍出版社二〇〇八年版。

〔三〕〔清〕孫希旦：《禮記集解》卷四六《祭義》，中華書局一九八九年版，下册，第一二三一頁。

〔四〕〔漢〕司馬遷《史記》卷四七《孔子世家》：『孔子以詩書禮樂教，弟子蓋三千焉，身通六藝者七十有二人。』中華書局一九五九年版，第六册，第一九三八頁。

〔五〕〔清〕張廷玉等：《明史》卷五〇《志·禮四》，中華書局一九七四年版，第五册，第一二九六頁。

凡例

一、本『叢書』選擇十部齊魯先賢家族的宗譜整理研究，一族一部，求同存异。旨在搶救珍貴家譜，發掘歷史資料，古爲今用，推陳出新，促進人們注重家庭、家教、家風，爲弘揚優秀傳統文化、建設社會主義精神文明貢獻力量。

二、『齊魯』以今『山東省』行政區劃爲界，『先賢家譜』從明清兩朝入手。此前家譜，將來再謀整理研究。

三、本『叢書』一律以善本、足本等舊譜爲底本，以别本家譜及其他歷史文獻等參校。原文涉及帝王與尊者等跳行、空格者，一律回改，不出校。篇幅較長者，酌情分段。

四、各譜人名、字號、地名、書名等專有名詞悉仍其舊，其他文字保留繁體，但异體徑改正體、諱字徑改本字、舊字形徑改新字形，不出校記。脱、衍、倒、誤文字一律改正，并出校記。

五、標點一律采用通行竪排新式符號，引號先雙（『』）後單（「」），不用專名號。

六、注釋重在簡介族人事迹、家鄉環境及對家族産生較大影響的其他人物、事件等，非特殊意義詞語一般不注。

七、校記與注釋合爲一體，以『【校注】』標示，列於各篇文章或相同世次譜表之末。同一條内，先校後注。

八、在整理文獻過程中，對於農民起義軍被誣爲『盜』『匪』『賊』等，我們是持批判態度的，但爲保證資料的真實性、完整性，對此不做改動。

九、本『叢書』參照王志民教授主編《山東文化世家研究書系》順序排列，各書按圖片、總序、凡例、前言、目録、家譜及其校注與研究、附録等順序排列。

前言

傅氏家族是聊城的名門望族。在清朝入關後的首次殿試中，傅以漸高中狀元，此後傅氏家族『簪纓相繼，科第聯翩』，『霞蔚雲蒸，飛騰日上』〔一〕，有清一代，共有十七人考中了舉人和進士，地方學校的生員及貢生、監生等多達一百八十餘人。其中，一人官居内閣大學士，一人曾任江蘇巡撫，一人署理安徽布政使，三人做過知府，知縣及其他下級官員多達七十餘人。〔二〕傅氏家族是一個典型的科舉文化家族，記述這個家族文化傳承歷史最詳盡的資料是《傅氏族譜》。清代傅氏家族多次修譜，惜僅有道光二十三年刊刻的東郡《傅氏族譜》流傳下來。此雖係刻本，但經歷百有餘年，傳世的數量也已很少。我們校注《傅氏族譜》并做初步研究，希望能爲傅氏家族研究提供基本史料，庶幾對中華民族優秀家譜文化的研究有所裨益。

一

聊城傅氏家族源於明代中期。據東郡《傅氏族譜》等資料記載，明朝成化年間，江西吉安府永豐縣人傅回任山東東昌府冠縣縣令。任期結束後，傅回帶着四個兒子返回江西，他的妻子和另外三個兒子留在了山東，一個落籍冠縣，一個去了茌平，一個叫傅祥的在聊城定居下來。傅祥、傅綸、傅諭祖孫三代耕讀傳家，家境雖不富裕，但也都入縣學成爲庠生。

聊城是一座歷史悠久的城市。元代京杭大運河開通後，位於山東運河中段的聊城成爲繁華的商埠，漕舟商旅，川流不息。明清時期來聊城經商的，以山陝商人居多，其次是來自徽州、蘇南及浙江的商人，也有來自傅回家鄉江西的商人。這些江西商人將當地生產的瓷器、紙張運來聊城售賣，曾經在聊城商業最繁華的東關大街上修建贛江會館，後來移到了靠近運河的地方，與山陝會館爲鄰。大量外地商人來運河沿綫城市經營，打破了這裏傳統農業社會的沉寂，刺激了本地人的經商熱情，重農輕商的觀念逐漸破除，不少讀書人加入經商的行列中。傅氏家族經商，自傅祥的孫子傅諭始，他跟隨福建延平商人學習販賣紙、布，因爲講求信用，爲人義氣，所以生意紅火，年經營額達到數萬兩銀子，從此家境稍微富裕。此後傅氏家族幾代人雖仍以務農爲主，但每一代都有人經營商業，進入府縣學校的學生也越來越多。傅諭的孫輩中，傅以謙、傅以晋、傅以漸相繼成爲府縣學生員。時至明朝末年，自傅祥到傅以漸，傅氏在聊城已傳了六代。

清政權建立後，即宣布沿用明朝科舉制度。順治二年（一六四五）秋，首先在直隸、山東等六省舉行鄉試，録取舉人約千名。此試，傅以漸考取了舉人。次年二月，在京城舉行清朝的首届會試，傅以漸得中貢士，旋以殿試第一名取爲狀元。四月，任内翰林弘文院修撰，官階從六品。順治七年十二月，攝政王多爾衮死去，十三歲的順治皇帝親政。儘管政治上的保守勢力一度抬頭，但順治帝不顧滿族元老大臣的反對，仍然堅持多爾衮制定的政策，重用漢族官吏。順治八年，傅以漸升任國史院侍講，成爲從五品官員。順治九年六月任左春坊左庶子，這是爲翰林院官員晋級而設置的虚銜，官位正五品。傅以漸又提升了一個官階。順治十一年八月升任内翰林秘書院大學士。次年二月加封『太子太保』，秩從一品。他上疏言『安民大計，除公議外，密議三條，皆稱旨』〔三〕。傅以漸一生，『既清且慎，不争不黨』〔四〕，於明末官場陋習一毫不染，所以深得順治皇帝親近、信任，成爲朝廷文化重臣。從順治十二年起，他奉詔擔任《太祖聖訓》《太宗聖訓》總裁官，覆核《賦役全書》，編《内則衍義》，撰《易經通注》。順治十五年戊戌科會試，傅以漸和李霨奉命擔任主考官。〔五〕嗣後，加少保銜，任武英殿大學士兼兵部尚書。因積勞成疾，於當年乞假回鄉，康熙四年（一六六五）病逝，年五十七歲。

平民家庭出身的傅以漸高中狀元，於十餘年中升居宰輔，這不僅使得傅氏家族進入官宦家族行列，也爲傅氏後人樹立了旗幟和榜樣。在傅氏家族中，一代又一代人在這面旗幟的引導下，沿着科舉入仕的道路前進。自康熙、雍正到乾隆初年，傅氏家族每一代都有不少人通過科舉進入仕途。在傅以漸的兄弟輩中，傅以履官至知府，另有兩人取得候選知縣和州同知的資格。其子侄輩中也有四人進入低級官員的隊伍，六人取得了低級官員的任職資格。傅以漸的孫輩中，有一人任府同知，四人任知縣，二人任教職，多人取得任官資格。其曾孫輩中，有幾人通過貢舉任職地方官員。總體説來，傅以漸以後的四代人當中，進入地方學校的生員逐代增多，通過科舉進入仕途的代不乏人，但是他們大都任地方下級官員，升任知府的衹有傅以漸的族弟傅以履一人。究其原因，與傅以漸任宰輔時間較短，在政府上層中没有樹立足够的威望、没有建立起政治關係網有很大關係。

傅氏家族在仕進道路上的孜孜追求，在嘉道年間終於有了回報。嘉慶十九年（一八一四），傅以漸玄孫傅繩勛考取了進士，道光十一年（一八三一）出任知府，後任江西、江蘇巡撫。傅繩勛的弟弟傅繼勛拔貢出身，赴安徽任知縣，道光末年升任太平府、安慶府知府，後曾署理安徽布政使。兄弟二人同時進入政府高級官員的行列。傅氏家族中出現新的科舉入仕榜樣和領袖，家族成員的科舉熱情再度高漲，由科舉進入仕途的人數又有增加。傅以漸的五世孫中，有六人通過科舉進入仕途，其中傅澧升至知府，另有十餘人取得了任官資格。此後，傅氏家族中任官者人數居高不下，其中傅斯懌做到了杭州知府。

清代傅氏家族逐漸形成了科舉入仕、廉潔爲官的家風。傅氏家族成員代代攻讀詩書，但均不以學問爲重，而是走科舉之路，最終以入仕爲歸宿。他們一旦入仕，都有很强的行政能力，表現出積極作爲、廉潔愛民、勇於任事的特點。整個清代，傅氏家族大大小小數十名官員中，没有出現沽名釣譽的人物，没有專事逢迎的小人，也没有昏聵斂財的貪官。清季，科舉制度廢除，但傅氏家族苦讀經史的傳統仍繼續發揚，剛正不阿、不媚權貴的家風得以光大，這在民國年間的著名學者、教育家和社會活動家傅斯年身上表現得最爲顯明。傅斯年國學根底深厚，却没有成爲北京大學國學大師們的傳人，他參加和領導了五四運動，是北京大學著名的學生領袖。後雖赴英、德留學，立下以學問終其一生的志願，但在民族危亡之際，他毅然涉足政治，以書生報國相號召，積極從事抗日宣傳活動，還曾訪問延安，與毛澤東徹夜長談。一九四九年初，赴臺灣任臺灣大學校長。後美軍統帥麥克阿瑟訪問臺灣，國民黨政府通知傅斯年赴機場迎接。當時，機場的貴賓廳裏，在沙發上就座的，衹有麥、蔣與傅三人。臺灣『三軍統帥』『五院院長』垂手恭立兩旁。傅斯年口叼烟斗，右腿翹起，瀟灑自若。次日，報紙刊登照片，并在新聞中評論説：敢與臺灣地區領導人及麥帥平坐者，唯傅斯年一人而已。有人引用《後漢書》中的話評價傅斯年『隱不違親，貞不絶俗，天子不得臣，諸侯不得友，吾不知其它』〔六〕。這是對傅氏家族文化傳統的現代詮釋。

二

自明中期到乾隆初年，歷二百餘年，傅氏家族始終没有纂修過家譜。『歷世既遠，派别支分，莫爲之譜，數傳而後，將有相視爲塗人者。』[七]於是，乾隆十五年（一七五〇）夏，傅氏族人齊聚於家祠中，議修族譜。據道光年間曾任河道總督的楊以增説，傅氏創修族譜的主持人是傅永綍。[八]傅永綍字崙西，號西齋，爲傅宅揆的第四個兒子、傅以漸嫡孫，生於康熙五十三年（一七一四），自幼端直剛毅，讀書循義理，能發揮，瞧不起那些衹會剖章析句、咬文嚼字的迂腐書生。雍正末年，傅永綍年方弱冠，便考中秀才，後因成績優异於乾隆間被推舉爲貢生，并考取武英殿校録。《清史稿》載：『考送校録，始於乾隆三年，令國子監選正途貢生，年力少壯、字畫端楷者十人，送武英殿備謄録。年滿議叙。』[九]據此，傅永綍考取武英殿校録的時間當在乾隆三年（一七三八）以後，當時他已取爲貢生，二十多歲的年齡也正好符合選拔校録的條件。大概是因爲擔任校録後没有升遷的機會，所以乾隆十七年（一七五二），三十八歲的傅永綍不得不參加鄉試，考取了恩科順天舉人，兩年後參加會試，中『明通榜』，被授予山東泰安府平陰縣教諭。傅永綍主持纂修族譜的時候，尚未考中舉人，還衹是貢生身份，所以朱續晫爲《傅氏族譜》作序時，衹是把傅氏家族大大恭維了一番。

傅永綍主持創修的《傅氏族譜》今無傳，但在道光二十三年刻印的東郡《傅氏族譜》中，我們仍可以看到傅永綍所修族譜的序言、所載碑文及人物傳記。乾隆十五年朱續晫的序言，是爲傅永綍所修族譜而寫，還有一些明代及清康熙年間到乾隆初年寫成的文章，也應是從乾隆十五年《傅氏族譜》中録入，包括大學士李霨撰寫的《皇清誥贈三代俱爲光禄大夫少保兼太子太保内翰林國史院大學士加一級曉牕傅公肖牕傅公心海傅公神道碑文》、明吏部主事許其進撰寫的《明孝子完貞傅君傳》、《國史列傳》中的《傅以漸傳》、宋弼撰寫的《少保大學士傅公傳》、耿賢舉撰寫的《皇清誥授光禄大夫少保兼太子太保武英殿大學士兵部尚書加一級傅公家傳》及傅宅揆撰寫的《少保星巖公側室劉孺人家傳》。據傅氏後人傅斯涵説，傅永綍創修的族譜爲抄本〔一〇〕，道光二十年（一八四〇）傅氏後人重修族譜時尚得寓目，後何時失傳已不得而知。

楊以增《重修〈傅氏族譜〉序》中説：傅繩勛『因其封公重修之後，復加訂輯』，修成東郡《傅氏族譜》。〔一一〕當時傅繩勛任陝西布政使，父傅廷輝按清廷規定被封贈相應的官職，故楊以增尊稱其爲『封公』（受皇帝封贈的長者）。傅繩勛也曾説：『嘉慶初，先大夫續修付梓，迄今又四十餘年。』〔一二〕傅斯涵説：『嘉慶己未春，叔高祖映宸公繼志述事，督同族人復加增修，付之剞劂。』〔一三〕可見，這次修譜是在嘉慶己未（嘉慶四年，一七九九）由傅廷輝（字映宸）主持纂修的，而且已雕版印行，可惜這次重修的《傅氏族譜》也已失傳。

道光二十年春，傅繩勛丁憂家居，乃出資修繕城南、城東北的祖塋及東郭外的家祠，『復以族姓繁衍，命名不免重複，欲按舊譜改正重修』〔一四〕。這時距離傅廷輝重修族譜又有了四十多年，於是，傅繩勛與其弟傅繼勛召集族人商議，令傅浚、傅斯涵、傅權安等人將譜系逐一清厘、謄録。此項厘修歷時五個月完成，後交由傅繩勛審閲。這時正趕上傅繩勛服闋赴吏部候補。接着他又遠赴廣州任廣東鹽運使。道光二十二年，改調陝西按察使。兩年間南北奔波，没來得及審閲族譜稿件。在陝西安頓下來之後，他便約其堂弟傅建勛、侄孫傅權安詳加核對，而後於道光二十三年付印。這次修譜由傅繩勛主持，傅建勛、傅繼勛、傅斯涵協助纂修，另有傅氏家族十人負責校對、參訂和校刊。清代傅氏家族雖多次修譜，却衹有這一個版本流傳至今〔一五〕，本書據此爲底本，進行校訂、注釋和研究。

三

因東郡《傅氏族譜》無其他版本傳世，所以我們在校勘、整理的時候，衹能使用本校、理校和他校的方法。

傅氏家族是一個科舉文化家族，有不少人爲庠生、貢生，進而考取舉人、進士。道光年間主持纂修東郡《傅氏族譜》的傅繩勛爲進士，傅繼勛、傅建勛、傅斯涵、傅兆杰等也都是貢生或庠生，他們熟讀經史，善於文字應對，歷時五月便完成初稿，三年後纔印出。這期間必定反復審讀，詳加校對，所以文字訛誤不多。但是，智者千慮必有一失，在刊刻過程中，還是出現了問題。如『凡例』第三條：『惟二支四百年來子姓蕃衍，間有無嗣者，合葬某處下無注。如合葬失傳，配某氏下注無嗣。』審其文義，難以解讀，但衹要將第三句和第五句位置調换，其義自然明瞭：『惟二支四百年來子姓蕃衍，間有無嗣者，配某氏下注無嗣。如合葬失傳，合葬某處下無注。』另有，世系表中『新塋』誤爲『新營』。此外，未發現其他訛誤。

東郡《傅氏族譜》儘管衹有一個版本流傳，但是可與之對勘的書籍和資料并不少。我們首先關注的是《清代硃卷集成》中傅旭安、傅潽、傅昉安的鄉試硃卷。〔一六〕《清代硃卷集成》所收硃卷，係清代考取進士、舉人或貢生者自行刻印的介紹本人履歷及考試情況的名帖手本。其内容包括三個部分。一是本人世系履歷。首書個人姓名、出身，而後分上、下兩欄，分别介紹直系親屬及旁系親屬情況，然後分列受業師、受知師出身履歷。二是考試情況，包括參加考試的地點、年份、考試名次及考官的評語等。三是本人應試時所作詩文。本人世系履歷部分詳細介紹自始祖以來各代人科舉、官職、榮譽性稱號、封贈、重要經歷等，其内容略與族譜相同。當然，考生在書寫個人世系履歷時，必然以族譜中的相關記載作爲依據，所以硃卷中的世系履歷就成爲我們校勘族譜的重要資料。東郡《傅氏族譜》印行於道光二十三年，而傅潽的鄉試硃卷刊刻於同治元年（一八六二），傅昉安、傅旭安的鄉試硃卷分别刊刻於光緒十七年（一八九一）和光緒二十年（一八九四）。三人在履歷中介紹其祖輩人員的官階、封贈情況時必然參閱族譜，故我們可以此與東郡《傅氏族譜》對校。兩相對勘，也會發現一些不一致的地方。如傅以漸的兄長傅以恒，在傅潽三人的硃卷世系履歷中均注明爲『貢生』，而東郡《傅氏族譜》無此記載。傅嘉善，東郡《傅氏族譜》記其爲『太學生』，而傅旭安等人的硃卷世系履歷中則無此記載。此類情況尚多，不再一一列舉。

以傅湝等人鄉試硃卷世系履歷與東郡《傅氏族譜》對校，還能够補充族譜記載的缺略，主要表現在兩個方面。一是傅湝三人硃卷世系履歷直系親屬中母系出身情況記載詳細，包括籍貫，祖、父及兄弟輩科舉、官階、封贈情況等。如傅旭安硃卷世系履歷介紹其曾祖母朱氏的情況：『平陰。康熙甲戌科進士、翰林院庶吉士輝珏公元孫女。雍正癸卯科舉人、丁未明通榜、甘肅安定縣知縣續澤公曾孫女。……貤贈朝議大夫、工部營繕司郎中加一級、庠生衍詩公女。』〔一七〕介紹其祖母李氏情況：『同邑……太學生諱廷鐸公胞妹，附貢生諱鍾華公胞姊。』這類記載可以彌補族譜對女性記載的缺失。二是硃卷世系履歷中道光以後的相關内容，可彌補傅氏家族道光以後無續修族譜傳世的缺失。東郡《傅氏族譜》中，道光年間年幼或年輕者，生平經歷記載均不完整，如傅繩勛、傅繼勛，僅記其早年經歷，對出生於道光十七年（一八三七）的傅湝，因傅氏家族修譜時年僅五六歲，所以也衹有一個人名入譜。至於傅斯年的祖父傅淦、父親傅旭安，於道光年間傅氏修譜時尚未出生，所以族譜中連名字也没有。傅旭安等人鄉試硃卷世系履歷的記載可以彌補這方面的缺略。

各地方志中的相關記載也可以用來與東郡《傅氏族譜》對校，或爲其記載提供旁證資料，或與族譜記載相左而存疑。《聊城縣志》中關於傅氏家族的資料很多，《選舉志》中有傅氏家族考取進士、舉人、五貢及入仕人員的名單，《人物志》中傅氏族人入傳者十三人，儘管有的傳記很簡單，僅寥寥數語，但足以與族譜的記載相印證。另外，《藝文志》及《耆獻文徵》中收録不少名人爲傅氏族人所寫的傳記、墓志銘、神道碑文等，也是校勘族譜的珍貴資料。傅氏族人任官者數十人，其中大多是地方政府官員，足迹遍及全國各地，所以各地方志中關於傅氏族人的資料也很多。僅傅氏家族中在府、縣任職者，仕宦經歷涉及的府、州、縣就有五十多個，其中部分府、州、縣志中有簡要記載，有的還收録了他們的相關文章。如東郡《傅氏族譜》中關於傅以履的記載十分簡略：『字道坦，行三，歲貢生。户部山西司郎中，廣西柳州府知府，調太平府知府。』至於其任知府前的經歷，族譜中記載甚略，但乾隆《德化縣志》卷八《祠宇志》中有關於傅以履任知縣時百姓爲其修『傅公祠』的記載。《海鹽縣志》中有康熙二十八年（一六八九）傅以履任知縣的記載。〔一八〕雍正《廣西通志》中也有傅以履任柳州知府的記載。〔一九〕這些記載都可以與族譜中的記載對校。

當然，在這種對校中，我們也能發現與東郡《傅氏族譜》不相符的材料。如東郡《傅氏族譜》記載：傅氏始祖名叫回，『原籍江西吉安府永豐縣。明成化年間任山東東昌府冠縣知縣』。但是在相關的資料中，我們没有找到有關傅回任冠縣知縣的記載。嘉慶《東昌府志》及道光《冠縣志》中記有明朝各個時期冠縣知縣的名字、籍貫、出身及任職時間等。成化皇帝在位二十餘年，冠縣共有八任知縣：江西豐城舉人甘華，成化四年（一四六八）任冠縣令；河南沔池舉人戴琰（炎），成化九年（一四七三）任；河南嵩縣進士李興；直隸祁州舉人鄭春；直隸滿城監生王瑀；南京錦衣衛監生金淳；南直隸儀徵監生張淮；湖廣舉人李浩。〔二〇〕由上述記載可以看出，當時擔任冠縣知縣者多爲舉人出身，其次是相當於舉人副榜的監生，進士祇有一位。八任知縣中并没有傅回，是府、縣志漏記，還是傅氏族人誤説？抑或傅回在冠縣擔任的是其他官職，如縣丞、典史、教諭等，或曾來冠縣經商，今均難以考證，故衹能存疑。

本書分爲兩個部分。前半部分是《東郡〈傅氏族譜〉校注》。東郡《傅氏族譜》原書首列序、傳記、墓志銘等文十三篇，其次列纂修、校刊等人員名單，再次爲『凡例』（含族規）十四條，又次爲『提綱』『卷首』『卷一』『卷二』『卷三』，後有傅繩勛、傅斯涵跋語各一篇，末附排行及諱名已用字表格，整理排印時一仍其舊。原有標題者，以原標題標目；原無標題者，校注者據其内容擬出標題，并加注説明。卷二内容甚多，爲注釋方便，校注者析爲上、中、下三篇，標題下也已注出。下半部分是《聊城傅氏家族研究》，收録筆者近年關於傅氏家族的研究文章四篇。後有『附録』，選名家名著中的傅以漸傳記和傅氏家族成員的文章、詩詞數篇，原文録入，目的是使讀者對傅氏家族有更深入的瞭解，同時爲研究傅氏家族的學者提供一些族譜之外的資料。倉促寫就，學力不及，疏漏脱誤，在所不免，懇請方家教正。

李　泉

二〇一七年十二月

於聊城大學

【注】

〔一〕［清］朱續晫：《〈傅氏族譜〉序》，東郡《傅氏族譜》，道光癸卯年（一八四三）重修，嘉蔭亭藏版，下省稱道光癸卯本。按：該譜封面、内封、版心均作『傅氏族譜』，各卷首頁均作『東郡傅氏族譜』。

〔二〕參見李泉《清代聊城傅氏家族文化研究·前言》，中華書局二〇一三年版。

〔三〕宣統《聊城縣志》卷八《人物志·傅以漸》。《清史稿》亦記其事曰：『上安民三事。』見該書卷二三八《傅以漸傳》，中華書局一九七七年版，第九四九六頁。

〔四〕［清］宋弼：《少保大學士傅公傳》，東郡《傅氏族譜》，道光癸卯本。

〔五〕［清］葉夢珠撰，來新夏點校：《閱世編》，上海古籍出版社一九八一年版，第五八頁。記此事曰：『順治戊戌科張貞生榜。大主考：傅以漸。副主考：李霨。一甲：孫承恩、孫一致、吴國對。中式：陸夢蛟、張一鵠、沈珣。』

〔六〕［南朝宋］范曄、［西晋］司馬彪：《後漢書》卷六八《郭太傳》，岳麓書社二〇〇九年版，第七四七頁。

〔七〕［清］朱續晫：《〈傅氏族譜〉序》，東郡《傅氏族譜》，道光癸卯本。『派』，原文作『沠』，據文義改。

〔八〕［清］楊以增《重修〈傅氏族譜〉序》（載東郡《傅氏族譜》，道光癸卯本）：『蓋譜（指

《傅氏族譜》）爲司馬公創作。』清代府同知雅稱『司馬』，傅永綍曾署台州府同知，故人稱其爲『司馬公』。

〔九〕趙爾巽等：《清史稿》卷一〇六《選舉志》，第三一〇八頁。

〔一〇〕〔清〕傅斯涵：《東郡〈傅氏族譜〉跋》，東郡《傅氏族譜》，道光癸卯本。

〔一一〕〔清〕楊以增：《重修〈傅氏族譜〉序》，東郡《傅氏族譜》，道光癸卯本。

〔一二〕〔清〕傅繩勛：《東郡〈傅氏族譜〉跋》，東郡《傅氏族譜》，道光癸卯本。

〔一三〕〔清〕傅斯涵：《東郡〈傅氏族譜〉跋》，東郡《傅氏族譜》，道光癸卯本。

〔一四〕〔清〕傅斯涵：《東郡〈傅氏族譜〉跋》，東郡《傅氏族譜》，道光癸卯本。

〔一五〕據傅氏族人説，道光以後，傅氏家族曾重修族譜，因係寫本，故未流傳下來。一九九九年，傅氏族人續修族譜，鉛字排版印刷。此次續修將道光癸卯本東郡《傅氏族譜》之序、跋、凡例、人物傳記及家族世系照樣抄録排印，衹是在世系中增加了道光之後幾代人的姓名。族譜最後列有編寫委員會成員名單及捐資人員名單，從中可知今日傅氏家族成員之工作及籍貫分布情況。附録中有《傅氏先塋暨傅狀元塋》《傅氏宗祠》等文章數篇，係據傅氏家族中老者口述寫成，具有一定的史料價值。

〔一六〕顧廷龍主編《清代硃卷集成》由臺灣成文出版社於一九九二年出版，共四二〇册，收録鄉試、會試及五貢硃卷共八二三五份。其中，第一二七册收録有傅旭安鄉試硃卷，第二一八册收録有傅澘鄉試硃卷，第二二一册收録有傅昉安鄉試硃卷。

〔一七〕顧廷龍主編：《清代硃卷集成》第一二七册，臺灣成文出版社一九九二年版，第一四八—一四九頁。

〔一八〕參見王德堅主編《海鹽縣志》，浙江人民出版社一九九二年版，第五七七頁。

〔一九〕參見雍正《廣西通志》卷五八《秩官》，《四庫全書》本。

〔二〇〕參見嘉慶《東昌府志》卷一八《職官志》；道光《冠縣志》卷六《職官志》。

目録

總序……一
凡例……一
前言……一
東郡《傅氏族譜》校注……一
《傅氏族譜》序……一
重修《傅氏族譜》序……四
皇清誥贈三代俱爲光禄大夫少保兼太子太保内翰林國史院大學士加一級曉憁傅公肖憁傅公
心海傅公神道碑文……六

明孝子完貞傅君傳……一一
國史列傳……一三
少保大學士傅公傳……一五
皇清誥授光禄大夫少保兼太子太保武英殿大學士兵部尚書加一級傅公家傳……一九
皇清誥授光禄大夫少保兼太子太保武英殿大學士傅公家傳……二四
少保星巖公側室劉孺人家傳……二八
皇清誥授奉政大夫晋贈中憲大夫嵛西傅公暨元配何恭人
繼配楊恭人副室黄恭人合葬墓志銘……三〇
皇清誥封中憲大夫晋贈中議大夫映宸傅公暨配朱淑人合葬墓志銘……三三
映宸傅公家傳……三六
傅母朱恭人家傳……三八
東郡《傅氏族譜》纂修者名單……四一
凡　例……四三
《傅氏族譜》提綱……四五
東郡《傅氏族譜》卷首……五〇
東郡《傅氏族譜》卷一……五五

東郡《傅氏族譜》卷二（上）……五九
東郡《傅氏族譜》卷二（中）……八五
東郡《傅氏族譜》卷二（下）……一二一
東郡《傅氏族譜》卷三……一四〇
東郡《傅氏族譜》跋……一四九
東郡《傅氏族譜》跋……一五一
謹將排行及諱名已用字開列於後……一五四
聊城傅氏家族研究……一六三
清代開國狀元傅以漸……一六三
一、走出平民家庭的狀元……一六三
二、見可而進，審幾而退……一八五
三、後人對傅以漸的評價……二一五
傅氏家族出身的中高級官員……二三五
一、江蘇巡撫傅繩勛……二三六
二、署理安徽布政使傅繼勛……二七〇

三、傅氏家族的三位知府……二七八
傅氏家族的科舉之路……二九七
一、傅氏家族的生員……二九八
二、傅氏家族的貢生和監生……三〇一
三、傅氏家族的舉人和進士……三〇六
學林霸才傅斯年……三一五
一、求學歲月：貫通中西之學……三一五
二、嘔心瀝血：創辦歷史語言研究所……三三七
三、學術成就：史料學派的主帥……三九五
附　録……四二六

東郡《傅氏族譜》校注

《傅氏族譜》序

昔程子言聖人以孝治天下，莫大於明譜牒，立宗法。〔一〕蓋推本乎先王享帝立廟之誠，以報祖功而崇宗德，是以展親之典似續於勿衰。今聖朝敦睦天潢，纂修玉牒，將以叙彝倫錫不匱者爲天下先，而士大夫於宗法，反不能講明而切究之，匪所以式古訓廣欽承也。且葛藟猶能庇其本根，矧世族乎？

東郡傅相國〔二〕，鼎革時以臚傳第一，爲國元老，其功業炳然載在史乘者，不具述。考其先爲江西之永豐人，前明有仕爲山東冠縣令者〔三〕，秩滿還南，留三子。一居冠縣，一居博平〔四〕，惟廷瑞公諱祥〔五〕者，占籍聊城。四傳至曉摠公〔六〕，以相國貴，嗣是簪纓相繼，科第聯翩，其貢成均而入膠庠〔七〕者，更未可以更僕數。顧自前明以迄於今，歷世既遠，派〔八〕别支分，莫爲之譜，數傳而後，將有相視爲塗人者。庚午夏五〔九〕，傅氏之族聚子姓於宗祊，譜源流於奕祀，將壽之剞劂，以傳於後。搜羅備至，考核無遺，爰裒其集而問序於予。予惟扶輿清淑之氣，閲世而彌新，加以事歷兩朝，子姓繁衍，鮮不家詩書而户孝友，從此霞蔚雲蒸，飛騰日上，即指此爲權輿亦奚不可。雖然，余更有冀焉，夫事不難於創始，而難於守成。其考核於今時者，既已有徵而可信，搜討於异日者，更望無徵而弗彰。則雲礽相承，瓜瓞世美，以副聖天子敦本重倫之至意，將與江州陳、河東柳〔一〇〕後先輝映矣。是爲序。

乾隆十五年歲次庚午仲夏穀旦。

賜進士出身誥授中憲大夫、督理貴州清軍糧儲道、前兩淮都轉鹽運使司鹽運使、掌京畿道監察御史、翰林院編修、榆山朱續晫〔一一〕頓首拜敬撰。

【校注】

〔一〕此説來源於程頤的譜系、宗族論，原文爲：『管攝天下人心，收宗族，厚風俗，使人不忘本，須是明譜系，收世族，立宗子法。』〔宋〕朱熹、吕祖謙撰，嚴佐之導讀：《朱子近思録》，上海古籍出版社二〇〇〇年版，第一〇二頁。

〔二〕漢初以蕭何、曹參爲相國，輔佐皇帝，統轄百官，乃中央最高行政長官，後改稱丞相，偶有權臣稱相國。明清時期内閣大學士位居宰輔，常被人雅稱爲相國。傅以漸於順治十五年（一六五八）加官『少保』，任武英殿大學士兼兵部尚書，故後人尊稱其爲『傅相國』。

〔三〕明朝成化年間，江西吉安府永豐縣人傅回任山東東昌府冠縣知縣，此記載首見於順治年間大學士李霨爲傅以漸曾祖、祖父及父親合撰的神道碑文。李霨此文中有關傅氏家族的情況，『乃即公（指傅以漸）所述行略撰次之』，即根據傅以漸提供的其祖上三代的生平事略撰寫。道光年間重修的東郡《傅氏族譜》與此説同，同治、光緒年間傅潛、傅昉安、傅旭安的硃卷履歷中也有同樣的記載。嘉慶《東昌府志》及道光《冠縣志》的《職官志》中記有明朝各個時期冠縣知縣的名字、籍貫、出身及任職時間等。成化年間冠縣共有八任知縣，當中没有傅回的名字。是府、縣志漏記，還是傅以漸誤説？傅回在冠縣的經歷、身份，今已難以考證。

〔四〕當時博平爲東昌府屬縣，治今山东省聊城市茌平區博平鎮。

〔五〕傅祥：字廷瑞，爲傅氏居聊城之始祖。

〔六〕傅諭：字汝克，號曉牕，詳東郡《傅氏族譜》卷二。

〔七〕膠庠：西周時成均爲五學之一，唐改國子監爲成均監，這裏代指國子監。西周時大學稱膠，小學稱庠，後以膠庠爲學校的代稱。

〔八〕派：原文作『泒』，據文義改。

〔九〕庚午：指乾隆十五年（一七五〇）。夏五：夏五月。

〔一〇〕江州陳：宋代江州陳昉家族十三世同居，長幼七百口，每食必群聚於廣堂。見《宋史·孝義傳》。河東柳：柳宗元爲河東望族，僅唐高宗一朝，在尚書省任官者就有二十二人。

〔一一〕朱氏祖籍山東平陰縣，明初遷至聊城，後爲聊城望族。朱續晫，雍正十一年（一七三三）進士，歷任翰林院庶吉士、京畿道監察御史、兩淮鹽運使、督理貴州清軍糧儲道等職。

重修《傅氏族譜》序

三代重世族，故有掌姓氏之官。秦漢以後，此制不行，士大夫於是有家牒。劉歆《七略》稱：楊子雲《家牒》，以甘露二年生，其最初者也。劉孝標注《世説》，引諸家譜至四十五部。《隋書·經籍志》《唐書·藝文志》皆以譜牒爲史部之一門。沿及宋世，譜之最著者莫如歐、蘇。〔一〕歐陽氏用直譜，古之所謂圖也；蘇氏用横譜，古之所謂牒也。然則咏駿烈，誦清芬，譜之時義大矣哉！秋屏廉訪〔二〕以重修《傅氏族譜》問序於余，余閲其體例，一依古法，折衷而參用其長。凡名皆大書，以子承父，以孫承子，兄弟則平列，以次而左。五世既訖，則别起如前。名下皆駢行細書，先字號，次官階，次配氏，次子息幾人。其行誼、事功、著作，應詳紀者則别爲傳附於後。其不溯受姓之始，以東昌遷祖爲始祖，尤深合劉知幾〔三〕《史通》斷限之説，何其善也！蓋譜爲司馬公〔四〕創作，廉訪因其封公〔五〕重修之後，復加訂輯，故體例若是精嚴，使後之子孫世世增修之，年雖遠而昭穆秩然。於以敬宗，於以合散。木本水源之思守而弗失，不惟無負司馬公三世修譜之盛意，益以見少保公流澤孔長，將比休於三代之世族，綿綿延延而未有窮期也。爰不辭而爲之序。

道光二十三年歲次癸卯〔六〕孟夏穀旦。

賜進士出身、誥授中議大夫、分巡河南開歸陳許兼理河務兵備道、升任兩淮都轉鹽運使司鹽運使、姻愚弟楊以增〔七〕頓首拜敬撰。

【校注】

〔一〕北宋年間，歐陽修主持修纂《歐陽氏譜圖》，蘇洵主持修纂《蘇氏族譜》，後被引爲譜牒編纂的典範，稱爲『歐譜』和『蘇譜』。

〔二〕秋屏：傅繩勛之號，一作秋坪，字接武，傅以漸四世孫。廉訪：按察使的别稱。宋代置廉訪使，元代稱肅政廉訪使，爲中央監察官員。明清在各省設監察機構，改稱提刑按察司，長官稱提刑按察司使，簡稱按察使，雅稱廉訪使。當時傅繩勛任陝西按察使。

〔三〕劉知幾（六六一—七二一）：唐代著名史學家，所著《史通》爲中國歷史上第一部史學理論著作。

〔四〕司馬公：清代府同知雅稱。傅永綍曾署『台州府同知』，故人稱其爲『司馬公』。

〔五〕嘉慶初年，傅繩勛之父傅廷輝曾續修《傅氏族譜》。傅繩勛曾任按察使，其父傅廷輝按規定被清廷封贈同樣的官職，故稱其爲『封公』，即受皇帝封賜的長者。

〔六〕道光二十三年爲癸卯年，即一八四三年。

〔七〕楊以增（一七八七—一八五六）：字益之，號至堂，山東聊城人。嘉慶二十四年（一八一九）舉人，道光二年（一八二二）進士。歷任知縣、知府、道員、鹽運使、按察使、布政使等，道光二十七年任陝西巡撫，後經林則徐舉薦，署理陝甘總督，次年升任江南河道總督，後兼理漕運總督，咸豐六年（一八五六）卒於任上。楊以增與傅繩勛爲兒女親家，故楊署名時稱『姻愚弟』。

皇清誥贈三代俱爲光禄大夫少保兼太子太保内翰林國史院大學士加一級曉牕傅公肖牕傅公心海傅公神道碑文〔一〕

大學士高陽李霨〔二〕撰

皇清受命宅中，定鼎之三年，歲在丙戌〔三〕，肇舉制科。登其俊四百人，賜對大廷，聊城傅公實魁天下。越八年，遂以學士拜大學士，贊理機務。未幾加太子太保，三載考滿，天子嘉乃丕績，晋少保。予誥命曾祖、祖、父咸贈如公官，配皆爲一品夫人。公乃以書示余曰：『不佞一儒生，起田間，荷主上知遇，歲紀方浹，致位孤卿，國恩被近臣甚厚，徽惠寵靈。大王父而下，駢躋華秩，璽書行褒及潛德久閟而大章，所以爲人子孫勸甚盛。顧先贈公之見背也，不佞方困諸生間，力不任以先人顯，以暨上世懿行皆銜恤，有待令甲階如不佞者，墓得樹華表，具威儀，勒詞麗牲之石於隧道，唯子其文之，不佞感且與石言永。』余謝不敏。已，復自念以公榜下策名，偕公宦中秘十有三年於茲，晨夕靡間，凡公之所以訓掖而獎籍之者，真誠款曲，出師友手足右。今復得肩隨政地，誼不可以固陋辭。乃即公所述行略撰次之，俾來者[四]有所考信矜式焉。

謹按，傅氏其先江西吉安之永豐人，明成化中始祖[五]仕爲冠縣令，任滿歸。四子從而南，三子留北。有諱祥者，奉母李僑居東昌。李歿葬城南，祥不忍去，遂占籍焉。配孫，生四子，仲曰綸，則少保之高祖也，字理之，號後泉，工舉子業，爲聊城諸生，食餼。性倜儻不羈，而督課子孫則嚴甚。配母，生子三，仲曰諭，字汝克，號曉𦡆，是爲少保之曾祖贈公也。時以子姓蕃衍，既析箸，俯仰不能給，乃始習計然策延平估客[六]，鬻紙布。聞信義聲來者如歸，歲無慮數萬，資用稍稍裕。卒，壽五十有八。配趙，壽八十有三。子三人，而少保祖贈公號肖𦡆諱天榮，行亦仲。曉𦡆公蚤逝，趙夫人春秋高，伯兄天恩[七]治博士家言，中歲不祿，肖𦡆公乃修先業而息之，朝夕經營，供甘旨，殫力弗懈，日用之需多推與少弟，以悅母意。患風痹，遂謝客，盡以歸弟。然晚年猶工細書不衰，卒，壽六十有七。公及考妣及配王俱贈秩如制。王壽五十有五，丈夫子五，仲諱思敬字心海，以子少保，前贈奉政大夫、內翰林國史院侍講，今贈光祿大夫、少保兼太子太保、內翰林國史院大學士加一級。幼受經，已而奪於窶，不克卒業，乃弃去，奉父命學賈。爲人忠慎端愨，邑里推長者必首公。性勤飭，寸晷不自暇逸，不飲酒，工楷書，與人語惓惓以爲善勸，尤好拯人於厄。倩富室資本，子母纖毫不欺。共事者輒多取，概不計，終其身無疾言厲色。在邑談忠孝，在野課桑麻而已。教少保昆弟，皆口授章句，日有定程，時時引古人及郡先達獎誘之。配李，爲東昌衛舍人正學公女，前贈宜人，今贈一品夫人。生有令德，及笄歸公，即任井臼事，箴紃醯醢諸務罔弗精嫻，合《内則》。事尊章以孝，睦娣姒以和，持家柄以勤儉，接姻族以謙厚。舉少保兄弟愛育備至，佐贈公艱瘁日嘗，遂以劇遘疾卒。贈公慟悼，念内助賢，爲不更娶，蓋鰥處者十三年云。贈公生以明萬曆丁丑〔八〕，卒以崇禎己卯〔九〕，得年六十有三。李夫人生以萬曆己卯〔一〇〕，卒以天啓丙寅〔一一〕，得年四十有八。子二，長以恒，先卒，娶李。次即光禄大夫、少保兼太子太保、内翰林國史院大學士加一級，今改武英殿大學士兼兵部尚書星巖公以漸。娶虞，封一品夫人。

余觀古名卿巨人，負大器，遘昌時，雲蒸龍變，固得天者獨厚。夷考其先，則世澤焉，可誣哉！于公，陳實，楊寶〔一二〕，諸君子其彰彰者，苞樸埋耀，處隱約而陰行善，不責報於將來，乃卒食報不爽，譬之輝山媚川之寶，出爲世瑞，豈必待其珍彩既發始爲之驗，光氣詑方流乎？於戲！自贈公而溯之，奕世載德，以正直忠厚爲嬗繼，揆之古人，若合符節。少保光昭而大其施，佑啓勿替，又烏可以世數計耶？輒不揣，而繫以銘曰：

傅氏發源自西江，高騫鳧舄臨兹邦。兹邦〔一三〕尸祝攀循良，乃留哲允慰群氓。聊攝之士淳而豐，篳路啓宇初明農。瓞綿椒衍起隆隆，而四而十廿四增。或修本業讀且耕，或展心計操奇贏。維德則厚信則矼，樹惇奕葉無异同。保世滋大逮贈公，暗修獨行尤敦龎。葆真完素守謙沖，厥生叔季道虞黄。厥迹井里量賁紘，惜哉當寧遺老更。有開必先後克昌，彼蒼陰騭實明聰。報施善人間氣鍾，篤生碩輔佐興王。巍科首掇踐玉堂，清華遍歷依宸楓。主知特達晋臺衡，金華坐論資平章。燮調啓沃致太平，帝嘉考績懋賞行。爰褒世德闡幽光，鸞書五色燦天章。勛階宏化名位崇，恩被三世備尊榮。於惟贈公德孔揚，我銘贔屓壯元藏。昭示子臣作孝忠，歷千萬祀延餘慶。

【校注】

〔一〕曉騘傅公：傅以漸的曾祖父，名諭，字汝克，號曉騘。肖騘傅公：傅以漸的祖父，名天榮，字肖騘。心海傅公：傅以漸的父親，名思敬，字心海。傅以漸加官太子太保，從一品，加一級後爲正一品。根據清代的封贈制度，他的祖上三代都被『誥贈』爲光禄大夫及傅以漸當時所任的官職。對於封贈的對象，在世者稱『封』，去世者稱『贈』，五品官以上稱『誥命』，五品以下稱『敕命』。不同官階，有相對應不同的封贈名稱，命婦也依九品而各有稱號。一品封贈三代，二、三品二代，四至七品一代，八、九品衹封本人。

〔二〕李霨：字景霱，直隸高陽（今河北高陽）人。順治三年（一六四六）進士，授庶吉士，累官至大學士。李霨與傅以漸爲同科進士，在朝共事多年，共同參加過史書、政書的編撰，又一起主持會試，所以傅以漸請他爲父祖三代撰寫神道碑文。此碑文又見於宣統《聊城縣志·

耆獻文徵》卷下。

〔三〕丙戌：順治三年（一六四六）。

〔四〕俾來者：《聊城縣志·耆獻文徵》載李爵文無『者』字，乃縣志轉載此文時脱漏。

〔五〕始祖：《聊城縣志·耆獻文徵》載李爵文脱『始』字。

〔六〕計然：春秋末年謀士。勾踐用其策，越國富强；范蠡用其計，成巨富。後常用來指經商之道。延平：指延平府，治今福建南平市。估客：商人。

〔七〕天恩：傅天榮長兄傅天恩，字予德，號寵吾，庠生。

〔八〕萬曆丁丑：萬曆五年（一五七七）。

〔九〕崇禎己卯：崇禎十二年（一六三九）。

〔一〇〕萬曆己卯：萬曆七年（一五七九）。

〔一一〕天啓丙寅：天啓六年（一六二六）。

〔一二〕有盜賊（梁上君子）去陳實家行竊，陳實不究其罪，反而以絹二匹相送，勸其不要做賊。楊寶救過一隻黄雀，後黄雀銜玉環四隻以報恩。這裏是説傅氏祖上寬厚積德，故其後代必有好報。

〔一三〕兹邦：《聊城縣志·耆獻文徵》載李爵文脱此二字。

明孝子完貞傅君〔一〕傳

吏部主事許其進〔二〕撰

孝子姓傅，字完貞，世居聊城。父天恩，别號寵吾，余從舅。有四丈夫子，君其仲也。君家世業儒，至寵吾公始以儒兼賈。公雖賈乎，不能候時轉物，賤入貴出，屢營屢蹶，後乃大困。君生而凝重，十歲就塾師。久之，塾師謝去，君亦厭苦之，遂弃而習賈。囊僅十餘緡，蚤夜操作，與僕同艱苦。初，鬻硝，寵吾公詬詈之，謂奈何居所不售，會海上倭變起，價騰貴，獲利數倍。已又販豆，豆直賤，人弃置不顧。寵吾公怒甚，欲加捶楚，會南北大祲，又獲利數倍。君連遭天幸，業稍稍起。而與君同販者，饒心計，分財多自與，物取美好者，而以敝惡者與君，君弗與較。

寵吾公業以不善賈，負人三百金，債家日噪於門，將以聞官。寵吾公仰屋竊嘆，欲以身殉。君罄囊如數，立還債家。債家咸驚，顧錯愕相率羅拜，袖金以去。君積粟數百斛於家，爲歲歉計，遂遠販至淮。寵吾公取君所積粟盡以賤售，比君還，庾廩竭矣。君恐傷父意，多方寬慰，以順適公意。寵吾公喜極泣下，每晨舉手籲天曰：『願吾兒有福有壽，永永無極也！』

當析箸時，君有自置腴田百畝，祖遺屋宇數楹，并室中什物，直可數百金。君悉推予諸昆弟，已毫無利焉。伯、季先後游泮，衣冠及謝師儀幣俱先期置辦，不以關伯、季。諸侄以謙、以晋、以漸相繼游泮，以漸復補廪，一切資費俱取辦於君，一如給伯、季者。歲延魁宿，訓諸子侄，束脩館穀，皆君自備，頗給豐腆，稱有禮焉。嗣是，諸弟侄有貧不能婚嫁者，竭力資助。如侄以乾輩五六人有喪不能殯殮者，給棺衾。如弟思恭等、舅王氏等十數人，中外姻戚貧不能舉火者，歲給薪米。如弟思明等數十人，每逢獻歲，各奉拾金爲兩尊人壽。其猶子外孫十餘人，各有錫予以慶歲華。人有稱貸者，不責子錢。即有負者，亦置不問。商有遺失三十金者，有還金多給十餘金者，皆馳騎追還。金陵徐商感其意，每歲舟抵郡，與君把臂暢飲，爲刎頸交。寵吾公病篤，衣不解，日侍湯藥，爲默禱於天。及病革，哭不絶聲，跪諷《三官經》百日。簡父篋中所蓄，盡與其妹。晚年奉母，備極温凊，母所欲，恒先意承之。母屬纊時，目欲瞑而開者再，君曰：『得無慮吾妹乎？』爲立贈三十金，母瞑目以逝。親有托金遠宦者，無契劵，經數年方歸，倍數以償。二主管高姓、徐姓者，各起家數百金，君歲時過其家，握手道故，歡若平生，絶不以莊臨之。大抵君所蓄積，不過數千緡，而累歲所施予，亦略相當。至暮年資用頗乏，僅餘斥鹵數百畝，乃躬自拮据，心力俱瘁，遂病困以没。傷哉！君冲襟曠度，與物無競，好戲謔者每稱君聾。君雖聾於耳哉，而慧於心，口不臧否人，然妍媸井井若懸鑒。晚年尤好儉樸，布衣蔬餐，不爲華奢。其子弟相化，無敢以奇邪見者。吾郡張蓬少先生嘉其行誼，聞於郡伯岳公〔三〕，岳公表其閭曰：『孝友可風。』晋中王郡伯〔四〕又旌之曰：『孝行。』自是縉紳先生以及遠方士商，無不知有傅完貞者。一男補博士弟子，二孫頭角岐嶷，方升未艾，人以爲積德之報云。

【校注】

〔一〕傅思義：字完貞，傅以漸之堂伯父。此傳又見於宣統《聊城縣志·耆獻文徵》卷中。

〔二〕許其進：聊城人，天啓二年（一六二二）進士，授揚州府推官，當地人爲他建立生祠。以卓异擢吏部主事，旋爲宵小中傷，辭官歸里。生平事迹見宣統《聊城縣志》卷八《人物志》。

〔三〕岳和聲：浙江嘉興人，萬曆二十年（一五九二）進士，授汝陽知縣，擢禮部主事，歷任慶遠、贛州、東昌知府，官至右僉都御史。

〔四〕王從義：山西大同人，萬曆進士，曾任東昌知府，後任河南布政使，崇禎元年（一六二八）爲副都御史巡撫山東，後升任户部右侍郎。事見吴廷燮《明督撫年表》，中華書局一九八二年版，第三九八頁。

國史列傳

傅以漸，山東聊城人，順治三年一甲一名進士，授弘文院修撰。四年，會試同考官。五年，充《明史》纂修官。八年閏二月，遷國史院侍講。九年正月，充《太宗文皇帝實録》纂修官。六月，遷左庶子。十年正月，遷秘書院侍講學士。五月，遷少詹事。閏六月，擢國史院學士。七月，教習庶吉士。十一年八月，授秘書院大學士。十二年正月，詔陳時務，因條上安民三事，又命作《資政要覽》後序。二月，諭獎：『密勿抒誠諸大臣，加以漸太子太保。』尋改國史院大學士，充文武殿試讀卷官。時編輯太祖高皇帝、太宗文皇帝《聖訓》暨《通鑒全書》，以漸并充總裁。又承旨撰《内則衍義》。會户部進新修《賦役全書》，亦命覆核。

十三年八月，京察自陳乞罷，得旨『卿輔弼重臣，醇誠樸慎，勤勞密勿，倚任方殷，豈可引例求退？著益抒猷念，佐成化理』。十四年二月，以漸同庶子曹本榮〔二〕奉諭曰：『朕覽《易經》一書，義精而用溥，範圍天地萬物之理，自魏王弼、唐孔穎達有注釋、《正義》，宋程頤有《傳》，迨朱熹《本義》出，而後之學者宗之。明永樂間，命儒臣合元代以前諸儒之説，彙爲《大全》，於易理多所發明，但其中同异互存，不無繁而可删，華而寡要。且迄今幾三百年，儒生學士發揮經義者，亦不乏人。當并加采擇，輯成一編，昭示來兹，爾等殫心研究，融會貫通，務期約而能該，詳而不複，俾義經奥旨，炳若日星，以稱朕闡明四聖作述至意。』十二月，修《易經通注》以進。

十五年二月，偕學士李霨充會試主考官。入闈，舊俱携書籍，至是言官奏定禁例，以漸疏請：『凡出題應用書籍，敕部照例給發，庶免漏誤。』下部議。令内監試察驗，仍准携入。以漸因闈中咯血，疏言：『入闈七日，幸硃卷尚未謄進，乞賜另遣一員同李霨任事。』得旨：『知卿偶恙，著力疾料理闈事。』四月考滿，加少保。九月改内院爲内閣，授以漸武英殿大學士兼兵部尚書，十月以疾乞假回籍。十六年十一月，以病逾一載，乞罷黜。命加意調理，稍痊即來京，入直辦事，不必引請處分。十七年三月，京察自陳乞罷。得旨：『卿清慎素著，佐理有年，著加意調攝，痊日即來京供職，不必求罷。』十八年正月，聖祖仁皇帝御極，以漸復疏乞罷，下部議，准解任，在籍調理，病痊起用。康熙四年四月卒，年五十有七。

【校注】

〔一〕曹本榮（一六二一—一六六五）：清代經學家，字欣木，號厚庵，黃岡（今屬湖北）人。順治六年（一六四九）進士，累官至國史院侍讀學士，其學從王守仁『致良知』説。有《周張精義》等著作傳世。《清史稿》有傳。

少保大學士傅公傳

史官宋弼〔一〕撰

傅公以漸字于磐，一字星巖，山東聊城人。上世籍江西永豐，明成化間有令冠縣者，因占籍聊城，至公七世矣。祖父爲儒，不顯於時。公生三歲能誦書，十歲能屬文，稍長從大師受經，講明義理之學，選爲博士弟子屬。明季大亂，不肯應舉子試，時人莫測也。土賊圍東昌，城幾破，方閉户雒誦，夷然如不聞者。或曰：『生死目前，奚事此？』笑曰：『死生命耳，苟不死，天下不用讀書人耶？』家故貧，不給於紙，作文字或就壁上起草，已，拭去更爲之。夜或燃〔二〕香照字。以故博通群書，尤留心經世之學，自天文、地理、禮樂、兵農之説，皆考古審今，討論原委，要求可以施於世者。嘗誦古人之言：苟有用我，則舉而措之耳。

本朝定鼎，連舉乙酉〔三〕、丙戌〔四〕科進士及第第一人，授弘文院修撰。自明季士習囂凌，文章駁雜，公以開國鼎元，獨守先正軌則，爲文元本理法，根柢經義。居官恂恂謹謹，不奔競於勢力，不詭隨於門户，隱然有公輔之望矣。丁亥〔五〕分校會試，得黄機〔六〕、張九徵〔七〕等二十人。累遷侍讀、左庶子、少詹事。再遷爲國史院學士、教習庶吉士。世祖章皇帝稽古右文，留意經史，兼及書畫。公日承顧問，應對如響。世祖嘗問『厄要』二字，其義何分？群臣相顧未發，公對稱旨，由是有大用意。甲午〔八〕，授内秘書院大學士。時公始預陪推，即蒙特擢，蓋簡在有素也。公感知遇之隆，深思報稱，每贊畫機務，蹇蹇匪躬，積勞成疾，未敢以請。乙未〔九〕，陳安民大計三事，咸中機宜，加太子太保。諭旨有曰：『卿等左右朕躬，恪勤職業，股肱竭力，各懷勵翼之忱，密勿抒誠，共效贊襄之益。』尋爲兩朝《聖訓》總裁，又爲《通鑒全書》總裁，是歲以病請告。命大學士車克傳諭曰：『君臣之誼，終始相維，今後勿以引年請歸爲念。爾等豈忍違朕？朕亦何忍使爾等告歸也？』尋賜漢字《表忠録》。命修《内則衍義》，又纂輯《周易》，覆核《賦役全書》。丁酉〔一〇〕冬，皇太后違和，群臣惶懼。内閣奏疏頗多壅積，公於數日内悉爲票擬，皆稱上意。戊戌〔一一〕，爲會試總裁，取張貞生〔一二〕等四百人。是歲考滿，以久參機務，懋著清勤，改武英殿大學士兼太子太保、兵部尚書，加少保，進階光禄大夫，贈蔭如制。十月，乃以葬親乞假歸，命學士王熙傳諭曰：『途中保重，勿以朝政爲憂。』然公自是卧疾不復出。庚子[一三]，自陳引疾求罷。得旨：『卿清慎素著，佐理有年，宜加意調攝，痊日即來供職。』逾年聞世祖升遐，痛哭嘔血。即日奔赴，尋以病再疏乞休得歸。又三年而没，年五十有七。遺言勿請恤請謚，故恤典不及。

公方面豐頤，頦下多髯，偉腰大腹，不慣騎馬，扈從南海子，乘以黑驢，令二僕執轡。世祖偶見，大笑。一日賜畫軸，乃圖公騎驢小像，御書前人『雲龍山下試春衣』詩，而改『馬』字爲『驢』，雖一時游戲，亦恩遇中一段佳話也。

舊居郡東南隅，當賊圍城時，有僧語人曰：『吾望東南氣甚佳，城必無慮。』圍果解。公篤於天性，垂老無間。居相位，食不重味，衣皆再浣，與寒素無异。生平著述及在朝奏議毁於火，故不傳。

史官曰：傅公起孤寒，不十年至宰相，必有以得主知者矣。予觀當時諸相，權勢相軋、黨援貪戾者多矣，雖卒歸敗覆，其於倚毗何如也。傅公見可而進，審幾而退，既清且慎，不争不黨，君子人與！古之大臣與！

【校注】

〔一〕宋弼（一七〇三—一七六八）：字仲良，號蒙泉，山東德州人。乾隆十年（一七四五）進士，選庶吉士，授編修，歷任右春坊右贊善、分巡鞏秦階道、甘肅按察使。居官清廉，詩文守王士禛法度，曾以詩侍乾隆皇帝。有《蒙泉學詩草》《思永堂文稿》傳世。生平事迹詳李桓輯《國朝耆獻類徵初編》卷一八〇。明清時期翰林院負責編修國史，故翰林院修撰、編修等皆稱爲史官。

〔二〕燃：原作『然』，古『然』『燃』通。

〔三〕乙酉：順治二年（一六四五），是年傅以漸鄉試中舉人。

〔四〕丙戌：順治三年（一六四六），是年會試、殿試，傅以漸中進士第一名。

〔五〕丁亥：順治四年（一六四七）。

〔六〕黄機：字次辰，號雪臺、澂齋，浙江錢塘（今杭州）人，順治四年進士，改翰林院庶吉士，累官至吏部尚書、文華殿大學士。《清史稿》有傳。

〔七〕張九徵（一六一七—一六八四）：字公選，丹徒（今屬江蘇）人，順治四年進士，歷任行人司行人、吏部郎中等官，康熙初年任河南學政。後其子張玉裁、張玉書等皆中進士。

〔八〕甲午：順治十一年（一六五四）。

〔九〕乙未：順治十二年（一六五五）。
〔一〇〕丁酉：順治十四年（一六五七）。
〔一一〕戊戌：順治十五年（一六五八）。
〔一二〕張貞生（一六二三——一六七五）：字幹臣，號篢山，吉安府廬陵（今江西吉安）人。順治十五年會元，選庶吉士，歷任翰林院編修、國子監司業、侍講學士，因上疏言辭激烈，被革職爲民。有著作《玉山遺響》等傳世。
〔一三〕庚子：順治十七年（一六六〇）。

皇清誥授光禄大夫少保兼太子太保武英殿大學士兵部尚書加一級傅公家傳

公諱以漸，字于磐，山東聊城人，原籍江西永豐縣。故明時有仕爲東昌府冠縣令者，遂家於聊城。曾祖諱諭，祖諱天榮，考諱思敬，皆世習儒業，後俱贈如公官。公生而穎悟强識，三歲能誦書，五歲熟記經史，不遺一字，十歲工屬文，博極群書。從少司空孫公肇興〔一〕講明理學，二十補邑庠第一，旋食餼。公素貧，作文苦於無紙，每起草於墻壁間。夜以香頭照讀，苦志力學，二十年猶如一日。以明季天下大亂，不欲仕，因數科不應舉子試。讀書城東南隅，流賊圍聊城數匝，城幾破，公誦讀不輟。他人曰：『賊至矣！何以讀書爲？』公曰：『使天下有真天子出，亦必用讀書人，吾輩不讀書將奚爲耶？』

本朝定鼎，以順治乙酉舉於鄉，丙戌[二]成進士，殿試第一甲第一名，授弘文院修撰。當明末時，文章風氣皆尚浮誕，公以開科鼎元，恪遵理法，而文氣爲之一變。丁亥[三]分房，得士二十人，如黄公機、張公九徵、李公文煌[四]，皆出其門。辛卯[五]，升國史院侍讀，歷左庶子、少詹事、侍讀學士，凡四遷升爲本院學士，教習庶吉士。當是時，世祖章皇帝稽古右文，留心經史，兼及書畫。公日承顧問，應答如響。如進作《太祖高皇帝配天詔》，擬御製《太宗實録》，文皆出公手。上一日問群臣曰：『厄要二字，其義何分？』皆莫對。公曰：『自彼得之謂厄，自我守之謂要。』上甚喜，有大用意。甲午[六]，枚卜閣臣，公在陪推。蒙上破格拔用，授爲秘書院大學士。公感世祖知遇之恩，每參贊密勿，夜嘗廢寢，由是精神消減成勞疾。乙未，條陳安民大計三事，皆中機宜。加太子太保，充殿試讀卷官。又改國史院大學士。公自修撰，八年而至宰輔，文章道德，實爲一時之冠。上亦知其學問淵博，雅重公，凡文事悉委任焉。修太祖、太宗《聖訓》，充總裁官。太皇太后篤好法古，因進《内則衍義》。至於修《易經通注》，覆核《賦役全書》，以及《通鑒》《明史》，皆命公總其任。

扈駕南海子，舊疾復發。上遣醫調治，并賜寫真圖及玉帶。公豐額重頤，方面垂耳，鬚生頦下，偉腰腹，素不慣騎，每扈駕時，乘一黑騫，猶令二僕執其轡。上見而哂之，因賜寫真圖。上以天縱神聖，勵精圖治，凡機務大政，命公參酌。雖當開國之始，而諸政備舉，天下咸安太平焉。戊戌〔七〕，太皇太后不豫，兩月間内閣壅積八百餘本。公三日自爲票完，悉稱旨。尋命總裁會試，得張貞生等四百名，多知名士，後歷通顯者不可指屈。是年考滿，以久參機務，懋著清勤，加少保，又改武英殿大學士兼太子太保、兵部尚書，進階光禄大夫。先是票本過勞，舊疾發。力疾入闈，盡心竭力，務求真儒，以仰答皇上宏恩。而疾益劇矣，由是乞假調養，三疏始准暫歸。陛辭時，上命學士王公熙口傳聖諭，有『途中保重，勿憂朝政』之旨，君臣相遇之隆爲何如哉！於是自京旋里，閉户養痾，時順治戊戌十一月也。公雖家居，日以朝政爲心，嘗語子侄曰：『吾受恩最深，今疾不能圖報，爾輩衣食無缺，得以從容就學，皆皇上生成之恩也，异日忠於國以補吾之未足，吾死瞑目矣。』後聞世祖升遐，自寢處墜於地，痛哭失聲，嘔血數升，昏迷者三日。少蘇，即令治裝起程，然手足難以動移，亦不能就道矣。又三年而殁。易簀時，猶諄諄以報國爲言。

公少時，流賊圍城，縣人皆恐。有僧望東南有雲氣，曰：『此宰相大魁之兆，無傷也。』而城卒得以全。公自諸生以迄通籍，垂四十年，讀書嗜學，手不釋卷，凡天文、地理、禮樂、法律、兵農、漕運、馬政，無不討論。手集十三經、二十一史、《性理》、《通鑒》及諸子百家，咸會萃成書。公殁之年，盡毁於火。事二親，先意承順。憐愛弟侄，周恤族黨。每聞百姓疾苦，若切於身。閭里有義舉，必陰贊，不使人知，期得當而後已。居相位，食不重味，衣皆再浣，無异寒素。他人有勸其奉養宜厚者，公曰：『吾不忘吾措大時也。』卒年五十有七。爲宰相時，有以私憾公者，歿後請謚，遂格不行。學者稱星巖先生。子一，宅揆，康熙時官行人司司副。孫四：永綏，陽信縣訓導；永紹、永純俱諸生；永綍，壬申〔八〕順天舉人，甲戌明通〔九〕，平陰縣教諭。

論曰：公爲諸生，即磊落奇偉，有志經濟。膺本朝特達之知，首掇大魁，不十年内，躋通顯，調鼎鼐。文章政事，麟麟炳炳，古稱王文正公生平志不在温飽，范文正公自秀才時即以天下事爲己任。公之不負所學，與之媲美矣。

賜進士出身武定府教授陶山後學耿賢舉〔一〇〕謹撰。

【校注】

〔一〕孫肇興（一五八三—一六六二）：東昌府莘縣（今屬山東）人，明天啓二年（一六二二）進士，出爲淮安府山陽縣令，崇禎初年調任工部虞衡司主事，崇禎四年（一六三一）因上疏劾奏宦官張彝憲『稽滯軍事』、專制誤國，被治罪遣戍。順治元年（一六四四）仕清，任天津兵備道，後爲山西督學，歷江南、廣西布政使，工部右侍郎。順治十三年（一六五六）轉左侍郎。後以老乞歸鄉里。著有《四書約説》《删補孟子約説》。

〔二〕丙戌：順治三年（一六四六）。

〔三〕丁亥：順治四年（一六四七）。

〔四〕李文煌（一六一六—一六八八）：字包暗，一字熠若，潁州（今安徽阜陽）人。順治丁亥科進士，翰林院庶吉士，改吏科給事中，後任廣東布政使司參議、鄖襄道副使。著有《嶺東二刻》《城守要略》等。

〔五〕辛卯：順治八年（一六五一）。

〔六〕甲午：順治十一年（一六五四）。

〔七〕戊戌：順治十五年（一六五八）。

〔八〕壬申：乾隆十七年（一七五二）。

〔九〕甲戌：乾隆十九年（一七五四）。明通：《清史稿》卷一〇八《選舉志》：『雍正五年，命各省督、撫、學政甄别衰老教職休致之缺，以是年會試落卷文理明順之舉人補授。乾隆間，屢行選取如例，大、中、小省各數十名。……五十五年悉罷。』雍正、乾隆年間，在會試落卷内選取文理通明者，另張一榜，謂明通榜。選入明通榜者授各州縣教職。傅永綍考取明通榜後，被授予山東泰安府平陰縣教諭。任職期間，考課優秀，擢升浙江泰順縣知縣。

〔一〇〕耿賢舉：字升書，祖籍館陶（今屬河北），世居聊城。雍正元年（一七二三）鄉試解元，屢次參加會試不第，歷二十二年，終於在乾隆十年（一七四五）考取二甲第五十五名進士。授武定府教授，後以年老告歸鄉里。曾參與纂修《東昌府志》，著有《綏齋詩草》。

皇清誥授光禄大夫少保兼太子太保武英殿大學士傅公家傳

公諱以漸，字于磐，號星巖。其先江西永豐人，故明時有仕爲山東冠縣令者，秩滿南歸，三子留北，一子居聊城，遂占籍焉。五傳至諱思敬公，皇清誥贈光禄大夫，公考也。公生岐嶷，繈褓中光禄公口授《孝經》《論語》，輒成誦。稍長嗜讀書，能强記詩賦古文詞，及舉子業，湛淫刻索，矻矻入解。秉質醇厚，不妄言笑，不與流輩相齮齕，里人士悉目爲公輔器。年十八游京師，見旅壁有題迪心勵志語者，深以聖賢自期待。大廷尉顧公見而器之。一日在邸舍，心蠕蠕動，促偕行者治裝歸。抵里，太夫人病革，衆皆嘆其孝感。服闋，以第一名補博士弟子員。明年食餼，試輒冠儕偶。時當明季之亂，讀書者率怠廢，公日執一編，咿唔不輟。親執有勸從業者，公曰：『興王欲坐致太平，必當柄用讀書人。』誦歌益力。

本朝定鼎，以順治乙酉舉鄉試第八名。丙戌〔一〕成進士，殿試一甲第一名。授内翰林弘文院修撰，一時高文典册，率出其手。如《太祖高皇帝配天詔》《太宗文皇帝實録序文》，皆公筆也。丁亥〔二〕，充會試同考官，力絶夤緣，焚香籲天，期獲奇士以報國。撤棘後得二十二人，皆一時知名士，如黄相國機、張吏部九徵，其尤著者。戊子〔三〕，《明史》開局，分任纂修。己丑〔四〕，加一級。庚寅〔五〕，賫詔畿南，克勤厥事。辛卯〔六〕，進内翰林國史院侍讀。壬辰〔七〕，充《太宗文皇帝實録》纂修官。六月，進左春坊左庶子、内翰林秘書院侍讀。癸巳〔八〕，進侍讀學士。五月，進詹事府少詹事兼内翰林國史院侍講學士。六月，進本院學士。七月，命教習庶吉士。

公自釋褐至是，論資不十年，位列清華，擢用不次，皆帝心簡在也。甲午〔九〕八月，内翰林秘書院大學士缺人，公名在陪推中。世祖章皇帝破格簡用，使居總師。輿論翕然，僉稱得人。維時海宇清晏，朝廷無事，天子向用儒雅，講求治道，召公入侍，每至夜分。公念知遇之深，盡心啓沃，敷奏必剴切詳明，毫無隱諱，上屢嘉焉。乙未〔一〇〕，上命廷臣條陳安民大計，公於衆議外，密議三條，手疏以進，悉稱上旨。然公有獻納，退輒焚稿，故功在社稷，人鮮知者。上體乾御極，勵精圖治，凡諸建樹，多務嚴明。公從容與上言：『周家開國忠厚，太和翔洽，福祚無窮，卜年八百。』上亟然之。一日，同官以敕書遣内臣事，觸上怒，得罪幾不測。公婉言引咎，上爲霽顔，悉宥之。其蒙寵眷如此。上知公博古績學，如纂修《太祖聖訓》《太宗聖訓》《通鑒全書》，皆命爲總裁官，《賦役全書》命加覆核，《資政要覽》命作後序。蓋禹皋賡載，周召矢歌，聖明洞鑒，已非一日。公學邃於《易》，念天人性命之旨莫備是書，作《易經通注》以進。因太皇太后篤好古人嘉言懿行，作《内則衍義》以進。其潤色黼黻，悉成一代大觀。是年，加太子太保，充殿試讀卷官。四月，改内翰林國史院大學士。丁酉〔一一〕，欽賜玉帶。戊戌〔一二〕，總裁會試，得張貞生等四百名。京察自陳，諭旨有『久參機務，懋著清勤』之褒，加少保，蔭一子入監讀書。八月，又改武英殿大學士兼兵部尚書。

上神明天縱，兼工繪事，歷年頒賜，有山水、竹梅、葡萄、達摩、鍾馗等畫軸，天章雲翰，寵冠一時，其尤异者爲《狀元騎驢圖》。公不慣乘馬，每朝行在，騎一黑驢，命僕執轡徐行。一日，上御樓遥見之，親揮宸翰，爲作小照，題『雲龍山下試春衣』詩於上，改末句爲『狀元歸去驢如飛』，一時太平君臣魚水相得之雅從可想見。

先是，丙申〔一三〕歲聖駕巡行，公扈從，感寒疾。上遣醫調治得痊。及是年春，太皇太后不豫，章奏積八百餘。公三日獨力票完，舊疾復作。二月會試，奉命入闈，力疾衡校，精血大憊，病日增劇。公以皇恩深重，未敢退閑，勉至九月，力益不支，具疏乞骸骨。上慰留再四，不允。十月，乞暫假歸里，上許之。陛辭時，欽賜藥餌，命備途中不時之需。又命學士王公熙傳旨，諭『以養病生子爲急務』。天語春温，如同家人父子，眷注之隆，古未有也。抵里後杜門絶軌，日事調攝，惟冀少瘥，再爲國家宣猷。身卧東山，心戀北闕矣。辛丑〔一四〕，世祖升遐，公聞訃驚仆，死而復蘇者再。趨裝北上，叩謁梓宫，欲效鼎湖攀髯之泣，以伸臣子私情。未幾嘔血數升，偃卧不起，輾轉床褥，延至數載。康熙甲辰〔一五〕，巡撫中丞周公有德，以久病難痊，代爲題請。奉旨在籍調理，不必起用。乙巳〔一六〕四月十九日午時薨於里第，距生前己酉十月十二日子時，年五十有七。遺疏上閣臣，有憾公者中以微語，贈謚致格不行。時無以公情事入告者，使開國鼎元太平宰相身後之恤典缺如，重可惜也。

公爲諸生時，隱然以經綸天下爲志，凡天文、地理、兵農、禮樂、刑法、漕馬諸大政，無不究其窔奥，十三經、二十一史、《通鑒》、《性理》諸書，皆采集精華，手勒成編。仕宦後，躬侍講幄，益單心於學。在公退食，手不釋卷。每承顧問，引經據傳，銜口以對，故聖眷隆重，倍於同僚。書法效歐陽，率更端楷有法，雖在倉卒，點畫不苟，蓋天性方正然也。事二親至孝，待宗族友以愛，與人寬易温和，從無疾言遽色。處同列十餘年，無有見驕矜忌妒之私者。獎掖後進如恐不及，有古大臣休休有容風。聞百姓疾苦，痛切於身，必思拯濟乃已。身爲相臣，食不兼味，衣皆再浣，一如在寒素時。生平絶無嗜好，唯忠愛之心，老而愈篤。彌留時，諄諄如夢中語，皆感君恩恤民隱事，且以圖報未竟之志勖後嗣焉。子一，宅揆，康熙時官行人司司副，清慎有聲，不墜家學。孫四：永綏，陽信縣訓導；永紹，增生；永純，附監生；永綍，平陰縣教諭、候選知縣。

【校注】

〔一〕丙戌：順治三年（一六四六）。

〔二〕丁亥：順治四年（一六四七）。

〔三〕戊子：順治五年（一六四八）。

〔四〕己丑：順治六年（一六四九）。

〔五〕庚寅：順治七年（一六五〇）。

〔六〕辛卯：順治八年（一六五一）。

〔七〕壬辰：順治九年（一六五二）。

〔八〕癸巳：順治十年（一六五三）。

〔九〕甲午：順治十一年（一六五四）。

〔一〇〕乙未：順治十二年（一六五五）。

〔一一〕丁酉：順治十四年（一六五七）。

〔一二〕戊戌：順治十五年（一六五八）。

〔一三〕丙申：順治十三年（一六五六）。

〔一四〕辛丑：順治十八年（一六六一）。

〔一五〕康熙甲辰：康熙三年（一六六四）。

〔一六〕乙巳：康熙四年（一六六五）。

少保星巖公側室劉孺人家傳

庶母劉孺人，生於崇德三年〔一〕，卒於康熙十二年〔二〕。蓋去先嚴之故僅三載〔三〕，去先慈之故僅二載也。孺人家世山西，父劉公，有古人風，尚義氣，好讀太公、孫吴諸書，同里之人恃爲保障。庶母少時，女紅之外，公即教之以臨池説劍，謂异日當擇名世配之。公偶游長安，平子王年伯爲先嚴求之。公曰：『吾女巾幗丈夫也，今誠得名宰相而事之，良不負吾願，而嫡庶非所計也。』及歸先嚴，幽嫻貞静，一言一動允合矩矱。先慈每食，必與之同席，敬若賓客，愛若手足焉，而庶母則益謙抑自牧。嗚乎！庶母豈可於閨閣中求之哉，其於先嚴之變，則矢志柏舟，大節已不可及。迨先慈抱恙，而庶母身任家事，侍奉湯藥，與室人身不解衣者逾月，而不憚其勞，大義尤不可及也。至於先慈弃世，庶母則數日不食，欲同歸以見先人。宅揆泣慰者久之，求以不肖爲念。庶母曰：『我生不辰，少保、夫人又相繼而仙，子失怙恃，吾亦猶失怙恃也。子之無告略與吾同，而何以爲吾解哉。吾婦人耳，後日之事非我事，子當勉力以繼家聲，一二年間，使我得以好音報二人，則幸矣。』迄今一憶其言，其待宅揆之至情又何可忘哉。嗚呼！庶母固視宅揆如子也，天使宅揆不能終以母事之，故於述先慈行誼之餘，揮泪以爲之傳，使庶母之節義與先慈之遺徽〔四〕同一不泯，則先慈與庶母悉不啻長存也。

嫡子宅揆謹志。

【校注】

〔一〕崇德三年：崇禎十一年（一六三八）。

〔二〕康熙十二年：一六七三年。

〔三〕傅以漸卒於康熙四年，距劉孺人之卒已歷八年，此言『三載』，殊不可解。杜立德爲傅以漸撰寫墓志銘時爲康熙八年底（見本書附録《傅以漸墓志銘》），其安葬似應在康熙九年，距康熙十二年正好三年，故此文中『先嚴之故』似指傅以漸安葬之年。

〔四〕遺徽：遺留下來的美德。

皇清誥授奉政大夫晋贈中憲大夫崙西傅公暨元配何恭人繼配楊恭人副室黄恭人合葬墓志銘

賜進士出身奉直大夫、湖南黔陽縣知縣、辛巳乙酉〔一〕湖南鄉試同考官、前翰林院庶吉士、年再侄諸城王金策〔二〕頓首拜撰并書

賜進士出身中憲大夫、户科掌印給事中、前掌廣東道監察御史、翰林院庶吉士、孫婿鳳臺常恒昌〔三〕頓首拜篆蓋

維我國家立政之初，在廷碩輔首以大魁居鼎鉉者，曰東昌少保。少保之子孫世，家學赫奕，於聲望蓋多甚。以予所及聞知，則崙西公爲尤著。公姓傅氏，諱永綍，崙西其字也。傅故江西永豐人，自始祖官冠縣，留一子於聊，遂著籍焉。六傳而至少保公，傳詳《國史》。少保公子曰宅揆，官行人司司副。行人公四子，公其季也。幼端毅，學不屑爲章句，弱冠以優行貢成均，充武英殿校録。乾隆壬申〔四〕，舉京兆。甲戌〔五〕會試，中明通榜，授平陰教諭，課最，擢浙江泰順令，換永嘉，歷權瑞安、樂清及湖、温二府通判事。所至莫不以教孝弟、勤鞫訊、

勸農桑、恤煢獨爲先務，而尤長於弭盜。所獲盜尤巨者，永嘉十，烏程一，航而跳於海者八，民之梗於鄉而盜弄者三十九。猾奸重足，莽伏爲絶。以海疆俸加通判銜，尋擢同知。檄權台州府同知，甫五月卒，時乾隆四十四年七月十八日也，距其生康熙五十三年六月十二日，春秋六十有六。初授奉政大夫，以孫繩勛官贈中憲大夫。元配何宜人、繼楊宜人、副室黄宜人，俱以孫繩勛官贈恭人。何恭人性淑慎，事姑以孝聞，先公卒，卒以乾隆十七年四月二十四日，距其生康熙五十二年十月十九日，享年四十。楊恭人激烈識大體，公之卒，以子幼不獲殉，居常號泣，逾七年，視婚嫁畢，卒殉於柩側，生以雍正十年九月初七日，卒以乾隆五十年十二月十六日，享年五十四。黄恭人生以雍正五年四月十八日，卒以嘉慶二十五年三月二十五日，享年九十有四。其葬郡城南原少保公之兆也。道光十一年二月二十六日，其葬日也。子廷輝，河南候補從九品，封中憲大夫。廷椿，布政司理問。廷松，直隸豐潤縣典史。孫：承勛；繩勛，嘉慶甲戌〔六〕科進士，工部營繕司郎中，前翰林院庶吉士；建勛，郡增生；續勛；繼勛，道光乙酉〔七〕科拔貢，安徽候補知縣；縉勛，典史；繹勛。曾孫：浚、濂、沆、淮、沅。銘曰：

於祖無忝孫謀貽，未竟其施非數奇。俾耀於他復其始，於千萬年徵此石。

【校注】

〔一〕辛巳：指道光元年（一八二一）。乙酉：指道光五年（一八二五）。

〔二〕王金策（一七七四—一八二三）：字中之，號香杜，諸城縣（今屬山東）人。嘉慶二十一年（一八一六）舉人，次年聯捷二甲第六十四名進士，選庶吉士，改任湖南黔陽縣知縣。在任十餘年，政績卓然。丁父憂，後補甘肅隴西縣知縣，以强項稱。年四十九卒，士民哀之。工詩文，著有《芷鳳星游》《湘帆紀程》《讀十六國春秋隨筆》等。

〔三〕常恒昌：字修吉，鳳臺（今山西晋城）人。嘉慶十九年（一八一四）甲戌科第三甲第八名進士，改翰林院庶吉士，歷任河南、廣東道監察御史，户科給事中，對時弊多所指陳。後任雲南迤西道管理銅政，升福建按察使、浙江布政使。值英軍攻陷定海、寧波等地，恒昌朝夕組織防禦，總理軍需供應。因戎馬倥傯，積勞成疾，遂辭官回鄉，數年後卒於家。著有《静軒遺稿》等。參見朱保炯、謝沛霖《明清進士題名碑録索引》，上海古籍出版社一九八〇年版，第二七七一頁。

〔四〕乾隆壬申：乾隆十七年（一七五二）。

〔五〕甲戌：乾隆十九年（一七五四）。

〔六〕嘉慶甲戌：嘉慶十九年（一八一四）。

〔七〕道光乙酉：道光五年（一八二五）。

皇清誥封中憲大夫晋贈中議大夫映宸傅公暨配朱淑人合葬墓志銘

賜進士出身、資政大夫、兵部侍郎兼都察院右副都御史、河南巡撫提督全省軍務、前翰林院編修、年愚侄武威牛鑑[一]頓首拜撰并書

賜進士出身、通議大夫、福建按察使司按察使、前掌廣東道監察御史、户科掌印給事中、翰林院庶吉士、愚侄婿鳳臺常恒昌頓首拜篆蓋

公姓傅氏，諱廷輝，字映宸，家世詳公考西齋公墓志[二]。西齋公有丈夫子三，公其長也。公生而岐嶷，最爲西齋公鍾愛。乾隆己亥[三]，西齋公由台州司馬引疾，時公繼妣楊太恭人率公兩弟家居，惟公侍疾，調量藥餌，衣不解帶者數月。西齋公旋於杭州捐館舍，附身附棺，至周且備。扶櫬歸，跋涉二千餘里，哀毁逾恒，公年甫十有八也。未幾，楊太恭人殉節，公痛不欲生。生母黄太恭人在堂，亟圖禄養，入資爲從九品，分發河南。歷署懷慶、歸德府經歷，延津、林縣典史。所至見重上游，得行其志，不以官小自沮。方攝延津，時值滑匪李文成之變，爲守禦計。滑與延津密邇，匪黨四出蹂躪，有難民數千逃至延津城外。賊黨追逐，邑令慮其賺門，閉不納。公泣争曰：『此携男抱女者，皆赤子也，賊追將及，視其死而不救，如衆命何？脱有别故，願身任之。』令乃允。公急諭曰：『速入城！』甫入而賊已至，知有備，循城西去，

遂全活數千人。

在豫需次二十年，念黄太恭人春秋高，請養歸里。孺慕益篤，出告反面，飲食手自烹飪，舞彩戲娱，人以老萊子目之。黄太恭人逝後，躬理西齋公葬事，致哀致敬，人尤以爲難。兄弟友愛，數十年如一日，待猶子教養兼至。伯子歷官中外，仲子令安徽，公戀墓田，不赴養，而作官作人之道，手書誥誡，輒不憚煩。公家累世通顯，行輩又最尊，而謙和性生，接人無貴賤少長，一以誠，不忤物而使物自悟。旋里廿餘年，衆望推重，凡修造渠梁、道路、古刹，靡不借公爲首倡。建立家祠，澤及三族。易簀之日，遠近失聲焉。公生於乾隆二十七年三月二十二日，卒於道光十八年八月初二日，享年七十有七。公配朱淑人，聊邑庠生諱衍詩女，幼失怙，事母鄧太君以孝聞，嫻習詩禮，年十八於歸。相夫子，無違。黄太恭人享年久，諸媳先故，太淑人身兼子職，仰事俯畜，典質殆盡，最得歡心。教二子成名，禄入洊豐，而勤儉一如未貴時。嘗就養，兩至京師，一至歙邑，諄諄以盡心公事、愛惜聲名爲勖，其通曉大義類如此。積勞成疾，卒於道光十一年十一月二十一日，距生於乾隆三十一年十月十八日，享年六十有六。兹卜道光十九年十月十七日，合葬於郡城南少保公塋域之次。

子二：繩勛，嘉慶甲戌〔四〕科進士，翰林院庶吉士、工部主事、軍機章京，洊升浙江鹽運使司鹽運使；繼勛，道光乙酉〔五〕科選拔貢生，朝考一等，授安徽廬江縣知縣。女一，適候補刑部郎中劉同福。孫四：浚，道光丁酉〔六〕科選拔貢生；沅、湝、漶。繩勛等書來乞銘，鑑與繩勛爲甲戌會試同歲生，而相契最深，謂知之莫余悉也，其奚能辭？銘曰：

孝乎孝，友於弟。子克家，隆隆起。五世昌，復其始。阡瀧岡，表視此。

【校注】

〔一〕牛鑑（？—一八五八）：字鏡堂，號雪樵，甘肅武威人。嘉慶十九年（一八一四）進士，選翰林院庶吉士，散館後授編修，旋充國史館協修。道光初年，先充山東鄉試副考官，後丁母憂，又遷御史、給事中，歷山東按察使、陝西布政使等。道光十八年（一八三八）授江蘇布政使，次年擢河南巡撫。道光二十一年任兩江總督，次年因與英軍作戰時指揮不力、率兵敗逃被革職拿問，後獲釋。咸豐年間，曾赴河南參與鎮壓農民軍起義。咸豐八年（一八五八）卒於家。

〔二〕傅永綍：字崙西，號西齋。『西齋公墓志』指前文《皇清誥授奉政大夫晋贈中憲大夫崙西傅公暨元配何恭人繼配楊恭人副室黄恭人合葬墓志銘》。

〔三〕乾隆己亥：乾隆四十四年（一七七九）。

〔四〕嘉慶甲戌：嘉慶十九年（一八一四）。

〔五〕道光乙酉：道光五年（一八二五）。

〔六〕道光丁酉：道光十七年（一八三七）。

映宸傅公家傳

公姓傅氏，諱廷輝，字映宸，山東聊城人，順治丙戌一甲一名進士、大學士少保公之曾孫也。考諱永綍，號西齋，浙江台州府同知、貤贈中憲大夫。妣氏何，繼妣楊，生妣黃，皆贈恭人。公生於平陰學署，美丰儀，讀書通大義，少孤苦，就從九品職，得河南，冀謀禄養。歷署歸德府經歷，延津、林縣典史，而未及真除，上官皆不以末吏待。隨同蔣方伯繼勛〔一〕查賑，條舉章程，爲同事所不及，特器重之。方攝延津，時值嘉慶癸酉〔二〕李文成之變，毗連滑縣。公倡守城議，布置周密，得無虞。難民數千爲賊所追逐，邑令欲不納，公力争使入城，全活無算。且夫縣尉卑官耳，權篆暫時耳，非有社稷民人之寄也，平日越俎而代，魚肉斯民，雖令甲森嚴，有所不恤。洎大難甫起，輒股栗却步，作壁上觀，弃民命若弁髦，以爲則有司存，於我無與者，殆比比然也，而公可爲法於天下矣。

然公初不以此自喜。篤倫理，樂名教，能人所不能。西齋公由平陰教諭令於浙，升台州府同知，忤巡撫王亶望〔三〕，抑鬱致疾，旋殁於杭。楊太恭人携公兩弟方家居，公年未冠，侍疾侍殮，不啻成人。扶柩東還，跋涉二千餘里，抵家後囊空如洗。爲家督措拄維艱，坐是廢學。後七年，楊太恭人以婚嫁畢殉節，公號泣泪盡，繼之以血，眼疾終其身。爲貧而仕，親老，遂決計歸事黃太恭人。先意承志，飲食皆手自調進，依依膝下，歡笑作兒戲狀。黃太恭人壽至九十有四，而公亦行年六十矣，養葬盡禮。以修祠宇、戀墓田不赴二子養。同懷弟二人，垂老友愛，視弟之子猶子。性通脱，不拘拘繁文縟節，待人謙和如一。無貴賤少長，皆樂與公親。而外圓内方，於義利之辨，以介固守，不可干以私。年七十七卒。公抱經濟才，而不竟其用。

子繩勛，以甲戌〔四〕庶常改工部，直樞垣，洊升浙江鹽運使。子繼勛，乙酉〔五〕科選拔貢生，廷試一等，安徽廬江縣知縣。孫五人，伯孫浚，丁酉〔六〕科選貢，舉庚子〔七〕鄉魁。然後知爲善無不報，而孝友之流澤長也。爰次之以爲傳。

楊以增曰：公與先大夫先後請養歸里，性情氣誼大略相同，故投契最深，無三日不過從也。如是者廿年，公以戊戌〔八〕八月二日考終，距先大夫之弃養襄陽甫月餘耳。嗚乎！元伯巨卿〔九〕，誰謂古今人不相及哉！

【校注】

〔一〕蔣繼勛（一七五四—一八二九）：字培元，常熟（今屬江蘇）人。嘉慶十四年至十八年（一八〇九—一八一三），任河南布政使（『方伯』乃明清時對布政使的雅稱），後調安徽布政使，不久辭官返鄉。事見閔爾昌纂録《碑傳集補》。

〔二〕嘉慶癸酉：嘉慶十八年（一八一三）。

〔三〕王亶望（？—一七八一）：山西臨汾人，中舉後捐納知縣，後升任浙江布政使，移甘肅布政使，曾弄虚作假，大肆貪污賑灾銀兩。乾隆四十二年（一七七七），升任浙江巡撫，後迎乾隆帝南巡，極盡鋪張。乾隆四十六年（一七八一），貪污事發被斬。

〔四〕甲戌：嘉慶十九年（一八一四）。

〔五〕乙酉：道光五年（一八二五）。

〔六〕丁酉：道光十七年（一八三七）。

〔七〕庚子：道光二十年（一八四〇）。

〔八〕戊戌：道光十八年（一八三八）。

〔九〕典出《後漢書·獨行傳》：金鄉人范式，字巨卿，少游太學，爲諸生，與汝南人張劭（字元伯）爲好友。二人同時告歸鄉里，范式對張劭説：『兩年後回來，將去拜見您的尊親。』兩年後，二人約定的日期將要到了，張劭準備好酒菜，等候范式到來。張劭的母親認爲范式未必按期赴約，但張劭以爲范式乃『信士』，必不食言。到了約定的日期，范式果然前來，『升堂拜飲，盡歡而别』。

傅母朱恭人家傳

恭人朱姓，爲大司空鼎延公〔一〕六世孫女，自平陰遷聊城。考衍詩，邑庠生。母鄧氏恭人。生而端敏，少失怙，事母以孝聞，針黹之餘，兼通文學，於古今賢孝節義事，尤所究心。年十八歸從九品封中憲大夫映宸傅公。

傅故巨族，舅司馬公方歿，家中落。痛繼姑楊太恭人殉節，哀毀逾恒。封公以生母黃太恭人在堂，急謀升斗，捧檄河南。需次十八年，禄實不足以爲養。伯子繩勛方七歲，女四歲，仲子繼勛猶在襁褓。恭人仰事俯畜，心力俱瘁。遇人急難，仍設法周恤之。妯娣前歿，黃太恭人衣食起居，惟恭人是賴，故最得歡心。伯子癸酉、甲戌[二]連捷成進士，選庶常，乞假歸省，封公乃請養歸里。仲子亦補博士弟子員。女適劉，宜其家。黃太恭人皆及見之。迨黃太恭人弃養，伯子由工部直軍機，仲子以乙酉選貢生，朝考優等，令安徽，禄入洊豐。恭人兩至京，一至歙，惟以盡心職守，無貽先人羞爲勖。不久即言旋，佐封公經營喪葬，盡禮盡哀，戚族推重。待侍妾有恩，撫庶子女如己出，其秀而殤者，尤痛惜焉。恭人積勞成疾，每冬春患嗽，時發時愈。辛卯[三]，伯子出守瓊州，恭人以母鄧在殯，不肯赴養，而疾旋作矣。即於是年十一月卒，年六十有六。

嗟乎！方恭人窮困時，上奉姑，下教子，無一隴之植，中外搘拄，幾二十載。紡織縫紝，炊爨浣濯之事，靡不躬親。至屑糠核雜樹葉爲食，而進於姑者必甘脆是求。饌館師不豐而潔，典質措貸，艱苦備嘗，豈逆料二子之必能繼起遠紹家聲哉！衹以爲所當爲，有如是則安，不如是則不安者，後雖顯榮依然抑損，無一日不在憂患中。此都轉[四]兄弟所以與人言之，輒泫然流涕而不能自已也。恭人卒後，伯子升浙江鹽運使，仲子授安徽廬江縣知縣。孫五人：浚，丁西〔五〕選拔貢生中式，庚子〔六〕科舉人。餘幼。

楊以增曰：吾鄉之稱婦德者，舉恭人爲首，數十年無异詞。余内子與恭人同係朱，而於傅則爲彌甥。都轉又余之總角交也，登堂拜母，知之較詳。余欲慰都轉兄弟之悲，而宣揚母德也，爲叙其梗概如此。

【校注】

〔一〕朱鼎延（一六〇四—一六六八）：字元孚，號嵩若，祖籍直隸宿州，移籍山東平陰，明初遷聊城。崇禎九年（一六三六）舉人，崇禎十六年（一六四三）進士，入清後授禮部主事，歷任按察使、太僕少卿、左右通政、太常寺卿、工部侍郎，後加工部尚書（『大司空』是工部尚書的雅稱）。著有《知年初集》《蘧未庵集》等。

〔二〕癸酉：嘉慶十八年（一八一三）。甲戌：嘉慶十九年（一八一四）。

〔三〕辛卯：道光十一年（一八三一）。

〔四〕清代乾隆以後在長蘆、河東、兩淮、兩廣等地設鹽運司，長官稱『都轉鹽運使司鹽運使』，簡稱鹽運使，雅稱『都轉』。傅繩勛擔任陝西按察使前，曾任浙江、廣東兩地鹽運使，故楊以增稱其爲『都轉』。可知此文寫成於傅繩勛任鹽運使期間，即道光二十年（一八四〇）前後。

〔五〕丁酉：道光十七年（一八三七）。

〔六〕庚子：道光二十年（一八四〇）。

東郡《傅氏族譜》纂修者名單〔一〕

纂修

十一世孫　繩勛

協修

十一世孫　建勛

十一世孫　紀勛

十四世孫　斯涵

校對

十一世孫　縉勛

十二世孫　兆杰

十二世孫　浚

十三世孫　寯安

十三世孫　賡安

參訂

十二世孫　家薰
十三世孫　彤安
十四世孫　斯坒

校刊

十三世孫　權安
十四世孫　斯觀

【校注】

〔一〕此處原題爲『東郡《傅氏族譜》』，『纂修者名單』五字是校注者所加。

凡　例〔一〕

一、世系表次以五世，五世既盡，復以一人引起，遞至無窮世，必五者從服也。

二、表之上復書某派〔二〕、某支者，欲覽之易明也。

三、自三世以後，詳爲三大支。長支率皆無考，三支亦人數無幾。惟二支四百年來子姓蕃衍，間有無嗣者，配某氏下注無嗣。如合葬失傳，合葬某處下無注。〔三〕未逾二十而亡，注早世。未婚娶而亡，注無配。至無可考者，衹載其名。

四、自始祖母李孺人窆穸郡城南祖塋，二世祖廷瑞公、三世祖後泉公、四世祖曉隐公皆合葬於此，餘則大半失考。至五世祖寵吾公，遷葬郡城東北遞運所新塋。肖隐公仍葬南塋。後凡合葬南塋者注合葬郡城南祖塋，合葬北塋者注合葬遞運所。或另遷新塋，去祖塋近者注合葬某處祖塋側，去祖塋遠者注合葬郡城何方鄰近某莊新塋，以後衹注莊名。

五、舊譜中名諱，後輩多有與先輩同字者，理宜恭避，兹俱敬謹酌改，仍以原名注於下，一覽可知。

六、郡南祖塋，自始祖母至四世祖均葬於此。遞運所塋則寵吾公所葬。合族均應於正月按定期祭掃，不到者罰。

七、東關老家祠，始祖母至四世祖神主在焉，合族均應於正月按定期致祭，不到者罰。

八、族中有仕宦旋里及成名者，均應恭詣南北兩塋及老家祠致祭行禮，遲至一月者罰。

九、族中添丁起名及改名者，均應於老家祠內，每年正月行禮日期稟知族長照擬，就十六字按次命定，以免犯複。

一〇、族中無子者，宜於近支過嗣，近支無人則於遠支過嗣，不得過异姓人爲子，違者不入譜。

一一、貧不能葬者，近支房長宜向族中豐裕者酌議資助。

一二、青年撫孤守志貧難自給者，近支房長宜向族中豐裕者酌議周濟，以待其子成立。其守志無子者，宜於近支中擇人承嗣，終養其身。

一三、族中有放蕩子弟，不務正業，或濫充官役者，不齒。

一四、族中有傷風敗俗、靦然無耻、有玷倫常、有辱先人者，出譜。

【校注】

〔一〕原譜各條序號均爲『一』，今依次改爲『一』至『一四』。

〔二〕派：原文作『泒』，據文義改。

〔三〕『間有無嗣者，配某氏下注無嗣。如合葬失傳，合葬某處下無注』：此處原文作『間有無嗣者，合葬某處下無注。如合葬失傳，配某氏下注無嗣』。審其文義，當爲刊刻時語句前後錯亂所致，今予改正。

《傅氏族譜》提綱

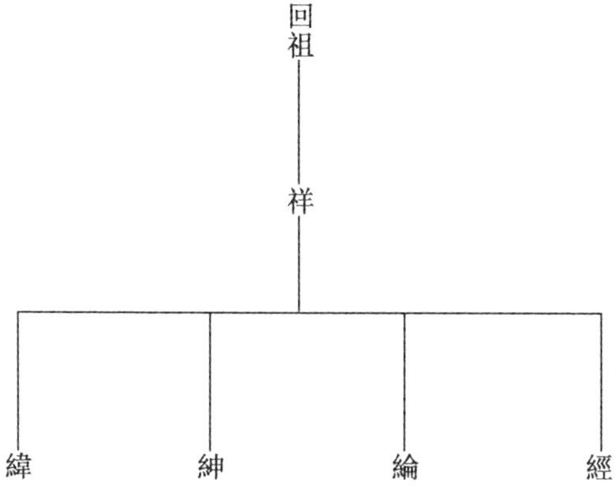

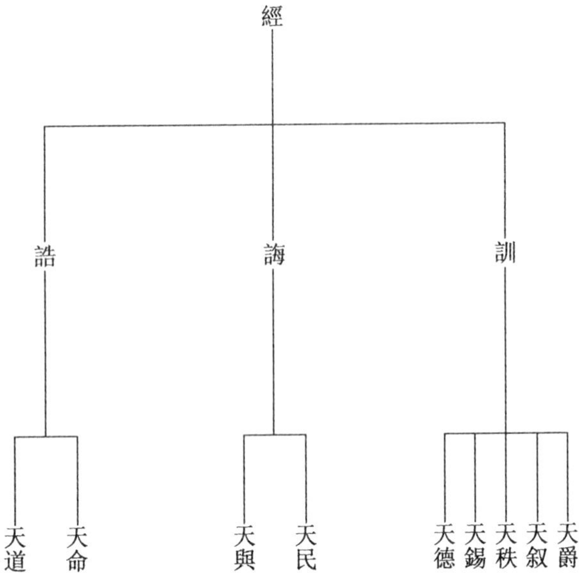
經
誥
誨
訓
天道
天命
天與
天民
天德
天錫
天秩
天叙
天爵

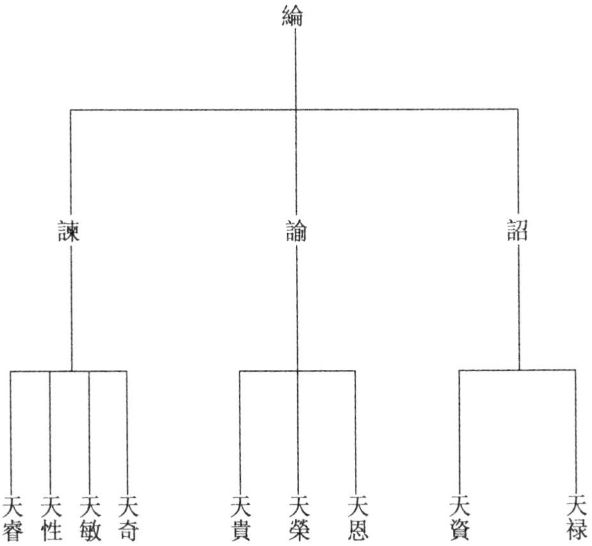
綸
諫
諭
詔
天睿
天性
天敏
天奇
天貴
天榮
天恩
天資
天禄

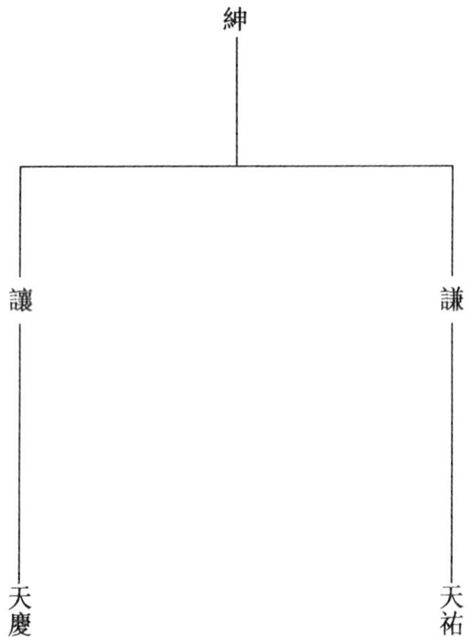
紳
讓
謙
天慶
天祐

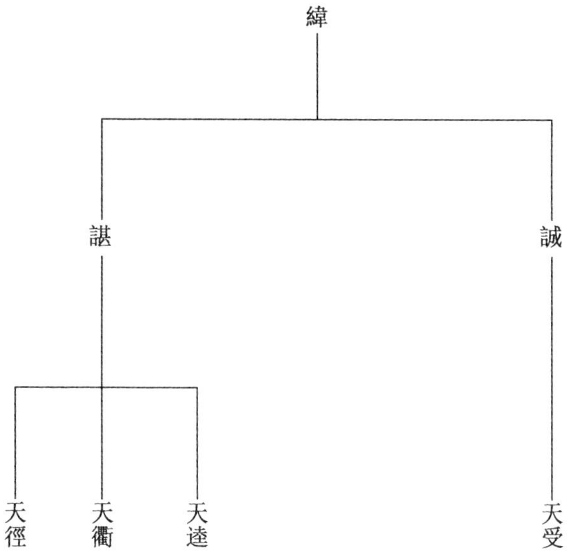
緯
諶
誠
天徑
天衢
天逵
天受

東郡《傳氏族譜》卷首

世系表

世	
一世	始祖**回** 原籍江西吉安府永豐縣。明成化年間任山東東昌府冠縣知縣，敕授文林郎。配李氏，封孺人。子七。按：郡乘載，始祖解組歸，四子從南，三子留北，一居冠縣，一居博平。廷瑞公諱祥者，奉母李孺人居聊城，遂占籍焉。李孺人通堪輿術，郡城南祖塋即孺人自擇，遺命葬此，謂四世之後必有光大吾門者。歷四傳，曉䆃公果以少保公貴。
二世	**祥** 字廷瑞，庠生。配孫氏。合葬郡城南祖塋。子四：經、綸、紳、緯。
三世	**經** 字引之，行一。配劉氏。子三：訓、誨、誥。
四世	**訓** 字洪道，行一。配李氏。子五：天爵、天叙、天秩、天錫、天德。
五世	**天爵** 字古峰，行一。配邱氏。後嗣無考。 **天叙** 字正寰，行二，庠生。配陳氏。子名卿。 **天秩** 字禮峰，行三。配黄氏。子二：思遠、名旺。 **天錫** 字德峰，行四。配宋氏。後嗣無考。 **天德** 字謹吾，行五。配謝氏。後嗣無考。

（續表）

一世	二世	三世	四世	五世
		綸 字理之，號後泉，行二，庠生。配母氏。合葬郡城南祖塋。子三：詔、諭、諫。	**誨** 字次齋，行二。配□氏。子二：天民、天與。	**天民** 字希尹，行一。配張氏。子思美。
				天與 後嗣無考。
			誥 字洪齋，行三。配□氏。子二：天命、天道。	**天命** 後嗣無考。
				天道 後嗣無考。
			詔	
			諭 此三位後詳爲三大支。	
			諫	
		紳 行三。配□氏。子二：謙、讓。	**謙** 行一。配□氏。子天祐。	**天祐** 行一。配□氏。子二：思艾、思武。

（續表）

世代	
一世	
二世	
三世	**緯** 行四。配曲氏。子二：誠、諶。
四世	**讓** 行二。配□氏。子天慶。 **誠** 行一。配□氏。子天受。 **諶** 行二。配李氏，繼陳氏。子三：天逵、天衢、天徑。
五世	**天慶** 後嗣無考。 **天受** 後嗣無考。 **天逵** 後嗣無考。 **天衢** 字近庵，行二。配張氏。子二：思全、思斌。 **天徑** 後嗣無考。

六世

天叙子 **名卿**
行一。後嗣無考。

天秩子 **思遠**
字近泉，行一。配劉氏。後嗣無考。

天秩子 **名旺**
行二。後嗣無考。

天民子 **思美**
字小峰，行一。配陳氏。後嗣無考。

天祐子 **思芰**
後嗣無考。

天祐子 **思武**
後嗣無考。

天衢子 **思全**
行一。配安氏。後嗣無考。

（續表）

六世
天衢子　**思斌** 行二。後嗣無考。

以上三世之四大支，長、三、四支率皆無考，以明季流賊之亂，避難四方，故世系俱湮没失傳。

卷首終。

長支

世	
四世	**綸長子　詔** 字徵庵，行一。配李氏。 子二：天禄、天資。
五世	**天禄** 後嗣無考。 **天資** 字敏吾，行二。配彭氏。 子四：思忠、思孝、思廉、思節。
六世	**思忠** 字紹吾，行一。配房氏。 後嗣無考。 **思孝** 字孺慕，行二，增生。 配陳氏，繼馮氏。後嗣無考。 **思廉** 字望吾，行三。配虞氏， 繼崔氏、王氏。子三：以兑、以升、以孚。
七世	**以兑** 字悦也，行一。配唐氏。 子陛揆。 **以升**
八世	**陛揆** 原名明揆，字虎臣，行一。配石氏。子永烈。 **望揆**

（續表）

世	内容
四世	
五世	
六世	**思節** 行四。配□氏。子二：以咸、霖瑤。
七世	字錫公，行二。配許氏。子望揆。 **以孚** 字世甫，行三。早世。 **以咸** 字其輔，行二，附監生。配□氏。子二：虞揆、殿揆。 **霖瑤** 字蘊多，行三，庠生。配□氏。後嗣無考。
八世	原名旺揆，字玉臣，行一。配張氏。子永儀。 **虞揆** 字帝臣，行二。配□氏。子二：永毓、永琪。 **殿揆** 字廷臣，行四。配□氏。子永配。

九世	十世	十一世	十二世	十三世
陞揆子 **永烈** 字名遠，行一。配于氏。子四：嘉爰、嘉亨、嘉利、嘉貞。	**嘉爰** 字善長，行一。配崔氏。後嗣無考。			
	嘉亨 後嗣無考。			
	嘉利 後嗣無考。			
	嘉貞 後嗣無考。			
望揆子 **永儀** 原名永義，字宜庵，行一。配李氏。子嘉康。	**嘉康** 後嗣無考。			
虞揆子 **永毓** 字松如，行一，太學生。配鄧氏。合葬邵家莊新塋。子世連。	**世連** 字重商，行一。配錢氏。合葬邵家莊。子文焕。	**文焕** 行二。配劉氏。子笙五。	**笙五** 行七，無配。	
虞揆子 **永琪**				

（續表）

世系	
九世	原名永奇，字希如，行二。配張氏，無出。 殿揆子 **永配** 行一。配□氏。子世昶。
十世	**世昶** 原名世瑞。後嗣無考。
十一世	
十二世	
十三世	

卷一終

東郡《傅氏族譜》卷二（上）〔一〕

二支

世	
四世	**綸次子 論** 字汝克，號曉聰，行二，庠生。誥贈光禄大夫、少保兼太子太保、內翰林國史院大學士。配趙氏，誥贈一品夫人。合葬郡城南祖塋。子三：天恩、天榮、天貴。此三位後復詳爲三大支。
五世	**天恩** 字予德，號寵吾，行一，庠生。配王氏。合葬郡城東遞運所新塋。子四：思仁、思義、思禮、思智。
六世	**思仁** 字心宏，行一，庠生。配張氏。合葬遞運所。子二：以乾、以晋。
七世	**以乾** 字元元，行一，庠生。配鄧氏。合葬遞運所。子作礪。 **以晋** 字康侯，行四，庠生。配張氏。合葬遞運所。子三：作揆、銓揆、亮揆。
八世	**作礪** 字金用，行一，庠生。配趙氏。合葬郡城南五鄉杜迤南新塋。子四：永昭、永江、永譽、永幹。 **作揆** 字景説，行一，庠生。配宋氏。合葬郡城南李海務東南宋家莊新塋。子四：永祐、永祺、永祚、永禧。 **銓揆** 字諫説，行二。配李氏。子永順。

（續表）

四世	五世	六世	七世	八世
		思義 字完貞，行二，壽官。以孝友著，郡守岳公和聲表其閭曰：『孝友可風。』王公從義旌之曰：『孝行。』同邑許吏部其進爲立傳，載縣志。[二]《少保星巖公年譜》[三]内載：『少年讀書時，束脩衣食俱係伯父完貞公資給，全不知有貧賤之苦，如此者十二年，至伯父卒方止。』云云。配左氏。合葬遞運所。子以泰。	**以泰** 字大來，行二，庠生。配□氏。合葬遞運所。子二：作雨、作梅。	**亮揆** 字寅工，行三，郡增生。配任氏，繼許氏。合葬遞運所。子永光。 **作雨** 字雲興，行二，歲貢生。濟南府臨邑縣訓導，敕授修職佐郎。配白氏，繼王氏，敕封孺人。子五：永甯、永顯、永揚、永達、永通。 **作梅** 字調羹，行三，庠生。配杭氏，繼陳氏。合葬遞運所。子永弼。

（續表）

世	
四世	
五世	
六世	**思禮** 字完初，行三，應貤贈徵仕郎、行人司司副。配姚氏，應貤贈孺人。合葬遞運所。子以兼。 **思智** 字心鏡，行四，庠生。配郭氏。合葬遞運所。子以坤。
七世	**以兼** 原名以謙，字君常，行三，庠生。應貤贈徵仕郎、行人司司副。配王氏，繼馬氏、李氏，應貤贈孺人。合葬遞運所。子二：保揆、宅揆。宅揆出嗣以漸。 **以坤** 字承鉉，行五，庠生。敕贈文林郎、山西大同府山陰縣知縣，鄉飲大賓。配李氏，繼商氏，敕贈孺人。合葬遞運所。子七：正揆，李出；百揆、延生、徐揆、岳揆、啓揆、沃揆，商出。延生出嗣以豫。
八世	**保揆** 字式克，行一，庠生。配姜氏，繼宋氏。合葬遞運所。子二：永健、永奠。 **正揆** 字碩臣，號華瞻，行一，康熙癸卯科舉人，壬戌科進士[四]。歷任山西大同府山陰縣知縣、甘肅鞏昌府禮縣知縣，敕授文林郎，又貤贈文林郎、四川潼川府遂寧縣知縣。配劉氏，繼于氏、葛氏，敕封孺人。

（續表）

四世	五世	六世	七世	八世
				合葬遞運所。子五：永禎、永詳，于出；永祄、永禥、永佑，葛出。 **百揆** 字奭臣，行二，廩貢生。候選訓導，例授修職佐郎。配郭氏，例封孺人。子五：永濬、永瑞、永錦[五]、永哲、永汶。 **徐揆** 原名叙揆，字次臣，行四。配馬氏。子三：永暉、永列[六]、永昇。 **岳揆** 字虞臣，行五，庠生。配顧氏，繼薛氏、錢氏。合

世次	
四世	
五世	**天榮** 字肖隗，行二。誥贈光禄大夫、少保兼太子太保、內翰林國史院大學士。配王氏，誥贈一品夫人。合葬
六世	**思恭** 字心莊，行一。配宋氏。 **思敬** 字心海，行二。誥贈中憲大夫、詹事府少詹事兼內
七世	**以恒** 字久常，行一。配李氏。合葬郡城南祖塋。嗣子端揆。
八世	葬遞運所。子二：永言、永年，錢出。 **啓揆** 字弼臣，行六，歲貢生。候選訓導，例授修職佐郎。配馮氏，繼楊氏，例封孺人。合葬遞運所。子永伸，楊出。 **沃揆** 字忠誨，行七。配馮氏。合葬遞運所。子永溥。 **端揆** 字正子。早世。

（續表）

四世	五世	六世	七世	八世
	郡城南祖塋。子五：思恭、思敬、思明、思聞、思欽。	翰林國史院侍讀學士，晉贈光禄大夫、少保兼太子太保、内翰林國史院大學士。配李氏，誥贈恭人，晉贈一品夫人。合葬郡城南祖塋。子二：以恒、以漸。	**以漸** 字于磐，號星巖，行二。順治乙酉科舉人，丙戌科一甲一名進士，授内翰林弘文院修撰，歷任國史院侍講，左春坊左庶子，内翰林秘書院侍讀，秘書院侍講學士，詹事府少詹事，内翰林國史院侍講學士，秘書院國史院大學士，少保兼太子太保，兵部尚書，武英殿大學士，丁亥科會試同考官，戊戌科會試總裁。誥授光禄大夫，欽賜祭葬，崇祀鄉賢。國史、郡志俱有傳。翰林宋公弼	**宅揆** 字默庵，行二。敕授徵仕郎、行人司司副，誥贈承德郎、浙江温州府永嘉縣知縣加通判銜，晉贈奉政大夫、浙江台州府同知，例貤贈通奉大夫、雲南布政使司布政使。配許氏，繼耿氏，敕封孺人，誥贈宜人，例貤贈夫人。副鄭氏、杜氏，應封孺人；許氏，敕封安人，誥贈宜人，例貤贈夫人。合葬郡城南祖塋。子四：永綏，元許出；永紹，鄭出；永純，杜出；永綍，副許出。

（續表）

四世	五世	六世	七世	八世
			爲立傳。著有《狐白解》《太史名篇》《中規篇》《易經通注》《内則衍義》《詩經禮記春秋題説》《貞固齋四書制義》《易經制義餘》，著作甚富，悉毀於火，惟《四書易經制義》存於家。配虞氏，誥封一品夫人。副劉氏，嗣嫡子宅揆爲立傳。合葬郡城南祖塋。子端揆出嗣以恒，嗣子宅揆。	
		思明 字心齋，行三。配金氏。子以豫。	**以豫** 字介石，行二，官監生。候選知縣，例授文林郎。配秦氏，繼朱氏，例封孺	**延生** 字元臣，行三，康熙丙寅[七]科拔貢生，候選教諭，例授修職郎。配耿氏，例

（續表）

世	
四世	
五世	**天貴** 字吉五，行三，壽官。配黃氏。子二：思温、思進。
六世	**思聞** 原名思文，字心我，行四。配閆氏。 **思欽** 原名思讓，字心和，行五。配孫氏。 **思温** 原名思誠，行七。配杜氏。 **思進** 字心一，行八，庠生。配徐氏。子若悦。
七世	人。嗣子延生。 **若悦** 原名以富，字來之，行四，庠生。配任氏。子商揆。
八世	封孺人。子三：永澄、永清、永澤。 **商揆** 原名宗揆，字濟唐，行一。配陳氏。子永治。

九世

作礪子　永昭

字朗九，行一，庠生。配錢氏，繼郭氏、王氏、石氏。合葬五鄉杜。子三：世孟、世璋、世統。世統出嗣永幹。

十世

世孟

字開先，行一。配馬氏，繼徐氏。合葬五鄉杜。子三：崧齡、柏齡、楷齡。

世璋

字梅友，行三。配顧氏。合葬五鄉杜。子二：鶴齡、圭齡。

十一世

崧齡

早世。

柏齡

字節庵，行二。配齊氏。合葬五鄉杜。子朝梁。

楷齡

行三〔八〕。配張氏，繼馬氏。合葬五鄉杜。子朝楨。

鶴齡

字松年，行一。配曲氏。合葬五鄉杜。子二：朝楹、朝樞。

十二世

朝梁

無配。

朝楨

字公幹，行一。配陳氏。合葬五鄉杜。子三：甸安、寵安、撫安。

朝楹

字叶庵，行一。配張氏。合葬五鄉杜。子二：景安、伊安。

十三世

甸安

字廣亭，行一。配許氏。嗣子斯立。

寵安

字仰之，行二。配楊氏。子三：斯立、斯塽、斯塾。斯立出嗣甸安。

撫安

無配。

景安

無配。

伊安

（續表）

九世	十世	十一世	十二世	十三世
			朝樞 字璣衡，行二。配韓氏，合葬五鄉杜。子四：同安、評安、載安、苐安。	**同安** 字會廷，號和齋，行一。配李氏，繼苗氏。合葬五鄉杜。嗣子斯瑄。 **評安** 字坦修，號均堂，行四。配劉氏。合葬五鄉杜。子斯瑄出嗣同安。 **載安** 庠名汝洋，字德持，號同博，行五，庠生。配白氏，合葬五鄉杜。子二：斯聃、斯馨。 **苐安** 字錫五，號慶臨，行六。配陳氏。合葬五鄉杜。

（續表）

九世	作礪子 **永江** 字獻珍，行二，庠生。配耿氏，繼富氏、張氏。合葬遞運所。子二：世業、世範。
十世	**世業** 字丕承，行一。配張氏。合葬遞運所。子喬齡。 **世範** 字陶庵，行六。配魏氏，繼閆氏、劉氏。合葬遞運所。子三：克文、克禹、克湯。
十一世	**圭齡** 原名桂齡，字遐年，行二。配張氏。合葬五鄉杜。子朝棋。 **喬齡** 早世。 **克文** 字聖翼，行一。配任氏。子二：洪柱、砥柱。 **克禹** 原名克武，字建功，行二。配任氏。 **克湯** 原名克斌，字聖章，行三。配劉氏。
十二世	**朝棋** 早世。 **洪柱** **砥柱**
十三世	

（續表）

九世	十世	十一世	十二世	十三世
作礪子　**永譽** 字文遠，行三，庠生。配耿氏。子二：世叜、世則。	**世叜** 原名世爵。 **世則** 原名世禄，行二。配王氏。無嗣。			
作礪子　**永幹** 字貞子，行四，庠生。配趙氏，繼李氏。合葬遞運所祖塋側新塋。嗣子世統。	**世統** 字耀宗，行四，恩生。配劉氏。合葬遞運所祖塋側。子遐齡。	**遐齡** 字彭比，行一。配王氏，繼郭氏。合葬遞運所祖塋側。子賓柱，郭出。	**賓柱** 原名朝柱，字廷棟，行一。配薛氏。合葬遞運所祖塋側。子二：位安、存安。	**位安** 字素齋，行一，奉祀生。配李氏。合葬遞運所祖塋側。嗣子斯墉。 **存安** 字誠齋，行二。配任氏，繼孫氏。子二：斯墉、斯坫。斯墉出嗣位安。
作揆子　**永祐** 字篤伯，行一，郡庠生。配趙氏，繼田氏。合葬宋	**世睪** 原名世澤，字德普，行一，太學生。候選州同，	**開基** 字西岐，行一，太學生。配劉氏，繼許氏。合葬宋	**秉鈞** 字衡平，行一。配王氏，繼楊氏。合葬宋家莊。嗣	

九世	家莊。子二：世罣、世瑩。
十世	例授宣德郎。配聞氏，繼李氏，例封安人。合葬宋家莊。子二：開基，聞出；懷珵，李出。
十一世	家莊。子四：秉鈞、兆能、兆嵩，劉出；兆嶽，許出。
十二世	孫斯行。 **兆能** 原名秉鉉，字海長，行二，庠生。配陳氏，繼王氏。合葬宋家莊。嗣子畣安。 **兆嵩** 原名秉釗，字青也，行三，太學生。配吕氏，繼秦氏。合葬郡城南祖塋側新塋。子相安，吕出。 **兆嶽** 原名秉銘，字湯錫，一字商盤，行四。配田氏，繼鄭氏、劉氏。合葬宋家莊。子瑾安，劉出。
十三世	**畣安** 字立軒，行二。配譚氏。合葬宋家莊。子二：斯璜、斯珏。 **相安** 庠名京樹，字魯源，郡增生。配韓氏。合葬郡城南祖塋側。子三：斯聯、斯行、斯登。斯行出嗣秉鈞。 **瑾安** 字連城，行二。配姚氏。合葬宋家莊。

（續表）

九世	十世	十一世	十二世	十三世
		懷理 字聖璽，行三。配李氏。合葬宋家莊。子二：兆鐸、兆錞。	**兆鐸** 字振宇，行五。配張氏。合葬宋家莊。子旃安。	**旃安** 字佩旌，行一。配李氏。合葬宋家莊。子二：斯璧、斯堵。
			兆錞 字警衆，行六。配曾氏。合葬宋家莊。子四：木安、崙安、偲安、怡安。崙安出嗣兆能。	**木安** 字上林，行一。配梁氏。嗣子斯塹。 **偲安** 字勉亭，行三。配劉氏。子二：斯埠、斯塹。斯塹出嗣木安。 **怡安** 字春旭，行四。配扶氏。嗣孫樂鉦。
	世瑩 原名世榮，字德華，行	**文基** 原名成基，字乘龍，行	**秉獻** 原名秉泰，字履庵，行	**近安** 原名進安，字慎修，行

（續表）

世	
九世	
十世	二。配李氏，繼聶氏。合葬宋家莊。子三：文基、振基、丕基，李出。
十一世	一。配李氏，繼王氏。合葬宋家莊。子秉嶽，李出。 **振基** 字麟趾，行三，太學生，恩榮九品。配王氏，繼宋氏。合葬郡城北洪官屯新塋。子二：秉得、秉盛。
十二世	七。配王氏，繼曾氏。子近安，曾出。 **秉得** 字光陽，行一。配王氏。合葬洪官屯。子二：體安、運安。 **秉盛** 字光軒，行二。配王氏。合葬洪官屯。子弟安。
十三世	一。配劉氏。子斯壎。 **體安** 字舒齋，行一。配劉氏，繼劉氏。合葬洪官屯。嗣孫樂鈇。 **運安** 字夢卜，行二。配王氏，繼馬氏。合葬洪官屯。 **弟安** 原名第安，字遇隆，號止喬，行三。太醫院醫士，例貤贈修職郎。配謝氏，例貤贈孺人。合葬洪官屯。子二：斯淵、斯涵。

（續表）

世	
九世	作揆子　**永祺** 字貞吉，行二，庠生。配歸氏。合葬宋家莊。子三：嘉善、嘉猷、嘉鄘。
十世	**嘉善** 字興賢，號懿德，行一，太學生。考授登仕郎，候選吏目，敕贈武略佐騎尉、江南江淮衛領運千總。配許氏，例封孺人，敕贈安人。合葬李海務迤北新塋。子五：宗堯、宗舜、宗禹、宗文、宗傅。
十一世	**丕基** 原名興基，字念祖，行四。配連氏。子秉元。 **宗堯** 字欽廬，號統天，行一。捐授領運千總，敕贈武略佐騎尉、江南江淮衛領運千總。爲人輕財好施，督學李公因培、郡守蔡公學頤、邑令周公籓，給匾旌獎。[一〇]配左氏，例封安人，敕贈安人。合葬李海務迤北。子二：兆綝、兆樞。
十二世	**秉元** 原名秉錫，乾隆四十六年父子出居關東。 **兆綝** 仕名兆林，字蔭長，號雲軒，行一。乾隆乙酉[九]科武舉，江南江淮衛領運千總，敕授武略佐騎尉。配余氏，繼李氏、李氏，敕封安人。合葬李海務迤北。子三：慧安、熙安、煦安。 **兆樞** 字北辰，號鈞齋，行二，武庠生。敕贈文林郎；江蘇蕭縣，四川鹽源、射洪、
十三世	**慧安** 庠名京然，字果亭，行一，武庠生。配翟氏，子斯城。 **熙安** 字康亭，行二，庠生。配汪氏。 **煦安** 字曉亭，行六。早世。 **芮安** 原名京烺，字青藜，行一。貤封文林郎、江蘇蕭縣知縣。配蕭氏，繼王氏，

（續表）

世	
九世	
十世	
十一世	
十二世	南充、巴縣知縣。配丁氏，敕贈孺人，副殷氏。子六：芮安、勵安、魯安、遜安，丁出；愼安、儼安，殷出。愼安出嗣兆檜。
十三世	貤封孺人。合葬李海務迤北。子斯堃。 **勵安** 庠名京英，字毅亭，武庠生，行二。配徐氏，繼閆氏。子三：斯型、斯埰、斯壇。 **魯安** 仕名京煇，字耀亭，號松嶠，行三。嘉慶庚申科舉人，乙丑科進士[一]，歷任江蘇蕭縣，四川鹽源、射洪、南充、巴縣知縣。己丑[二]科四川鄉試同考官，軍功加一級，敕授文林郎。配姚氏，敕封孺人，

（續表）

九世	十世	十一世	十二世	十三世
				葬城南李海務迤南河窪新塋。子四：斯坒、斯圻、斯堉、斯筠。 **遜安** 庠名京煒，字曉山，行四，武庠生。配李氏。子二：斯堈、斯坪。 **儼安** 字玉墀，行六。配逯氏。子斯坽。

（續表）

九世	十世	十一世	十二世	十三世
		宗舜 字紹唐，號御天，行二。候選兵馬司副指揮，例授宣德郎。配紀氏，繼荆氏，例封孺人。合葬李海務迤北。子四：兆橦，紀出；兆楨、兆植、兆森，荆出。	**兆橦** 原名兆桐，字嶧陽，號琴選。配武氏。合葬李海務迤北。嗣子煃安。	**煃安** 原名京煃，行一。配王氏。合葬李海務迤北。子斯坊。
			兆楨 字維周，號幹亭，行二。配舒氏，繼王氏。合葬李海務迤北。嗣子燧安。	**燧安** 原名京燧。配□氏。葬李海務迤北。子斯爍。
			兆植 字健亭，號净軒，行三，太學生。配劉氏，繼楊氏。合葬李海務迤北。子二：煃安，劉出；燮安，楊出。煃安出嗣兆橦。	**燮安** 字子調，行五。配胥氏。
			兆森 字繁茂，號蕭軒，行四。	**烇安** 原名京烇，行二。配丁氏。

（續表）

世	
九世	
十世	
十一世	**宗禹** 字疏九，號光天，行三。候選主簿，例授登仕郎。配辛氏，例封孺人。合葬李海務迤北。子兆楹。 **宗文** 字有聲，一字純天，號竹溪，行五，歲貢生。候選訓導，例授修職佐郎。配史氏，例封孺人。合葬李海務迤北。子二：兆階、兆檜。
十二世	配邵氏，繼趙氏、李氏。合葬李海務迤北。子三：烇安、燧安，趙出；爞安，李出。燧安出嗣兆楨。 **兆楹** 字鈞衡，號叶庵，行一，武庠生。配梁氏，繼黃氏。子二：寰安、宇安，梁出。宇安出嗣兆階。 **兆階** 原名兆楷，字端直，號仰山，行一。配羅氏。合葬李海務迤北。嗣子宇安。 **兆檜** 字楫舟，號耐寒，行二。配王氏。合葬李海務迤北。
十三世	**爞安** 原名京爞，行四。 **寰安** 行八。配劉氏。子斯侃。 **宇安** 行二。配許氏。子斯垮。 **慎安** 字寅工，行五。配楊氏，繼劉氏。子二：斯垠、斯

（續表）

世	
九世	
十世	**嘉猷** 字俊賢，行二，壽官。配周氏。合葬宋家莊。子宗時。
十一世	**宗傅** 字欽承，號樂天，行十，太學生。配趙氏。合葬李海務迤北。子二：兆機、兆檈。 **宗時** 字律天，行一。配李氏。合葬宋家莊。子二：兆蓉、兆棶。
十二世	嗣子慎安。 **兆機** 字成遠，號謹齋，行一，太學生。配段氏。合葬李海務迤北。子二：京安、權安。權安出嗣兆檈。 **兆檈** 字紋木，號繡庵，行二，庠生。配胡氏，繼田氏。合葬李海務迤北。嗣子權安。 **兆蓉** 原名兆榕，行一。配姚氏。合葬宋家莊。子醇安。 **兆棶**
十三世	墫，楊出。 **京安** 原名京煐，字泰軒，行一。候選從九品，例封登仕佐郎。配劉氏，例封孺人。子五：斯塘、斯均、斯堳、斯域、斯塏。 **權安** 庠名京焞，字荔峰，行二，庠生。配馮氏。子斯垣。 **醇安** 字太和，行三。配崔氏。子斯藝。 **優安**

（續表）

世代	
九世	
十世	**嘉郕** 原名嘉成，字美之，號象賢，行四，恩生。配王氏。合葬宋家莊。子四：宗孔、宗顏、宗庸、宗輿。
十一世	**宗孔** 字東魯，行一。配吴氏。合葬宋家莊。 **宗顏** 字希淵，行二。配李氏。合葬宋家莊。子兆柄。 **宗庸** 原名宗思，字道傳，行三。配王氏。合葬宋家莊。 **宗輿** 原名宗孟，字又可，行四。配陳氏，繼張氏、段氏。合葬宋家莊。子兆標，段出。
十二世	行二。配田氏。合葬宋家莊。子優安。 **兆柄** 行一。配□氏。合葬宋家莊。子二：省安、昀安。 **兆標**
十三世	**省安** **昀安**

（續表）

九世	十世	十一世	十二世	十三世
作揆子　**永祚** 字子祈，行三，庠生。配彭氏，繼謝氏。合葬宋家莊。子三：世英、世彦，彭出；世瞻，謝出。	**世英** 字超倫，行一，壽官。配羅氏，繼李氏。合葬宋家莊。嗣子宗基。 **世彦** 字尚德，行二，壽官。配田氏。合葬宋家莊。 **世瞻** 字仰庵，行六。配歸氏。合葬宋家莊。子二：肇基、宗基。宗基出嗣世英。	**宗基** 原名宏基，字澤遠，行二。配杭氏，繼李氏。合葬郡城東邵家樓新塋。子二：兆杰、兆楫，李出。兆杰出嗣肇基。 **肇基** 字平久，行一。配李氏，繼孫氏。合葬宋家莊。嗣子兆杰。	**兆楫** 字汝軒，行二。配扶氏。子二：沛安、淳安。 **兆杰** 字漢三，一字採岩，號息軨，行一，庠生。配許氏，繼張氏。子三：終安、効安、勉安。	**沛安** 字澍村，行五。配劉氏。 **淳安** 字古愚，行二。 **終安** 字協居，行一。配張氏，繼蕭氏。子斯玢，蕭出。 **効安** 字襄臣，行二。配潘氏，繼陳氏。子二：斯墠、斯堪，陳出。

（續表）

世次	
九世	作揆子 **永禧** 字禄源，行四。配薛氏。合葬宋家莊。子三：世茂、世龍、世洙。
十世	**世茂** 字雲鵬，行一。配李氏，繼李氏。子三：法志、法程、法孔。
十一世	**法志** 字尚旃，行二。配王氏。子二：兆楓、兆梓。 **法程** 字顥若，行三。配李氏。合葬遞運所。 **法孔** 字宗尼，行五。配許氏。子三：兆彩、兆炯、兆元。
十二世	**兆楓** 行一。配王氏。子疇安。 **兆梓** 行二。配姜氏，繼杜氏。子普安。 **兆彩** 字光亭，行一。配徐氏，繼念氏。
十三世	**勉安** 字勵亭，行三。配任氏。子斯墀。 **疇安** 原名壽安，字長年，號易田，行四。配張氏。子斯塡。 **普安**

（續表）

世	
九世	
十世	**世龍** 字乘六，行二。配李氏。子二：夢齡、彭齡。徙居京城。 **世洙**
十一世	**夢齡** 原名鶴齡。 **彭齡**
十二世	**兆炯** 原名兆耀，字光緒，行二。配曲氏。 **兆元**
十三世	

【校注】

〔一〕原標題爲『東郡《傅氏族譜》卷二』，『（上）』乃校注者所加。
〔二〕參見宣統《聊城縣志》卷八《人物志》。
〔三〕《少保星巖公年譜》未見於其他文獻記載，作者及内容無考。
〔四〕康熙癸卯：康熙二年（一六六三）。壬戌：康熙二十一年（一六八二）。傅正揆，縣志有傳，參見宣統《聊城縣志》卷八《人物志》。
〔五〕永錦：原作『永志』，據後『永錦』條及『諱名已用字』改。
〔六〕永列：原作『永烈』，據後『永列』條及『諱名已用字』改。
〔七〕康熙丙寅：康熙二十五年（一六八六）。
〔八〕三：原文作『四』，依前文齒序改。
〔九〕乾隆乙酉：乾隆三十年（一七六五）。
〔一〇〕參見宣統《聊城縣志》卷八《人物志》。
〔一一〕嘉慶庚申：指嘉慶五年（一八〇〇）。乙丑：指嘉慶十年（一八〇五）。
〔一二〕己丑：道光九年（一八二九）。

九世	銓揆子 **永順** 字繼和，行一。配陳氏。 子二：世固、世隆。 亮揆子 **永光** 字繼美，行一，附監生。 考授儒林郎，候選州同。配 劉氏，例封孺人。合葬郡城 東彭家莊新塋。子嘉會。
十世	**世固** 原名世興。 **世隆** **嘉會** 字昌賢，行一，增生。 配張氏。合葬彭家莊。子 四：懷蓮、懷璘、懷琦、 懷瑜。
十一世	**懷蓮** 庠名懷璉，字行可，行 一，庠生。配周氏，繼薛 氏。合葬彭家莊。子朝枰。 **懷璘** 字公璠，行二。配魏氏。 合葬彭家莊。子朝棨。
十二世	**朝枰** 原名朝平，行一。配王 氏。合葬彭家莊。子二： 協安、常安。 **朝棨** 庠名朝棟，字隆楷，武 庠生。配李氏。合葬彭家 莊。子二：臨安、久安。
十三世	**協安** 行一。配張氏。子二： 斯塄、斯堞。 **常安** 行二。配孫氏。 **臨安** 行一。配李氏。合葬彭 家莊。子二：斯灝、斯 适。斯适出嗣久安。 **久安** 行二。配王氏。合葬彭 家莊。嗣子斯适。

（續表）

九世	十世	十一世	十二世	十三世
		懷琦 一名履泰，字仕可，行三，郡恩生。配阮氏，繼鄧氏。合葬彭家莊。子朝渠。	**朝渠** 原名朝桂，字殿客。配韓氏，繼戴氏。合葬彭家莊。子二：允安、化安，韓出。	**允安** 行一。配張氏。合葬彭家莊。子斯歐。 **化安** 行二。配韓氏，繼張氏。子斯嬴，張出。
		懷瑜 字錦章，行五。配高氏。合葬彭家莊。子二：朝柱、朝橘。	**朝柱** 字盛瑩，行一。配劉氏。合葬彭家莊。子四：剛安、毅安、訥安、鑒安。	**剛安** 行一。配宋氏。合葬彭家莊。嗣子斯潤。 **毅安** 行二。配馬氏。合葬彭家莊。子二：斯坮、斯堤。 **訥安** 行三。配黃氏。合葬彭家莊。子斯壤。

（續表）

世系	族人
九世	作雨子 **永甯** 字德廣，行一。 作雨子 **永顯** 字美含，行三。配張氏。子二：世簏、世守。世守
十世	**世簏** 原名世禄，字在中，行一。配鈴氏。子二：文
十一世	**文瀾** 原名文輝，字燦章，行一。配方氏。子兆梧。
十二世	**朝橘** 原名朝節，行二。配徐氏。合葬彭家莊。子二：殷安、庶安。 **兆梧**
十三世	**鑒安** 行四。配蔡氏。子二：斯潤、斯執。斯潤出嗣剛安。 **殷安** 行一。配王氏。合葬胥王莊新塋。子二：斯垂、斯垤。 **庶安** 原名程安，行二。配任氏。合葬胥王莊。子斯埈。

（續表）

九世	十世	十一世	十二世	十三世
出嗣永揚。	瀾、文芳。文芳出嗣世守。			
作雨子　**永揚** 字名遠，行五。配徐氏。嗣子世守。	**世守** 原名世爵，字華庵，行二。配陳氏。嗣子文芳。	**文芳** 原名文明，字鏡亭，行二。配程氏。子兆杜。	**兆杜** 字惠普，行一。配張氏。嗣子馭安。	**馭安** 配張氏。子三：斯功、斯諒、斯潔。斯諒出嗣秉矩。
作雨子　**永達**				
作雨子　**永通** 行七。配袁氏。子世麒，徙居清平縣。	**世麒** 原名世奇。			
作梅子　**永弼** 字公佑，行一。配梁氏，繼鄧氏。合葬李海務東北小莊後新塋。子二：世繼、世傳。	**世繼** 字遠宗，行一。配鄧氏。合葬李海務小莊後。子叶吉。	**叶吉** 原名恒吉，字可久，行六。配董氏。合葬李海務小莊後。子兆棠。	**兆棠** 行一。配李氏。合葬李海務小莊後。子二：彤安、慰安。	**彤安** 字丹亭，行一。配姜氏，副顧氏。子斯潭，顧出。 **慰安** 字快亭，行三。配郝氏。子斯濯。
	世傳 字魯堂，行二。配任氏。	**來吉** 字其復，行一。配權氏。	**秉矩** 行一。配蔡氏。子馭安	

（續表）

九世	十世	十一世	十二世	十三世
	合葬李海務小莊後。子來吉。	合葬李海務小莊後。子秉矩。	出嗣兆杜，嗣孫斯諒。	
保揆子 **永健** 字象一，行一，附監生。配方氏。合葬遞運所。子二：崇周、崇甒。	**崇周** 原名宗周，字京配，行一，太學生。配任氏。合葬遞運所。子二：鉞、鋸。	**鉞** 字陛揚，行七，武庠生。配彭氏。合葬遞運所。子匯川。	**匯川** 原名成海，行二。配曹氏。合葬遞運所。子二：靖安、閎安。	**靖安** 行一。配宋氏。合葬遞運所。
				閎安 行二。配田氏。合葬遞運所。
		鋸 字耀池，行八。配黃氏。合葬遞運所。		
	崇甒 原名宗武，字丕承，行二，壽官。配蔡氏。合葬遞運所。子二：鐘、鎔。	**鐘** 字振遠，行一，壽官。配陳氏。合葬遞運所。子上游。	**上游** 原名成龍，行一。配馮氏。合葬遞運所。子洽安。	**洽安** 字惠齋，行一，庠生。配鄧氏，繼葛氏。子三：斯瀚、斯堃、斯堦。
		鎔		

（續表）

九世	十世	十一世	十二世	十三世
		字九揚，行二。配劉氏。合葬遞運所。		
保揆子　**永奠**　字安如，行二。配路氏，繼趙氏、李氏。合葬遞運所。子世極。	**世極**　原名世基，字大木，行一。配于氏。合葬遞運所。子二：懷樸、文樸。	**懷樸**　配段氏。合葬郡城北何官屯新塋[三]。子秉荃。 **文樸**　原名德樸。配胡氏。合葬遞運所。子二：秉莓、秉路。	**秉荃**　原名成全。配楊氏。合葬何官屯。 **秉莓**　原名成美。配宋氏。合葬遞運所。子益安。 **秉路**　原名成禄。配王氏。合葬何官屯。	**益安**　配楊氏。子二：斯虔、斯直。
正揆子　**永禎**　字獻河，行一。康熙庚午[二]科舉人，廣西柳州府羅城縣知縣，敕授文林郎。配王氏，敕封孺人，合葬	**廷玉**　字石公，行二，庠生。配朱氏。合葬遞運所。子文浩早世，嗣子文博。	**文浩**　字盈寰，行五，郡庠生。配任氏。合葬遞運所。嗣子際擇。	**際擇**　原名際澤，字遇隆，行三。候選從九品，例封登仕佐郎。配劉氏，例封孺人。合葬遞運所。子凱安。	**凱安**　字周士，行五。配許氏。

九世	十世	十一世	十二世	十三世
遞運所。子四：廷玉、廷珣、廷玢、廷炎。		**文博** 行二。配劉氏。合葬遞運所。子元琨。	**元琨**	
	廷珣 字儀東，行五，壽官。配許氏，副段氏。合葬遞運所。子三：文藻，許出；文在、文薪，段出。	**文藻** 字有章，行一，庠生。配杭氏。合葬遞運所。子二：際庚、際擇。際擇出嗣文浩。	**際庚** 字錫齡，行一，庠生。配劉氏。子迪安。	**迪安** 字廣亭。無配。
		文在 寄居廣東省城。		
		文薪 原名文新，字漢章，行三。配胡氏。		
	廷玢	**文栻**	**元錡**	

（續表）

世次	内容
九世	正揆子　**永詳** 仕名永祥，字聖符，號唯玉，行二。康熙甲午[五]科舉人，江西寧都州瑞金
十世	字月川，行六，壽官。配鄧氏。合葬遞運所。子四：文栻、文博、文杲、文廣。文博出嗣廷玉，文廣出嗣廷立。 **廷炎** 字瑞九，行七。配黃氏。子文彬。 **興祖** 字茂先，行一，郡增生。貤贈修職郎，臨清直隸州武城縣教諭。配王氏，貤
十一世	行一。配□氏，副尤氏。子元錡，尤出。 **文杲** **文彬** 字均亭，行十，歲貢生，嘉慶丁卯[四]科欽賜舉人，戊辰[六]科欽賜國子監學正。敕授修職郎。配李氏，繼吴氏，敕封孺人。子二：際寅、際戊。 **庭芳** 仕名一桂，號芬圃，行一。乾隆乙酉[七]科拔貢生，臨清直隸州武城縣教諭。
十二世	**際寅** 無配。 **際戊** 無配。 **致勤** 庠名志勤，字敬修，行三，庠生。配張氏。合葬趙家園。
十三世	

（續表）

九世

縣知縣，改授青州府諸城縣教諭。敕授文林郎，貤贈修職郎，青州府昌樂縣教諭。又贈文林郎、曹州府教授。配任氏，敕封孺人，又贈孺人。副田氏。合葬郡城南趙家園迤南新塋。子四：興祖、珧祖，任出；廷詮、耀祖，田出。廷詮出嗣永伸。

十世

贈孺人。合葬趙家園。子庭芳。

珧祖

仕名光祖，字暉吉，號晴軒，行三。乾隆辛酉[八]科拔貢生，歷任青州府昌樂縣、登州府招遠縣教諭，曹州府教授，推升翰林院典簿。敕授文林郎。配蘇氏，敕封孺人。合葬趙家園。子四：文薈、文蔚、文莊、文蓮。

十一世

敕授修職郎。配顧氏，敕封孺人。合葬趙家園。子致勤。

文薈

庠名文蕙，字經田，號西溪，行一，歲貢生。候選訓導，例授修職佐郎。配蘇氏，例封孺人。合葬趙家園。

文蔚

字起亭，號香叢，行二，太學生。敕贈宣德郎、安徽六安州州同。配李氏，繼鄧氏、商氏、李氏，敕贈安人。合葬謝家園新塋。子二：秉寬，元李出；

十二世

秉寬

字孟博，號羅峰，行一。乾隆甲寅[九]恩科舉人，大挑知縣，署安徽英山縣知縣，借補六安州州同。敕授宣德郎。配張氏，敕封安人。合葬趙家園。子止安。

十三世

止安

行六。配李氏。

（續表）

世	
九世	
十世	**耀祖** 字裕昆，行四，增生。配王氏，繼任氏。合葬趙家園。子二：文芬、文林。
十一世	秉厚，繼李出。 **文莊** 字章紳，行三，庠生。配朱氏。合葬趙家園。 **文蓮** 字華封，行四。配李氏，合葬謝家園。 **文芬** 庠名文炳，字麟章，行二，庠生。配邵氏。合葬趙家園。子秉慈。 **文林**
十二世	**秉厚** 字敦夫，行二，歲貢生。候選訓導，例授修職佐郎。配鄧氏，例封孺人。合葬謝家園。 **秉慈**
十三世	

（續表）

九世	十世	十一世	十二世	十三世
正揆子 **永祄** 字季受，行三，庠生。敕贈文林郎、四川潼川府遂寧縣知縣。配王氏，敕贈孺人。合葬遞運所北新塋。子四：廷珠、廷琛、廷球、廷璟。	**廷珠** 字乘照，號秋浦，行一。雍正乙卯[一〇]科拔貢生，四川潼川府遂寧縣知縣。敕授文林郎。配王氏，繼王氏，敕封孺人。合葬遞運所北。子二：文偉、文倬，元王出。	字統訓，行七，庠生。 **文偉** 字仲寬，行二。配耿氏。仲寬歿，氏年二十六，家貧親老子俱幼，矢志自守，事翁姑以孝，喪葬盡禮，教二子成立，苦節五十年，卒年七十六歲。合葬遞運所北。子二：元皆、元春。	**元皆** 庠名元楷，字式亭，行一，歲貢生。候選訓導，例授修職佐郎。配孫氏，例封孺人。合葬遞運所北。子二：湄安、澧安。 **元春** 庠名元椿，字瑶岑，行	**湄安** 庠名麟徵，字聖瑞，行一，又行六，庠生。配楊氏。湄歿，氏年二十四，艱貞自矢，供夫主於室，每飯必祭，事翁姑盡孝盡禮，撫二侄如己出。長侄斯觀承嗣。 **澧安** 原名衡徵，字丙岩，行二。配耿氏。合葬遞運所北。子二：斯觀、斯覲。斯觀出嗣湄安。 **賡安** 字臯言，號崧生，又號

（續表）

世代	
九世	
十世	**廷琛** 字晉銘，號檢廬，行三，歲貢生。登州府招遠縣訓導，敕授修職佐郎。配宗氏，敕封孺人。嗣孫元楚。 **廷球** 字鴻賓，號沁園，行四，
十一世	**文倬** 字漢昭，行五，太學生。配王氏。葬遞運所北。子二：元楚、元棟，元楚出嗣廷琛。 **文俶** 字念璞，行六。配田氏。
十二世	三，增生。配母氏，繼葛氏、姚氏。合葬遞運所北。子二：賡安、序安，姚出。 **元棟** 原名元棟，字邦幹，行五。配王氏，繼王氏。子涇安，繼王出。 **元楚** 字翹亭，行四。配□氏。子瀛安。 **元樟** 字馥亭，行三，庠生。
十三世	祝山，行一，庠生。配李氏。子二：斯罿、斯翼。 **序安** 字西堂，號蘭士，行二。 **涇安** 原名禄徵，行三。 **瀛安** 無嗣。 **寓安** 字同甫，行一。配楊氏。

（續表）

九世	十世	十一世	十二世	十三世
	太學生。配梁氏，繼王氏。合葬遞運所北。子二：文俶、文倓，梁出。	合葬遞運所北，嗣子元樟。	配耿氏。合葬遞運所北祖塋側。子四：寓安、定安、寯安、賓安。寯安出嗣文倓。	子斯鵬。
		文倓 字振南，行八。配張氏。合葬遞運所北祖塋側新塋。子元樟，出嗣文俶，嗣孫寯安。		**定安** 字賦之，行二。配許氏。 **賓安** 字寅生，行四。 **寯安** 字庚侯，號鐵峰，行三，庠生。配武氏。
	廷環 字琳圃，行五。配郭氏。合葬遞運所北。子文倈。	**文倈** 字彥修，行七。配耿氏。合葬遞運所北祖塋迤南新塋。子元橦。	**元橦** 原名元桐，字成封，行六。葬遞運所北祖塋迤南。	
正揆子 **永禥** 行四，太學生。配劉氏。子廷燦。	**廷燦**			

（續表）

世系				
九世	正揆子 **永佑** 原名永祐，字聞元，行五，太學生。配張氏。合葬遞運所北祖塋迤南新塋。子二：廷璠、廷璵。	百揆子 **永濬** 字太和，行一，庠生。配杭氏，繼王氏、田氏、左氏。子三：廷度、廷桂、廷芝。		
十世	**廷璠** 字瑲佩，行一。配張氏，繼梁氏、汪氏。合葬遞運所北祖塋迤南。嗣子文奎。	**廷璵** 字魯望，行四。配李氏。合葬遞運所北祖塋迤南。子文奎出嗣廷璠。	**廷度** 字馨遠，行二。配安氏。子二：士戩、士造。	**廷桂**
十一世	**文奎**	**士戩** 字鴻儒，行一。配徐氏。子二：得震、得坎。得震出嗣士造。	**士造** 原名士彥，字顯宗，行二。配張氏。嗣子得震。	**士偉**
十二世		**得坎**	**得震**	
十三世				

九世	十世	十一世	十二世	十三世
	字馨玉，行三。配任氏，繼陳氏。合葬郡城東陳家口迤東新塋。子士偉，任出。	字俊庵，行八。配臧氏。合葬陳家口。		
	廷芝 字振起，行四。配方氏。子士俊。	**士俊** 字傑甫，行一。配李氏，繼李氏。子元訊。	**元訊** 原名尚信。	
百揆子 **永瑞** 字毓秀，行二。配李氏。子二：廷蘭、廷英。	**廷蘭** 字慶庵，行一。配李氏。子二：文炳、文呈。	**文炳** 字如星，行一。配李氏。子培元。	**培元**	
		文呈 原名文成，行二。配周氏。		
	廷英 字含齋，行二。配朱氏。子二：文餘、文舉。	**文餘** 原名文慶，字餘亭，行一。配李氏。		

（續表）

世	人物
九世	百揆子 **永錦** 字可則，行三。配張氏。合葬郡城北傅家海。子廷廣。
	百揆子 **永哲** 字玉鑑，行四。配王氏。子二：廷旂、廷珉。
十世	**廷廣** 字蘭玉，行二。配趙氏，繼張氏。合葬傅家海。子二：文勉、文勵。
	廷旂 原名廷奇，字公珍，行一。配杭氏，繼張氏。子三：文炅、文炤、文月。
十一世	**文舉** 字魁元，行二。配葉氏。子二：元喜、兆喜。
	文勉 原名文魁，字景溪，行一。配李氏。合葬傅家海。
	文勵 原名文利，字義和，行二。配王氏。合葬傅家海。子元徵。
	文炅 原名文明，行一。配王氏。子元簡。
	文炤 原名文恒，行二。配郎氏。
十二世	**元喜** 徙居單縣。
	兆喜
	元徵 原名麟徵，行一。配李氏。子三：泉安、竹安、願安。
	元簡 原名尚簡，字居敬，行一。配陳氏。子清安。
十三世	**泉安** 行一。配孫氏。子斯坂。
	竹安
	願安
	清安 行一。配袁氏。子斯塍。

（續表）

世代	
九世	百揆子 **永汶** 原名永文，字煥章，行五。配田氏。子四：廷訪、廷丞、廷耀、廷棟。
十世	**廷珉** 原名廷德。 **廷訪** 原名廷方，字蘭亭，行一。配王氏。子文朗。 **廷丞** 原名廷成，字玉亭，行二。配耿氏。 **廷耀** 字良弼，行三。配周氏。 **廷棟** 行五。配王氏。子文贇。
十一世	**文月** 行三。配郎氏。子元質。 **文朗** 原名文度，行一。配□氏。合葬郡城西報本堂。 **文贇** 原名文學。徙居直隸廣平縣。
十二世	**元質** 原名尚志。
十三世	

（續表）

九世	十世	十一世	十二世	十三世
徐揆子 **永暉** 原名永輝，字與謙，行一。配張氏，合葬王捲毛莊。子廷璽。	**廷璽** 字良玉，行一。配徐氏。合葬傅家海。子文原。	**文原** 原名文元，字萬章，行三。配王氏。嗣子秉起。	**秉起** 行十。無配。	
徐揆子 **永列** 字憲武，行二。配王氏。				
徐揆子 **永昇** 字憲章，行三。配劉氏。子廷琳。	**廷琳** 行一。配□氏。			
岳揆子 **永言** 字維則，行一。配劉氏，繼謝氏。合葬遞運所。子廷瓛，劉出。	**廷瓛** 字蘭生，行一，壽官。配劉氏，繼李氏。合葬郡城南八里莊新塋。子文告，李出。	**文告** 原名文誥，字成章，行一。配鄧氏，繼孫氏、賀氏。合葬八里莊。子二：維堂、蔭棠，鄧出。	**維堂** 字立中，行一。候選從九品，例封登仕佐郎。配陳氏，例封孺人。合葬八里莊。子三：隨安、遇安、居安。居安出嗣蔭棠。	**隨安** 字從欲，行一。配邢氏。合葬八里莊。嗣子斯聰。 **遇安** 字時軒，行二。候選從九品，例封登仕佐郎。配劉氏，例封孺人。子三：

（續表）

世系	内容
九世	岳揆子 **永年** 字松庵，一字萬九，行二，壽官。配朱氏，繼宗氏。合葬郡城南八里莊新塋。子二：廷琮，朱出；廷榕，宗出。
十世	**廷琮** 字佩玉，號荆峰，行一。配任氏。合葬八里莊前。子三：夢星、夢麟、夢熊。
十一世	**夢星** 原名夢龍，字雲章，行一。配陳氏。合葬八里莊前。子鳳官。 **夢麟** 行二。配顧氏。合葬八里莊前。子鳳翔。
十二世	**蔭棠** 字召如，號慎齋，又號憨泉，行二，庠生。配韓氏。合葬八里莊。嗣子居安。 **鳳官** 原名鳳瑞，行一。配鄧氏。子二：溶安、潾安。 **鳳翔** 行二。配師氏。子址安。
十三世	斯埠、斯聰、斯垌。斯聰出嗣隨安，斯垌出嗣居安。 **居安** 行三。配王氏。嗣子斯垌。 **溶安** 行一。配楊氏。子二：斯場、斯堨。 **潾安** 行二。配姜氏。子二：斯垚、斯堅。 **址安**

（續表）

世代	
九世	啓揆子 **永伸** 字重福，行一，庠生。配馮氏，繼任氏。嗣子廷詮。
十世	**廷榕** 字珍堂，行二，太學生。配陳氏，繼高氏。子二：夢文，陳出；夢苓，高出。 **廷詮** 庠名廷銓，字允衡，一字荷薪，行二，庠生。配張氏，繼張氏。子二：文貫、文萃。
十一世	**夢熊** 行四。配任氏。子二：鳳鳴、鳳岐。 **夢文** **夢苓** 行三。 **文貫** 原名文通，字景素，行一。配張氏。子二：嵩山、嵩綝。 **文萃** 原名文達，字斐文，行二。配薛氏，繼閆氏。子三：嵩菁、嵩封、嵩籬。
十二世	**鳳鳴** **鳳岐** **嵩山** 原名松山，字長青。配王氏，繼宋氏。子睦安。 **嵩綝** 原名松林，字萬青。配景氏。子和安。 **嵩菁** 原名松青，行一。配宋氏。無嗣。 **嵩封**
十三世	**睦安** **和安**

九世

沃揆子 **永溥**

字倫章，行一，太學生。配孟氏。子廷立。

宅揆子 **永綏**

字伯甯，行一，歲貢生。武定府陽信縣訓導。敕授修職佐郎。配杭氏，繼張氏，敕封孺人；副陳氏。合葬郡城南祖塋。子二：青箱，陳出；鴻業，張出。

十世

廷立

字荷天，行一，太學生。配王氏，繼李氏。嗣子文爌。

青箱

字函史，行一，附監生。慷慨好義，嘗拾遺金百，命子訪於通衢，果有錢商裴姓，方以失金欲投河，悉舉而還之，不受報。事載郡乘〔二〕。配許氏。合葬郡城南祖塋。子三：果實、敦實、又實。

十一世

文爌

原名文廣。

果實

字修穎，號輿亭，行一，庠生。配朱氏，繼錢氏。合葬郡城南祖塋。子五：家辰、家駿、崑源，朱出；嶽源、岱源，錢出。

十二世

原名松封，行二。配段氏。無嗣。

嵩籬

原名松籬，行三。配段氏。無嗣。

家辰

庠名家振，字健廬，行一。廩生。配王氏。合葬郡城南祖塋。子二：育安、舒安。

家駿

字象賢，行三，庠生。早世。

崑源

十三世

育安

字太來，行一。配任氏，繼宋氏。

舒安

（續表）

世	
九世	
十世	
十一世	**敦賓** 更名炎，字艮吉，行二，庠生。配耿氏。合葬郡城南祖塋。子三：家撰、家珍、家晟。
十二世	字華池，行五，郡庠生。配王氏。合葬郡城南祖塋。 **嶽源** 原名泰源，行七。配黃氏。子鰲安。 **岱源** 行八。早世。 **家撰** 庠名家傳，字緒廬，行一，庠生。配劉氏。合葬郡城南祖塋。子四：彙安、企安、郅安、勇安。
十三世	**鰲安** 字占魁，行一。 **彙安** 行一。配魏氏。子三：斯現、斯珴、斯瑀。 **企安** 行二。配任氏。 **郅安** 行三。配劉氏，繼王氏。子二：斯玳、斯珪，王出。

世	
九世	
十世	
十一世	**又賓** 字淑佩，行三，太學生。配耿氏。合葬郡城南祖塋。子二：家徵、謌。
十二世	**家珍** 字聘廬，行二，庠生。配李氏，繼王氏、周氏。 **家晟** 字茂廬，行六。配鄧氏。子二：欣安、諴安。 **家徵** 字念廬，行一，郡庠生。早世。 **謌**
十三世	**勇安** 行四。配楊氏，繼蘇氏。子二：斯瑋、斯琅。 **欣安** 行五。配任氏，繼宓氏。子二：斯琭、斯瑛，宓出。 **諴安** 行二。 **金安**

（續表）

九世	十世	十一世	十二世	十三世
			字一士，行一。考授徵仕郎，候選州判。配鄧氏，例封孺人；副楊氏。子金安，楊出。	字麗生，行一。配劉氏。
	鴻業 字鉅公，行二，太學生。配安氏。合葬郡城南祖塋。子二：樸實、桐實。	**樸實** 字仰素，行一。配王氏。合葬郡城南祖塋。子家祴。	**家祴** 原名家英，字邦傑，行一。配杭氏，繼鄧氏。子迺安，鄧出。	**迺安** 行一。配朱氏。子斯穀。
		桐實 字鳳棲，行五。配安氏。合葬郡城南祖塋。		
宅揆子　**永紹** 字伯憲，行二，郡庠生。配朱氏，繼黃氏。合葬郡城南祖塋。子四：書篚、易篚、史篚、詩篚，黃出。	**書篚** 字熙載，行一，郡增生。配劉氏。合葬郡城南祖塋。子恕。	**恕** 原名平福，字原直，行一，太學生。配黃氏。合葬郡城南祖塋。子二：家晏、家繕。	**家晏** 原名家彥，字聖廬，行一。配杭氏。合葬郡城南祖塋。嗣子仲安。	**仲安** 字啓後，號又村，行二。配陳氏。
			家繕	**靜安**

（續表）

九世	十世	十一世	十二世	十三世
	易篦 字畫先，行二，太學生。配黄氏。合葬郡城南祖塋。子三：至文、士文、有文。	**至文** 原名之奇，字天驤，行十，太學生。配顧氏，繼彭氏。合葬郡城南祖塋。子頣，顧出。 **士文** 原名士奇，字景揚，行十一，郡優廩生。配張氏。合葬郡城南祖塋。子二：甡、喆。喆出嗣史篦。	原名家善，字慶餘，行二。配任氏。合葬郡城南祖塋。嗣子静安。 **頣** 又名維屏，字雙珍，行二。候選從九品，例封登仕佐郎。配張氏，例封孺人。子三：伯安、仲安、佐安。仲安出嗣家晏。 **甡** 字甡賓，行一。配李氏。合葬郡城南祖塋。子三：鏡安、萬安、佶安。	字新一，行一。配宋氏。子斯瑀。 **伯安** 字震宫，行一。配臧氏。 **佐安** 字輔清，行三。 **鏡安** 字廣含，行四。配孔氏。子四：斯瑷、斯璞、斯琗、斯瑱。 **萬安** 字福軒，行六。配宋氏。子斯葆。

（續表）

九世	十世	十一世	十二世	十三世
	史篪 行三，郡庠生。配王氏。合葬郡城南祖塋。嗣孫喆。	**有文** 原名有奇，字蘊石，行三。候選從九品，例封登仕佐郎。配孫氏，繼馮氏、王氏、丁氏，例封孺人。合葬郡城南祖塋。子槑，孫出。	**槑** 原名林，字向榮，行八。配李氏。合葬郡城南祖塋。子三：静安、寗安、巽安。静安出嗣家緒。 **喆** 字虞明，行三。配耿氏，繼劉氏。子容安，耿出。	**佶安** 字其昌，行七。配丁氏，繼許氏。子三：斯珺、斯琚、斯珊。 **寗安** 原名清安，字漣溪，行三。配胡氏。 **巽安** 字繹齋，行四。配徐氏，繼鍾氏。 **容安** 又名誠中，字慎堂，行一。衍聖公府屯官。配李氏。子二：斯瓚、斯璣。

（續表）

世次	
九世	宅揆子　**永純**　字德文，行五，附監生。配蘇氏。合葬郡城南祖塋。子三：新猷、宏猷、謨猷。
十世	**詩篚**　原名經篚，字中孚，號玉山，行五，太學生。配朱氏。合葬郡城南祖塋。子文平。 **新猷**　字允升，行一，附貢生。配耿氏，繼宗氏。合葬郡城南祖塋。子五：汝器、汝中、汝良、汝匡、汝爲。
十一世	**文平**　原名平成，字禹功，行一，太學生。配劉氏。合葬郡城南祖塋。子家薰。 **汝器**　字連若，行一，太學生。配耿氏，副劉氏。合葬郡城南祖塋。子兆幾，劉出。 **汝中**　原名汝忠，字進思，行二。配鄧氏。合葬郡城南祖塋。 **汝良**　字房若，行三，郡庠生。配朱氏。合葬郡城南祖塋。子兆枚。
十二世	**家薰**　字羅岩，行一，鄉飲耆賓。配張氏，繼吴氏，副靖氏。子二：謀安，張出；鞠安，靖出。 **兆幾**　字靈趾，行一，壽官。配翟氏，副盛氏。子專安，盛出。 **兆枚**　原名兆梅，行一。配李氏。
十三世	**謀安**　字冬暄，行一。配馮氏。 **鞠安**　字友陶，行二。配李氏，繼梁氏。 **專安**

（續表）

九世	十世	十一世	十二世	十三世
	宏猷 字克壯，行四，庠生。配汪氏。合葬郡城南祖塋。子汝淋。	**汝匡** 原名汝弼，字鄰若，行四。配田氏。合葬懷遠村新塋。子兆梁。 **汝爲** 字立軒，行五。無嗣。 **汝淋** 庠名汝霖，字雨亭，行一，庠生。配朱氏。合葬郡城南祖塋。子兆杞。	**兆梁** 字負棟，行六。配陳氏。子甫安。 **兆杞** 字陛材，行一。配黄氏。合葬懷遠村新塋。子四：秀安、華安、乂安、燕安。	**甫安** 行一。配趙氏。子斯友。 **秀安** 行一。配王氏。子二：斯壓、斯塙。 **華安** 字茂修，行二。配鄭氏。子斯墾。 **乂安** 行三。配張氏。子斯記。 **燕安** 行四。配靳氏。子斯珊。

（續表）

九世	十世	十一世	十二世	十三世
	謨猷 字顯周，行十，太學生。配安氏，繼郭氏。合葬郡城西懷遠村新塋。子汝園。	**汝園** 原名汝元，字蓬萊，行一。候選從九品，例封登仕佐郎。配安氏，繼李氏，例封孺人。合葬懷遠村。子四：兆楠、兆柷，安出；兆棫、兆棋，李出。	**兆楠** 字金山，行一。配錢氏。子二：懿安、審安。 **兆柷** 字嵩年，行二。配賈氏，繼許氏。子暢安，許出。 **兆棫** 行三。配王氏。子盤安。 **兆棋** 字瑞堂，行四。配張氏。	**懿安** 行一，配姚氏。 **審安** 行二，配杜氏。 **暢安** **盤安** 行一，聘任氏。
宅揆子 **永綍**〔一二〕 字崙西，號西齋，行七。乾隆庚午科優貢生，壬申恩科順天舉人，甲戌科明通榜。歷任泰安府平陰縣	**廷輝**〔一三〕 字映宸，行一。分發河南從九品，歷署延津縣、林縣典史，歸德府經歷，敕授登仕郎。方攝延津，	**繩勛**〔一四〕 字接武，號穌軒，又號秋屏，行一，大行二。嘉慶癸酉科舉人，甲戌科進士，翰林院庶吉士，肄習	**浚** 字伯明，號東泉，行一。道光丁酉科拔貢生，庚子恩科第五名經魁，甲辰科進士，吏部主事。配靳氏，子燾安。	**燾安** 字廣照，行一。

（續表）

九世	十世	十一世	十二世	十三世
教諭，浙江泰順、永嘉縣知縣，加通判銜，升任台州府同知。誥授奉政大夫，貤贈中憲大夫，工部郎中，廣東瓊州府、四川夔州府知府，陝西潼商兵備道。應贈通議大夫，浙江、廣東鹽運使司鹽運使，陝西按察使司按察使。例晉通奉大夫，雲南布政使司布政使。配何氏，誥贈宜人，貤贈恭人，例晉贈夫人。繼楊氏，誥封宜人，貤贈恭人，例晉贈夫人。夫人性烈，知書明大義，割肱療姑。公病篤，知必身殉，	時值滑匪之變，邑與滑密邇，難民紛紛逃至城外。賊追將及，邑令慮賺門，閉不納。公泣争，俾盡入城。甫入而賊至，以有備他去，全活者數千人。豫人至今感之。誥封中憲大夫，工部郎中，廣東瓊州府、四川夔州府知府，陝西潼商兵備道。應贈通議大夫，浙江、廣東鹽運使司鹽運使，陝西按察使司按察使。例晉通奉大夫，雲南布政使司布政使。配朱氏，敕封孺人，誥封恭人，例晉贈夫人。合葬郡	國書，武英殿協修，工部虞衡司主事，營繕司員外郎、郎中，提督兩窑廠，軍機處行走，方略館纂修。乙酉、戊子科順天鄉試同考官，廣東瓊州府、四川夔州府知府，陝西潼商兵備道，署陝西布政使司布政使、按察使司按察使，浙江、廣東鹽運使司鹽運使，陝西按察使司按察使，今升雲南布政使司布政使。誥授中憲大夫，晉階通奉大夫。配張氏，誥封恭人，例晉贈夫人。副于氏，妾羅氏。子四：淩，張出；	**沅** 字仲江，號心泉，行二，大行五。聘賈氏。 **漢** 字叔倬，號雲泉，行三，大行九。聘潘氏。 **淮** 字秦生，行四，大行十二。	

（續表）

九世	十世	十一世	十二世	十三世
以子女托，逾七年，婚嫁畢，遂自縊，載郡乘。副黄氏，敕封安人，貤贈恭人，例晉贈夫人。合葬郡城南祖塋。子三：廷輝、廷椿、廷松，黄出。	城南祖塋。子二：繩勛、紀勛。	沅，于出；漢、湝，羅出。 **紀勛**[一五] 仕名繼勛，字述之，號玉溪，又號湘屏，行二，大行五。道光乙酉科拔貢生，朝考一等，安徽廬江縣知縣，歷署東流、歙縣、合肥、霍山、望江、貴池、太湖、全椒縣知縣，現因捐製炮位奉旨留省，以知府候補。敕授文林郎，例晉朝議大夫。配李氏，敕贈孺人，例晉恭人。繼張氏，敕封孺人，例晉恭人。子二：潽、潓，張出。	**潽** 字皖生，號達泉，行一，大行七。 **潓** 字廬源，號味泉，行二，大行八。	

（續表）

九世	十世	十一世	十二世	十三世
	廷椿 字山有，行二。候選布政司理問，敕封宣德郎，貤封朝議大夫，廣東瓊州府知府。配楊氏，繼張氏，貤贈恭人。合葬郡城南祖塋。子縉勛，張出。	**縉勛** 字進之，號竹坪，行一，大行六。河南候補縣丞，例授修職郎。配范氏，例封孺人。副王氏。子一，河，王出。	**河** 字伯圖，行一，大行十。	
	廷松 字雪嶠，號對峰，行三。歷任直隸東光、内邱、保定、豐潤縣典史，署天津縣葛沽巡檢，敕授登仕佐郎。配王氏，敕封孺人。副富氏、林氏。子五：承勛、建勛、續勛，王出；策勛，林出；藎勛，富出。	**承勛** 字復堂，行一，官學生。配李氏，繼王氏。子濂，王出。	**濂** 字廉泉，行一，大行二。配田氏，妾王氏。子三：初安，田出；亦安、心安，王出。	**初安** **亦安** **心安**
		建勛 字立夫，號樹屏，行二，大行三，郡增生。配張氏，繼李氏。子淮，李出。	**淮** 字清泉，號更生，行一，大行四。配李氏。	

（續表）

世	
九世	延生子 **永澄** 字紹泗，行一，庠生。配鄧氏，繼梁氏。合葬遞運所。子五：廷班、廷珩，鄧出；廷理、廷珞、廷珂，梁出。廷珩出嗣永澤。
十世	**廷班** 行一。配田氏，繼楊氏。合葬城西張家莊。 **廷理** **廷珞** **廷珂**
十一世	**續勛** 字似之，行三，大行四，官學生。配梅氏，副王氏。子二：沆，梅出；洵，王出。 **策勛** 字獻可，行十四。 **藎勛** 字抒忱，行十五。
十二世	**沆** 字鏡泉，行一，大行三。 **洵** 字蘇泉，行二，大行六。
十三世	

（續表）

九世	十世	十一世	十二世	十三世
延生子 **永清** 字聖瑞，行二。配崔氏。合葬遞運所。子廷玶。	**廷玶** 字檀恭，行一。配李氏，繼王氏。子二：文腴、文聲，寓京城。	**文腴** 原名文玉，行三。配徐氏。子二：家麗、家繪。 **文聲** 行六，配姬氏。	**家麗** **家繪**	
延生子 **永澤** 字德恒，行二，太學生。配李氏，繼許氏。合葬郡城西王家莊新塋。嗣子廷珩。	**廷珩** 字陶璧，行一。配楊氏。合葬王家莊。子文鉅。	**文鉅** 字汝謨，行五，庠生。配韓氏。合葬王家莊。子二：兆雄、兆羆。	**兆雄** 字英齋，行一。配郭氏。 **兆羆** 字吉甫，行二。	
商揆子 **永治** 字景長，行一。配劉氏。子廷紋。	**廷紋** 原名廷文，字朝重，行一。配王氏。			

【校注】

〔一〕此標題爲校注者所加。

〔二〕康熙庚午：康熙二十九年（一六九〇）。

〔三〕『合葬郡城北何官屯新塋』一句中『塋』原作『營』。『新營』如果是村名，則不應與另一村名『何官屯』并列，故應作『新塋』，指新選定的墓地。

〔四〕嘉慶丁卯：嘉慶十二年（一八〇七）。

〔五〕康熙甲午：康熙五十三年（一七一四）。

〔六〕戊辰：嘉慶十三年（一八〇八）。

〔七〕乾隆乙酉：乾隆三十年（一七六五）。

〔八〕乾隆辛酉：乾隆六年（一七四一）。

〔九〕乾隆甲寅：乾隆五十九年（一七九四）。

〔一〇〕雍正乙卯：雍正十三年（一七三五）。

〔一一〕參見宣統《聊城縣志》卷八《人物志》。

〔一二〕生平事迹見本書前載王金策《皇清誥授奉政大夫晋贈中憲大夫崙西傅公暨元配何恭人繼配楊恭人副室黄恭人合葬墓志銘》。

〔一三〕生平事迹見本書前載牛鑑《皇清誥封中憲大夫晉贈中議大夫映宸傅公暨配朱淑人合葬墓志銘》、楊以增《映宸傅公家傳》。

〔一四〕事迹參見本書後載《聊城傅氏家族研究》中《江蘇巡撫傅繩勛》一文。

〔一五〕事迹參見本書後載《聊城傅氏家族研究》中《署理安徽布政使傅繼勛》一文。

十四世	十五世	十六世	十七世	十八世
甸安子　斯立[二]				
寵安子　**斯堜** 字峻居，行一。				
寵安子　**斯塾** 字趨庭，行二。[三]				
同安子　**斯瑄** 字金相，行一。配段氏。 嗣子樂鑠。	**樂鑠** 字壯猷，行一。配王氏。 子國沂。	**國沂** 字魯泉，行一。		
載安子　**斯聃** 字培之，行一。早世。				
載安子　**斯馨** 字虎臣，行二。早世。				
位安子　**斯墉** 字福岡，行一。配劉氏。 子三：樂鑠、樂鐀、樂	**樂鐀** 字聲遠，行二。			
	樂鑣			

（續表）

十四世	十五世	十六世	十七世	十八世
鑣。樂鑅出嗣斯瑄。	字載揚，行三。			
存安子　**斯坫** 字子崖，行一。				
秉鈞孫　**斯行** 字見可，行一。配許氏，繼孔氏。				
畣安子　**斯璜** 字鳴佩，行一。配劉氏，繼劉氏。子樂鉦出嗣怡安。				
畣安子　**斯珏** 行二。				
相安子　**斯聯** 字殿一，行一。配李氏。子樂鋌。	**樂鋌** 字朴堂，行一。配劉氏。子國濡。	**國濡** 字春湛，行一。		
相安子　**斯登** 行三，早世。				

（續表）

十四世	十五世	十六世	十七世	十八世
旃安子 **斯壁** 字東藩，行一。				
旃安子 **斯堵** 字固齋，行二。				
木安子 **斯塹** 字金湯，行一。				
怡安孫	**樂鉦** 字音長，行一。			
近安子 **斯壎** 字睦庭，號譜南，行一。 配逯氏。子樂鍘。	**樂鍘** 字新齋，行一。			
體安孫	**樂鈇** 字子威，行六，早世。			
弟安子 **斯淵** 字泉達，號湧堂，行一， 大行四，官學生。配赫氏，	**樂鑄** 字仲治，號鼓春，行二。			
	樂錚			

（續表）

世	
十四世	繼范氏、蔣氏。子二：樂鑄、樂錚，蔣出。 弟安子　**斯涵** 榜名坦，字莊履，號南坡，又號雪樵，行二，大行五。道光乙酉[四]科拔貢生，候選復設教諭，例授修職郎。配袁氏，繼謝氏、張氏。子三：樂鈇、樂銛，謝出；樂鎔，張出。樂鈇出嗣體安。 慧安子　**斯城** 行一。配徐氏。子三：樂銜、樂鋭、樂鉢。
十五世	字叔亮，號朴谷，行三。 **樂銛** 字伯穎，一字利塘，號吟樵，行一。 **樂鎔** 字季陶，號吟雪，行四。 **樂銜** 行一。 **樂鋭** 行二。 **樂鉢** 行三。
十六世	
十七世	
十八世	

（續表）

十四世	十五世	十六世	十七世	十八世
芮安子 **斯堃** 字載之，行一，又行九。配羅氏。嗣子樂銅，子樂鐵。	**樂銅** 行一。			
	樂鐵 行二。			
勵安子 **斯型** 行一，又行五。配羅氏。子三：樂鑲、樂鋒、樂銅。樂銅出嗣斯堃。	**樂鑲** 行一。			
	樂鋒 行二。			
勵安子 **斯埰** 行二。配任氏。				
勵安子 **斯壇** 行三。配劉氏。				
魯安子 **斯坣** 字春甫，行一，庠生。配宋氏。子三：樂鉉、樂鋏、樂鎮。樂鋏出嗣斯圻。	**樂鉉** 字陶齋，行一，庠生。配朱氏。			
	樂鎮			

（續表）

十四世	十五世	十六世	十七世	十八世
魯安子 **斯圻** 行二，太學生。配任氏。 嗣子樂鋏。 魯安子 **斯堉** 更名莊，行三，太學生。 配李氏，繼蔣氏。 魯安子 **斯筠** 字淇園，號生甫，行四。 配任氏。 遜安子 **斯堈** 字佩高，行一。配李氏。 遜安子 **斯坪** 字仲敏，行二。 儼安子 **斯玲** 行一。	字子静，行四。 **樂鋏** 字季長，行三。			

十四世	十五世	十六世	十七世	十八世
煃安子 **斯坊** 行一。				
燧安子 **斯燦** 行一。				
寰安子 **斯侃** 行一。				
宇安子 **斯埒** 行一。				
慎安子 **斯垠** 行一。				
慎安子 **斯墫** 行二。				
京安子 **斯塘** 庠名斯堂，字一亭，行一，武庠生。配朱氏。子二：樂鐲、樂鈺。樂鈺出	**樂鐲** 字焕彩，行一。配王氏。子：國滂、國澍。	**國滂** 字普霑，行一。		
		國澍		

（續表）

十四世	十五世	十六世	十七世	十八世
嗣斯堳。				
京安子 **斯均** 字平衡，行二。配蕭氏，繼鄧氏。子二：樂鈿、樂鑌，鄧出。	**樂鈿** 字鏘鳴，行一。 **樂鑌** 字鐵崖，行二。			
京安子 **斯堳** 字雲畦，行三。配朱氏。嗣子樂鈺。	**樂鈺** 字子監，行二。			
京安子 **斯域** 字疆溥，行四。配朱氏。子二：樂鏌、樂鐷。	**樂鏌** 字歐鋒，行一。 **樂鐷** 字子器，行二。			
京安子 **斯塏** 字峻宇，行五。配許氏。子樂鍠。	**樂鍠** 字聆韶，行一。			
權安子 **斯垣**				

（續表）

十四世	十五世	十六世	十七世	十八世
字星溪，行一。配任氏。 醇安子 **斯藝** 字樹穀，行一。 終安子 **斯玢** 字子坊，行一。 劾安子 **斯墠** 字方澤，行二。 劾安子 **斯堪** 字配功，行三。 勉安子 **斯墀** 字丹陛，行四。 疇安子 **斯墳** 字高陵，行一。 協安子 **斯堮** 字峻岡，行一。配馬氏。 協安子 **斯堞** 字衛亭，行二。				

（續表）

十四世	十五世	十六世	十七世	十八世
臨安子　**斯灝** 字周書，行一。配陳氏。子樂鎡。	**樂鎡** 字穎農，行一。			
久安子　**斯适** 字周士，行二。				
允安子　**斯歐** 字秋廬，行一。配劉氏，繼孫氏。子二：樂鉁、樂錀。	**樂鉁** 字待聘，行一。配支氏，繼陳氏。子二：國濤、國泮。	**國濤** 字海門，行一。 **國泮** 字芹香，行二。		
	樂錀 字慎吾，行二。配王氏。			
化安子　**斯贏** 字蓬壺，行一。配柳氏。子三：樂鑾、樂鐾、樂鋈。	**樂鑾** 字金和，行一。配鄧氏。 **樂鐾** 字利亭，行二。 **樂鋈**			

（續表）

十四世	十五世	十六世	十七世	十八世
	字耀庭，行三。			
剛安子 **斯潤** 字澤堂，行一。配張氏。 子樂籛。	**樂籛** 字青選，行一。			
毅安子 **斯坮** 字如登，行一。				
毅安子 **斯堤** 字長城，行二。				
訥安子 **斯壤** 字沃田，行一。				
鑒安子 **斯執** 字允中，行二。配夏氏。 子樂鎬。	**樂鎬** 字懷西，行一。			
殷安子 **斯垂** 字昆賢，行一。配王氏。				
殷安子 **斯垤** 字如陵，行二。配顏氏。				

（續表）

十四世	十五世	十六世	十七世	十八世
庶安子 **斯埈** 字康莊，行一。				
馭安子 **斯功** 字績軒，行一。配王氏。 子樂鈴。	**樂鈴** 字佩如，行一。			
馭安子 **斯潔** 字浴德，行三。配姚氏。 子樂鈉。	**樂鈉** 字樸園，行二。			
彤安子 **斯潭** 字澄齋，行一。				
慰安子 **斯濯** 字滌德，行一。				
秉矩孫 **斯諒** 字信齋，行二。				
洽安子 **斯瀚** 字海泉，行一。配劉氏。 子樂鋆。	**樂鋆** 字淬峰，行一。配劉氏，繼黃氏。子國洋。	**國洋** 行一。		

十四世	十五世	十六世	十七世	十八世
洽安子 **斯堃** 字大閑，行二。配朱氏，繼王氏。子樂鋈。	**樂鋈** 字燦如，行三。			
洽安子 **斯堦** 字聯升，行三。配劉氏。				
益安子 **斯虔** 配張氏。				
益安子 **斯直** 配楊氏，繼徐氏。子樂錸。	**樂錸**			
湄安子 **斯觀** 字碩瞻，行一。配鄧氏，繼汪氏。子樂鍔。	**樂鍔**			
澧安子 **斯覲** 字介瞻，行二。配閻氏。子樂鍈。	**樂鍈**			

（續表）

十四世	十五世	十六世	十七世	十八世
賡安子 **斯翬** 字伯羽，號羽谷，行一。				
賡安子 **斯翼** 字庶明，號勵臣，行二。				
寓安子 **斯鵬** 字雲程，行一。				
泉安子 **斯坂** 字鏡石，行一。				
清安子 **斯塍**[五]				
隨安子 **斯聰** 字心鑑，行二。配吴氏。 子樂琮。	**樂琮** 字佩玉，行四。			
遇安子 **斯埠** 字雲谷，行一。配杭氏。 子三：樂刪、樂水、樂繳。	**樂刪** **樂水** **樂繳**			

（續表）

十四世	十五世	十六世	十七世	十八世
居安子 **斯垌** 字明岡，行三。配謝氏。 溶安子 **斯塲** 字築圃，行一。 溶安子 **斯堣** 字固岩，行二。 濰安子 **斯垚** 字周之，行一。 濰安子 **斯堅** 字開亭，行二。 彙安子 **斯現** 字公寶，行一。配姜氏。 彙安子 **斯珴** 字奉章，行二。配趙氏。 子二：樂錊、樂鈅。	**樂錊** 字鎔之，行一。 **樂鈅** 字左堂，行二。			

（續表）

十四世	十五世	十六世	十七世	十八世
彙安子 **斯瓀** 字士佩，行十。配王氏。 郅安子 **斯玳** 字東璧，行一。 郅安子 **斯珪** 行二。 勇安子 **斯瑋** 行一。配王氏。 勇安子 **斯琅** 行二。 欣安子 **斯琭** 行一。 欣安子 **斯琠** 行二。 迺安子 **斯瑴** 字公甫，號庚堂，行一。				

（續表）

十四世	十五世	十六世	十七世	十八世
静安子 **斯瑀** 字聘席，行一。配張氏。子樂鉥[六]。	**樂鉥** 字廉堂，行一。			
鏡安子 **斯瑷** 行一。				
鏡安子 **斯璞** 行二。				
鏡安子 **斯琋** 行三。				
鏡安子 **斯瑱** 行四。				
萬安子 **斯葆**				
佶安子 **斯珺**				
佶安子 **斯琚**				
佶安子 **斯珊**				
容安子 **斯璿**				

（續表）

十四世	十五世	十六世	十七世	十八世
字光斗，行一。配閻氏，繼趙氏。 容安子　**斯璣** 字樞衡，行二。 甫安子　**斯友** 字和中，行一。 秀安子　**斯壂** 字立本，行一。配陳氏。 秀安子　**斯塙** 字固址，行二。 華安子　**斯鑾** 字心苗，行五。 乂安子　**斯記** 字識齋，行四。 燕安子　**斯⿰王聯** 字萩畦，行六。				

卷二終

【校注】

〔一〕此標題爲校注者所加。

〔二〕原譜此處脱，據前文補。

〔三〕原譜此處作『甸安子』，並置於斯堧前，據前文改。

〔四〕道光乙酉：道光五年（一八二五）。

〔五〕據前『清安』條加。

〔六〕原文作『球』，依下文改作『銶』。

東郡《傳氏族譜》卷三

三支

四世	五世	六世	七世	八世
綸三子 **諫** 行三，官監生。配范氏。子四：天奇、天敏、天性、天睿。	**天奇** 字文元，行一，廪生。配□氏。嗣子思省。 **天敏** 字臨元，行二，貢生。配尹氏，繼鄭氏。子三：思齊、思省、思學。思省出嗣天奇。	**思省** 字冲和，行二。配于氏，繼蔡氏。 **思齊** 行一。 **思學** 字振吾，行三，庠生。誥封奉政大夫，户部山西司郎中，晋贈中憲大夫，廣西柳州府知府。配吕氏，誥封宜人，晋贈恭人。子三：以鼎、以貢、以履。	**以鼎** 字玉鉉，行一，附監生。候選州同，例授宣德郎。直亮慷慨，好義多慈，載邑乘。誥封奉政大夫，刑部員外郎。配□氏，誥封宜人。子四：賢揆、遵揆、膺揆、見揆。	**賢揆** 字尚臣，行一，太學生。配許氏。 **遵揆** 字欽臣，行二。刑部員外郎，誥授奉政大夫。配張氏，誥封宜人。子一，永緒。 **膺揆** 原名經揆，字治臣，行

（續表）

四世	五世	六世	七世	八世
				三，太學生。候選州同，例授宣德郎。配王氏，例封安人。子五：永裕、永袗、永成、永綬、永紱。永袗出嗣見揆。
				見揆 字元臣，行四，太學生。配王氏。嗣子永袗。
			以賁 字還素，行二，官監生。配李氏。嗣子其揆。	**其揆** 字一臣，行三，太學生。候選州同，例授宣德郎。配郭氏，例封安人。子三：永共、永信、永惠。
			以履 字道坦，行三，歲貢生。户部山西司郎中，廣西柳	**典揆** 字蘭臣，行一，歲貢生。候選訓導，例授修職佐郎。

（續表）

四世	五世	六世	七世	八世
	天性 字恒元，行三。配蕭氏。子二：思魁、思懋。 **天睿**	**思魁** **思懋**	州府知府，調太平府知府，誥封奉政大夫，晉階中憲大夫。配王氏，誥封宜人，晉贈恭人。繼郎氏、梁氏，誥封宜人，晉封恭人。子四：典揆、韶揆、其揆、聖揆。其揆出嗣以貢。	配崔氏，例封孺人。子二：永章、永肅。 **韶揆** 字虞臣，行二，庠生。配王氏。子永方。 **聖揆** 字彥超，號尚賓，行四，康熙己酉科拔貢生。江西金溪縣縣丞，調福建建安縣縣丞，敕授修職郎。配鄧氏，敕封孺人。子二：永賴、永僴。

世次	
九世	遵揆子 **永緒** 字繩吾，行一。雲南平彝縣知縣，敕授文林郎。配王氏，敕封孺人。子廷笏。 脩揆子 **永裕** 字子充，行一，廩生。配任氏。子五：廷寀、廷對、廷颺、廷蕙、廷闌。
十世	**廷笏** 原名廷讓。 **廷寀** 行一，武庠生。配張氏。子二：基廓、基深。基深出嗣廷第。 **廷對** 字書思，行二。配朱氏。移居平陰縣。 **廷颺** 行三。配徐氏。子三：基翔、基長、基紘。
十一世	**基廓** **基庠** 原名基翔，行五，武庠生。配鄧氏。嗣子秉鯉。 **基長** 原名基恒，行六。配胥
十二世	**秉鯉** 原名世禮，配田氏。 **秉傑** 原名世傑，行二。配蔡
十三世	**銘安**

（續表）

世	
九世	膺揆子 **永成** 行三。配朱氏。子廷第。
十世	**廷蕙** **廷蘭** 庠名廷藺，行七，庠生。配梁氏。 **廷第** 配趙氏。嗣子基深。
十一世	氏。子三：秉鯉、秉傑、秉起。秉鯉出嗣基庠，秉起出嗣文原。 **基紘** 原名基宏。 **基深** 原名基仁。配孫氏，繼畢氏。子二：秉淑、秉篤。
十二世	氏。子銘安。 **秉淑** 原名世佑。配孫氏。子二：豐安、盈安。 **秉篤**
十三世	**豐安** 配張氏。子三：斯惇、斯胙、斯愷。 **盈安** 配陳氏。子四：斯肖、斯提、斯再、斯效。 **穆安**

（續表）

九世	十世	十一世	十二世	十三世
			原名世篤。配秦氏。子穆安。	配何氏。
膺揆子 **永綬** 原名永禄。				
膺揆子 **永紱** 原名永禎。配□氏。子廷桓。	**廷桓** 原名廷興。			
見揆子 **永袗** 字衣繡，行二，太學生。配彭氏。子四：廷瑚、廷連、廷瑨、廷璲。	**廷瑚** 字夏珍，行一。配楊氏。子二：文隴、文絢。	**文隴** 原名文龍。		
		文絢 原名文明。		
	廷連 字商器，行二。			
	廷瑨			
	廷璲			
	廷瓚			
其揆子 **永共** 原名永恭，字慎修，行				

（續表）

九世	十世	十一世	十二世	十三世
一。配李氏。嗣子廷瓚。				
其撲子　**永信** 字誠修，行三。配逯氏。子二：廷瓚、廷静。廷瓚出嗣永共。	**廷静** 原名廷言，字可對，行二。			
其撲子　**永惠** 字澤九，行六。配劉氏。				
典撲子　**永章** 太學生。配朱氏，繼任氏。子二：廷宣、廷輔。	**廷宣** 字倫殷，行一。配孟氏。子四：文雲、文緗、文超、文集。	**文雲** 原名明雲。		
		文緗 原名明祥。		
		文超 原名明瑞。		
		文集 原名明集。		
	廷輔	**文册**		

（續表）

九世	十世	十一世	十二世	十三世
	字德録，行二。配劉氏。子文册。	原名明山。		
典揆子 **永肅** 字一齋。配王氏。子二：廷勳、廷翌。	**廷勳**			
	廷翌 原名廷禮。			
韶揆子 **永方** 配□氏。子廷適。	**廷適** 原名百順。			
聖揆子 **永賴** 原名永泰。				
聖揆子 **永倜** 原名永賢。				

十四世

豐安子 **斯惇**
配左氏。子二：樂鏳、樂鉻。

豐安子 **斯胙**
配趙氏。

豐安子 **斯愷**
配石氏。子樂鏦。

盈安子 **斯肖**
配尹氏。

盈安子 **斯提**

盈安子 **斯再**

盈安子 **斯效**

十五世

樂鏳
配尤氏。子國霈。

樂鉻
配李氏。子國滋。

樂鏦

十六世

國霈

國滋

十七世

十八世

卷二終

東郡《傅氏族譜》跋〔一〕

我傅氏自前明成化間由江右入籍聊城，七傳至少保公〔二〕，熾昌盛大，派〔三〕别支分，而顧未有譜。先祖司馬公〔四〕報本追遠，糾族衆創修家譜，取歷代譜例之簡嚴者以爲法，手定成編。時乾隆十五年歲在庚午〔五〕也。嘉慶初，先大夫〔六〕續修付梓，迄今又四十餘年，虞子姓日繁，遷徙不一，久或殘缺失次，是莫爲之，後雖盛弗傳也，繩滋懼焉。庚子〔七〕春，讀禮之暇，因率同弟輩暨族侄、曾孫斯涵〔八〕，悉心考訂，闕者補之，訛者正之，申明凡例，附列碑志家傳，用識前徽。甫録成帙，以服闋赴部候補，嗣轉鹾東粤，旋由粤陳臬西秦〔九〕，奔馳道途者兩載，未遑及也。今偶值公餘，與堂弟建勛〔一〇〕、侄孫權安〔一一〕，重加詳核，爰授剞劂。繩勛自維譾陋，譜例未諳，祇以木本水源，散之使聚，期上副乎先司馬、先大夫尊祖敬宗收族之心云爾。

道光癸卯〔一二〕仲春既望十一世孫繩勛謹識於陝西臬署之寶慈書屋。

【校注】

〔一〕此標題爲校注者所加。

〔二〕傅以漸晚年升任武英殿大學士兼太子太保、兵部尚書，加少保銜，故人稱其爲『少保公』。

〔三〕原文作『泒』，據文義改。

〔四〕指傅永綍，見楊以增《重修〈傅氏族譜〉序》注釋。

〔五〕庚午：乾隆十五年（一七五〇）。

〔六〕先大夫：對去世的父親的尊稱，意同『先父』，此指傅廷輝。

〔七〕庚子：道光二十年（一八四〇）。

〔八〕斯涵：傅斯涵，字莊履，號南坡，又號雪樵，道光乙酉（道光五年，一八二五）科拔貢生，候選復設教諭，例授修職郎。見東郡《傅氏族譜》卷二。

〔九〕臬：古代測日影的標杆，引申爲標準、法度，後用來代指負責司法的官員和官署。明清時期各省設提刑按察司主管司法，稱臬臺、臬司、臬署。西秦：指陝西省。

〔一〇〕傅建勛：字立夫，號樹屏，東昌府增生，傅繩勛之堂弟。見東郡《傅氏族譜》卷二。

〔一一〕傅權安：字荔峰，庠生。見東郡《傅氏族譜》卷二。

〔一二〕道光癸卯：道光二十三年（一八四三）。

東郡《傅氏族譜》跋[一]

蓋聞百行莫大乎孝弟，而孝弟之原則自尊祖敬宗睦族始。故家傳宗版，所以承先啓後，俾祀世溯流窮源，而矩矱思高曾，箕裘衍孫子也。吾傅氏前明成化間自江西宦冠縣，占籍聊城，越四百餘載，向有抄本舊譜，爲叔太高祖嵛西公[二]纂輯。嘉慶己未[三]春，叔高祖映宸公[四]繼志述事，督同族人復加增修，付之剞劂，迄今又四十餘年矣。道光庚子[五]春，秋屏[六]叔曾祖讀禮家居，惻念塋祠失修，出資命樹屏、竹坪[七]叔曾祖修理郡城南、郡東北祖塋并東郭外家祠。木本水源之思，舉族稱頌。復以族姓繁衍，命名不免重複，欲按舊譜改正重修。爰與湘屏[八]叔曾祖聚族公商，命斯涵隨同採岩[九]、東泉[一〇]叔祖，荔峰[一一]、鐵峰[一二]、皋言[一三]諸叔父，逐一清厘，録呈秋屏叔曾祖核定。五閲月而事竣，謹將『安』字以上名諱另繕清單，令合族知所避忌，其『安』字下仍用舊譜。原擬十六字，惟將『自宜增壽』句改爲『乃增福壽』，按字命名，勿許更易，以免重複之弊。自時厥後，孝弟之心愈油然而生，和氣之祥可藹然而致，庶無負秋屏叔曾祖敦睦之心，而祖澤之流長，亦可永保於勿替也。

道光庚子仲冬十四世孫斯涵敬跋。

【校注】

〔一〕此標題爲校注者所加。

〔二〕崙西公：傅永綍，號西齋，乾隆庚午（乾隆十五年，一七五〇）科優貢生，壬申（乾隆十七年，一七五二）恩科順天舉人，甲戌（乾隆十九年，一七五四）科明通榜，歷任泰安府平陰縣教諭，浙江泰順、永嘉縣知縣，加通判銜，升任台州府同知。見東郡《傅氏族譜》卷二。

〔三〕嘉慶己未：嘉慶四年（一七九九）。

〔四〕映宸公：傅廷輝，曾署延津縣、林縣典史，歸德府經歷，傅繩勛之父。見東郡《傅氏族譜》卷二。

〔五〕道光庚子：道光二十年（一八四〇）。

〔六〕秋屏：傅繩勛，字接武，號秋屏，一作秋坪。

〔七〕樹屏：傅建勛，字立夫，郡增生。竹坪：傅縉勛，字進之，河南候補縣丞。二人均爲傅繩勛之堂弟。見東郡《傅氏族譜》卷二。

〔八〕湘屏：傅繼勛，字述之，拔貢生，歷任知縣、知府、署理布政使等職，乃傅繩勛之胞弟。見東郡《傅氏族譜》卷二。

〔九〕采岩：傅兆杰，字漢三，庠生。

〔一〇〕東泉：傅浚，字伯明，道光甲辰（道光二十四年，一八四四）科進士，吏部主事。傅繩勛之子。見東郡《傅氏族譜》卷二。

〔一一〕荔峰：傅權安，庠生。見東郡《傅氏族譜》卷二。

〔一二〕鐵峰：傅賓安，一字庚侯，庠生。見東郡《傅氏族譜》卷二。

〔一三〕皋言：傅賡安，號崧生，庠生。見東郡《傅氏族譜》卷二。

謹將排行及諱名己用字開列於後

世	排行及諱名
一世	始祖　回
二世	諱　祥
三世	諱　經綸紳緯
四世	諱　訓誨誥詔　諭諫謙讓　誠諶
五世	排行　天字 諱　爵敘秩錫　德民與命　道禄資恩　榮貴奇敏　性睿祐慶　受逵衢徑

六世

排行

思字

名字

諱

卿遠旺美

芟武全斌

忠孝廉節

仁義禮智

恭敬明聞

欽温進省

齊學魁懋

七世

排行

以字

諱

兑升孚咸

霖瑶乾晋

泰兼坤恒

漸豫若悦

鼎賁履

八世

排行

揆字

作字

諱

陛望虞殿

礪銓亮雨

梅保正百

徐岳啓沃

端宅延生

商賢遵膺

見其典韶

聖

九世

排行

永字

諱

烈儀毓琪

配昭江譽

幹祜祺祚

禧順光甯

顯揚達通

弼健奠禎

詳祄禥佑

濬瑞錦哲

汶暉列昇

言年仲溥

綏紹純紵

澄清澤治

緒裕成綬

紱衫共信

十世

排行

嘉字

世字

崇字

廷字

祖字

篚字

猷字

諱

爰亨利貞

康連祀孟

璋業範哭

則統罡瑩

善郕英彦

瞻茂龍洙

固隆會守

麒繼傳周

（續表）

世系	名
六世	
七世	
八世	
九世	惠章肅方 賴倜
十世	膴極玉珣 玢炎興珖 耀珠琛球 環燦璠璵 度桂芝蘭 英廣旂珉 訪丞楝璽 琳璥琮榕 詮立青箱 鴻業書易 史詩新宏 謨輝椿松 班理珞珂 玶珩紋笏 寀對颺蕙 闌第桓瑚

（續表）

六世	
七世	
八世	
九世	
十世	連瑨璲瓚 諍宣輔勳 翌適

十一世

排行

齡字 基字 宗字 文字 士字 汝字 夢字 法字 懷字 吉字 實字 勛字

諱名

焕崧柏楷 鶴圭喬禹 湯遐開珵

十二世

排行

朝字 兆字 秉字 元字 際字 鳳字 柱字 嵩字 家字 源字

諱名

笙五梁楨 楹榅棋洪 砥寶鈞能 嶽鐸錞得 盛綝橦植

十三世

排行

安字

諱名

甸寵撫景 伊同評載 茀位存畣 相瑾旃木 偲怡近體 運弟慧熙 煦芮勵魯 遜儼煃燧 燓烇爏寰 宇慎京權 醇優省昀 沛淳終効 勉疇普協 常臨久允

十四世

排行

斯字

諱名

立塾[一]埉瑄聃 馨墉坫行 璜珏聯登 壁堵塹壥 淵涵城堃 型埰壇坒 圻堉篘堈 坪坽坊墚 侃垮垠墫 塘均堳域 塏垣藝坋 墠堪墀墳 塆堞灝适 歐嬴潤始

十五世

排行

樂字

名

鑠鐄鑣鋌 鉦鍘鈇鑄 錚銛鎔銜 鋭鉢銅鐓 鑲鋒鉉鎮 鋏钄鈺錙 鑌鏌鑅鍠 鎡鉁錀鑾 鑋鎣鑀鎬 鈴鈉鋈鋈 鍊鍔鍈錝 錊鈅錸録 鐨鏴鏦鍘 水繳

（續表）

十一世	十二世	十三世	十四世	十五世
振丕堯舜	森階檜機	化剛毅訥	堤壤執垂	
傅時孔顔	樗蓉林柄	鑒殷庶馭	垤埈功潔	
庸興肇志	標楫杰楓	彤慰靖閎	潭濯諒瀚	
程彭蓮璘	梓彩炯枰	洽益凱迪	埅堦虔直	
琦瑜瀾芳	榮渠橘梧	止湄澧賡	觀覲暈翼	
叶來鉞錕	杜棠矩匯	序涇瀛寓	鵬坂塍聰[二]埠	
鐘鎔樸浩	川上游荃	定賓嶲泉	垌埸堨垚	
博藻在薪	莓路擇琨	竹願清隨	堅現珴瓀	
栻杲彬庭	庚錡寅戊	遇居溶濣	玳珪瑋琅	
薈蔚莊芬	勤致寬厚	址睦和育	瑔琠瑴瑀	
林偉倬俶	慈皆春楝	舒縈彙企	瑗璞琦瑱	
倓偀奎戢	楚樟坎震	郅勇欣誠	葆珺琚珊	
造俊炳呈	訊培喜徵	金迺仲静	璯璣友壂	
餘舉勉勵	簡質起維	伯佐鏡萬	塙墾記墈	
炅炤月朗	蔭官翔鳴	佶害巽容	惇胙愷肖	
贇原告星	岐山菁封	謀鞠專甫	提再效	

（續表）

十一世	十二世	十三世	十四世	十五世
麟熊苓貫	籬辰駿崑	秀華乂燕		
萃爌果敦	岱撰珍晟	懿審暢盤		
又桐恕至	謌詼晏繕	燾初〔三〕亦銘豐		
有平器中	朖甡槑喆	盈穆心		
良匡爲淋	薰幾枚杞			
園繩紀縉	楠柷棫浚			
承建續策	沅漢潽潓			
藎胦聲鉅	河溎濂淮			
廓庠長紘	沆洵麗繪			
深隴絢雲	雄羆鯉傑			
緗超集册	淑篤			

十六世	排行 國字 名 沂濡滂濤 泮洋霑滋 澍

十二世下排行字

安斯樂國尚式東邦乃增福壽本枝大昌

【校注】

〔一〕「埶」前疑漏「斯立」之「立」。

〔二〕「聰」前疑漏「斯塍」之「塍」。

〔三〕「初」前疑漏「燾安」之「燾」。

聊城傅氏家族研究

清代開國狀元傅以漸

傅以漸字于磐，號星巖，生於明萬曆三十七年（一六〇九），卒於清康熙四年（一六六五），終年五十七歲。他出身於平民之家，乃一介寒士，處明末動蕩年代，心無旁騖，苦讀經史，於清政權建立之初，科場聯捷，一舉高中狀元，春風得意，仕途通達。他擔任順治皇帝的文化顧問，曾奉旨編撰各種史書、政書，主持過會試，年未逾知命，即升任大學士。但他并不貪戀權位，任大學士不久便請求辭職，雖經順治皇帝多次挽留，終以身體不支爲由，離職回鄉閑居。傅以漸爲人謙和，不事張揚，雖無豐功偉業於朝廷，但周恤族人，關愛百姓，卒後廣受鄉黨稱譽，亦頗受文化界好評。

一、走出平民家庭的狀元

傅以漸的父親雖然經商，但家道并不十分殷實。傅以漸靠着親屬的接濟得以讀書制藝，明朝末年入學爲庠生，清朝建立後開科取士，他積極應考，鄉試中舉，次年中狀元，由此進入仕途。他做事認真，謙恭謹慎，行爲端莊，不偏不黨，故深得順治皇帝信任。十餘年間，官運亨通，順治末年升任武英殿大學士。

（二）一介寒士

傅氏家族自明中期定居聊城後，亦商亦學，雖未進入上層社會，但還算得上殷實人家。到了明朝後期，家境每況愈下，漸漸淪落到城市貧民的行列。當然，這不是他們一個家庭的遭遇，而是城市小工商業者的普遍歸宿。當時，政治腐敗，國庫空虛，爲彌補財政虧空，朝廷對工商業强徵暴斂。傅以漸出生的十年前，臨清發生了震驚全國的民變。原因是，宦官馬堂任天津稅監，兼管臨清，當時臨清設有鈔關，稅收量一度居全國各大鈔關之首，他見有利可圖，於是專駐臨清，率數百名亡命之徒，名曰徵稅，實則搶劫，商民略有違抗，則治罪懲辦。以至於工商業者聞風裹足，店鋪紛紛倒閉。時間既久，終於激起民變，馬堂的官署被焚燒，徒衆三十多人被打死。但此後，宦官肆虐的狀況没有改變，工商業也再没什麽起色。明代臨清州屬東昌府，距府治有一百多里，臨清工商業大受創傷，東昌府治情況也是如此。大商家可轉徙他地，本地小商户抗風險能力差，衹能是坐視凋敝。讀書經商的傅家被這股商業衰敗大潮裹挾，淪落到了城市貧民行列。

從社會經濟地位看，傅氏家族落入了貧民階層。但從社會分層來看，傅家仍然歸屬於士人社會階層。他們所期待的不是經濟上的再度富裕，而是通過科舉踏入仕途，進入更高的階層。因此，家境貧寒的傅以漸没有學習謀生致富的技藝，而是選定了讀書登科的道路。當然，傅以漸走上這條道路，與他本人的天資也有很大關係。

傅以漸從小聰明過人，三歲的時候就能識字讀書。到了十歲，便能寫出一手好文章。由於家中貧寒，無法正常供給紙筆，他把文章寫在墻壁上，寫完擦去，重新再寫下一篇。又因買不起燈油，他往往在夜間燃香以讀。[一]從孩童時代起，他便讀《詩》《易》等經書，研習科舉學業，對經書的訓解十分明瞭。他志向遠大，品性純厚，從來不和流俗的讀書人計較高低。鄉里士紳重其學問人品，以爲他將來必成大器。

傅以漸十六歲那年，隨大理寺卿顧繩武去京城[二]，『見旅壁有題迪礪志之語者，公見之，争自奮勉。顧公异之，乃曰：「士無不以訓行爲務而特來見，於弱冠年以楷先型爲孜孜，其思無不齊者若是。且都會繁華地，少年士甚不至逐緒牽情足矣，乃何以度越凡近也？真弗可及！」』[三]顧繩武認爲，讀書人到京城來，都是爲了拜識先達，聽取教誨，以求對自己有所幫助，而傅以漸求先賢爲楷模，見賢則思齊，志向顯然與一般人不同。而且京城是繁華所在，年少的讀書人能够抵禦誘惑、控制情緒避免隨波逐流也就不錯了，像這樣超凡脱俗之舉，真是很難做到的。過了兩年，傅以漸再次入都拜會在京爲官的同鄉，忽然心有所動，急忙啓程返回，還没有到家，他的母親便因病去世了。三年服闋，傅以漸以第一名考取增廣生員，次年便轉爲廪膳生。〔四〕此後，傅以漸致力於研讀史書，特别留心經世之學，學問更爲廣博，見識也益發高遠，『自天文、地理、禮樂、兵農之説，皆考古審今，討論原委』〔五〕。

當時，東昌府屬莘縣有一位知名的官員、學者孫肇興，他是萬曆年間舉人，於天啓二年（一六二二）考中進士〔六〕，旋任淮安府山陽縣令，『仁足以興利，才足以治事』，深受民衆愛戴，當地人評價他説『古良吏不能過也』〔七〕。崇禎初年調任工部虞衡主事，崇禎四年（一六三一）因上疏劾宦官張彝憲『稽滯軍事』〔八〕，專制誤國，被治罪遣戍。後復出，任職兵部。這時傅以漸已二十二歲，『以獨富所學，積學累功，深於墳典』，爲孫肇興所賞識，乃拜在孫氏門下。據説孫氏任知縣的時候，看了夏曰瑚的文章，認爲『取科名，拾芥耳』，衹是寫作技巧有問題，破題的方法還有缺陷，所以考不了好名次，於是提筆對破題部分做了些修改。後來，夏果真考中了探花。〔九〕看來，孫肇興是科場老手，所以他的門下科舉高中者甚多，高官名士也很多。這位在明朝任職二十多年、有能力有抱負的官員，大概已經對明朝政治失去了信心，轉而對入關的清朝統治者寄予希望。於是，順治元年（一六四四），他便坦然出任天津兵備道官。雖此官品級不算很高，但天津乃京城門户，讓他負責整飭此地軍備，足見清廷對其十分信任。後來，孫氏連連高升，由山西督學歷江南、廣西布政使，工部侍郎，順治十三年轉左侍郎〔一〇〕，後以老乞歸鄉里，有《四書約説》《删補孟子約説》〔一一〕傳世。明朝滅亡時，傅以漸已經三十五歲，從現存的史料看，此前他并未參加過科舉考試。清朝剛剛建立，他便應鄉試、會試，這種積極與清廷合作的態度，可能與孫肇興的影響有些關係。

傅以漸是一位心胸開闊、性情達觀的人，讀書專心致志，從不受外界形勢干擾。明末社會動蕩，民變紛起，盜寇多有，小者騷擾鄉村，大者進攻城市，民衆生計斷絶，朝不保夕，縣學諸生大都輟學，傅以漸却没有因此中斷學業。有一次，土匪圍攻聊城，眼看城垣要被攻破，人心惶恐，城中紛亂不堪，但傅以漸誦讀典籍一如平日。有人過來勸他説：『生死目前，奚事此？』意思是説，生死便在眼前，還讀書干什麽。傅以漸笑了笑説：『死生命耳，苟不死，天下不用讀書人耶？』〔一二〕親戚朋友勸傅以漸改從其他行業謀生，他不肯，説『興王欲坐致太平，必當柄用讀書人』〔一三〕，於是誦讀更加努力。

傅以漸在風雨飄摇的明王朝生活了三十五年，當時天下大亂，他不願科舉爲官，除偶爾外出游學外，終日在家讀書制藝，既没有參加科舉考試〔一四〕，也没有什麽名氣，衹是一位窮秀才、貧寒士。

（二）欽點狀元

清朝建立後，吸取前代少數民族統治中原地區的經驗教訓，決定沿用明朝開科取士的制度，選拔漢族知識分子進入官僚群體。早在入關以前，清太宗皇太極就曾通過考試選拔滿漢文人以掌文案。順治元年（一六四四）入據北京後，多爾衮接受范文程的建議，宣布沿用明朝制度，恢復科舉。順治二年秋，首先在直隸、山東、山西、河南、陝西、江南諸省舉行鄉試，前來應考的全是明朝府州縣學生員，此科録取舉人約千名。三十六歲的傅以漸參加了鄉試，考取了舉人。次年二月，清廷又在北京舉行首届會試，明朝舉人和上年鄉試舉人均可參加。當時清兵剛剛占領江南，南方舉人多徘徊觀望，前來應試者不多，同時南明政權尚占有福建、兩廣、湘桂之地，當地舉人則無緣參與，故應試者以北方諸省舉人爲多。會試主考官爲四名内閣大學士，分别是范文程、剛林、甯完我和馮銓。會試題目是『百姓足君』一節、『行而世爲』一句、『王道之始』一句。〔一五〕第一題出自《論語·顔淵》，題意爲節用而愛民；第二題出自《中庸》，意爲王者立身行事爲天下之法，故須謹慎；第三題出自《孟子·梁惠王上》，題意爲王道以得民心爲本。三個題目有一個核心，便是君臨天下者，當以愛民、厚民爲務。傅以漸出身社會下層，深知民衆困苦，三個題目正道出了他的心聲。三題考畢，他得中貢士，取得了參加殿試的資格。

三月十五日，清廷舉行開國後第一次殿試。當時，清政府面臨的問題很多，其中最嚴峻的問題有兩個：一是明朝後期政治腐敗，吏治混亂，怎麽樣革除明代的政治弊端，儘快恢復統治秩序，穩定在中原地區的統治。二是當時漢族人對滿族統治有抵觸情緒，反滿活動遍及各地，怎麽樣消除漢族的不滿，建立起大一統政權。這次殿試策問圍繞以上兩個問題，以順治皇帝的名義提出了五個問題，讓貢士們作答。這六個問題是：第一，『帝王君臨天下，莫不欲國祚長久，傳之無窮』，怎麽樣纔能做得到？第二，前朝大臣結黨營私，招權納賄，蒙蔽皇上，怎樣纔能革除舊弊、修明綱紀？第三，地方官員貪酷不公者甚多，吏治敗壞，致使民心渙散，怎麽纔能『官方清肅，風俗還淳，以致太平』？第四，欲定天下，必使天下人同心，怎麽纔能使滿漢官民同心合力？第五，地方民衆中必有大賢能幫助君主治理天下者，怎麽纔能招徠這樣的人才？第六，要求參加殿試者『毋畏毋泛，毋畏毋隱』，暢所欲言，悉心應對。〔一六〕傅以漸逐條回答，其殿試卷内容如下：

臣對：臣聞帝王之平治天下也，必有開天闢地之奇，無一日不赫聲濯靈，而後天下仰聖人之大略；必有監古訂今之算，無一人不洗心滌慮，而後天下服聖人之深心。何謂大略？設官分職，舊章興舉，俾大小相維，内外互綰者是已。大臣調元贊化，群工分猷宣力，以一人之恩德布兆衆，不識經緯之何從。何謂深心？徵實核績，新典丕章，俾公爾忘私，國爾忘家者是已。情面化爲肝膽，顧盼轉作擔當，以四海之鼓蕩效天子，主見綱紀之俱整。本正朝廷者正百官，基命宥密，上下總此克艱，故敕天惟時惟幾，莫不元首喜而股肱起。本正百官者正萬民，居師和恒，遐邇協爲一體，故莅政惟簡惟寬，莫不聲響應而表影隨。聖德足以造命，故曆數雖不可測，卜年卜世，直於初創，洞其盡觀；美政足以格民，即嗜好絶不可齊，象風象雨，還於改革，凜其視聽。古帝王所以知人安民，求賢圖治，道不越此。鞏大業於金甌，調休徵於玉燭，端在今日矣。

欽惟皇帝陛下，欽明文思安安，敬止緝熙穆穆。事天隆典郊祀，懷柔百神，勤民加志恤蠲，屯牧萬井。當陽布帝政，大法小廉，欽乾五之乘飛；治心崇聖學，日將月就，躋精一之堂奥。中天下以定鼎，纘三十載之開闢，日星燦而宇宙新；大一統以建官，擴四百名之特額，山澤通而風雲會。允矣，少年天子，至道聖人，啓沃高深，德門光乎上下；製作美備，業勤施乎天人。神武布而四海歸，鼎命集於負扆；聰哲宣而萬幾奏，泰交洽於闢門。勤召對於彤庭，嚴天戒，軫民莫，夔、龍濟濟左右，接淵深於青史。陶帝制，鑄王風，孔、孟奕奕後先。固已堯、舜爲君，周、召作相矣。猶皆聖不自聖，新且日新，進臣等於廷，諮以億萬年敬天休之道，上援三統五行，近推黨與貪酷，大伸其進退賞罰，務令滿漢官民同心合志，疇咨訪落之勤，豈過是者！昔賈誼陳言，曰驗之往古，按之當今之務。日夜念此至熟也。蘇軾上以名求之，下以實應之。臣慕效昔人忠貞，良非一日，敢不披瀝血誠，仰副聖朝萬一乎！

臣聞官人之道，莫精於唐虞，當時禹宅揆，稷播穀，契掌教，皋明刑，羲和治曆，伯夷典禮，夔典樂，益作虞，垂共工，龍納言，其位皆公卿也，其人皆聖賢也。終其身止此一職，故以實心爲實政，況欽浚在御，啓明且察，其爲嚚訟頑讒，又何逃於撻記。遞及成周，三公論道經邦，三孤貳公弘化，六卿分職，各率僚屬，以倡九牧，阜成兆民，綴衣可以立政，僕正可以格心。即漢、唐、宋，若蕭、張、韓、陳之將相，賈、董之文學，房、杜之謀斷，姚、宋之清嚴，韓、范、富、歐之經濟節義，表表千古，孰非矢日貫天，力洗格套，爲朝廷決大疑、排大難者哉！昔當明盛，主持在上，綜核在下，分兵柄五府，寄言責於六科，撫督布按，彈壓剔厘。大僚若蹇夏李楊，制閫若韓項王戚，郡縣若況蔚方陳等，曷嘗不文經武緯，兵精餉給。而不意後之遷延淩遲，竟至失天下也。報政責其速成，則得民難於子産，長材屈於短馭，則百里失之士元，醴泉徵諸父老，薦舉未必盡公，即墨毀以要津，糾劾未必悉當。致古甘陵南北部之事，一人牽及數姓，纖事藤葛終年，何不以有用精神，爲國家圖長治？則上殿如虎，下殿不失和氣，可法也。致古循良吏治之籍守，必四知加嚴，竊至一錢罔貸，何可以無端喜怒，爲身家潤囊槖？則兩袖清風，有司執法爲公，可法也。朝臣外臣，各鼓旦氣，翼皇上維新之運，將萬世之太平聿開，何滿、漢不共熔一造化哉？且聖諭孜孜，日欲聞正言、行正事，臣以爲莫要於講學，講學莫先於明理。二帝三王之治本於道，二帝三王之道本於心。兵、農、禮、樂，屯、鹽、茶、馬，何事不有前人之成效？史氏之格言，朝夕涵泳，利弊燎如觀火，與其微妙詮理，不若剴曉陳情。天子之學，固不區區章句間也。至於用人有用人之本，求其官與位稱。理財有理財之本，求入與出衡。科目薦辟，皆有英能，吏胥侵漁，茫無究詰，當分別資序，其繁簡勞逸若何，附之下，明列賦貢，其支銷損益若何，酌之制。名實法紀，雖不盡此二者，亦可謂綜核而修明之矣。孔子不貴聽訟，直欲以德禮挽天下。然聽訟正匪易言，悉其聰明，致其忠愛，猶懼有失，此《春秋》所以『肆大眚有譏』，而史戒張楊郅都之逢意嚴酷也。夫有司豈皆嗜殺，貪黷薰心，不術楊不足以輕民之命。貪酷不公，惟賄是圖，奸狡計行，善良被陷，誠有如聖制所云者。夫勝國之陋習，興朝之師資。

皇上承皇祖、皇考大有爲之業，奄有萬邦大統，載歌渠魁，已竿乎槀街！臣民俯首而祝聖明者，咸願早成混一，克垂永久。在漢固當遵滿之廉潔，重其所以律己；在滿亦當通漢之委緒，詳其所以課人。在漢固當敦滿之專樸，建真實之業於上；在滿亦當辨漢之典則，判是非之介於心。而且曰賞罰乎精而可以當形者，意也，説在虞之著象刑、畢之旌南士也；猝而可以勝久者，機也，説在齊桓之收扣角、韓魏公之赦空頭也。執此以進退百官，天下曉然知皇上之無私，朝臣且窮於奥援，外臣尤凛於簠簋，仁人在左，義士在右，忠臣居前，聖人居後，正所謂有治人而治法丕振，勞求賢而得人甚逸也。無疆惟恤，無疆惟休，於萬斯年，四方來賀。正朝廷，正百官，正萬民，而遠近莫不一於正。登咸之上治，其在斯乎！

抑臣尤有進焉，《易》曰：『天行健，君子以自强不息。』則以天下爲一人者，精明必周乎天下。以億萬年爲開天者，至誠直貫乎後世，明與誠，百王傳心之要。即皇上法天之要，是在皇上力行於知人安民之先耳！

臣草茅新進，不識忌諱，干冒宸嚴，不勝戰栗隕越之至。臣謹對。[一七]

當政者十分欣賞傅以漸的殿試卷，這是因爲與其他殿試卷相比，它有如下幾個顯明的特點：

其一，政治見解中肯、妥帖、温和，表現出雍容大度的政治品格。順治皇帝在策問中提出的問題雖然比較多，但歸納起來無非兩個方面：一是如何處理君臣關係，二是如何處理滿漢關係。傅以漸回答時，并未機械地按照順治皇帝的提問逐條回答，而是按照如何處理以上兩方面的關係進行綜合論述，所以結構緊密，前後照應，渾然一體，既表達了個人的政治主張，又形成了一篇結構嚴謹的議論文章。在君臣關係方面，傅以漸强調君主的主導作用，認爲要長治久安，君主必須有『大略』和『深心』。所謂『大略』，就是設官分職，制度完備；所謂『深心』，就是考核實績，駕馭百官。衹有有了對官吏的管理制度，又嚴格執行，落到實處，纔能正朝廷、正百官，從而正萬民，上下一體，則國泰民安。官職設置及管理規制，唐虞以來，代代如此，而且出現了許多名垂千古的賢才，後來之所以出現政治動蕩，是因爲急功近利、大材小用，『報政責其速成』『長材屈於短馭』。他特别提出，治理國家『本於道』『本於心』，既要接受歷代治理國家的成功方法、經驗，又要用心領悟，分析形勢，洞曉利弊；賞罰要注重作用而不是形式，用人不拘一格而不按資歷，皇上公正無私，臣下自然效力。總之，起用賢才，革除前朝弊病，君主、朝廷起着關鍵作用。在滿漢關係方面，傅以漸用語謹慎，却直言不諱，説現在民衆都認爲君主聖明，期盼國家早些統一，得到永久安定，而要長治久安，必須做到滿漢『同心合志』，雙方相互尊重，取長補短。漢族人應該學習滿族人的廉潔及重以律己，滿族人也應該通曉漢族人的傳統，詳細瞭解如何進行考課；漢族人應該誠心學習滿族人的專一、淳樸，在此基礎上建立真實的事業，滿族人也應該辨别漢族人的典章法則，用心判定是非。另外，傅以漸提出，皇上應效法上天，做到『明與誠』『遐邇協爲一體，故莅政惟簡惟寬』，不要像前人那樣究治朋黨，『一人牽及數姓，纖事藤葛終年』。言外之意，是要滿族統治者以寬鬆的政策對待漢族人，以免激化民族矛盾。

其二，用漢族傳統歌頌君王的言語稱頌順治皇帝。殿試卷開頭，傅以漸在論證帝王治國的『大略』『深心』之後，便歸納説：大業固若金甌，天下盛事太平，『端在今日矣』。這種帶有祝福性的小結自然會引起當政者的好感。而後傅以漸專門用了一大段話，稱頌順治皇帝文雅温和、端莊俊逸，『欽明文思安安，敬止緝熙穆穆』，作爲『少年天子，至道聖人』，又天生謙和，不把自己當作聖人，『新且日新』，廣招賢良。又稱贊順治皇帝及其祖上的功績，『日星燦而宇宙新』，『山澤通而風雲會』。傅以漸特别針對新進中原的滿族統治者仰慕漢文化但又缺乏漢文化修養的慚怍不安的心理，提出『天子之學，固不區區章句間』，給滿族統治者及時送去了一塊遮羞布。總之，年輕的順治皇帝是聖君，多爾衮等人都是賢相，他們并不遜於漢族歷史上的明君賢臣。這些用事例典故包裝的恭維話，着實使滿族當政者們得意欣喜。

其三，傅以漸乃飽學之士，經書史書爛熟於胸，其殿試卷談古論今，旁徵博引，句法齊整，語言平實，是一篇很好的政論文章。宋弼評論説：明末以來，『士習囂凌，文章駁雜』，傅以漸『以開國鼎元，獨守先正軌則，爲文元本理法，根柢經義。居官恂恂謹謹，不奔競於勢力，不詭隨於門户，隱然有公輔之望』。[一八]又有人評論道：『明末時，文章風氣皆尚浮誕，公以開科鼎元，恪遵理法，而文氣爲之一變。』[一九]傅以漸文章質樸，恪守禮法，力斥明末浮泛的文風，這也與當政者的理念相合。

三月二十二日一大早，衆進士齊集太和殿，跪於丹墀之下，等候宣布殿試結果。這次殿試，共録取進士四百名[二〇]，以北方人居多，其中山東九十九名，約占總數的四分之一。傅以漸高中頭名，成爲清代開國的第一位狀元。直隸滄州人呂纘祖爲榜眼。順天府大興人李奭棠會試時爲會元，殿試取爲探花。結果宣布後，衆進士行三跪九叩之禮，禮部堂上官手捧黄榜，由樂隊和彩亭送到長安門外張貼。傅以漸等一甲三人隨金榜、彩亭從正中甬道出午門、端門到承天門。這條道路是皇帝專用的御道，王公大臣均不得出入。他們三人走御道，這是其他人無法享受的殊榮。二甲、三甲進士則分别左從昭德門、右從貞度門出皇宫觀榜。觀榜後，再去順天府赴宴。宴會上，傅以漸以狀元身份坐正席，呂纘祖、李奭棠二人左右相陪。宴會結束後，呂、李二人送傅以漸至寓所，在會館中重開酒宴，招待賓客。幾天後，禮部舉行『恩榮宴』，這是以皇帝的名義舉辦的慶賀宴會，讀卷官、收卷官、監試御史等官員及新取進士全都參加，皇帝特派親貴高官主持宴會。狀元傅以漸單獨一席，呂、李二人一席，其他進士四人一席。此後，皇帝賜袍帽帶靴等衣着飾物。[二一]

宋代人尹洙曾説：『狀元登第，雖將兵數十萬，恢復幽薊，逐强敵於窮漠，凱歌勞還，獻捷太廟，其榮亦不可及也。』[二二]狀元不僅僅是一種榮譽，更重要的是可以直接獲授高位，且多有升至宰輔者。作爲清朝的第一位狀元，傅以漸也不例外。

（三）官運亨通

清政權入關前設置内三院，爲中央政府行政機構。入主中原後，於順治二年（一六四五），以翰林分隸三院，稱内翰林院。按清政府規定，進士授職，第一甲第一名（狀元）授翰林院修撰，第二名（榜眼）、第三名（探花）授翰林院編修，二甲、三甲進士除選授庶吉士外，其餘均以知縣録用。[二三]順治三年四月，剛剛考中狀元的傅以漸被任命爲内翰林弘文院修撰，吕纘祖授内翰林秘書院編修，李奭棠爲内翰林國史院編修。内國史院掌管記注詔令、編纂史書及撰擬各種表章等；内秘書院掌管撰寫外國往來書狀及敕諭祭文等；内弘文院掌管注釋歷代行事善惡，進講御前、侍講皇子、教育諸親王、頒行制度等。内三院是清初的内閣，是名義上的中央最高行政機構。其中弘文院不僅肩負文字性工作，還向皇帝及皇族講授文化知識及有關制度等，與皇帝接觸的機會更多些。清前期翰林院官職設置及品級爲：翰林院掌院學士兼禮部侍郎，滿漢各一人，從二品；侍讀學士、侍講學士，均從四品；侍讀、侍講，均從五品，滿漢各三人；修撰，從六品；編修，正七品。[二四]傅以漸任修撰，爲從六品官，吕、李任編修，爲正七品官。順治四年，清廷再次舉行會試。根據規定，上一科的狀元得爲下一次會試同考官，所以傅以漸參與了這次會試的組織工作。

順治七年十二月，攝政王多爾衮死去，十三歲的順治皇帝親政。儘管政治上的保守勢力一度抬頭，主張重用滿族諸王，反對沿襲漢俗。但是，年輕的順治皇帝政治頭腦十分清醒，他深知要想穩定在中原地區的統治、消滅占據南方半壁江山的南明政權、消除漢人的反抗情緒，必須學習先進的漢族思想文化，籠絡并重用漢族知識分子。他不顧滿族元老大臣的反對，仍然沿着多爾衮制定的政策方向邁進，堅持重任漢族官吏，提倡學習漢族文化，繼承明代的各項制度，在内政、司法、財政等方面進行調整和改革。范文程、洪承疇等漢族高官受到重用。在這樣的情况下，順治八年，傅以漸升任國史院侍講，成爲從五品官員。

《清實録》載：順治九年五月，以『内翰林秘書院侍讀傅以漸爲左春坊左庶子』〔二五〕。按，順治元年置詹事府，名義上爲輔佐太子之衙署，曾一度撤廢，後復置。長官爲詹事、少詹事，以内三院官兼任，下設左、右春坊，各設滿、漢左、右庶子，分別兼翰林院侍講、侍讀。清不立東宫太子，故詹事府諸官員無專職。乾隆皇帝曾説：『其官原可不設。第以翰林叙進之階，姑留以備詞臣遷轉地耳。』〔二六〕總之，詹事府諸官職的意義在於品級，是爲翰林院官員晋級而設置的虚銜。左春坊左庶子官爲正五品〔二七〕，傅以漸又提升了一個官階。

順治十年正月，傅以漸晋升爲秘書院侍講學士〔二八〕，五月任『詹事府少詹事兼内翰林國史院侍講學士』〔二九〕。《歷代職官表》云：『詹事府詹事滿洲、漢人各一人，正三品，漢人詹事兼翰林院侍讀學士銜；少詹事滿洲、漢人各一人，正四品，漢人少詹事兼翰林院侍講學士銜。』又説：『順治元年初設少詹事一人，掌府事。其年十一月省歸内三院。九年置漢人詹事一人、少詹事二人，以内三院官兼之。』[三〇]少詹事兼翰林院侍講學士官銜爲正四品。不到一年的時間裏，傅以漸由正五品升爲正四品，晋升了兩個官階。

當年閏六月，順治皇帝再次下詔：『升侍讀學士梁清標爲内翰林秘書院學士，少詹事傅以漸爲内翰林國史院學士。』[三一]内翰林秘書院、國史院學士品級不詳，但既然説由侍讀學士升遷而來，則肯定較侍讀學士、侍講學士官階高。按《歷代職官表·内閣上》云：『國初置文館，天聰十年改爲内三院……順治元年增設學士，二年定爲正二品衙門，以翰林院官分隸内三院，稱内翰林國史院、内翰林秘書院、内翰林弘文院，增設侍讀學士、侍讀等官。』[三二]上文中所説學士，是内三院學士，還是内閣學士，文中語義不明，但學士官『正二品』似有誤。《清史稿》載：内閣大學士，『初制，滿員一品，漢員二品。順治十五年，改與漢同』；學士『初制，滿員二品，漢員三品。順治十五年，并改正五品，兼禮部侍郎者正三品』。[三三]順治十五年以前，漢人擔任學士者官階爲三品。此説近真。如果此説無誤，傅以漸在一月内便由正四品官升爲正三品了。

同年七月，順治皇帝又命『内翰林國史院學士傅以漸教習庶吉士』[三四]。庶吉士無具體職責，是爲國家儲備人才設置的官職。順治皇帝曾説：『考選庶吉士，原欲儲養真才，以備任用。必須懋勉學問，時加策勵，乃能練習典故，博通文章，無負朕親行簡拔之意。除照舊教習館試、院試外，今後滿、漢庶吉士同讀書，一甲翰林每二月朕必面試一次，以辨勤惰高下，每歲六試，著爲令。』〔三五〕康熙皇帝也説過：『進士選取庶吉士，教習讀書，所以造育人材，備他日之用。司教習者理宜嚴加督課，使之勤勉向學。』〔三六〕雍正皇帝説得更明白：『翰林院教習庶吉士，所以造就人材，使之沉潛經籍，涵泳藝林，可以典制誥之文，鳴國家之盛也。從前庶吉士皆就翰林院讀書，教習諸臣不時策勵，是以身心約束，學殖易增，館閣之間，蔚然稱盛。朕意今科選拔庶、常，仍令在衙門讀書，俾教習諸臣得以朝夕訓課。』〔三七〕每年殿試結束後，都要從一甲以外的進士中選拔優秀者進入翰林院繼續學習，稱庶吉士，這足見皇帝對庶吉士教育的重視。『教習庶吉士』是庶吉士的教官、導師。此職雖不關官階品級，但所選當爲學問一流、品行敦厚者。傅以漸在順治皇帝心中之地位，由此可見一斑。傅以漸任此職務後，與順治皇帝接觸的機會多了，其時順治皇帝『稽古右文，留意經史，兼及書畫』，傅以漸『日承顧問，應對如響』。〔三八〕順治皇帝曾問『厄要』二字的意義，群臣面面相覷，均不作答，傅以漸出來應對曰：『自彼得之謂厄，自我守之謂要。』〔三九〕順治皇帝十分滿意，於是有了重用他的意向。

順治十一年八月，傅以漸升任内翰林秘書院大學士。《清史稿》載：順治十年，『置三院漢大學士各二人』〔四〇〕。《詞林典故》記載得更爲詳細：順治『二年三月，定内三院爲二品衙門，四月令翰林官由内院補授，閏六月裁翰林院以歸内三院，定内三院大學士二員爲二品，學士四員爲三品，侍讀六員爲四品，筆帖式三員爲七品。六年正月，更定内院官制，三院各設學士一員，侍讀、侍講學士各一員，侍讀、侍講各一員。八年四月，增設三院侍讀學士各三員，裁侍讀各二員。十年六月，增設三院漢大學士各二員』〔四一〕。由此可知，順治十年，增設内三院大學士各二人，官階爲正二品。清初中央政府行政官員以三院大學士品級爲高，其中每院滿員一品，漢員二品。

大學士已是最高級别的行政官員，但其品秩并非最高。如欲提升其官品，便需加封榮譽性的虚銜。順治十二年二月，皇帝下詔吏部曰：『循職以宣猷國典，酬庸必因勞而晋秩』，諸位大臣『左右朕躬，恪勤職業，股肱竭力，各懷勵翼之忱，密勿抒誠，共效贊襄之益，宜加恩寵，用示優隆』。這幾位大臣中就有傅以漸，他被加封爲『太子太保』。〔四二〕《清史稿》曰：『太師、太傅、太保爲三公。正一品。少師、少傅、少保爲三孤。從一品。太子太師、太子太傅、太子太保，從一品。太子少師、太子少傅、太子少保，正二品。俱東宫大臣，無員限，無專授。初沿明制，大臣有授公、孤者。嗣定爲兼官、加官及贈官。』〔四三〕傅以漸加此官銜，秩升爲從一品。三月，『殿試天下貢士』，傅以漸以大學士身份擔任漢讀卷官。〔四四〕放榜的時候，順治皇帝讓人取來進士原卷，看過以後大加稱贊。等殿試卷進呈以後，閲至第三人，順治帝轉過頭來對傅以漸説：『你知道這是誰的卷子嗎？』傅答不知。順治皇帝説：『這是會元秦鉽所作，我一看他的書法就知道。』拆卷之後，果然如此，順治皇帝很高興，親自召見了秦鉽。〔四五〕

此事確切與否，已難考評，但足以反映順治皇帝與傅以漸關係之親密。

【注】

〔一〕參見［清］杜立德《皇清光禄大夫少保兼太子太保兵部尚書武英殿大學士星巖傅公墓志銘》。拓片存傅氏族人家中，筆者得寓目并拍照。

〔二〕參見［清］杜立德《皇清光禄大夫少保兼太子太保兵部尚書武英殿大學士星巖傅公墓志銘》之『曾十六歲從大廷尉繩武顧公至京師』。大廷尉，明清大理寺卿之別稱；顧繩武，生平事迹無考。

〔三〕［清］杜立德：《皇清光禄大夫少保兼太子太保兵部尚書武英殿大學士星巖傅公墓志銘》。

〔四〕參見《皇清誥授光禄大夫少保兼太子太保武英殿大學士傅公家傳》，東郡《傅氏族譜》，道光癸卯本。此文末記傅以漸諸孫，其中有傅永綍任『平陰縣教諭、候選知縣』一句。按：傅永綍於乾隆十九年（一七五四）參加會試，中明通榜，任泰安府平陰縣教諭，後赴浙江任知縣多年，終任台州府同知，於乾隆四十四年（一七七九）卒。此文祇説傅永綍爲教諭、候選知縣，未言其任知縣、同知之事，可知此家傳寫於乾隆十九年以後，不會早於乾隆十九年，但也不會晚到乾隆中期。因文未具名，故筆者無從考證。

〔五〕［清］宋弼：《少保大學士傅公傳》，東郡《傅氏族譜》，道光癸卯本。

〔六〕參見宣統《聊城縣志》卷八《人物志·孫肇興》。

〔七〕轉引自江蘇省政協文史資料委員會、淮安市政協文史資料委員會編《江蘇文史資料》第八四輯，一九九五年，第七七頁。

〔八〕［清］張廷玉等：《明史》卷三〇五《張彝憲傳》，中華書局一九七四年版，第七八二八頁。

〔九〕參見［清］阮葵生《茶餘客話》卷二一，上海古籍出版社二〇一二年版，第五一八頁。

〔一〇〕參見［清］王先謙《東華録》，《續修四庫全書·史部》第三六九册，上海古籍出版社二〇〇二年版，第四一六頁。

〔一一〕《四書約説》六卷、《題説》二卷，《續修四庫全書》本；《删補孟子約説》二卷，清康熙刊本。

〔一二〕參見［清］宋弼《少保大學士傅公傳》，東郡《傅氏族譜》，道光癸卯本。

〔一三〕參見《皇清誥授光禄大夫少保兼太子太保武英殿大學士傅公家傳》，東郡《傅氏族譜》，道光癸卯本。

〔一四〕參見［清］宋弼《少保大學士傅公傳》，東郡《傅氏族譜》，道光癸卯本。

〔一五〕參見［清］法式善等撰，張偉點校《清秘述聞三種》上，中華書局一九八二年版，第五頁。

〔一六〕參見鄧洪波、龔抗雲編著《中國狀元殿試卷大全》下卷，上海教育出版社二〇〇六年版，第一三二三—一三二四頁。

〔一七〕鄧洪波、龔抗雲編著：《中國狀元殿試卷大全》下卷，第一三二四—一三二八頁。

〔一八〕［清］宋弼：《少保大學士傅公傳》，東郡《傅氏族譜》，道光癸卯本。

〔一九〕［清］耿賢舉：《皇清誥授光禄大夫少保兼太子太保武英殿大學士兵部尚書加一級傅公家傳》，東郡《傅氏族譜》，道光癸卯本。

〔二〇〕這次録取的進士人數，一説四百人，參見李樹《中國科舉史話》，齊魯書社二〇〇四年版，第二六一頁。一説三百七十三人，參見鄧洪波、龔抗雲編著《中國狀元殿試卷大全》下卷，第一三二三頁。《清實録·世祖章皇帝實録》卷二五『順治三年丙戌三月乙丑』記載，『賜殿試貢士傅以漸等四百名進士及第、出身有差』；傅以漸『殿試卷』中也説『大一統以建官，擴四百名之特額』。可見，這次録取的進士名額爲四百名。

〔二一〕參見［清］繆彤《臚傳紀事》，鄧之誠編著：《骨董瑣記全編》，北京出版社一九九六年版。

〔二二〕［宋］田况：《儒林公議》，金沛霖主編：《四庫全書子部精要》下，天津古籍出版社、中國世界語出版社一九九八年版，第六六〇頁。

〔二三〕參見《欽定大清會典則例》卷一〇《吏部·文選清吏司·除授》，《四庫全書》本。

〔二四〕參見《欽定大清會典》卷三《吏部》，《四庫全書》本。

〔二五〕《清實録·世祖章皇帝實録》卷六五『順治九年壬辰五月丙寅』。

〔二六〕參見張德澤編著《清代國家機關考略》，中國人民大學出版社一九八一年版，第一六五頁。

〔二七〕參見趙爾巽等《清史稿》卷一一五《職官志》，第三三一三頁。

〔二八〕參見前文《國史列傳·傅以漸傳》。

〔二九〕《清實録·世祖章皇帝實録》卷七五『順治十年癸巳五月丙子』。

〔三〇〕《欽定歷代職官表》卷二六《詹事府》，《四庫全書》本。

〔三一〕《清實録·世祖章皇帝實録》卷七六『順治十年癸巳閏六月戊子』。

〔三二〕《欽定歷代職官表》卷二《内閣上》，《四庫全書》本。

〔三三〕趙爾巽等：《清史稿》卷一一四《職官志》，第三二六七頁。

〔三四〕《清實録·世祖章皇帝實録》卷七七『順治十年癸巳秋七月乙卯』。

〔三五〕《清朝文獻通考》卷五九《選舉考十三》，《四庫全書》本。

〔三六〕《清實録·聖祖仁皇帝實録》卷一六二『康熙三十三年甲戌二月甲寅』。

〔三七〕《欽定大清會典則例》卷一五三《翰林院》，《四庫全書》本。

〔三八〕［清］宋弼：《少保大學士傅公傳》，東郡《傅氏族譜》，道光癸卯本。

〔三九〕［清］耿賢舉：《皇清誥授光禄大夫少保兼太子太保武英殿大學士兵部尚書加一級傅公家傳》，東郡《傅氏族譜》，道光癸卯本。

〔四〇〕趙爾巽等：《清史稿》卷一一四《職官志》，第三二六八頁。

〔四一〕［清］鄂爾泰、張廷玉：《詞林典故》卷二《官制》，《四庫全書》本。

〔四二〕參見《清實録·世祖章皇帝實録》卷八九『順治十二年乙未二月辛酉』。

〔四三〕趙爾巽等：《清史稿》卷一一四《職官志》，第三二六七頁。

〔四四〕《清實録·世祖章皇帝實録》卷九〇『順治十二年乙未三月戊戌』。

〔四五〕參見徐珂《清稗類鈔》第五册《考試類》，商務印書館一九一七年版，第一一七頁。

二、見可而進，審幾而退

順治皇帝曾畫《狀元騎驢圖》賜傅以漸，此雖有戲謔之意，但説明君臣關係融洽。傅以漸在任期間，除處理日常政務外，還受朝廷之命編寫史書、政書，爲順治皇帝所編之書作序。他正當壯年便升任大學士之職，官居一品，位極人臣。但他似乎意識到了仕途的凶險，同時由於身體虚弱多病，於是提出了辭官回鄉的請求。

（一）『狀元歸去驢如飛』

清朝建立後，總結明朝衰敗及滅亡的教訓，對於漢族官員所最忌者，一是『分門別户，植黨營私』，二是『惟賄是圖，善惡不分』。〔一〕傅以漸一生，『既清且慎，不争不黨』〔二〕，於明末官場陋習一毫不染，所以深得順治皇帝親近信任。傅氏家傳曰：『公（指傅以漸）自釋褐至是（指任庶吉士教習之職），論資不十年，位列清華，擢用不次，皆帝心簡在也。』〔三〕又説：『世祖章皇帝破格簡用，使居總師。輿論翕然，僉稱得人。維時海宇清晏，朝廷無事，天子向用儒雅，講求治道，召公入侍，每至夜分。公念知遇之深，盡心啓沃，敷奏必剴切詳明，毫無隱諱，上屢嘉焉。乙未，上命廷臣條陳安民大計，公於衆議外，密議三條，手疏以進，悉稱上旨。然公有獻納，退輒焚稿，故功在社稷，人鮮知者。上體乾御極，勵精圖治，凡諸建樹，多務嚴明。公從容與上言：「周家開國忠厚，太和翔洽，福祚無窮，卜年八百。」上亟然之。一日，同官以敕書遣内臣事，觸上怒，得罪幾不測。公婉言引咎，上爲霽顔，悉宥之。其蒙寵眷如此。」[四]順治皇帝親自爲傅以漸畫肖像一事，足以説明君臣關係親密融洽。順治畫傅以漸騎驢圖一事，最早見於乾隆年間宋弼爲傅以漸所作傳記：

（傅以漸）偉腰大腹，不慣騎馬，扈從南海子，乘以黑驢，令二僕執轡。世祖偶見，大笑。一日賜畫軸，乃圖公騎驢小像，御書前人『雲龍山下試春衣』詩，而改『馬』字爲『驢』，雖一時游戲，亦恩遇中一段佳話也。

乾隆時期進士、武定府教授耿賢舉在傅氏家傳中也記有此事：

（傅以漸）扈駕南海子，舊疾復發。上遣醫調治，并賜寫真圖及玉帶。公豐額重頤，方面垂耳，鬚生頦下，偉腰腹，素不慣騎，每扈駕時，乘一黑騫，猶令二僕執其轡。上見而哂之，因賜寫真圖。[五]

傅氏家傳記此事更詳：

上（指順治皇帝）神明天縱，兼工繪事，歷年頒賜，有山水、竹梅、葡萄、達摩、鍾馗等畫軸，天章雲翰，寵冠一時，其尤异者爲《狀元騎驢圖》。公不慣乘馬，每朝行在，騎一黑驢，命僕執轡徐行。一日，上御樓遥見之，親揮宸翰，爲作小照，題『雲龍山下試春衣』詩於上，改末句爲『狀元歸去驢如飛』，一時太平君臣魚水相得之雅從可想見。〔六〕

又張祥河〔七〕《關隴輿中偶憶編》記載：

順治開科狀元，爲東昌傅相國（以漸）。相國嘗扈隨聖駕，騎蹇驢歸行帳。上在高處眺望，摹寫其形狀，戲題云『狀元歸去驢如飛』。畫幅僅二尺許，設色古茂。余道出東昌，登傅氏御畫樓，其裔孫傅秋坪前輩（繩勛）出賜件獲觀，恭紀一詩，允宜采入畫苑爲佳話云。〔八〕

張氏爲嘉慶二十五年（一八二〇）進士，見此畫約在嘉道年間。光緒年間，陳代卿〔九〕亦見此畫，且述之更詳：

光緒丙申夏四月，東昌府學博（士）王君少煒邀余至相府街傅宅，恭閲世祖章皇帝御畫。一綾本山水，峰巒樹石，純是董北苑家法。氣韵之厚，絶非宋元人所能，神品也。一紙本《達摩渡江圖》，科頭左顧，雙手擁袂向右，赤足踏一葦，衣紋數筆如屈鐵，氣勢飄逸，直逼吴道元，能品也。一絹本青緑，大樹下一人面如冠玉，微須，若四十許人，跨黑衛，二奴夾持，一執鞭擁驢項而馳，一回顧若有所語，騎者以手扶其肩，即開國殿撰傅相國以漸也。神采如生，尤爲妙品。上書唐人七絶，末『狀元歸去馬如飛』，『馬』易作『驢』，蓋世祖戲筆也。家傳中謂相國官翰林時，嘗乘驢扈蹕。兩奴左右侍，若防傾跌。世祖顧之而笑，因繪圖以賜。相國衣履悉如今式，惟貂冠朱纓無頂戴，蓋國初制尚未定，至雍正十年始加頂戴也。山水上題順治乙未御筆賜傅以漸。硃印三，一『廣運之寶』，方三寸；一『順治乙未御筆』，長四寸，廣一寸二分；一『順治御筆』，方一寸五分。《達摩圖》題印皆同，但無寸五方印。〔一〇〕

按：上文説順治帝畫傅以漸像題唐人七絶，當誤。蘇軾《送蜀人張師厚赴殿試二首》，其中第二首詩曰：『雲龍山下試春衣，放鶴亭前送落暉。一色杏花三十里，新郎君去馬如飛。』〔一一〕順治皇帝所題詩，當據此詩改寫而成，所改者爲最後一句，『新郎』改爲『狀元』，『馬』字改成了『驢』字。

順治皇帝工書善畫，處理政務之餘，常游藝於翰墨間，以畫頒賜大臣。『嘗用指螺紋印畫水牛，意態生動，有爲筆墨烘染所不到者。作山水，泉壑窈窕，烟雲幽頤。得之者，珍逾珠寶。』〔一二〕關於順治皇帝爲大臣畫像事，其他書籍文獻中亦有記載。《清宫述聞》載：順治皇帝駕臨閣中，正好中書盛際斯〔一三〕從那裏經過。順治皇帝叫他跪在面前，熟視一番，取過筆來，畫出一幅盛際斯像，面如錢大，鬚眉之際，惟妙惟肖。大臣們來看，都贊嘆爲『天筆之工』。盛際斯伏拜於地，請求賞賜給自己。順治皇帝笑了笑，没有答應，取火而焚之。〔一四〕據説，順治皇帝曾命內廷待詔爲金之俊等人畫像，凡數易稿，必得極肖而後止，且裝潢極工，經年始成。順治皇帝又親臨直房頒賜，一時傳以爲榮。〔一五〕他還曾畫一鍾馗像，賜户部尚書戴明説，畫中的鍾馗神采奕奕，亦爲妙筆。大臣們得順治皇帝頒賜畫像則引以爲榮，得順治皇帝所作之畫更屬不易。傅以漸有順治皇帝親自所畫肖像，又有其所繪山水、人物畫數幅，其與順治皇帝關係之親密，遠在其他大臣之上。

傅宅原建有御畫樓，專門收藏順治皇帝所賜御畫，嘉道間張祥河到傅府時尚見此樓。光緒年間，陳代卿至傅宅，見順治皇帝所賜畫數幅，但未提及御畫樓事。此後，傅氏家道中落，聊城民變、匪患頻繁，御畫藏於何處，無人知曉。民國以後，見諸文獻記載者僅有兩幅。一是《狀元騎驢圖》，後存於傅氏祠堂中。傅氏祠堂正堂内有一神龕，龕前左右各懸一匾。一九六六年，在龕前東側匾後發現一木匣，『内有著名的「傅以漸騎驢上朝像」一幅』〔一六〕，後不知流於何處。『騎驢上朝』實屬荒唐，此畫傅氏秘不示人，於是鄉間俚人，妄自揣度，遂以『上朝』命名。此畫傅氏視爲珍寶，後爲何置於臨近大街且無任何安全防護設施的祠堂中，亦不得而知。據傅氏後人講，順治皇帝所畫《狀元騎驢圖》在『文革』中被焚毁。

另一幅是《達摩像》，聊城楊氏海源閣曾以縮本收藏，今存山東省圖書館。李士釗於一九五七年見此畫及海源閣藏其他文物，撰文記曰：『「海源閣」藏畫：清順治御筆「達摩像」（縮本）一軸。右上角有篆體陽文「順治御筆」印章一方。正中有篆體陽文「廣運之寶」玉璽一方。左下角有篆體陽文「順治乙未御筆」（十二年，公元一六五五年）印一方。并署有乙未仲冬朔日，賜大學士傅以漸。』〔一七〕《山東省圖書館館藏海源閣書目》所載内容與此大體相同。〔一八〕海源閣收藏的是『縮本』，即縮小的摹寫本。此畫原本歸於何處，今已不得而知。

清代乃至民國初年，狀元騎驢的故事廣爲流傳。抗日戰争全面爆發後，周作人還拿這個故事諷刺傅斯年。周作人作《騎驢》詩曰：

倉皇騎驢出北平，《新潮》餘響久銷沉。籃中滿載登萊臘，西去巴山當義民。〔一九〕

詩名和詩的第一句都用了『狀元騎驢』的典故。一九三七年七月，抗日戰争全面爆發後，傅斯年率領中央研究院和歷史語言研究所離開北平，輾轉湖南、雲貴，最後到達四川，顛沛流離，幾度遷徙。傅以漸是傅斯年的七世祖，所以周作人用『騎驢』的故事，譏諷傅斯年遷徙之狼狽。這裏我們且不對詩的内容進行臧否，衹是要説明當時狀元騎驢的故事乃學林佳話，傅以漸與順治皇帝關係之親密，在清代以至民國年間是人盡皆知之事。

（二）奉旨著書

順治元年至順治七年（一六四四—一六五〇），多爾衮執政，年輕的順治皇帝與多爾衮的矛盾十分尖鋭。多爾衮不僅采取一系列措施，强化自己手中的政治軍事大權，而且利用編撰史書樹立自己的權威，取得思想文化領域的統治權。多爾衮死後，順治皇帝一方面在政治上打擊多爾衮集團，將權力攬入個人手中；另一方面，利用修撰史書和其他書籍的機會，控制思想文化領域，并肅清多爾袞的影響。在多爾袞執政期間，傅以漸衹是一名中下級官員，他的資歷、影響力都不受多爾袞看重。順治皇帝親政後，爲穩定政治局勢，繼續任用多爾袞屬下人物，但對他們總是心存芥蒂，他要建立起自己的政治核心集團。入關後，科舉考試所選拔的漢族知識分子，便成了他的首要物色對象。在這樣的政治形勢下，傅以漸很快進入順治皇帝的視野，成爲受倚重的文化重臣，并利用他的淵博學識和組織能力，編撰史書及修撰其他書籍。順治五年和順治九年，傅以漸曾參與撰修《明史》和《太宗實録》。順治十二年到順治十四年期間，傅以漸作爲順治皇帝的文化顧問，爲皇家著書立説的活動頻繁了起來。

爲《資政要覽》作序

順治十二年（一六五五）正月，皇帝御定《資政要覽》編成，此書『凡三十篇，篇各標目。以大書闡其理，以分注核其事』[二〇]。大臣們紛紛爲之作後序，傅以漸所作後序曰：

皇上製《資政要覽》成，臣恭捧莊誦，愧不能仰贊高深，謹拜手稽首，少抒芻蕘於其末。曰：至矣哉，皇上之學！深矣哉，皇上之心！苞儀象於道樞，浹古今於事始。事求其有據，則援政而歷歷分明；道變乎無方，則婉曲而殷殷鼓蕩。直欲以一心通天下，而隱括天下之書爲一書。大文法經，注解法傳，精刻如子，詳確如史，經傳子史合而爲一，是安得不謂之要哉？然以『資政』，名則又何説也？天子統政於上、公卿百執事宣政於下，士、農、商、賈循政而各安其業。政者，正也。正朝廷，正百官，正萬民，無所不正，而後謂之政。下資上爲教養，上資下爲聽明。用天下之聽明，因天下之教養，王道所以約而易操也。鐘無我而生大音，其資惟擊，不音臣則擊何益？石陽驅雪，犀通辟水，豈必徵發？資有先焉者矣。

皇上以資心者資政，天下以資政者資學，綱常倫理若是其昭，性命敦修若是其摯。由内及外，公諸民物；由外返内，練諸幾微。而最扼要者，究不越百姓日用之間。《詩》不云乎：『天保定爾，亦孔之固。』『群黎百姓，遍爲爾德。』卜世卜年，胥從此爲原本。創起於甲午之嘉平，告成於乙未之春仲。貞下起元，慎終如始，臣願與讀是書者共勉之。

太子太保、内翰林秘書院大學士、奉政大夫傅以漸序。[二一]

和其他大臣寫作的《資政要覽》後序相比，傅以漸的文章比較平實。他没有用大量筆墨歌頌皇帝的聖明、表達自己對朝廷的忠誠，而是以簡要的語言闡釋對『資政』的看法。他認爲，天子在上制定政治準則，大臣在下宣傳、執行這個準則，百姓遵循這個準則，這就是『資政』的原則和目的。他提出，政就是正，從朝廷、百官到萬民若都能做到正，而且下對於上、上對於下都有可以取用的東西，把上取於下形成的『聽明』和下取於上形成的『教養』合爲一體，治理社會便是簡單而且易於操作的事情了。這樣的政治見解雖然充滿理想的色彩，在一般當政者看來近乎迂腐[二二]，但他把君、臣、民看作社會的三個組成要素，認爲在上者必須從下層民衆中汲取資用，這樣的政治纔是『聽明』的政治，這在當時不失爲一種進步的政治觀點。傅以漸的思想中始終留有平民出身的印記。

任《聖訓》總裁官

順治十二年（一六五五），傅以漸奉詔擔任《太祖聖訓》《太宗聖訓》的編寫總裁官。當年四月，順治皇帝下詔曰：『朕惟帝王之道，法祖爲先。夏貽典則，商監成憲，周重謨烈，三代隆盛，率循茲軌。欽惟我太祖武皇帝創業垂統，聖德開天。太宗文皇帝積功累仁，宏模啓後。大經大法，固足範圍百王；一動一言，皆可訓行四海。《實録》業已告成，朕欲仿《貞觀政要》《洪武寶訓》等書，分別義類，詳加采輯，彙成一編。朕得朝夕儀型，子孫臣民咸恪遵無斁。稱爲《太祖聖訓》《太宗聖訓》，即於五月開館。』〔二三〕除傅以漸外，總裁官還有馮銓、車克、成克鞏、劉正宗。開館那天，光禄寺備宴三十席，招待監修總裁、副總裁、纂修、謄録、收掌等官員。〔二四〕《聖訓》修成後并未刊布。康熙十年（一六七一）四月，皇帝下令『悉依前式，分別義類，重加考訂，勒成全書』〔二五〕。傅以漸同科進士，順治年間擔任《聖訓》副總裁的大學士李霨，這次被委任爲總裁官。

順治十二年，皇帝親自采輯、編寫《勸善要言》一書，卷前有其御製序言，文末有三位大學士的後序，其中傅以漸之序位列第二。〔二六〕順治十三年，傅以漸還擔任了《通鑒全書》總裁官。

覆核《賦役全書》

據《清史稿·傅以漸傳》記載，傅以漸負責覆核《賦役全書》。《賦役全書》之修撰始於萬曆年間推行的一條鞭法。〔二七〕明後期，《賦役全書》數十年未加修訂，加上朝廷派徵『三餉』，以各種名目徵税斂銀，造成賦役徵派體系的極度混亂。清統治者入關後，明代原有册籍大多散失，户口、土地數量均有很大變化，賦役徵收没了依據。順治元年（一六四四），便有人提出重新編寫《賦役全書》。順治三年，『特遣大臣詣部察核在京各衙門錢糧項款原額及見在收支銷算數目、在外直省錢糧、見在熟田應徵起存數目。其在内責成各該管衙門，在外責成撫按詳考，擬定《賦役全書》，進呈御覽，頒行天下』〔二八〕。順治十一年，對《賦役全書》做了局部修改：『覆準《賦役全書》開載，州縣田土、户口、賦役，有關國計民生，由部會同户科酌定，務期可永遠遵行。』〔二九〕十四年，令户部侍郎王宏祚，重新訂正《賦役全書》，『彙成一編』，『頒布天下』。〔三〇〕《清代七百名人傳·傅以漸傳》曰：順治十二年，『會户部進新修《賦役全書》，亦命覆核』〔三一〕，是則傅以漸覆核《賦役全書》在順治十二年户部對其進行修訂之後。《昭代名人尺牘小傳》中收録有傅以漸關於審核《賦役全書》的便箋：

> 《賦役全書》一事，得借大力告成，弟卒未能親履貴堂，愧慚極矣！賤恙雖點痊，入直尚未卜定期也。附後不宣。弟以漸頓首。〔三二〕

惜此便箋寫給何人及寫作時間均未標出。《賦役全書》内容龐大複雜，它以各地申報田地、户口、賦役數額爲基礎，以國家賦税政策爲依據，所載數字是否準確，賦税徭役額度是否合理、區域間是否平衡，事關國計民生，故須十分慎重。這一年裏，傅以漸擔任太祖、太宗《聖訓》總裁，又審核《賦役全書》，其任務之繁劇，可想而知。

編寫《内則衍義》

順治皇帝的生母孝莊皇太后是一位女政治家，一生培育、輔佐順治皇帝，成就了入主中原、穩定國勢的大業。她曾令順治皇帝編撰歷史上内治内教方面的典型事例，以便頒行宫闈，教育民衆。順治皇帝將此重任交付傅以漸。順治十三年（一六五六）八月，《内則衍義》編成，順治皇帝親自寫作長篇序文上呈太后。序文中説：

臣聞致治之道，有大經大法，以儀型乎邦國，必有内治内教以模楷乎宫闈，故《關雎》爲王化之端，乾坤居《大易》之首。聖人垂訓，未有不以門内爲兢兢者也。三代以前，聖后賢妃肇修内治，以致化行俗美，具載典册。自非天佑至德，孰能集貞淑之大成，振古今之懿化哉。恭惟聖母皇太后佐我皇考興道致治，徽音雍穆，慈誨周詳，有典有則，興仁興讓，允爲萬世壼教之軌範。臣敬遵慈旨，搜輯古來嘉言美行統成一編，上備披閲，下示來兹……夫聖人言，欲治其國者，先齊其家。又言，家正而天下定。齊之正之，其惟《内則》乎？世傳《后妃紀》《列女傳》《家範》《内訓》諸書著作不少，然未嘗原本《内則》而發明之，夫豈所以尊經立教與？今是書一本經旨而推衍之，微而聲氣容色，顯而言動儀文，精而樂心養志，粗而中饋女工，所以操其心而檢其身者。施諸一家無不宜，放乎四海無不準……每舉一類，必證以聖賢經傳之言，實以古今淑順之行。所采事迹，貴賤不同，而其道則同；所引文辭，深淺不一，而其理則一。闡明大指，詮釋微文，名曰《内則衍義》。自禁壼達乎閭巷，咸於斯取則焉。必皆感發其性情，漸摩乎理義，廣教化而美風俗，宫闈之嘉言懿行，直與邦國之大經大法并垂不朽。〔三三〕

《御定内則衍義》提要道：

臣等謹案《内則衍義》十六卷，順治十三年大學士傅以漸恭纂，仰邀欽定，冠以御製序文，以《禮記·内則》篇爲本，援引經史諸書，以佐證推闡之。分八綱三十二子目：一曰孝之道，分事舅姑、事父母二子目；二曰敬之道，分事夫、勸學、佐忠、贊廉、重賢五子目；三曰教之道，分教子、勉學、訓忠三子目；四曰禮之道，分敬祭祀、肅家政、定變、守貞、殉節、端好尚、崇儉約、謹言、慎儀九子目；五曰讓之道，分崇謙退、和妯娌、睦宗族、待外戚四子目；六曰慈之道，分逮下、慈幼、敦仁、愛民、宥過五子目；七曰勤之道，分女工、飲食二子目；八曰學之道，分好學、著書二子目。考古西周盛運，化起宫闈，《周南》始《關雎》，而《桃夭》《漢廣》丕變乎民風；《召南》始《鵲巢》，而《采蘋》《采蘩》具嫻乎禮教。蓋正其家而天下正，天下各正其家而風俗淳美、民物泰平，故先王治世必以内政爲本也。此編出自聖裁，并經慈鑒，端人倫之始以握風化之源，疏通經義使知所遵循，引證史文使有所法戒，用以修明閫教，永著典型，以視豐鎬開基之治有過之無不及矣！班昭《女誡》以下，區區爝火之明，又何足仰擬日月

歟！〔三四〕

在編寫方法上，此書『博采正史，加以斷論』，書中『嘉言善行』俱出十三經、二十一史及《通鑒》《通考》等書，稗官野史、近代雜刻均不録。正史中事近荒唐者不録，『刲股割肝』等不可爲例者不録。每項均先引《内則》，《内則》無可采之言則引他書，而後以『謹按』〔三五〕的形式闡釋解説。

《内則衍義》可稱得上是中國古代婦女教育集大成式的教科書。從思想史和學術史的角度看，它没有多大意義和價值，衹是當政者用來規範女性社會行爲的理論準則。但是，從傅以漸與順治皇帝的關係來看，這本書的意義非同小可：傅以漸編寫此書，以個人名義進呈順治皇帝，順治皇帝又以自己的名義上呈皇太后。從中既可以看出順治皇帝對傅以漸學問、人品的肯定，也可以看出順治皇帝對傅以漸的信任、倚重。

編寫《易經通注》

順治十三年（一六五六）底，皇帝諭示傅以漸和曹本榮：

朕覽《易經》一書，義精而用博，範圍天地萬物之理。自魏王弼、唐孔穎達有《注》與《正義》，宋程頤有《傳》，朱熹《本義》出，學者宗之。明永樂間，命儒臣合元以前諸儒之説，彙爲《大全》，皆於易理多所發明。但其中同异互存，不無繁而可删、華而寡要。且迄今幾三百年，儒生學士發揮經義者亦不乏人，當并加采擇，折衷諸論，簡切洞達，輯成一編，昭示來玆。爾等殫心研究，融會貫通，析理精深，敷辭顯易，務約而能該、詳而不複，使羲經奥旨炳若日星，以稱朕闡明四聖作述至意。欽哉，故敕。[三六]

順治皇帝説得很明白，之所以要重新注釋《易經》，是因爲當時官學讀本《周易大全》存在同异互存、博而寡要等缺陷，他希望能讀到一種内容簡要、析理精深的注解本。因爲傅以漸熟讀經書，『每承顧問，引經據傳，衝口以對，故聖眷隆重，倍於同僚』[三七]，所以注《易》的工作交由他來主持。

《易經通注》共九卷，《叢書集成》本合爲四卷。此書開卷簡要介紹《易經》的内容構成及其作者，認定《易經》非産生於一代，非出自一人之手，確爲不刊之論。卷一爲《上經》，起自『乾卦（上、下）』，終於『離卦（上、下）』，共三十卦。内容包括卦名、卦畫、彖辭、爻辭及彖傳、象傳、文言的注釋解説。卷二爲《下經》，共三十四卦，自『咸卦（艮下兑上）』始，至『未濟卦（離上坎下）』止。解説方式與《上經》相同。每一卦均先列卦名、卦畫，而後分别對卦辭、爻辭進行解釋，同時對彖傳、象傳均予詳解。卷三注《繫辭傳》。《繫辭傳》，是《易經》全書的概論。卷四注《説卦傳》《序卦傳》《雜卦傳》三篇。著名易學家潘雨廷稱傅以漸爲『清初名儒』，并評論《易經通注》説：

> 是書體例，蓋綜合先儒之義而自爲言，未直引其文，意則無出先儒之外者，辭句尚簡要。……總觀是書，説理平穩，惜未知卦象。於卦變亦因循朱子之十九卦，殊未合卦畫之

自然。此皆自拘於注，未能體乎觀象繫辭之旨所致。且全《易》之規模未備，亦清室初創，融貫《易》義尚非其時。迨康熙時，由《日講易經解義》以及晚年之《周易折中》出李光地，始完成此事。而此書者，不啻爲《折中》之初稿耳。〔三八〕

如果説順治皇帝畫《狀元騎驢圖》，將他與傅以漸的關係中多少加入了一些戲謔的成分，體現了對傅以漸的寵信的話，那麽在這裏，我們足以看出順治皇帝對傅的倚重。從進入内翰林院到升任大學士，十餘年内，傅以漸參與和主持修撰過各種史書、撰寫過政教類書籍、主持過注解《易經》，覆核過《賦役全書》。傅以漸名義上是中央政府的最高行政官員，但他不熱衷也不染指行政權力，衹是順治皇帝的文化顧問、文化事務大臣，這是他受到順治皇帝依賴的重要原因。

（三）急流勇退

順治十三年（一六五六）二月，順治皇帝令大學士車克傳諭傅以漸及大學士金之俊、劉正宗三人曰：『君臣之誼，終始相維，今後勿以引年請歸爲念。爾等豈忍違朕？朕亦何忍使爾等告歸也？』〔三九〕并以漢字《表忠録》賜傅以漸。三人即上奏道：『臣等蒙皇上隆恩，但懼不能報效，誠何心忍違皇上，自今以後不敢懷告歸之念也。』〔四〇〕金之俊（一五九三—一六七〇），江南吴江（今屬江蘇）人，明萬曆進士，官至兵部右侍郎。他曾投降李自成的大順政權，入清後仍任舊職，依附多爾袞，歷任吏部尚書、左都御史，加太傅、太子太保等銜。順治皇帝親政後，金之俊没有受到多爾衮的牽連，仍然爲順治皇帝所倚重，但多爾衮集團被鎮壓的陰影始終在他心中回蕩。順治十一年，與金之俊齊名且同樣依附過多爾衮的陳名夏爲大臣所彈劾，旋被處以絞刑，這更讓他心悸不已。他申請告歸引退乃情理之中的事情。劉正宗，字憲石，山東安丘人，明崇禎進士，仕明官至編修。入清後任國史院編修，吏部侍郎、尚書，弘文院大學士，加少傅兼太子太傅銜。順治後期，屢被御史以欺君罔上、貪賄營利、器量狹隘等罪名彈劾，順治末年被免相抄家。順治皇帝在遺詔中曾說：『朕於廷臣，明知其不肖，不即罷斥，仍復優容姑息。如劉正宗者，偏私躁忌，朕已洞悉於心，乃容其久任政地。可謂見賢而不能舉，見不肖而不能退，是朕之罪一也。』〔四二〕順治皇帝早已對劉正宗不滿，劉正宗大概已經有所覺察，或者預感到前途凶險、難得善終，所以預先提出引退的申請。

傅以漸未入前朝官場，無黨無派，學問、人品均受朝臣稱道，且深得順治皇帝信任，連年提升，官至極品，當時纔四十八歲，正是年富力强、春風得意的時候，怎麽也忽然産生了『引年請歸』的念頭呢？

順治皇帝即位前，滿族貴族之間便發生了激烈的皇權争奪事件，順治皇帝即位後，皇族内部的權力之争仍然没有停息。清兵入關後，多爾衮掌握朝廷實權，被加封爲『叔父攝政王』，後又被尊爲『皇父攝政王』。多爾衮兄弟不僅掌握兵權，而且掌握行政大權，就連皇帝的玉璽也被從宫中搬出，收貯於王府。傅以漸進入中央政府之初，就遇上了統治集團内部的權力傾軋。順治四年，掌握鑲藍旗的鄭親王濟爾哈朗輔政之職被罷。順治五年，曾與多爾袞爭奪皇位的豪格被監禁致死。順治七年底，多爾袞死去，順治帝親政，政局隨之大變。多爾袞被削奪封號，籍没家産，他的弟弟豫王多鐸此前已經死去，另一個弟弟英王阿濟格被囚禁賜死。當初受他信用的大臣有的善於見風使舵，很快依附於新貴，有的則被加上黨附多爾袞的罪名或處死或流放。政治上顯露保守傾向的濟爾哈朗、鰲拜等開始填補多爾袞留下的政治空缺，在國家政治活動中逐漸占據優勢地位。濟爾哈朗曾在上疏中，用祖先『常恐後世子孫弃淳厚之風，沿習漢俗』〔四二〕之訓誡提醒順治皇帝，要求他效法太祖、太宗皇帝，在國家大政上依靠諸王貝勒之决策。他們一度恢復諸王管理政務的舊制，對漢族知識分子采取更爲嚴厲的控制政策，對清廷已經任用的漢族出身的官員進行重新審查甄别，有的原職留任，有的降級使用，有的强迫致仕，有的則革職爲民永不敘用。不幾年，多爾袞重用的漢族官員如陳名夏、陳之遴、劉正宗等，均被斥爲『竪儒』，以『蔑法罔上』〔四三〕的罪名或罷官或處死。

順治皇帝親政後，與孝莊皇太后的關係也不怎麽融洽。順治十年，皇帝將皇后——孝莊皇太后弟弟吴克善之女，『降爲静妃，改居側宫』；孝莊皇太后不願意削弱滿族與蒙古族的同盟，更不願意就此削弱博爾濟吉特家族的政治地位，於是又安排順治皇帝娶吴克善的孫女爲皇后。這位皇后仍然没有受到順治皇帝的青睞，不幾年，順治皇帝因寵愛董鄂妃欲再度廢后。後來，董鄂妃死去，順治皇帝又要追封她爲皇后。順治皇帝近乎偏執的性格和年輕人的激越舉動，使得他與孝莊皇太后的矛盾十分尖銳。傅以漸深知，皇族内部有矛盾，大臣們的處境必定十分危險，這是他決然引退的原因之一。

傅以漸進入仕途以後，一直在内三院供職。内三院大學士多兼中央各部尚書、侍郎，位高權重，是中央政府的高級行政官員。内三院大學士的構成成分十分複雜，其中有滿員，有漢員；有明末閹黨成員，也有東林黨復社成員；有北方各省的漢族人，也有南方各省的漢族人；有明代便任大學士的元老舊臣，也有入清後漸次提升的新人。各種矛盾——民族的、派系的、地域的——交織在一起，使其内部關係錯綜複雜，衝突時有爆發。早在順治二年，御史吴達便彈劾大學士馮銓等明末閹黨成員專事逢迎，專權誤國，主張繩之以法，戮之於市。多爾衮袒護馮銓，反將彈劾者革職降級。順治帝親政後，御史張煊彈劾曾爲東林黨人的陳名夏，結果張煊被以誣衊大臣罪論死。不久，追論多爾衮圖謀篡奪皇位罪，馮銓被迫致仕，多爾衮的其他黨羽多被殺，陳名夏被革職。順治十年，馮銓、陳名夏復出任内三院大學士，不久南北之争又起。南人陳名夏看不起北方人，以爲其不學無術，『習於抄舊』，『强言談文』。北方人馮銓則針鋒相對，説『南人優於文而行不符』。順治皇帝對朋黨深惡痛絶，多次告誡大臣不要互結黨羽。後來，陳名夏先被革職，後被處死。〔四四〕傅以漸生性謹慎，履歷簡單，没有派系背景，故未捲入派系之争。但面對内三院大學士之間你死我活的争鬥，面對滿族當權者的狐疑猜忌，傅以漸深感仕途艱險，這是他引身告退的重要原因。

傅以漸『方面豐頤，頦下多髯，偉腰大腹』〔四五〕，是典型的山東大漢，但是他的身體并不强壯。家傳中説他『感世祖知遇之恩，每參贊密勿，夜嘗廢寢，由是精神消減成勞疾』〔四六〕。他早年家境貧寒，讀書刻苦，後又勤於政事，不肯怠惰，故身體甚受損傷，晚年患有咯血的疾病。身體虚弱不能勝任繁劇的工作，也是他引身告退的原因之一。

順治十四年，『皇太后違和，群臣惶懼。内閣奏疏頗多壅積』，這時傅以漸并没有猶豫退縮，幾天之内，便將奏疏處理完畢，『悉爲票擬，皆稱上意』〔四七〕。這事本來就够麻煩的了，但更麻煩的事還在後頭。戊戌（順治五年，一六五八）科會試，傅以漸和同科進士李霨奉命擔任主考官〔四八〕。這年的會試不同於其他年份，是清初南北闈科場案發生後的第一次會試。明後期以來，科試行賄、作弊已成風氣，入清後亦然。順治十四年正月，皇帝下詔曰：

> 制科取士，計吏薦賢，皆朝廷公典。臣子乃以市恩，甚無謂也。師生之稱，必道德相成，授受有自，方足當之。豈可攀援權勢，無端親昵。考官所得，及薦舉屬吏，輒號門生。賄賂公行，徑竇百出，鑽營黨附，相煽成風。朕欲大小臣工杜絶弊私，恪守職事，犯者論罪。〔四九〕

在這裏，順治皇帝主要是指斥官員通過舉薦人才結黨營私的行爲，同時提及科舉考試的舞弊問題，并警告各級官員犯者治罪。但是，一紙詔書怎能清除多年積弊！就在這年秋天，順天府舉行鄉試時，同考官接受幾位中央官員的賄賂請托，公然違規閲卷并録取。給事中任克溥上疏揭發，經查屬實。順治皇帝大怒，即將受賄同考官二人、行賄官員三人、涉及的考生二人斬立決。犯人父母、妻兒、兄弟均被流放。後又下令將涉嫌行賄的二十五人及有關人員逮捕訊問。次年正月，又將這一屆科舉人員全部集中到北京的南海瀛臺，每名考生由兩個持刀武士挾持看守，進行復試，結果有八人未通過考試。四月，案件方纔審結，又有行賄者及其家屬被流放。這就是清初著名的『北闈科場案』。北闈案發生不久，給事中陰應節上疏彈劾江南考官方猷利用科考受賄。順治皇帝立命逮捕南闈全部考官入京受審。（順治十五年）二月，江南新科舉人已經來北京準備參加會試，順治皇帝下令將已遭舉劾作弊的舉人立即逮捕，其餘集中到瀛臺重新考試。這幫文弱書生哪裏經歷過被武士挾持的考試呢，結果大都發揮失常，祇有一人通過，其中七十四人被准許參加下科會試，二十四人罰停兩科，二十四人革去舉人。江南考官十七人均判死刑，考官的父母妻兒全部流放寧古塔。被控有行賄嫌疑的八名舉人，各責四十大板，連同父母妻兒一起流放。[五〇]這次懲處之嚴厲，爲科舉史上前所未有。

順治十五年二月，雖然南闈案正在審理過程中，但會試仍照常舉行。在這樣的情況下，順治帝任命老成持重的傅以漸爲主考官，主持這場非同尋常的會試。按照慣例，考官入闈，可以携帶書籍。但御史、言官們爲迎合順治皇帝痛恨科考舞弊行爲的心理，上疏禁止考官携帶書籍入闈。但如果主考官不帶書籍入闈，怎麽保證考試題目及閱卷準確無誤？傅以漸感覺御史們的做法實在過分，於是憤然上疏順治皇帝，請求『凡出題應用書籍，敕部照例給發，庶免漏誤』〔五一〕。順治皇帝批准了傅以漸的請求。這次會試的題目是『無爲而治』全章、『天命之謂』全章、『君子所性』二節。〔五二〕考題『由欽命密封送内簾用印頒發，自本科始』〔五三〕。本科會元爲廬陵人張貞生，殿試狀元爲常熟孫承恩，榜眼爲鹽城孫一致，探花爲全椒吴國對，均爲江南人。入闈後，傅以漸身體極度虚弱，不時咯血，於是上疏言『入闈七日，幸硃卷尚未謄進，乞賜另遣一員同李霨任事』〔五四〕，順治皇帝没有同意，『命力疾料理』〔五五〕。閲卷完畢，順治皇帝親自接見傅以漸等人，據《寶綸堂稿》記載：

順治戊戌三月，閲卷事畢，大學士傅以漸、學士李霨等復命賜茶。是日，天顔怡悦，遍視各官良久，曰：『爾等面貌，俱比前較瘦，應是看文日久，可早回家去。』遂起謝恩出。〔五六〕

由於正在嚴懲科舉舞弊案之時，順治皇帝對會試考官的選擇是十分謹慎的，他力持傅以漸主考會試，説明在他眼裏，傅以漸的學問、人品皆爲一時之冠。科場案的發生、御史們的極端言論、繁劇的政務、每況愈下的身體條件〔五七〕，更堅定了傅以漸引退的決心。

順治年間，官員任職滿三年可參加考滿，考滿結果分爲三等，稱職、平常和不稱職。對大學士和六部尚書，考滿稱職的，皇帝親自決定如何獎勵，『有應加官保銜者，俱候上裁』〔五八〕。順治十五年四月，傅以漸任太子太保職滿三年，考滿稱職，順治皇帝下詔『加少保，蔭一子入監讀書』〔五九〕。就在這一年，清廷廢内三院，實行内閣制度，『改内三院大學士爲殿閣大學士』〔六〇〕。任大學士者全兼六部尚書之職。是年九月，傅以漸與洪承疇、胡世安三人均『以原銜爲武英殿大學士兼兵部尚書』〔六一〕，此兵部尚書不過是象徵其官位品秩的虚銜罷了。傅以漸并不留戀高官厚禄，任職後的第二個月，他便『乞假葬親』。因病請假可以不准，葬親請假是不能不准的。順治皇帝無奈，衹好答應了他的請求〔六二〕，同時欽賜藥餌，以備途中不時之需，又命學士王熙傳達諭旨『途中保重，勿以朝政爲憂』〔六三〕，『以養病生子爲急務』〔六四〕。此事使傅氏大爲感動，後人述及此事，也深感傅以漸與順治皇帝關係非同一般，『天語春温，如同家人父子，眷注之隆，古未有也』〔六五〕。

傅以漸回到家鄉後，辭官閑居的意念更加堅定。順治十六年十一月，傅以漸因養病已超過一年，故上疏請求罷黜自己的官職。順治皇帝令他着意調理，等病痊愈，即來京繼續入直辦事。順治十七年三月京察，傅以漸以自己一直養病，再次上疏，『引疾求罷』。順治皇帝下旨道：『卿清慎素著，佐理有年，著加意調攝，痊日即前來供職，不必求罷。』〔六六〕順治十八年正月，二十四歲的順治皇帝死去，在遺詔中，他總結自己親政以來的過失、教訓道：『滿洲諸臣，或歷世竭忠，或累年效力，宜加倚托，盡厥猷爲。朕不能信任，有才莫展。且明季失國，多由偏用文臣。朕不以爲戒，委任漢官……致滿臣無心任事，精力懈弛。』又説：『於用人之際，務求其德與己侔，未能隨才器使，致每嘆乏人。』〔六七〕從此遺詔中，我們可以窺識順治皇帝重用傅以漸以及傅以漸急流勇退的原因。順治皇帝重用傅以漸，主要是看中了傅以漸謹慎勤勉的品德，即所謂『德與己侔』也，他一再挽留傅，不讓其致仕返鄉，原因也在於此；而傅以漸之所以一再要求致仕回鄉，不祇是因爲有病在身，更重要的原因是朝廷內部滿族貴族勢力强大，觀念守舊，敵視漢族大臣，爲免做滿漢衝突的犧牲品，那就祇有辭去官職，回歸鄉里。傅以漸得知順治皇帝的死訊，『自寢處墜於地，痛哭失聲，嘔血數升，昏迷者三日。少蘇，即令治裝起程，然手足難以動移，亦不能就道矣』[六八]。這年六月，傅以漸再次上疏乞休，朝廷批准了他的請求，准許他『回籍調理』[六九]，病愈後起用。

康熙四年（一六六五）四月，傅以漸病逝於家鄉聊城，終年五十七歲。他臨終留下遺囑，『勿請恤請謚』[七〇]。按清廷規定，傅以漸應該得到皇帝賜予的謚號，但傅以漸主動放弃這份殊榮。傅氏家傳中的記載與此不同：『爲宰相時，有以私憾公者，歿後請謚，遂格不行。』[七一]『遺疏上閣臣，有憾公者中以微語，贈謚致格不行。時無以公情事入告者，使開國鼎元太平宰相身後之恤典缺如，重可惜也。』[七二]後者之説，似乎近真，若順治皇帝在世，即使傅以漸的後人不請恤請謚，朝廷肯定也會賜予其謚號。而康熙初年，孝莊皇太后對順治皇帝怨氣未消，加上掌權的鰲拜等人對漢族高官的排斥，恐怕是傅以漸没有取得朝廷所賜謚號的根本原因。後清廷贈封其父傅思敬、祖父傅天榮、曾祖傅諭三代爲光禄大夫、少保兼太子太保、內翰林國史院大學士加一級，其母親、祖母、曾祖母均爲一品夫人，夫人虞氏也被封爲一品夫人，都不過是虛應故事，具文而已。

【注】

〔一〕參見鄧洪波、龔抗雲編著《中國狀元殿試卷大全》下卷，第一三二四頁。

〔二〕［清］宋弼：《少保大學士傅公傳》，東郡《傅氏族譜》，道光癸卯本。

〔三〕《皇清誥授光禄大夫少保兼太子太保武英殿大學士傅公家傳》，東郡《傅氏族譜》，道光癸卯本。

〔四〕《皇清誥授光禄大夫少保兼太子太保武英殿大學士傅公家傳》，東郡《傅氏族譜》，道光癸卯本。

〔五〕［清］耿賢舉：《皇清誥授光禄大夫少保兼太子太保武英殿大學士兵部尚書加一級傅公家傳》，東郡《傅氏族譜》，道光癸卯本。

〔六〕《皇清誥授光禄大夫少保兼太子太保武英殿大學士傅公家傳》，東郡《傅氏族譜》，道光癸卯本。

〔七〕張祥河（一七八五—一八六二）：原名公藩，字元卿，號詩舲、鶴在，别號法華山人，謚温和，松江府婁縣（今屬上海）人。工詩、文、書、畫、篆刻。早年客京師，曾爲《大清會典》繪製插圖。嘉慶二十五年（一八二〇）考中進士，授内閣中書。歷任河南按察使署布政使、廣西布政使，累升至工部尚書。

〔八〕徐凌霄、徐一士：《凌霄一士隨筆》第二册，山西古籍出版社一九九七年版，第四九六頁。

〔九〕陳代卿：字雲笙，四川宜賓人，咸豐十一年（一八六一）舉人，曾任山東膠州知州，著《慎節齋文存》二卷傳世。

〔一〇〕徐凌霄、徐一士：《凌霄一士隨筆》第二册，第四九六－四九七頁。

〔一一〕［清］王文誥輯注，孔凡禮點校：《蘇軾詩集》第二册，中華書局一九八二年版，第九二六－九二七頁。

〔一二〕潘天壽：《中國繪畫史》，團結出版社二〇〇六年版，第二二四頁。

〔一三〕盛際斯：字成十，江西武寧縣人，以選貢入太學，歷任樂平教諭、吉安府教授等職，通經能文。生平見《清史列傳》卷七一。

〔一四〕參見章乃煒、王藹人編《清宫述聞（初、續編合編本）》引《客舍偶聞》，紫禁城出版社一九九〇年版，第九〇頁。

〔一五〕參見章乃煒、王藹人編《清宫述聞》引《澹餘筆記》，第九〇頁。

〔一六〕競放主編：《聊城》，新聞出版局，一九九四年，第一〇〇頁。

〔一七〕李士釗：《聊城『海源閣』楊氏藏書刻書簡述》，山東省人民政府參事室編：《山東參事文選》第二輯，一九九三年，第七八頁。

〔一八〕參見山東省圖書館編《山東省圖書館館藏海源閣書目》，齊魯書社一九九九年版，第四二八頁。

〔一九〕耿傳明：《周作人的最後22年》，中國文史出版社二〇〇五年版，第七六頁。

〔二〇〕《欽定四庫全書簡明目録》卷九《子部一·儒家類》，《四庫全書》本。

〔二一〕［清］順治皇帝著，陳立中今譯：《順治皇帝權術精要》，湖南人民出版社一九九九年版，第二六四－二六五頁。

〔二二〕傅以漸作此序時官銜爲太子太保、内翰林秘書院大學士，官位從一品，却排在了官位低許多的内翰林院大學士、學士之後，説明《資政要覽》的編輯者對其觀點不甚認同。

〔二三〕《清實録·世祖章皇帝實録》卷九一『順治十二年乙未夏四月癸未』。

〔二四〕參見《欽定大清會典事例》卷三一七《禮部》，《四庫全書》本。

〔二五〕《清實録·聖祖仁皇帝實録》卷三五『康熙十年辛亥夏四月乙酉』。

〔二六〕《御製勸善要言》，清順治十二年内府刻本。

〔二七〕參見［清］孫承澤《春明夢餘録》卷三五《户部一》（北京古籍出版社一九九二年版）：『崇禎元年七月，户部纂修《賦役全書》，尚書畢自嚴上條議曰：看得《賦役全書》，肇自行條鞭法始，距今已四十五年矣。』崇禎元年上推四十五年，則爲萬曆十一年（一五八三）。又參見［明］黄虞稷《千頃堂書目》載《兩浙賦役全書》，萬曆壬子（一六一二）吴用光序。

〔二八〕《欽定大清會典則例》卷三七《户部·田賦四》，《四庫全書》本。

〔二九〕《欽定大清會典則例》卷三七《户部·田賦四》，《四庫全書》本。

〔三〇〕《清實録·世祖章皇帝實録》卷一一二『順治十四年丁酉冬十月丙子』。

〔三一〕蔡冠洛編著：《清代七百名人傳》第一編，中國書店一九八四年版，第六四頁。又《滿漢名臣傳》，黑龍江人民出版社一九九一年版，第一七〇一頁，所記與此相同。

〔三二〕［清］吴修：《昭代名人尺牘小傳》卷三。

〔三三〕《御定内則衍義》序，《四庫全書》本。

〔三四〕《御定内則衍義》，《四庫全書》本。

〔三五〕原書爲『臣按』，乾隆年間修《四庫全書》時改爲『謹按』。乾隆四十九年（一七八四）七月初十日《軍機處上諭檔》：『交武英殿：所有《内則衍義》一書，現在奉旨，著將寫過各分《四庫全書》内查出，將卷首序文照《實録》内開載原文照改，其表文一道著全行撤去，其書内「臣按」二字俱改「謹按」，不可稍有遺漏。仍將現在御書房等處存貯刻本查出，送軍機處銷毁。再，此書從前既曾鋟板，刷印必多，應查明曾經頒發何處，行令繳出，一并交軍機處銷毁。此係奉旨要件，特發片傳知，務即詳細遵辦。仍將如何辦理緣由，送覆本處可也。』（中國第一歷史檔案館編：《清代檔案史料·纂修四庫全書檔案》下，上海古籍出版社一九九七年版，第一七八五頁。）

〔三六〕《易經通注》卷一《敕大學士傅以漸日講官曹本榮》，《四庫全書》本。

〔三七〕《皇清誥授光禄大夫少保兼太子太保武英殿大學士傅公家傳》，東郡《傅氏族譜》，道光癸卯本。

〔三八〕潘雨廷著，張文江整理：《讀易提要》，上海古籍出版社二〇〇六年版，第三二三—三二四頁。

〔三九〕［清］宋弼：《少保大學士傅公傳》，東郡《傅氏族譜》，道光癸卯本。

〔四〇〕《清實録·世祖章皇帝實録》卷九八『順治十三年丙申二月壬戌』。

〔四一〕趙爾巽等：《清史稿》卷五《世祖本紀》，第一六二頁。

〔四二〕趙爾巽等：《清史稿》卷二一五《鄭獻親王濟爾哈朗傳》，第八九四九頁。

〔四三〕《御定人臣儆心録》序，《四庫全書》本。

〔四四〕參見王思治《清承明制説内閣》，中國社會科學院歷史研究所明清史研究室編：《清史論叢二〇〇〇年號》，中國廣播電視出版社二〇〇一年版。

〔四五〕［清］宋弼：《少保大學士傅公傳》，東郡《傅氏族譜》，道光癸卯本。

〔四六〕［清］耿賢舉：《皇清誥授光禄大夫少保兼太子太保武英殿大學士兵部尚書加一級傅公家傳》，東郡《傅氏族譜》，道光癸卯本。

〔四七〕［清］宋弼：《少保大學士傅公傳》，東郡《傅氏族譜》，道光癸卯本。

〔四八〕《閱世編》記此事曰：『順治戊戌科張貞生榜。大主考：傅以漸。副主考：李霨。一甲：孫承恩、孫一致、吴國對。中式：陸夢蛟、張一鵠、沈珣。』參見葉夢珠撰，來新夏點校《閱世編》，上海古籍出版社一九八一年版，第五八頁。

〔四九〕趙爾巽等：《清史稿》卷五《世祖本紀》，第一四八頁。

〔五〇〕參見李樹《中國科舉史話》，第二六四—二六五頁。

〔五一〕《國史列傳·傅以漸傳》。

〔五二〕［清］法式善等撰，张偉點校：《清秘述聞三種》上，第二三頁。

〔五三〕［清］福格撰，汪北平點校：《聽雨叢談》卷九，中華書局一九八四年版，第一八八頁。

〔五四〕《國史列傳·傅以漸傳》。

〔五五〕趙爾巽等：《清史稿》卷二三八《傅以漸傳》，第九四九六頁。

〔五六〕［清］張維屏編撰，陳永正點校，蘇展鴻審定：《國朝詩人徵略》，中山大學出版社二〇〇四年版，第一二頁。

〔五七〕［清］耿賢舉：《皇清誥授光禄大夫少保兼太子太保武英殿大學士兵部尚書加一級傅公家傳》：『先是票本過勞，舊疾發。力疾入闈，盡心竭力，務求真儒，以仰答皇上宏恩。而疾益劇矣。』

〔五八〕《清朝通典》卷二二《選舉五》，《四庫全書》本。

〔五九〕《清實録·世祖章皇帝實録》卷一一六『順治十五年戊戌夏四月辛巳』。

〔六〇〕趙爾巽等：《清史稿》卷五《世祖本紀》，第一五二頁。

〔六一〕《清實録·世祖章皇帝實録》卷一二〇『順治十五年戊戌九月甲寅』。

〔六二〕參見《清實録·世祖章皇帝實録》卷一二一『順治十五年戊戌冬十月乙亥』。而《滿漢名臣傳·傅以漸列傳》記此事道：『（順治十五年）九月，改内院爲内閣，授以漸武英殿大學士，兼兵部尚書。十月，以疾乞假回籍。』（《滿漢名臣傳》，第一七〇二頁。）與《實録》記載有异。

〔六三〕［清］宋弼：《少保大學士傅公傳》，東郡《傅氏族譜》，道光癸卯本。

〔六四〕《皇清誥授光禄大夫少保兼太子太保武英殿大學士傅公家傳》，東郡《傅氏族譜》，道光癸卯本。

〔六五〕《皇清誥授光禄大夫少保兼太子太保武英殿大學士傅公家傳》，東郡《傅氏族譜》，道光癸卯本。

〔六六〕《清實録·世祖章皇帝實録》卷一三三『順治十七年庚子三月壬戌』。

〔六七〕趙爾巽等：《清史稿》卷五《世祖本紀》，第一六二頁。

〔六八〕［清］耿賢舉：《皇清誥授光禄大夫少保兼太子太保武英殿大學士兵部尚書加一級傅公家傳》，東郡《傅氏族譜》，道光癸卯本。

〔六九〕《清實録·聖祖仁皇帝實録》卷三『順治十八年辛丑六月癸巳』。
〔七〇〕［清］宋弼：《少保大學士傅公傳》，東郡《傅氏族譜》，道光癸卯本。
〔七一〕［清］耿賢舉：《皇清誥授光禄大夫少保兼太子太保武英殿大學士兵部尚書加一級傅公家傳》，東郡《傅氏族譜》，道光癸卯本。
〔七二〕《皇清誥授光禄大夫少保兼太子太保武英殿大學士傅公家傳》，東郡《傅氏族譜》，道光癸卯本。

三、後人對傅以漸的評價

聊城附近流傳着許多關於傅以漸的傳説，反映出鄉黨後人對他的評價：勤奮好學、生活簡樸、謙恭謹慎。清中期以後，傅以漸的形象出現在了文學作品及戲劇中，在文學家的筆下，他是個知大體、識時務、性情豪爽、知恩圖報的人。作爲狀元的後裔，傅氏族人常常以傅以漸爲驕傲，也常常以之爲科舉入仕的動力。

（一）民間傳説：鄉黨的評價

傅以漸以一介平民考中狀元，位至宰輔，是聊城歷史上爲數不多的名人，聊城人因之感到驕傲；他勤奮好學、謙恭謹慎、清正廉潔，更受鄉黨好評。所以，聊城稱頌傅以漸的傳説甚多。這些傳説雖多虛構情節，明顯具有演義性質，但其中也透露出了鄉黨對他的稱頌。這些傳説大體可分爲幾類：

勤奮好學

傅以漸既無家學淵源，也無豐厚家産，苦苦掙扎數十年，最終脱穎而出成爲朝野皆知的名人。傅以漸爲什麽能够考中狀元，他有哪些過人之處，是當地人們思考最多的問題。以下幾個故事便能反映人們在這方面的思考。

聊城流傳着『傅以漸夜讀玉皇皋』的故事，大意説，傅以漸家境貧寒，但讀書刻苦，每日燃燈夜讀。有一天，燈油用盡，他向母親索要，母親説明天買糧的錢都没有了，哪有錢買燈油呢，讓他早點睡覺。傅以漸躺在床上，怎麽都睡不着，忽然記起一位賣花生的老者在夜間擺攤時籃子上總挑着油燈，心想：我何不到那裏借光讀書？於是告别母親，拿起書朝大街上走去。賣花生的老者得知傅以漸的來意，甚受感動，於是每夜等他前來讀書。一天，有人對賣花生的老者説，近來玉皇皋出了件怪事，原來夜裏漆黑一片，最近却總是燈火通明，一人好奇，前去探看，結果裏面扔出半塊磚來把他的頭給砸破了，所以没人再敢去了。傅以漸聽到『燈火通明』幾個字，心裏頓時一動，即告别老者，來到玉皇皋。走進大殿，他見神像前有燭臺兩盞，分外明亮，便在那裏專心讀起書來。原來廟中的住持怕夜間有人打擾，故意裝神弄鬼嚇人。他又來嚇傅以漸，但傅以漸置之不理。住持認爲傅以漸將來能成大事，於是專門爲他燃燈，供其夜讀。後來，傅以漸每天夜裏去玉皇皋讀書，一連讀了三年。〔二〕這個故事大概是據傅以漸傳記中『燃香以讀』的説法衍生而來。玉皇皋是聊城有名的道觀，古時讀書人寄住於寺院道觀是尋常之事，所以故事也不算妄自虛擬。看來，聊城人把傅以漸考取狀元的原因歸結爲勤奮好學、刻苦讀書。

聊城民間還流傳有反映傅以漸聰慧機敏的故事。據説傅以漸自幼聰明過人，深秋的一天，他身穿棉衣，手拿羽扇，到運河邊上讀書，恰逢赴京參加會試的江南舉人們路過。這幫人見傅以漸衣着有些不得體，十分瞧不起他，其中一個自恃才華，吟一聯戲謔他道：『穿冬衣，摇夏扇，糊塗春秋』。這一聯描述傅以漸的形象，算是恰切，而且其中含冬、夏、春、秋四字，很難工整對出下聯。豈知傅以漸不假思索，應聲吟道：『坐南船，喝北酒，不識東西。』〔二〕江南舉人們噤口無言，心中稱奇，再也不敢小看北方讀書人了。這個故事所透露的資訊是，才思敏捷是傅以漸高中狀元的重要原因。

又有故事説，明末，李自成派大軍進攻聊城，居民驚恐萬狀，祇有傅以漸置若罔聞，照樣讀書。有人對他説：『亂軍馬上到來，還讀書干什麽？』他却平静地回答説：『如果天下有真天子出現，必定重用讀書人。吾輩不讀書，又干什麽呢？』又有人説：『生死就在眼前，讀書還有何用？』他笑着回答：『死生命耳，苟不死，天下不用讀書人耶？』聊城被重兵包圍之際，有位僧人指着傅以漸讀書的方位説：『吾望東南氣甚佳，此宰相大魁之兆，城必無慮也！』此後，聊城真的未受兵燹，安然無恙。〔三〕故事前半段是據傅以漸傳記資料演義而成，後半段神化了傅以漸。另外，東郡《傅氏族譜》中也説：傅以漸的始祖傅回的夫人通堪輿術，她親自選定聊城城南傅氏祖塋，遺命葬於此地，并説『四世之後必有光大吾門者』。過了四代，『曉憁公果以少保公貴』〔四〕。傅以漸的曾祖父傅諭字曉憁，傅以漸官至武英殿大學士，其祖父被清廷贈封『光禄大夫少保兼太子太保内翰林國史院大學士加一級』榮譽官銜。神化地方名人或自己的先人，這是古時候常有的做法。傅以漸本來是位普通的讀書人，數年之後，位極人臣，人們無法解釋這種特殊的際遇，於是求助於神靈，得出命定論的答案來。

生活簡樸

傅以漸身居相位，『食不重味，常衣浣濯之衣』〔五〕，『自處無异寒素』〔六〕。順治皇帝手繪《狀元騎驢圖》便是其生活簡樸的寫照。

狀元騎驢，事頗新奇，故事也很有趣，故極易傳播。但一般人没見過此圖，更不瞭解其歷史背景，於是道聽途説，以訛傳訛，衍生出『騎驢上朝』的故事來。一般舉人趕考，多騎高頭大馬，衣着華麗，傅以漸却衣衫破舊，騎頭毛驢上了路。那些富家子弟嘲笑他：『駿馬方能配金鞍，毛驢豈能登金殿？』對此，傅以漸默默不語。後來那些富家子弟名落孫山，傅以漸却高中狀元。他身爲高官，仍十分樸素，文武官員大都騎馬、坐轎上朝，他仍以毛驢代步。據傳，後來傅以漸做了康熙皇帝的老師，康熙皇帝曾給他牽驢解鞍。〔七〕一天，他騎驢上朝，不慎從驢背上摔了下來，順治皇帝急忙上前將他扶起，事後便給他畫了一幅騎驢小像，一時傳爲佳話。後人曾有詩曰：『閣老騎驢來金殿，康熙引繮走在前。若非太保展雄才，清鼎豈能安如山。』〔八〕『狀元騎驢』的故事在聊城流傳很廣，內容大同小异。貴族高官，錦衣玉食，出門高頭大馬、華車暖轎，僕從如雲，鳴鑼開道，這是最爲習見的事情，但人們還是更喜歡那些生活簡樸、衣食無華的官員。傅以漸騎驢出行，身爲高官，毫無奢華習氣，這種平民化的高官，歷來受下層民衆的尊崇愛戴。

文人學者則從另外的角度稱道傅以漸。順治皇帝畫《狀元騎驢圖》，有些戲謔的色彩，不少人指出了這一點，也做些戲謔性的解説，但從中還是能看出對傅以漸的尊敬、稱許。傅增湘曾寫《晹臺觀杏雜詩》，其中一首道：

探花不計瓊林宴，策蹇來尋澗上居。忽憶吾家相公事，宸毫爲寫狀元驢。

注曰：『章廟曾寫《狀元歸去驢如飛圖》，以賜聊城傅相國。』〔九〕

傅增湘稱傅以漸爲『吾家相公』，對『宸毫』作畫亦有贊賞之意，明顯透露出對傅以漸的稱道與尊敬。周作人曾説起《狀元騎驢圖》：

掙得清華六品官，居然學士出寒門。胡雛亦自知風趣，畫出騎驢傅狀元。

鍾叔河解釋道：『《清詞林典故》卷一八：「翰林之選，尤爲慎重……所以培館閣之才，儲公輔之器。」翰林歷稱清貴，故謂「清華六品官」。』『「狀元歸去馬如飛」，摹寫當時一般人歆羨科第的心理十分生動；「狀元歸去驢如飛」，改竄一字，歌頌就變成調侃了。少年天子和拼命做官的狀元宰相開開玩笑，的確顯示了胡雛之知風趣也。』〔一〇〕豐子愷也畫過一幅名爲『狀元歸去驢如飛圖』的漫畫：狀元體態微胖，少鬚髯，心悦神怡，所騎之驢放蹄飛奔，後有二僕從，舉『肅静』『回避』牌，跑步跟隨。漫畫下有詩一首，題『清順治帝』。〔一二〕這些帶有戲謔色彩的文字和圖畫，展示給人們的是一個不講排場、生活簡樸的寒門出身的文人官員形象。

謙恭謹慎

據説，傅以漸晚年在家養病，幾乎不外出，也很少與人來往，每天静坐書齋，讀書寫字。當時知縣出門通常坐轎，而且有衙役前呼後擁、鳴鑼開道。傅府離縣衙不遠，知縣的隊伍經常從門前經過。傅以漸每次聽到鑼聲，都離開座位，躬身肅立。家人不解其意，傅以漸説：『知縣乃父母官，應當尊敬。』這事除傅府人外，均無從知曉。一天，知縣的轎子又從傅家門前經過，傅府的一個僕人把這件事告訴了知縣。這位知縣聽後惶恐萬分，趕忙親自到傅府賠罪，此後他從傅府門前經過再也不敢鳴鑼開道了。這件事，家人没告訴傅以漸，他始終不知道其中的緣由。〔一三〕

關於『仁義胡同』的傳説，在聊城更是人盡皆知。據説傅以漸在朝中爲官時，家人與鄰居因一墻之寬的宅基地發生了糾紛。雙方各不相讓，衹好去打官司。官府怕得罪傅家，不敢深問，官司久久不能了結。於是家人衹好寫信給傅以漸，讓他説話解决。縣官存不住氣，也寫信試探傅以漸的口氣。傅以漸見信後深思良久，提筆寫詩一首，寄送回家，詩曰：『千里來書皆爲墻，讓他幾尺有何妨。萬里長城今尚在，不見當年秦始皇。』家裏人看了，明白傅以漸的用意，急忙撤回訴狀，主動將宅基地讓出三尺。鄰居見對方撤訴讓地，開始時感到莫名其妙，後來一打聽，纔知道是傅以漸之意，感動之餘，也主動將自家的宅基地讓出三尺。結果兩家之間，空出了一條六尺寬的胡同。地方官聽説這事，趕忙前去察看，見滿街民衆紛紛稱贊傅以漸的仁義之舉，於是當場揮筆題下『仁義胡同』四字。[一三]另外，《歷下民間文學集成》中也記述了這個故事，内容與前述故事大體相同，祇是將『傅以漸』之名誤説成『傅以儉』[一四]，説明這個故事在濟南一帶也甚爲流行。按，『仁義胡同』的傳説，見於地方志、民間文學作品及其他地方文獻記載者，不下數十處。故事的真實性今已無從考證，但我們所關注的并不是這件事情本身，而是故事折射出來的當地下層民衆對當時的政府官員特別是高級官員的評價原則和認同條件。當時身居高官者有朝廷賦予的許多特權，在與民衆的關係中占據主導地位，因此在類似的經濟糾紛中，他們是理所當然的勝者。長期形成的封建政治規範，也使得社會和民衆都能够認可這種事情。但是，有的高官不使用政治特權和公權力，主動向處於弱勢的一般民衆做出經濟上的讓步，而博取了仁義道德方面的令譽。對他們來説，這遠比些微的經濟利益更加重要，但對於下層民衆來説，這種經濟上的讓步給予他們的是心理上的慰藉，以及對鄉里高官品德上的認同。

（二）《素雲傳》與《三知己》：小説和戲劇中的傅以漸

與傅以漸有關的文藝作品有兩種，一是清人小説《素雲傳》，一是民國年間的劇本《三知己》。

《素雲傳》

劉開的《素雲傳》講述了一個以傅以漸爲主人翁的愛情故事：王素雲是明末溧陽人伊密之的歌姬。伊密之『才兼文武，意氣無前，以豪華公子稱』，他聽説素雲色藝爲當時之冠，以三千金聘之。『山左傅生』知悉後，徒步趕到溧陽，叩門求見。伊密之家人感到奇怪，將其拒於門外。傅生言有要事見伊密之，門人不得已爲之通報。見了伊，傅生未談其他事，開門見山説：『我山東傅某，生平没見過美女，聽説您的侍姬中有叫素雲的，爲天下絶艷。我自慚寒賤，願得一見傾城。您能允許嗎？』伊密之心中暗自驚訝，但以豪氣自負道：『見有何難，衹是您遠道而來，先休息一下再説。』便讓僕人侍茶。傅生慷慨言道：『我千里徒步而來，專爲一見佳人，并無其他目的。您能允許，我便静坐以待，否則便告辭了。』伊密之見其『意切辭偉，乃命出見』。當時天色已晚，伊密之備起酒席，招待傅生。酒方數巡，衹見燈燭輝映，環佩鏗然，侍女十餘人擁素雲出。傅生起立『睇視良久』，嘆曰：『是誠絶色，名不虛傳，真是不虛此行啊！』説完轉身告辭。伊密之再三挽留，説：『您執意要走，也要等今天宴席結束啊！』傅生説：『我來衹是爲了見傾城美女，今天見了，意願已滿足。事已經辦完，我可以走了，難道我來是爲吃酒席的嗎？』説完便徑直離去了。伊密之見此情形，心中若有所失。他是有心人，雖開始對傅生的突然到來感到驚訝，但後來見其儀表堂堂、辭氣英斷，知道傅生很有抱負，非尋常之人。第二天，伊密之太息良久，終於下定決心：不能因一位美女而失國士。於是，乘駿馬追趕三十里，將傅生請回，盛情招待。宴席之間，執禮甚恭。過了幾天，午夜時分，伊密之將傅生引入一間華麗居室。傅生不測何故，伊密之乃曰：『您乘興而來，雖説無心，但此中亦有天意，我將素雲贈給您，以補償您在道路上的艱辛。這裏就是洞房，今晚便爲你們舉行婚禮。』傅生堅辭以爲不可，言不敢奪公之愛。言未已，侍者擁素雲出，傅生驚喜過望。後傅生在伊家留月餘，密之供給備至，言談愈加融洽。傅生携素雲歸鄉里，伊密之親自具舟相送，又贈予千金以爲生計。素雲妝奩中所值亦不下千金。傅家本來貧窮，從此豐衣足食。明末大亂，闖王進京、清兵入關，天下鼎革。有仇人告『舊姓十家』密謀反清，伊家也受到牽連，家産被没收，伊密之隻身得脱，隱身草莽之間，等待赦免。這時，傅生科舉高中，且一帆風順，十餘年間位至宰輔。伊密之乃修書一封，托人交給傅生。素雲先讀到此信，驚嘆流涕，哀痛不已。她很想營救伊密之，乃試探傅生的態度，説：『如果爲報答伊密之的厚德設法救他，而您會受到牽連，這種事您願做嗎？』傅生説：『如果有機會，我以身報答伊密之也無怨言，其他就更不用説了。』素雲讓傅生看了伊密之的來信，傅生專門爲此事謀劃了兩天，但無計可施。素雲説：『若此人不能救，我們却腆顔過着富貴的生活，豈不是負義之人？』傅生乃『竭力殫思，遍謀於在朝公卿』，後來又乘機上奏。於是被誣的『舊姓十家』都被免除罪名，歸還家産，伊氏亦得以返回家鄉。後來，傅生專門派人到溧陽送信，請伊氏入都。伊密之謝却之，衹是回信説：『以前我對你施與，今天你對我報答，前後之事既奇，彼此各盡其心，可以無憾於朋友矣。自今以後，君爲朝廷大臣，我自爲山林逸士，不必相見了。』傅生與素雲均感嘆不已，從此更加推崇伊密之之爲人。文末，劉開附記曰：『此事二百年來無有傳者，溧陽狄相圃太守任南康時爲余述其事，因作歌紀之。』[一五]

按，此故事乃劉開長詩《素雲曲》的前序，是據江西南康知府、溧陽人狄尚絅所講的一個俠情故事寫成。又見於陳世箴《敏求軒述記》[一六]、毛祥麟《墨餘録》[一七]及龍顧山人《十朝詩乘》[一八]等書。劉開乃姚鼐高足，桐城派文學大家，其《素雲傳》約寫於嘉慶十二年（一八〇七）到二十五年（一八二〇）間，距明末已有將近二百年時間。[一九]劉開之前所撰的各種書籍中，并没有山左傅生娶王素雲的任何記載。劉開在書中衹是説『山左傅生』至溧陽求見伊密之，并没有説是傅以漸。清初山左科舉高中、位至宰輔且姓傅者，衹有傅以漸一人，故後來演繹此故事者徑直將『山左傅生』改成了『傅以漸』。又，伊密之，其人無考。薛洪勣等以爲，清初方以智曾在南京一帶從事抗清活動，後牽連入獄，因方以智字密之，故『疑伊密之影指方以智』[二〇]。要之，伊密之實無其人，此故事亦屬子虚，乃小説家言。當今，談及傅以漸生平的各種書籍、文章於此均未深究便將其作爲信史，故本文略做申説，以正視聽。

關於傅以漸的夫人，其墓志銘中有簡略的記載，『妻虞氏，誥封一品夫人，東昌衛官舍虞公諱志德女』[二一]。傅夫人姓虞，非王氏，其父爲東昌衛『官舍』，乃軍卒差役之屬，當屬社會下層。〔二二〕傅以漸入仕前，兩家也算得上門當户對了。後來，有人移花接木，取墓志銘中傅以漸夫人之虞姓，置於素雲名字之前。於是，傅夫人有了新名，王素雲换了姓，傅以漸的夫人也就成了虞素雲。傅夫人本爲當地一個平民家庭出身的女子，演變成了豪情俠義的江南美女。更不可思議者，有關傅以漸的傳記文章述及傅夫人時，均持『美女』之説！傅樂成《傅孟真先生的先世》一文亦述此事説：『御史聊城任海眉，上疏彈劾星巖公，説他「以侍姬主中饋」，失大臣之體，這件彈劾案并無結果，却使星巖公極其憤怒。他於臨終時，告誡子孫，永遠不得與任氏聯婚。』〔二三〕按：聊城人任克溥，字海眉，順治四年進士，任地方官多年，至順治十三年纔到中央任給事中等職。當時，傅以漸已是朝廷高官，且兩年後便因病離職回鄉了。任克溥出身世家，傅以漸出身貧寒，二人早年或有抵牾，亦未可知。但二人關係顯然未到反目成仇、勢不兩立的程度，不然，傅以漸的子嗣怎能讓任克溥爲傅以漸的墓志銘『書丹』，而任克溥又怎會自稱『年眷弟』呢？〔二四〕至於説任彈劾傅以漸，既未見於史料記載，於情理似亦不通，不知傅樂成之説何所依據。

在這裏，我們需要深入討論的問題在於：是什麽原因讓小説家們將故事的主人翁選定爲傅以漸；通過這個故事，小説家們對傅以漸做何評價。清朝建立後，漢族知識分子面臨兩種選擇：一是進入各級政府，爲清廷效力；二是不受清廷的利誘，不與其合作。面對此種形勢，其中有人加入南明政權，與清廷對抗；有人避世隱居，遠離政治。這兩類人中都有優秀分子，并非水火不容。事實上，他們之間的關係也十分複雜，有各種各樣的糾葛。這就爲小説家們提供了豐富的寫作素材。對於《素雲傳》中的三個人物，作者都進行了正面描寫。文中的山左傅生是北方人，是與清廷合作的知識分子的代表。傅以漸乃清初開國狀元，是與清政權合作的漢族知識分子的典型人物。而且，傅以漸出身貧寒，做官後清正廉潔，『每聞百姓疾苦，若切於身。閭里有義舉，必贊成之』〔一二五〕。從此雖然看不出傅以漸有什麼豪俠之氣，但終是有些義舉。所以，小説家選定了他爲主人翁。伊密之是南方人，是不與清廷合作的知識分子代表。王素雲則是傅與伊之間聯繫的紐帶。在小説中，伊、傅政治立場不同，但有共同特點——豪俠、仗義，前者重友輕財輕色，後者知恩圖報。《素雲傳》雖對伊密之極盡歌頌，但對傅生也無任何指斥。小説對傅生的描寫雖未必與傅以漸本人的性格完全相符，但對他的評價還是符合歷史實際的。

《三知己》

秦腔劇目中的《三知己》，在《素雲傳》的基礎上，增添了史可法等人物，故事情節更加曲折生動。明朝末年，宦官魏忠賢專權，大肆屠殺東林黨人。史可法立志除奸報國，赴京應試。傅以漸與史可法乃好友，他離開京城，準備游歷南方，正好在途中與史相遇。傅告訴史，明朝大勢已去，國事不可爲，如陷身其中，難免爲奸臣所害。史已將個人安危置之度外，傅苦勸無果，祇得作罷。考官左光斗去寺院游玩，偶見史可法文稿，嘆爲奇才，以爲其必中會元。

當年恰逢左光斗爲主考官，誰知試卷閲畢，却誤取周延儒。周是奸詐小人，依附魏忠賢，陷害左光斗至死。史可法悲痛欲絶，鏟除奸黨之志更爲堅定。崇禎皇帝登基後，魏忠賢被殺，但朝中結黨營私、相互攻訐之風未減，朝政更加混亂。史可法雖然受到重用，但獨木難支，於事無補。傅以漸游走江南，訪問名士，遇伊密之，引爲摯友。伊將自己新聘愛姬王素雲送給傅以漸爲妾。傅以漸將史可法、伊密之、王素雲看作三位知己，并以此而自豪。江都令欲討好權貴，遂誣陷傅以漸拐騙歌姬，將傅捉拿問罪，值史可法來南方爲官，救其出獄。史欲讓傅幫辦文案，傅以爲明朝江山潰頽，無可救藥，故推辭不就，乃由愛妾相陪，潛心讀書。不久，李自成攻入北京，崇禎皇帝自縊，吴三桂引清兵入關，明清易代。清兵南下，勢不可擋，史可法堅守揚州，勢單力孤，浴血奮戰，終壯烈犧牲。清廷開科取士，傅以漸以爲滿族人可成大事，於是進京應試，考中狀元。適值伊密之夫婦因事被捉拿解京，經傅以漸多方解救，終於獲釋。該劇劇本由范紫東於一九二九年編撰，陝西易俗社首演。〔二六〕

劇中的傅以漸是個識時務的書生，他以爲明朝不可救藥，所以不參加科舉考試，置身政治之外，祇交游讀書，伺機而起，後於清朝建立後，一舉考中狀元。他又有山東人的豪俠氣概，好友伊密之被繫，他奮力相救。自清代至民國，在文學家、藝術家筆下，傅以漸是位被肯定、被歌頌的正面人物。

（三）津津樂道與避而不談：後裔們的評價

明代，聊城傅家衹不過是普通的寒庶之家，自傅以漸考中狀元、位居宰輔之後，不僅傅氏後裔成爲狀元後人，傅家也一舉成爲宰相之家，躋身地方望族行列。其後，傅氏族人入仕爲官者，代不乏人。作爲狀元的後裔，傅氏後人倍感自豪，有清一代，莫不如此。

傅氏後人評價傅以漸時，最看重的還是他的性情與品德：『每聞百姓疾苦，若切於身。閭里有義舉，必贊成之。自處無异寒素，汲獎後進，惟恐不及，未嘗有疾言遽色。』〔二七〕家傳中對他有全面的評價：

公爲諸生時，隱然以經綸天下爲志，凡天文、地理、兵農、禮樂、刑法、漕馬諸大政，無不究其窔奧，十三經、二十一史、《通鑒》、《性理》諸書，皆采集精華，手勒成編。仕宦後，躬侍講幄，益單心於學。在公退食，手不釋卷。每承顧問，引經據傳，衝口以對，故聖眷隆重，倍於同僚。書法效歐陽，率更端楷有法，雖在倉卒，點畫不苟，蓋天性方正然也。事二親至孝，待宗族友以愛，與人寬易温和，從無疾言遽色。處同列十餘年，無有見驕矜忌妒之私者。獎掖後進如恐不及，有古大臣休休有客風。聞百姓疾苦，痛切於身，必思拯濟乃已。身爲相臣，食不兼味，衣皆再浣，一如在寒素時。生平絶無嗜好，唯忠愛之心，老而愈篤。彌留時，諄諄如夢中語，皆感君恩恤民隱事，且以圖報未竟之志勖後嗣焉。〔二八〕

志向遠大、學問淵博、勤於政事、關心百姓、急公好義、生活簡樸、誘掖後進、言行穩重，是對傅以漸的全面評價。他的許多優良品德，融入到了傅氏家風之中，對傅氏後人産生了深遠的影響。所以，傅樂成説：『星巖公崛起孤寒，丕振家聲，受到傅氏後人的普遍尊敬。』〔二九〕傅氏後人尊崇傅以漸，一是緣於西周以來的『尊祖敬宗』的宗法思想，二是欲以傅以漸的聲望『丕振家聲』。傅府位於聊城城内古樓北街路東，北鄰碧波蕩漾的東昌湖，南對巍峨壯觀的光岳樓，大門坐北朝南，上懸兩塊金字匾額。重門兩旁書對聯一幅，據説是康熙皇帝南巡時爲傅以漸府第所題：『傳臚姓名無雙士，開代文章第一家。』横批是『聖朝元老』。

民國年間，傅氏後裔中便有人對這位官位顯赫的先祖不太認同，頗有微詞了。清季以來，社會動蕩、國勢日衰，列强染指中國國土，民衆淪入苦難深淵。在此時代背景下，中國進步思想家將落後的原因歸結爲帝制，許多人更指斥清人執政爲貧弱的淵源。於是，有了『驅除撻虜，恢復中華』口號，有了辛亥革命的成功。在這樣的歷史背景下，末代帝王喪失了天之驕子的神聖光環，那些忠誠爲清廷效力的達官貴人也降低了身價。特别是二十世紀三四十年代，日本侵略中國，國家危亡，民族矛盾驟然尖鋭，激發了許多學者的民族主義思想。傅斯年便是一位『狂熱的愛國者』〔三〇〕，對其七世祖傅以漸，不僅不稱道、炫耀，還深表不滿。傅樂成説：

先生（按：指傅斯年）從未以門第自豪，也從未企慕祖先的高官厚禄；相反的，他對曾於清初做過大學士的七世祖于磐公深表不滿。我也本着這個態度，對傅氏先世宦達事

迹的叙述，力求簡略。〔三一〕

在傅斯年的著作文章及其他資料中，我們雖然没有發現其對先祖傅以漸不滿的文字，但在許多地方可以隱隱感覺到他對這位先祖服務清廷的指責。傅斯年評價歷史人物，最重操行氣節，他最推崇的人物莫過於文天祥。抗日戰争期間，他曾親自爲兒子書寫《正氣歌》《衣帶贊》等并製爲横幅，希望兒子『日習數行，期以成誦』，『念兹在兹，做人之道，發軔於是，立基於是』。對於明清之際的人物，他多有評論，最推崇黄道周，也景仰顧炎武，最痛恨錢謙益，對其有時甚至難掩憤怒情緒，破口大駡：『此老行事奇醜，斯文之耻辱，人倫之敗類也。』像黄宗羲那樣參加過反清鬥争、終生不仕清廷的人，都没有逃過傅斯年的批評，他對《明夷待訪録》做過許多批語，不乏指責之言，諸如『獻諛東胡，可耻可恨』『毁謗明朝，以勸人歸順清室也』〔三二〕。對於不肯俯首清廷的人，傅斯年尚有微詞，何况他那先祖傅以漸在滿族人入關伊始便應召赴試，繼而俯首稱臣高呼萬歲，成爲皇帝的寵信大臣。對此，傅斯年肯定如鯁在喉，衹是礙於先祖的顔面，不好發作罷了。

傅斯年在民族危亡的時候，出於民族大義，對其先祖有所不滿，雖然是時勢使然，但今天看來仍有偏激之嫌。明朝政治腐敗，國民生路斷絶，作爲社會下層出身的知識分子，傅以漸爲擺脱困境，入仕清廷，本無可厚非。他任官期間，雖一帆風順，但没忘乎所以；雖受皇帝寵信，但絶不是佞臣、弄臣；雖居於高位，但始終謙恭謹慎；雖處於亂世，但清正廉潔。總體來看，傅以漸在清初的中央政治集團中雖然地位很高，但作用很有限。他充其量是皇帝的文化顧問，經常被皇帝抬出來裝潢門面，始終沒有進入決策群體，成爲左右政局的重要人物。

後來爲傅以漸寫過家傳的館陶人耿賢舉〔三三〕曾評價説：

> 公爲諸生，即磊落奇偉，有志經濟。膺本朝特達之知，首掇大魁，不十年内，躋通顯，調鼎鼐。文章政事，麟麟炳炳，古稱王文正公生平志不在温飽，范文正公自秀才時即以天下事爲己任。公之不負所學，與之媲美矣。〔三四〕

乾隆年間詩人、官至甘肅按察使的宋弼在《少保大學士傅公傳》中寫道：『傅公起孤寒，不十年至宰相，必有以得主知者矣。予觀當時諸相，權勢相軋、黨援貪戾者多矣，雖卒歸敗覆，其於倚毗何如也。傅公見可而進，審幾而退，既清且慎，不争不黨，君子人與！古之大臣與！』〔三五〕評價雖高，但中允客觀，實不爲過。

【注】

〔一〕故事見朱華堂《傅以漸夜讀玉皇皋》，李傳瑞等編：《新聊齋選粹》，山東文藝出版社一九九〇年版。

〔二〕參見永志强編著《奇才妙聯——歷代狀元對聯賞讀》，金盾出版社二〇〇八年版，第一三八頁。在聊城，也有將故事主人公講述爲鄧鍾岳者，見政協山東省聊城市文史資料研究委員會編《聊城文史資料》第七輯，一九九五年，第二〇八頁。

〔三〕參見范景華《『閣老傅』家族紀略》，政協聊城市東昌府區文史資料委員會編：《東昌望族》，山東省新聞出版局，二〇〇三年。

〔四〕東郡《傅氏族譜》卷首，道光癸卯本。

〔五〕［清］杜立德：《皇清光禄大夫少保兼太子太保兵部尚書武英殿大學士星巖傅公墓志銘》。

〔六〕宣統《聊城縣志》卷八《人物志·傅以漸》。

〔七〕傅以漸爲官太子太傅，衹是一種榮譽性的加官，并非真的是太子的師傅。一般民衆望文生義，説傅以漸做過康熙皇帝的老師。此説在聊城相當普遍，作爲文學故事來講未嘗不可，但有學者也將此作爲信史，在論文中説傅以漸是康熙皇帝的老師，此乃常識性錯誤，亟應糾正。再者，傅以漸於順治十五年（一六五八）離京回鄉養病，當時康熙皇帝纔五歲。此前，不可能安排一位大學士作爲他的老師，康熙皇帝更不可能爲傅以漸牽驢了。

〔八〕參見范景華《傅狀元軼事》，聊城地區文學藝術界聯合會、山東省出版總社聊城辦事處編：《魯西民間故事》，山東文藝出版社一九八六年版，第四三－四四頁。

〔九〕轉引自王森然《近代名家評傳》二集，生活·讀書·新知三聯書店一九九八年版，第二三五頁。

〔一〇〕鐘叔河：《鐘叔河散文》，浙江文藝出版社一九九九年版，第四〇〇頁。

〔一一〕參見豐陳寶、豐一吟編《豐子愷漫畫全集》第六卷，京華出版社二〇〇一年版，第四〇五頁。
〔一二〕參見競放主編《聊城》，新聞出版局，一九九四年，第一八六頁。
〔一三〕見范景華《傳狀元軼事》，聊城地區文學藝術界聯合會、山東省出版總社聊城辦事處編：《魯西民間故事》，第四四頁。今聊城有『仁義胡同』，在『傅斯年紀念館』東鄰。
〔一四〕參見濟南市歷下區民間文學集成辦公室編輯《歷下民間文學集成（資料本）》，一九八九年。
〔一五〕以上引文見［清］劉開《素雲傳》，薛洪勣、王汝梅主編：《稀見珍本明清傳奇小説集》，吉林文史出版社二〇〇七年版，第四八二－四八三頁。
〔一六〕［清］陳世箴輯：《敏求軒述記》卷四《素雲傳》，民國四年（一九一五）石印本。
〔一七〕［清］毛祥麟：《墨餘録》卷六《伊密之》，清同治九年（一八七〇）刻本。
〔一八〕［清］龍顧山人纂，卞孝萱、姚松點校：《十朝詩乘》卷四，福建人民出版社二〇〇〇年版，第一一六－一一八頁。
〔一九〕參見薛洪勣《傳奇小説史》，浙江古籍出版社一九九八年版，第三〇八頁。
〔二〇〕薛洪勣、王汝梅主編：《稀見珍本明清傳奇小説集》第四八二頁。
〔二一〕［清］杜立德：《皇清光禄大夫少保兼太子太保兵部尚書武英殿大學士星巖傅公墓志銘》。

〔二二〕《明會典》載：明朝景泰年間，『令應試儒士册内原有名籍及各衛官舍、軍餘，曾送入學者許入試。其查無名籍儒士及贅婿、義男并文武官舍、軍校匠餘，悉不許於外郡入試』。將官舍與贅婿、義男、軍校匠餘并稱，可知其地位較之平民不高。古籍中經常將官舍與軍餘并稱，指衛所中正式軍丁之外的男子。

〔二三〕傅樂成：《時代的追憶論文集》，臺灣時報文化出版事業有限公司一九八四年版，第一一六頁。

〔二四〕參見［清］杜立德《皇清光禄大夫少保兼太子太保兵部尚書武英殿大學士星巖傅公墓志銘》。其中記曰『賜進士出身、中憲大夫、太常寺少卿、前翰林院提督四譯館太常寺少卿、禮科都給事中、刑科左右給事中、吏科給事中、戊戌會試同考、本年武闈收掌試卷、經筵侍講、瀛臺三召對年眷弟任克溥頓首拜書丹』。

〔二五〕宣統《聊城縣志》卷八《人物志·傅以漸》。

〔二六〕參見范紫東編《三知己》，陝西省文化局編：《陝西傳統劇目彙編·秦腔》第一五集，一九五九年。

〔二七〕宣統《聊城縣志》卷八《人物志·傅以漸》。

〔二八〕《皇清誥授光禄大夫少保兼太子太保武英殿大學士傅公家傳》，東郡《傅氏族譜》，道光癸卯本。

〔二九〕傅樂成：《時代的追憶論文集》，第一一五頁。

〔三〇〕傅樂成：《時代的追憶論文集》，第一四二頁。

〔三一〕傅樂成：《時代的追憶論文集》，第二一〇頁。

〔三二〕以上引文見傅樂成《傅孟真先生的民族思想》，《傅孟真先生年譜》，臺灣傳記文學出版社一九七九年版，第一二〇—一二一頁。

〔三三〕耿賢舉：館陶（今屬河北）人，乾隆十年（一七四五）乙丑科進士，曾任武定府儒學教授。

〔三四〕［清］耿賢舉：《皇清誥授光祿大夫少保兼太子太保武英殿大學士兵部尚書加一級傅公家傳》，東郡《傅氏族譜》，道光癸卯本。

〔三五〕［清］宋弼：《少保大學士傅公傳》，東郡《傅氏族譜》，道光癸卯本。

傅氏家族出身的中高級官員

傅以漸以科舉入仕，歷十年而位至宰輔，這種讀書登科、平步青雲的仕進經歷，爲其後人指了一條躋身社會上層的路徑。在此後的兩百多年中，傅氏家族中由科舉而入仕者代不乏人。其中，官至巡撫者一人、署理布政使一人、知府三人。

一、江蘇巡撫傅繩勛

傅以漸之後，康雍乾嘉四朝，傅氏家族中每一代都有不少人入仕爲官，但大多是中下級官員，其中尤以知縣爲最多。道光年間，傅繩勛出任知府，歷任按察使、布政使，江西、江蘇巡撫。任職期間，他審理陝西省疑案，處理廣州民變，參與處理『青浦教案』，整肅江西吏治，在江蘇興修水利、提倡漕糧改折。由於既要處理民變，又要與洋人周旋，後來又受上司壓制、排斥，傅繩勛心力交瘁，病體難支，於是辭官回鄉，曾奉命興辦團練，亦主講於地方書院，但終未再度爲官。傅繩勛是傅氏家族中繼傅以漸之後的又一位高官，在家族内部的影響雖不及傅以漸，但也使得傅氏家族再度興盛，子孫輩紛紛科舉登第，步入官僚階層。

（一）訊釋疑案，受到嘉獎

傅繩勛字接武，號秋坪，一作秋屏，傅以漸玄孫。傅繩勛的祖父傅永綍在浙江任官多年，以廉潔聞名，去世後家中略無積蓄。傅繩勛的父親爲養家糊口，衹得憑父祖輩的關係去河南做了個從九品的小官。傅繩勛的母親在家帶着兩個兒子，生活十分艱難。傅母十分嚴厲，每日考課傅繩勛兄弟讀書。兄弟二人刻苦自勵，學業優秀。傅繩勛很早就考中秀才，進入縣學。嘉慶十八年（一八一三）中舉人，次年考取二甲第四十七名進士，入翰林院爲庶吉士。三年學習期滿，任工部主事，後升員外郎、郎中，又曾任軍機處行走。道光五年（一八二五）、八年（一八二八），任順天府鄉試主考官。任工部主事期間，他曾參與編修《平定回疆剿擒逆裔方略》，任漢纂修官。〔一〕道光八年正月，皇帝『降旨令軍機大臣將滿、漢軍機章京等編列等次候旨施恩』，傅繩勳時任工部員外郎，被列爲二等，『著加恩交部照軍功例議叙』。〔二〕道光十一年（一八三一）二月，皇帝『復引見各衙門京察一等人員』，傅繩勳在其列，『著交軍機處記名，以道府用』。〔三〕是年，傅繩勳出任瓊州府知府，後改調四川夔州府（治今重慶市奉節縣）知府，歷任陝西潼商兵備道、浙江鹽運使、廣東鹽運使，『時潮州府有洋人入城，百姓起哄事，奉檄赴潮查辦，至則以恩誼結百姓，以德威懾洋人，事得和平了結，粤人感之』〔四〕。道光二十二年（一八四二）四月，任陝西按察使。〔五〕

在擔任陝西按察使期間，傅繩勳曾和李星沅審理一樁疑案，此事被傳爲美談，受到朝廷嘉獎。當時陝西神木縣民李述秀與本族婦人李蘇氏私通，被本族女孩李春孩撞見，二人乃欲殺之以滅口。李蘇氏拿鐮柄將李春孩的左右脚腕打傷，李述秀又將鐮柄插入女孩私處，殘忍地將其殺害。二人見女孩已死，急忙將屍體轉移到李春孩之父的果園裏，懸挂於樹上。結果被鄰居錢述法看見。錢述法前去詢問，李蘇氏謊稱李春孩駡其爲賊，一時氣憤，引起鬥毆，失手將李春孩打死。當地人把這件事報告給了官府，知縣王致雲根據犯人的口供做出判决：根據鬥毆律，李蘇氏被判絞刑，李述秀衹判了杖徒。看到知縣上報的判决文書後，傅繩勳和李星沅即刻産生了懷疑，認爲李春孩剛剛十三歲，有什麽深仇大恨，能使得她幾處被打傷，而且傷及私處？他們認爲這裏邊肯定有問題没查清，於是下令西安府知府李希曾重新審訊。李希曾詳加審問，乃

得水落石出、真相大白。於是根據律法以謀殺罪判李述秀斬刑，判李蘇氏絞刑。[六]

道光二十四年（一八四四）五月，陝西巡撫李星沅上奏道光皇帝，『特參玩視重案、審辦錯謬之縣令』。道光皇帝下旨：

陝西神木縣知縣王致雲於縣民李述秀因被李春孩撞破奸情起意商同李蘇氏謀斃滅口一案，并不虛衷推鞫，認真定擬，輒任犯供支飾，并不辨别凶器，含混招解，實屬草率糊塗。王致雲著即革職，以爲玩視重案者戒。該撫李星沅、升任臬司傅繩勳，因該縣原詳情節支離，督委西安府知府李希曾提證研鞫，究出實情，俾淫凶不致漏網，甚屬可嘉。李星沅、傅繩勳、李希曾均著交部議叙。[七]

李星沅在五月二十四日的《日記》中記曰：『卯刻起，甘弁帶到邸報，五月十二日奉上諭李星沅、傅繩勳、李希曾均着加恩改爲加二級。』[八]傅繩勳於道光二十四年（一八四四）二月調任雲南布政使[九]，這時他已經離開陝西兩三個月時間。

（二）任職廣州，處理民變

道光二十五年（一八四五）正月，傅繩勳任雲南布政使未滿一年，又調任廣東布政使。[一〇]當時第一次鴉片戰争已經結束，《南京條約》簽訂，廣州成爲對外開放的通商口岸，『自款成商裁後，夷衆益無約束。往往挾鳥槍，或袖小槍，駛其小三板，或雇珠江小艇，遠及四鄉游泊。遇村集樹林叢翳處所，恒登岸彈取鳥雀。村民婦孺聚觀，言語不通，疑爲嘲辱，動至角口，夷必以槍擬之，民畏之急走避，如是者不知其幾矣』〔一一〕。英國人的魯莽、傲慢引起了中國民衆的憤懣，地方官員對外國人的安撫讓步，更激發了下層民衆的排外情緒，於是『廣州的清帝國官吏，不得不在英國人及紳士領導的民衆之間左右討好』〔一二〕。那些屈從於英國人的壓力、對待民衆野蠻橫暴的官員，也常常成爲民衆攻擊的對象。

廣州知府劉潯，是當時有名的八大漢奸之一〔一三〕。知府出門，都由衙役隨從舉肅静、回避牌，且鳴鑼開道。一天，劉潯來到廣州城中雙門地方，民衆躲避不及者遭到在前開道的隨從們的毆打。民衆無端被打，群情洶洶，不肯離去，圍觀者越來越多。劉潯等回府衙後，有人當街大喊知府把英國人藏在了衙署内。民衆情緒失控，乃以知府欺壓良善、藏匿英夷爲名，衝進官衙，放起火來，且將署中器用等投入火中。但是，即便是十分貴重的物品，也没有任何人取爲私有。劉潯見事態嚴重，倉皇逃命，從後院翻墻進入布政使衙署躲避。傅繩勛雖來廣州時間不長，但很得民心〔一四〕。他走出衙門，隻身來到人群中，婉言安撫道：『朝廷規定夷人不許隨便進入廣州城，府衙中更不允許他們出入，所以知府衙内不可能藏有夷人。你們剛纔也搜查過了，看見夷人了嗎？還是請各自回家吧。』傅繩勛態度和善，老百姓都很尊敬他。他一再講明道理，最後民衆『歡呼而散』〔一五〕。《廣州府志》中亦記此事，情節大體相同：

（二十五年冬）十二月，英吉利求進會城，未許。舊例，洋人不許入城，自壬寅議款後，沿海各省多有任其入城者，至是英吉利酋長以爲請，總督者英、巡撫黄恩彤將許之，

> 而城内群議洶洶，訛言四起。廣州府知府劉潯出行至雙門底上街，有觸其前騶者，按而撲之。百姓大嘩，謂官但知庇夷而不知愛民也，遂群入知府署中，焚毁倉庫、掠奪財物，布政使傅祥麟親往諭之，衆始散……（采訪册）。〔一六〕

引文末注明曰『采訪册』，説明這是坊間流行的另一種説法。以上兩種説法在細節上有些差异，但基本事實是相同的，即民衆因對劉潯不滿而火燒知府衙門，由傅繩勳出面事態方得以平息。

在廣州任職一年多後，道光二十六年（一八四六）九月，傅繩勳被調往南京，任江寧布政使。〔一七〕

（三）處理上海『青浦教案』

道光二十八年（一八四八），傅繩勳參與處理上海『青浦教案』。鴉片戰爭之後，大量西方傳教士來到中國，在各通商口岸城市傳教。這一年三月八日，英國傳教士麥都思、雒魏林、慕維廉三人，由設在上海山東路的總部乘船前往青浦縣（今上海市青浦區），於城内城隍廟一帶散發宣傳基督教教義的書册。鄉民及漕船水手感到新奇，争相前來索取，擁擠不堪，秩序大亂。雒魏林乃以手中拐杖，向人們頭部胡亂敲擊，結果將一名水手打傷。漕船水手歷來有幫會組織，且成分複雜，多無業游民，亦不乏争强鬥狠之徒，哪能容得下外國人在這裏逞凶？於是不少人手持撑篙、棍棒等，與麥都思等發生衝突。三個傳教士受了輕傷，所帶財物亦有損失。

署理青浦縣知縣金熔聞訊帶差役前來，幫助麥都思等解圍，并將其送回上海。

這本來衹是一件普通的打鬥事件，但英國駐上海領事阿禮國借此大做文章。第二天，他就趕到蘇松太道衙門，要求懲治打人的漕船水手等。蘇松太道咸齡以爲一樁小事，不欲深究。三月十三日，阿禮國聲稱：此事若不圓滿解決，所有英國船隻進出口貨物一律不交納關稅；清政府所有裝載漕米準備出海的船隻均不得駛離港口。當即，他又命令英國艦船封鎖海面，開炮示警，使得一千四百艘漕船不能出港北行。若漕糧不能按時起運，根據規定地方官員會被罷免。咸齡感到事態嚴重，急忙派人赴青浦逮捕了兩名水手。阿禮國對此并不理睬，乃派人至南京，到兩江總督李星沅處抗議。李星沅怕事態擴大，急忙派江蘇按察使倪良耀、候補道吴健彰赴上海查辦此案。倪良耀到達上海後，對前後抓捕的十名水手戴枷示衆。英國人又開出失物單，要求賠償他們的經濟損失，倪良耀衹好答應賠償給他們三百兩白銀。但英國人還不甘休，又要求派更高級別的官員赴上海處理此事，李星沅乃派傅繩勛前往上海辦理。〔一八〕

當時，李星沅與傅繩勛共事多年，二人既是僚屬關係，又是無話不談的好友。傅繩勛任職廣東鹽運使和廣東布政使期間，多次與外國人打交道，在這方面很有經驗，且不卑不亢，辦事得體。所以，傅繩勛前去處理此事，他最爲放心。傅繩勛趕到上海後，接見了英國駐上海領事阿禮國。阿禮國要求『訊實嚴辦，以儆將來』，提出將一干人等以搶劫罪判罰。傅繩勛當即指出，英國人損失的財物，『若止於鬥毆時遺失，不得以搶奪論。若果因鬥毆而搶奪，計贜已在徒罪以上，即應照例審勘，聽候督撫核定，未便在外議結』〔一九〕。英國人無奈，祇得讓傅繩勛將十名水手帶回南京，事態就此平息。四月二十三日，傅繩勛等回到南京。

經過按察使倪良耀審訊，水手與傳教士打鬥時，確實有人借機搶奪財物。按照清朝律法，首犯王名付被流放，從犯倪萬年被罰勞役。當時恰逢兩廣總督耆英途經南京，道光皇帝諭令他調查處理此案。李星沅、傅繩勛便將事件詳情告知耆英：

> 上海地方通商以來，本尚安静，夷目阿利國雖不及前目巴富爾之明白，而以理勸導，亦頗折服。惟充當翻譯之夏巴屢欲挑唆生釁，均經蘇松太道咸齡及各該地方官剛柔并用，設法開導，幸而無事。即該夷違約遠行，致被我民毆逐，已非一次。該夷既慮我民與之爲難，又畏其公使責以違約，每多隱忍不言。現在麥都思等在青浦縣地方，與看守糧船之水手爭毆一案……由臣李星沅咨部完結。……蘇松太道咸齡，署青浦縣知縣金熔辦理均無不善，因請免其置議。〔二〇〕

從這裏，我們看出了面對列强的無理要求，清朝地方官員的忍讓與無奈。傅繩勛素稱耿介，做事有魄力，向來爲民着想，但面對這種情形，也祇能是隨波逐流，扮演向列强妥協的角色。就當時的情況來看，李星沅、耆英對傅繩勛的表現均表滿意，對他的能力亦頗爲認可。所以，道光二十八年（一八四八）六月二十六日，傅繩勛升任浙江巡撫。〔二一〕過了僅僅兩天，清廷又宣布調傅繩勛任江西巡撫：『庚午，調江西巡撫吴文鎔爲浙江巡撫，浙江巡撫傅繩勛爲江

西巡撫，傅繩勛未到任前以布政使費開綬署理。』[二二]

（四）任職江西，整肅吏治

道光二十八年（一八四八）九月，傅繩勛就任江西巡撫，『奏報到任謝恩』。道光皇帝降旨勉勵：『吏治當整飭，武備當修明。公爾忘私，任勞任怨，知之者衆，實踐者鮮。汝初膺重任，慎勉行之。』[二三]可見，道光皇帝派傅繩勛來江西的目的是整飭吏治、加强武備，希望他能任勞任怨，做出成績。

這一年，江西各地普遍發生水灾。夏秋之交，長江發大水，鄱陽湖周圍二十二縣受灾。九江府：德化縣，江水陡漲，城西門由舟出入，民房被衝毁，死者無數；彭澤縣，水至縣門，船可入市；湖口縣，船可至縣治大廳；瑞昌縣，城内水深四尺多。南昌府：南昌縣，江水漲，城内東、北兩處被淹房屋、淹死人口無數；新建縣，田地淹没，圩堤高者水深數尺，低者水深丈餘，大村房屋减半，小村一掃無存，死亡無數，『遺民號哭之聲，百數十里相接。從來水灾，無此慘毒』；義寧州、奉新縣，大水淹没房屋無數；進賢縣，城内大街可泛舟。另外，饒州府、袁州府，同樣遭受水灾。[二四]傅繩勛下車伊始，『即捐廉三千兩爲屬吏紳富倡，復奏請借庫款賑濟，而以捐項補足之。飢民賴以蘇息』[二五]。

當年十一月，江西按察使司衙門發生火灾，房屋被焚，本年秋審榜示原文也被燒毁。江西按察使陸元烺，嘉慶二十二年（一八一七）進士，曾長期任職刑部，後出任貴州鎮遠府知府，又經雲貴總督桂良、貴州巡撫賀長齡推薦署貴州按察使，道光二十七年（一八四七）八月調任江西按察使。〔二六〕儘管陸氏資歷深、交游廣，有高官爲奥援，傅繩勛還是因爲陸氏『不能先事豫防』，上奏『交部照例議處』，并建議被焚房屋由陸氏負責賠修。〔二七〕傅繩勛整飭吏治之決心，由此事可見一斑。

這一年，江西發生了王鼎從、袁東幅因争山涉訟相互毆打致多人死亡的命案。由於地方上報的材料顯示爲多起案件，刑部官員疑本爲聚衆械鬥而地方官員故意分成多個案件審理，故請皇帝下旨另行派人審訊。於是道光皇帝下旨，令傅繩勛親自審理。清代江西宗族勢力强大，聚衆械鬥時有發生。乾隆年間，江西巡撫吴紹詩説『聚衆械鬥之案，江西每年疊見』〔二八〕，『江西向多械鬥健訟之風』〔二九〕。聚衆械鬥成風之處，多結黨拜盟之組織，故清政府對聚衆械鬥十分警惕，一旦出現，則窮究嚴懲。道光皇帝在諭旨中説：

（此案）該前撫分别題咨，作爲三案辦理，難保不受該地方官朦混，故意那改月日，豫爲分案地步。江西省糾衆共毆之案，例有專條，若以多命重案遽行分起完結，何以持刑罰之平？新任巡撫傅繩勛甫經到任，無所用其回護，著親提犯證，悉心覆審，所有案内已經擬徒、發配之犯，一并提集質訊，務得實情，按律定擬具奏。〔三〇〕

傅繩勛接旨後，認真閲讀案卷，逐個提審犯人，反復研究證據，最後得出結論。他上報道光皇帝説：『這是一起很複雜的案件，幾次鬥毆的地點不同、時間不同，所死多條人命，并非同日同場，也不是預謀械鬥，衹是因爲多次械鬥均係同一原因引起，所以歸爲一類案件審理，以至於出現前述分歧，被誤認爲聚衆共毆。』傅繩勳不屈從皇帝旨意，審理案件實事求是，體現了他狷介的品性。

在修明武備方面，見於史料的記載是，傅繩勳曾親自指揮炮擊演習。道光二十八年（一八四八）底，皇帝下旨：

諭軍機大臣等：傅繩勳奏演放銅鐵各炮等語，此項鑄存銅炮及舊存鐵炮，自應認真演放。惟據稱鑿抬赴對江空地，此地距江遠近若干？以何爲準？向何處試放？該撫既親往查看，著將致遠有準之處，詳細覆奏，毋稍含混。將此諭令知之。

接着，傅繩勳回奏，説明演習之地在『省城對江，即西山之麓，地勢平曠。在該處試演炮位，以靶爲準，放炮處距安靶處二百四十弓，每炮放三出，中三炮者居多，實能致遠，而新鑄銅炮較舊存鐵炮似更靈捷，洵足備用』。道光皇帝再次叮囑：『務當認真訓練，不可懈弛。』〔三一〕

道光二十九年（一八四九）四月，兩江總督李星沅因病解任，以江蘇巡撫陸建瀛爲兩江總督，調傅繩勳爲江蘇巡撫。〔三二〕

（五）勘災查賑，興修水利

在清代，江蘇是一個十分特殊的省份。從經濟上來看，長江下游的蘇松常太地區是當時全國稻米的主要産區，也是經濟最發達的地區，京城的米糧及其他物資多由此地供應。從政治上來看，這裏設置兩江總督管理地方的政治、軍事，設河道總督治理運河，設漕運總督管理南漕北運，三總督集中於一地。高官多，衙門多，地方政治、河道管理、漕運管理三方經常出現利益糾紛，人事關係尤爲複雜。清後期，外國人多駐上海，出入長江，清廷軍事上處劣勢，視其爲虎狼，地方官員小心應承，内外受制，舉步維艱。傅繩勛深知江蘇巡撫責任重大、處境艱難，接到調任命令之後便上疏道光皇帝，請辭此職，理由是自己與河道總督楊以增係兒女姻親，『同官一省，公事間有交涉』。但道光皇帝十分看中他的品德和能力，親諭内閣，讓傅繩勛『毋庸回避』〔三三〕。

傅繩勛剛剛走馬上任，便又遇到了江蘇境内的特大水灾，『入夏以來，陰雨連綿，積水無從宣泄，以致蘇松常太等屬，民田廬舍多被漫淹。其江、淮、揚等屬，堤圩亦多衝破，灾民蕩析離居』〔三四〕。南京城内，處處積水，『閏四月内，連日大雨，山水下注，江潮涌灌入城』。到了六月，秦淮河邊的貢院内還有很深的積水。〔三五〕七月，貢院中水『退二尺有餘』，未全消，原該在八月舉行的鄉試，衹能改到十月舉行。〔三六〕面對此種狀況，傅繩勛一方面減免商税，組織賑灾；一方面調集人力，開河排水，組織抗灾。

清政府批准了他的賑灾請求，『此次灾區較廣，如實有捐辦不及之處，該撫即一面動款撫恤，一面據實奏聞』，允許他必要的時候動用國庫錢款救濟灾民。傅繩勛以爲放賑關係國計民生，是頭等大事，他上奏説：『蘇松等屬，現在查辦大賑，一切均關緊要，現由江寧回省，督飭各屬，妥爲辦理。』道光皇帝勉勵他『嚴查侵蝕，實惠遍及，方合大吏公忠體國之道，慎勿稍忽』〔三七〕。針對地方官吏貪污舞弊之風氣，傅繩勛上奏道光皇帝批准，挑選『公正殷實之紳董分司其事。動用庫款，尤力求撙節，不經胥吏之手，總期諸弊肅清，民沾實惠』〔三八〕。道光皇帝諭旨：『所有商販米船，運至江寧、蘇州等災區售賣，并本省商民請照出境采買者，經過本省各關，著准其一律暫行免税。』〔三九〕傅繩勛得旨後馬上和福建巡撫聯繫，讓福建商人運米至江蘇，以接濟災民。〔四〇〕後來，道光皇帝再下諭旨，重申客籍商船運糧至江蘇免税的規定直到江蘇本地糧價穩定時爲止：『諭陸建瀛、傅繩勛奏請商船運豆出口等語，本年江蘇水灾寬廣，民食維艱，不得不藉客米接濟，所有運米閩商，著准其裝載豆石回籍，以廣招徠，一俟米價平減，即行停止，不必拘定明年三月爲期。』〔四一〕道光二十九年（一八四九）八月，在江蘇金山縣（今上海市金山區），有人手持棍棒，阻攔商販米船入境。縣吏前去，不能制止，於是回縣衙向知縣彙報，但知縣并不親自前去，借口查灾勸捐，委派典史前往。這位典史是專門管理監獄的小官，按規定不能離開職守。到了出事地點，無人聽從指揮，結果該典史被擠入河中淹死。傅繩勛與陸建瀛一起上奏道光皇帝，認爲該縣知縣『實屬偷安取巧』，建議將知縣『著即行革職拿問，不准留緝。責令署事之員勒拿逸犯』。〔四二〕百姓受灾，國庫賑濟之法引起庫糧不足、兵士工匠等缺糧的問題。對此，傅繩勛統籌計議，妥善安排。他在給道光皇帝的奏疏中道：

江蘇所屬，向年實缺兵匠行月等米，非奏截漕糧，即動款采買。本年被災較重，緩缺米數約有十七八萬之多。漕糧既不便截留，倉穀亦無可動碾。現飭各司道，將來年應放各款，先儘熟田應徵之米，各屬舊欠之糈，權爲支應，如有不敷，由司道各庫暫行借款散放。所有借動庫款，或作正開銷，或設法彌補，視用銀之多寡，臨時籌畫，其餘俟來年察看情形再行籌補。

道光皇帝十分欣賞傅繩勛的辦法，説這種做法與江浙官員不同，『浙江撫臣祇知爲己易辦，國計置之膜外也』〔四三〕。

在組織抗災方面，傅繩勛在災區推廣『櫃田之法』，受到道光皇帝的贊許。〔四四〕所謂櫃田，即『築土護田，似圍而小，四面俱置瀍穴，如櫃形制。順置田段，便於耕蒔。若遇水荒，田制既小，堅築高峻，外水難入，内水則車之易涸，淺浸處，宜種黄穋稻』〔四五〕。王禎認爲『救水荒之法，莫如櫃田』〔四六〕。傅繩勛一方面廣爲宣傳櫃田之法，一方面實行『以工代賑』，引導農民挖築櫃田。

救治水災的根本方法是開河排水。江蘇出現水災後，傅繩勛馬上派人『查勘海口，開挖閘洞泄水』〔四七〕。道光三十年（一八五〇）二月，他調用民夫，疏浚丹徒、丹陽二縣運河〔四八〕，同時親自主持疏通白茆河。白茆河位於常熟、昭文〔四九〕二縣内，是當時常州府、蘇州府轄下許多自然河道外流入海的主要通道，宋代以來經常治理，但經常淤塞。此次疏浚自道光三十年二月開工，至咸豐元年（一八五一）二月竣工。其間傅繩勛親臨查看，『所挑各河底面寬深丈尺相符』[五〇]。白茆河入海口原有石閘，因迫近海口，易受沙淤，該處百姓鄉紳建議在距海較遠的老閘地方重新建閘，那裏水緩沙輕，不易淤墊。傅繩勛認爲有道理，於是上奏朝廷，改建河口石閘。此項工程亦於咸豐元年二月竣工，傅繩勛親自前往『履勘驗收』[五一]。

另外，傅繩勛主持修築了高淳縣東壩。高淳縣居江寧府南端，境内有石臼湖、固城湖等水域。西有水路通長江，東有水路入太湖。縣城東入太湖水道上有東壩，蘇州、松江二府處下游，賴此壩爲安全屏障。道光二十九年水災發生後，二府官紳民捐款一萬八千兩，『確勘高下，酌量丈尺』，重修東壩。同時，陸建瀛、傅繩勛上奏朝廷，申明『東壩本係官築，并非民産。高淳縣民，自不得藉口世業，圖建房屋。即著嚴行申禁，嗣後永遠不准在勘定壩基南北十二丈之内蓋屋搭棚。如實有完糧憑據，即由高淳縣查明，詳請豁免……務當嚴申禁令，妥爲保護，以息水患而杜争端』[五二]。

（六）漕糧改折，遣散縴夫

清中期以後，由於農村經濟凋敝，自然灾害連年，農民抗漕事件屢有發生，漕糧徵收十分困難。運河河道淤塞失修，運輸能力日益降低，尤其是淮安清口，乃黄河、淮河、運河三河交匯之地，水道淤高，漕船通過十分困難，漕運成本提高。從道光前期起，包世臣、魏源便提議漕糧海運、商運。道光後期，又有人提議把糧米折算爲銀錢交納，當時稱爲改折。道光二十七年（一八四七），户部有大臣提出此議，但兩江總督李星沅上奏反駁，此議未能施行。咸豐元年（一八五一），傅繩勛再次提出漕糧改折問題，給事中曹楙堅極力反對，認爲無法實行。户部侍郎翁心存也認爲『蘇松太三屬，額徵米一百十四萬餘石，一旦盡改折色，恐京倉不敷支放，尤慮不肖州縣，借折色之名，抑勒倍取，是便民而適以厲民，具疏議駁』〔五三〕。咸豐皇帝讓陸建瀛與傅繩勛再行商議。陸建瀛認爲，『辦漕現已屆期，倉猝虞貽誤，復以折漕必致缺米，更張更屬非宜』。在陸建瀛看來，如果漕糧折錢徵收，必致京城缺米，所以不宜施行。咸豐皇帝做出决定：

在傅繩勛因收漕棘手欲爲變通，自係爲裕國均賦起見。而陸建瀛從本計深籌，慮多窒礙，亦係實在情形。著如所請。江蘇折漕，仍照舊章辦理，無庸會議。仍飭嚴禁大户小户名目，并不准幫丁於奏定幫費外稍有勒索。總之，南漕爲天庾正供，果能變通盡利，亦應隨時制宜。該督、撫惟當熟籌利弊，國計民生期於兩有裨益，方爲不負委任，勉之。〔五四〕

陸建瀛爲兩江總督，傅繩勛爲江蘇巡撫，二人爲上下級關係，均有責任督理漕糧交兑等事。在漕糧改折方面，督、撫出現完全相反的意見，説明事前二人并未充分溝通，從這裏也可以看出二人關係之裂痕。

在漕運方面，另一個十分棘手的問題是江浙漕幫縴夫、水手的遣散問題。道光二十九年，江浙漕船在北方增雇縴夫及游幫水手總計上萬人，後由於漕糧海運、商運日益增多，江浙受災，漕糧停運更多，船丁、水手大量失業。如果讓他們回到江浙，不僅會滋生事端，而且當地人口驟然增多，糧價將會更高。所以，有人提議將這些人全部截留在河北，令其自謀生計。道光皇帝批示道：

此等無業游民，本非安分之徒。明歲停運船隻既多，誠恐其回至災區，路經江南一帶，藉端滋事。其應如何設法分起遣散，不致令其流離失所，而災區又免滋擾之處，著陸建瀛、傅繩勛、吴文鎔會同楊殿邦迅速妥商，會議具奏，務須和衷商榷，計出萬全，毋存畛域之見。惟節候已遲，必應趕緊籌畫，若各執成見，只知爲己，不恤鄰封，日後咎有攸歸。[五五]

傅繩勛等商議之後認爲，漕船新雇用的縴夫等應按照規定全部辭退，衹有舵手因每年輾轉雇覓，甚爲困難，可以讓他們隨江浙船幫回到南方，即便漕船停運，也可付給他們一定的生活費用遣送回鄉，浙江船幫及蘇松糧船同樣辦理。這些游幫水手大都是山東兖、沂二府及江蘇徐州府人，當年黄河以北獲得豐收，一經遣送回鄉，均可另謀生計。道光皇帝聽從了這項建議，下令在濟寧一帶將所雇水手全部遣送回原籍，不准一名渡過淮河，『倘敢抗違不遵，立即嚴拿懲辦，并各遴委妥員，按段稽查，如有容留之人，一并查拿究治。……經此次該督、撫等定立章程，各有專責，如果認真稽查，斷不至釀成事端，另生枝節。儻日後有滋擾之處，即按所轄地面，將該管大吏重懲不貸！』[五六]

（七）民變紛亂，心力交瘁

道光二十九年（一八四九）五月的一天，蘇州飢民聚集在城内閶門一帶，有土匪數百人假冒災民，乘機鬧事，大白天裏將城中俞姓及城外楓橋地方周姓、高姓等三家搶劫一空。原來，常州有飢民數百人赴府衙報告災情，府、縣均不受理，讓他們找當地士紳解决。於是，有無賴人等糾集飢民等千餘人，擁入城内士紳余姓家中，借口官府讓來求賑，搶劫財物。地方文武官員害怕激怒這些人，紛紛躲藏起來，使得他們肆無忌憚，又搶劫了幾家的錢財，總數以萬計。道光皇帝聽説後，大爲惱火，下旨道：

若如所奏，災區待賑方急，土匪乘機肆掠，地方官先事既不能設法安撫，臨時又不能嚴拿懲辦，其始土匪冒爲災民，其後災民勢必流爲土匪，於地方大有關係。著陸建瀛、傅繩勛、吴文鎔迅即選派賢員，馳往被災地方，按照所奏情節，確切訪查，嚴密拿辦，有犯必懲，毋許一名漏網，其地方各官如查有畏避推諉情事，尤當嚴參重懲，毋稍徇縱，是爲至要。〔五七〕

傅繩勛所在巡撫衙門設在蘇州，距常州不足二百里。在他的眼皮底下，光天化日之下發生大規模搶劫事件，他的責任難以推卸。但受災面積如此之大，災民遍野，嗷嗷待哺，政府之賑濟，杯水車薪，外來的商米飢民又無力購買。民衆生路斷絶，本就容易發生民變，對此，傅繩勛雖感事態嚴重，却也無能爲力。

不久，上海一帶出現『浙洋盜匪』。傅繩勛等調集鄉勇，一舉剿滅，因此受到道光皇帝的嘉獎：

陸建瀛、傅繩勛奏兵勇擊捦盜船現辦情形一摺，剿辦可嘉之至！浙洋盜匪麇聚東窑山一帶，乘間伺劫。經署上海縣知縣王紹復先後緝獲盜匪丁添來等，究出盜首姓名、巢穴，知會兵勇，迅速掩捕多名，救回難民。候補千總胡維榮等，一經確探，即不分畛域，奮力擊捦。此皆確有可據，不比空言擊沈盜船、落水無數盡係粉飾之詞。辦理實覺大快人意！陸建瀛、傅繩勛調度有方，均著交部從優議叙……至盜首陳雙嬉在逃，務即督拿，斷不可令其免脱。〔五八〕

對於制止搶劫不力的下屬，傅繩勛也毫不客氣，着力查辦。常州府下屬的武進、陽湖二縣，發生的飢民乘機搶掠事件，搶劫數額甚大，地方文武官員不能禁止，又未能馬上審辦。傅繩勛認爲他們怠忽職守，延誤時機。於道光二十九年八月，與陸建瀛一起上奏皇帝，請求給予常州知府、武進知縣、陽湖知縣，常州游擊、守備等革職留任處分。〔五九〕

這年九月，又有人上奏道光皇帝，説蘇州城的商人已經捐出制錢十萬千文用以賑灾，常州城的商人富紳也都踴躍捐錢，但數月之後，并没聽説這些錢發放給灾民。而且這兩個城市的民衆請求平價買米，禀告知府，但并未得到回應，結果造成了飢民搶劫米商之事。奏摺中所用言辭激烈，説『平糶祇求減價出售，迥非强横勒索可比，何至遽干衆怒？是該府等不能正己率屬，措置乖方，已可概見』。道光皇帝知曉此事後，也很惱火，下旨道：

江蘇蘇州、常州等府屬，灾黎待哺嗷嗷，現辦賑務，總以實惠早沾爲第一要義。若如所奏，飢民籲請平糶，地方官置之不理，捐輸已有成數，又復延未放給，以致灾民搶奪滋事，種種玩忽因循，何以蘇民困而靖灾區？著傅繩勛迅即遴委賢員，馳往各該處，確查所參各情是否屬實，有無侵賑病民及胥役中飽等弊，據實具奏，斷不可稍涉回護。〔六〇〕

道光皇帝十分欣賞傅繩勛的行政能力，在諭旨中一方面要求他嚴查地方官員，務盡職盡力安撫灾民、彈壓民變；另一方面則勉勵他，爲國家着想，凡事籌劃得當。道光三十年（一八五〇）正月，道光皇帝去世，年僅二十歲的咸豐皇帝即位。面對江蘇灾後飢民遍野、社會動蕩不安的局面，這位既無遠見、又無膽識的皇帝顯然有些存不住氣，不再對地方官員勸慰勉勵，而是嚴厲指責。這年十月，有人上奏説，江蘇省盜風日熾，一開始賊人是在鄉鎮搶劫商鋪，最近則公然在城裏搶劫，三個月之中，一里之内就發生了六起搶劫案，地方官却置之不問。咸豐皇帝責問道：

若如所奏，省城内盜賊公行，劫案疊出，該地方官弁所司何事，乃竟未破一案，未獲一犯。捕務廢弛已極！著陸建瀛、傅繩勛按照原奏各案，嚴飭所屬，認真緝拿，務期贓盜悉獲，按律懲辦，以靖閭閻。儻地方員弁始終玩忽，不知振作，即著指名嚴參，毋稍瞻徇。〔六一〕

灾民衣食無着，游離於死亡邊緣，隨時可能鋌而走險，激起民變。這時的清王朝，既有内憂又有外患，日薄西山，氣息奄奄，即使不遇灾荒也必然出現社會動蕩。作爲地方巡撫的傅繩勛，對此真是感到身心交瘁，無能爲力了。

（八）洋人滋事，騷擾海疆

第一次鴉片戰争之後，清政府已不敢以天朝大國自居，道咸之際，朝野上下談洋人則色變。江蘇省海岸綫長，且有上海爲通商口岸，洋人船隻由長江可深入内地，達蘇州、南京等處。所以，江蘇省地方官員對洋人行踪高度重視，不敢稍有疏忽。身爲巡撫的傅繩勛更是如此。

道光皇帝在位時，清廷與西方列强對抗已是一敗再敗，漸成頽勢。咸豐皇帝即位後，更是風聲鶴唳，草木皆兵。但這位年輕的皇帝血氣方剛，决心改變他父親在位時對洋人委曲求全的政策。他并不謀劃如何富國强兵、抵禦列强，而是采取不與外國使節打交道的辦法，企圖將外國人的活動範圍限定在廣州一地。道光三十年（一八五〇）四月，咸豐皇帝剛剛即位三四個月時間，英國人先到上海投遞公文，接着派人駛赴天津。〔六二〕直隸總督訥爾經額派員勸諭，説此兩件公文已由江南驛遞傳至天津，不必重複投遞，英國人纔返回上海。咸豐皇帝認爲：

> 夷性譸張，往往聲東擊西，言此意彼。即使陸建瀛等遵旨曉諭，仍難保無妄念挑釁、沿海滋擾。從前夷船由海入江，江浙一帶，屢經失事，追溯前因，能勿早爲之計？最可慮者，如江南之海口及泖湖等處，一經夷艅闖入，不惟驚擾居民，兼恐阻礙漕運。而浙江之

定海，孤懸海外，尤爲夷人所覬覦。著陸建瀛、傅繩勛、福珠洪阿、吴文鎔各就緊要處所悉心察看，豫爲籌防，斷不可稍存大意。文武官員，總須慎選曉事得力者，分布防堵，其一味卑諂儒弱者，概應更换。經此飭諭，儻有疏虞，惟該督撫、提督等是問。〔六三〕

英國人赴上海、天津投遞公文，已使咸豐皇帝膽戰心驚，地方官員自然也繃緊神經，高度緊張了。

陸建瀛等接到諭旨後，一面到上海查看情況，一面上疏説英國人『神色消沮』，等到他們從天津回來，便『相機開導，使之回粤』。咸豐皇帝接到報告後，還不放心，又叮囑道，這次英人赴天津投遞公文，不過是一種嘗試，此時如已返回上海，務必勸説他們馬上南還，『惟夷情叵測，儻駕馭稍失機宜，即難保不藉端擾及沿海。該督現既親赴泖湖與提督福珠洪阿將設防處所逐一布置周密，又以閱伍爲名，馳赴江海交匯之區，督飭鎮將，密爲豫備。第念福山一帶，已經該督察看籌防，自臻周妥，其後路江口，如防範偶疏，仍應乘虚恫喝。即使船未闖入，而居民已覺驚恐。惟在該督通盤籌畫，務令江海各口防堵悉臻嚴密，仍示以鎮静，不致顧此失彼，方臻妥善。惟山東奏報該夷火輪船仍往東北一帶行走，已諭令盛京將軍嚴防矣。將此諭知陸建瀛，并諭令傅繩勛、福珠洪阿知之』〔六四〕。

五月二十五日，傅繩勛和陸建瀛再次向咸豐皇帝報告説：英夷頭目麥華陀於五月十六日由天津回上海，并無動静。據英人呅咹文稱，等到天津及廣東船到，便定行止。但因爲怕英人另生枝節，所以安排他們住在蘇州，并派官員妥爲開導。英國人本來想在五月二十二日由上海去廣州，但哎咹文之妻嫌火輪船窄小，不願乘坐，恰有大火輪從廣州開來，二十四、五日可到，如此英國人二十七、八日便可離開回廣州。在奏摺中，陸建瀛、傅繩勛還分析了英國人此次行動的目的：『該夷惟利是視，因原定章程有火輪船免税之條，遂以送信爲由，往來各口，夾帶貨物，偷漏關税，是其故智。而婦言是聽，尤屬夷人常情。』〔六五〕知曉此事後，咸豐皇帝還是放不下心來，又下旨道：『該夷徒勞往返，其技已窮。惟夷性叵測，難保其不竄赴沿海各岸游奕。著該將軍、督撫等，密飭各海口文武員弁，隨時偵探，加意防守，不可稍涉張皇。如遇該夷船駛近口岸，仍當妥爲曉諭，勸令迅速回粤，不得違約恣行。設該夷因船隻未齊，啓程遲緩，陸建瀛等尤當飭屬嚴防。』〔六六〕

八月，咸豐皇帝又令陸建瀛、傅繩勛按照前任漕運總督周天爵提出的辦法，『就該地方情形，周歷察看，凡有内河可以通海之處，均按摺内所陳，相度地勢，妥爲布置。該督撫等均當嚴密設防，不可稍有漏泄，是爲至要』〔六七〕。

（九）致仕還鄉，組辦團練

所任之地，水灾肆虐，餓殍遍野，民變頻發，盜匪肆行，夷人覬覦。作爲地方高級官員，傅繩勛深感無能爲力。上有皇帝指責，下見百姓怒容，中與總督陸建瀛意見不合〔六八〕，加上長期患病〔六九〕，身體虚弱，他向朝廷提出解任回鄉的申請。咸豐元年（一八五一）二月，皇帝批准了他的請求〔七〇〕，於是傅繩勛回到了家鄉聊城。

就在傅繩勛返回家鄉的時候，廣西爆發了太平天國運動。畢竟廣西離山東有數千里之遥，儘管這場運動聲勢浩大，但身爲退職官員，傅繩勛仍可以在家鄉安閑舒適地生活。不過好景不長，咸豐三年二月，太平軍攻克鎮江。三月，攻克揚州。四月，太平軍大舉北伐，由浦口北上入皖，後進入河南，攻克歸德府（今河南商丘市），又北上劉家口，準備渡河取道山東，北進京城。清廷急調大軍沿黄河布防，燒毁船隻，阻止太平軍渡河北上。太平軍乃沿黄河西進，兵臨開封城外，攻城未克，繼續西進，由河南入山西，而後進入河北。山東乃京城屏障，單靠正規軍隊，難以在這廣大地區設立防綫，於是朝廷『勸諭北地紳民練團自衛，如能殺賊出力，并與論功』〔七一〕。所以，早在太平軍北伐以前，清廷就已預做準備，加强山東一帶的防備。咸豐三年二月，清廷下令山東『通省舉行團練，堅壁清野』〔七二〕。山東南部、西部各府，與河南相連，地處通向北京的交通要道，尤受朝廷重視。

舉在籍汶上之前閩浙總督劉韵珂，聊城之前江蘇巡撫傅繩勛、廣東糧道朱崇慶，濟寧之前工部侍郎車克慎，安丘之前河南藩司王簡、前福建興泉永道劉耀春，平原之甘肅平慶涇道張璥，鄒縣之吏部郎中董作模，八人分辦民團。〔七三〕

君命難違，傅繩勛不能再安心養病，衹得在家鄉聊城辦起了團練。

過了不久，傅繩勛又遇到了不小的麻煩。有人上奏皇帝説，傅繩勛辦團練并未捐助銀兩，而且先將家屬遷移到鄉下，并想將靠近城市的莊稼割去；聊城知府王觀澄也想撤走家屬，遭到聊城知縣李肇春出面阻攔，於是趁着黑夜偷偷將家屬撤走。如此情形下，知縣的母親衹好親自坐在縣衙大堂上，安定民衆。僧格林沁將調查的情况於咸豐三年六月二十六日上報給朝廷，隨後軍機處傳達諭旨令他派員前往復查。於是，僧格林沁派守備程秀帶着第一次前去調查的千總費明，再次赴聊城調查。

八月初六日，僧格林沁將調查的情况再次向朝廷做了彙報，内容如下：

兹據該員等旋京稟稱：由京起程，經過地方尚屬安静。於七月十三日行抵東昌府，詢訪情形核與原報相同。該員等正在查訪間，適遇聊城縣知縣李肇春出城彈壓糧船過境，見該員等在彼行走，知縣李肇春當向查問，該員等告以訪查事件，知縣李肇春即約同該員同到知縣衙署，復向知縣李肇春面詢。據稱：傅繩勛聞得賊匪竄近，先將家屬遷至平陰屬實。其辦團應捐之資，向歸公局經管，該縣不能深悉。至王觀澄原欲將眷屬遷移，該縣向其諫阻，後僅知其將輜重運往他處。其如何將家屬夤夜潛移，實不得知。當賊匪竄至劉家口時，人心驚惶，紛紛遷避，并有知縣亦經遷去之説，因請伊母臨堂犒賞團勇，婉諭决無遷避之意，民心由此稍安。傅繩勛曾欲關閉城門，經該縣阻止，并無令該縣割去臨城莊稼之事。〔七四〕

僧格林沁在奏摺中把聊城知縣的話全盤托出，將責任一下子推給了聊城知縣：若傅繩勛確無遷移家屬之事，則屬知縣誣告；若傅繩勳確有此事，則是自己調查得法。但傅繩勳在聊城的作爲，本來就與知縣有牽涉，衹向知縣調查，實在不妥。於是，當天軍機大臣又寄信給山東巡撫李僡，讓他再做確查。〔七五〕

八月二十八日，就在清廷發出確查傅繩勳遷移家屬的命令不久，太平天國北伐軍由山西東進，攻克了直隸軍事重鎮臨洺關，這裏距聊城僅三百餘里路程。太平軍繼續北進，直達定州（今屬河北），北京震動，城中官僚大家紛紛外逃。九月二十七日，太平軍抵達天津，爲水所阻，乃駐兵獨流、静海。在此情況下，官僚家屬外逃已是司空見慣，所以傅繩勳轉移家屬案也就不了了之。

太平天國北伐軍在京津地區與僧格林沁率領的清軍主力大戰三月，未能取勝。咸豐四年正月，北伐軍大戰失利，乃放弃静海、獨流，向南撤退，於二月進占阜城。洪秀全等得知北伐受挫，乃派援軍北上，於二月下旬入山東境内，連下金鄉、巨野、鄆城，至張秋鎮（今屬山東陽穀縣），距聊城僅數十里路程。北伐援軍原準備取道聊城北上德州，偵知善禄駐軍東昌，乃改道向西繞行，經冠縣、莘縣，於三月十五日攻克運河重鎮臨清，距阜城僅有二百餘里。此後，北伐援軍大戰失利，向南潰敗，越過黄河，退至天京（今江蘇南京）。北伐軍亦於四月初九日突圍南下。五月初四日，李開芳部退到高唐，後被僧格林沁攻滅。太平軍北伐到達山東後，聊城附近的農民軍與之呼應，在茌平、東阿、陽穀、聊城等地相繼發動農民起義，人數多者二三百人，少者僅一百多人，清朝地方官員惶惶不可終日。清朝大軍忙於和太平軍作戰，不可能長期在一地駐守，於是地方團練成爲鎮壓農民小規模起義的主力軍，傅繩勛也因此受到朝廷獎勵。咸豐六年二月，清廷發布命令，『以山東各府州官紳守禦出力，予在籍侍郎車克慎、前任巡撫傅繩勛、按察使孫毓溎議叙，賞已革巡撫馮德馨六品頂帶，知府王觀澄、游擊王殿元等花翎，知縣韓雲濤藍翎，餘升叙有差』〔七六〕。

咸豐十年，魯西北地區發生大饑荒，人們無以爲食，而清廷爲鎮壓太平軍和農民軍，加倍派徵錢糧附以苛捐雜税，緣此許多地方發生反清抗糧鬥争。長年闖蕩江湖的冠縣人宋景詩乘機發動民衆，率萬餘人衝入縣衙，迫使知縣答應免糧，後被逮捕，由鄉民聚衆抗争，乃獲釋。在這種情况下，清廷再次下令舉辦團練，傅繩勛也又一次被推上了政治舞臺。〔七七〕咸豐十一年二月，宋景詩率衆擁入縣城，打開監獄，釋放囚徒，冠縣知縣與守城官兵倉皇逃遁。宋景詩開倉放糧賑濟百姓，宣布起義，稱所部爲黑旗軍。黑旗軍與白蓮教各部聯絡，聲勢浩大，陸續攻下館陶、莘縣、陽穀等地，進軍直隸。到三月中旬，共攻克十三座縣城，數十個小鎮，隊伍達五萬餘人。四月，清廷派勝保爲欽差大臣，督辦直隸、山東軍務。山東巡撫譚廷襄和僧格林沁部清軍合力圍剿黑旗軍屢遭重挫，清軍死傷慘重。六月間，勝保軍大舉進攻，起義軍大敗，宋景詩無奈接受勝保的『招撫』，出任清軍參將。勝保將宋景詩所部改編爲『靖東營』，并利用宋部對付農民軍和回民起義軍。這無异給奄奄一息的清王朝注入了一針强心劑。於是，清廷又以咸豐皇帝的名義，對興辦團練有功的傅繩勛等人予以嘉獎：

以山東辦理團防得力，在籍江蘇巡撫傅繩勛四品頂帶，已革閩浙總督劉韵珂五品頂帶，已革廣東巡撫黄恩彤等下部優叙，賞已革湖南巡撫馮德馨四品頂帶，已革江西巡撫陳阡五品頂帶，前任廣東按察使趙長齡布政使銜。編修徐昌緒、朱學篤，主事陳介璋花翎。員外郎李展業等藍翎。餘加銜升叙有差。〔七八〕

這次嘉獎中，傅繩勛所得獎勵檔次最高，而且被放到了最前面的位置。通過兩次舉辦團練，參與地方軍務，咸豐皇帝深知傅繩勛是才能出衆的官員，於是下旨重新起用他，但傅繩勛以患病爲由謝絶了。後來，他多次主講濼源書院、啓文書院。年七十二歲卒於家中。

【注】

〔一〕《平定回疆剿擒逆裔方略》是清代官修的紀事本末體史料彙編，記述道光年間清廷派兵平定張格爾叛亂之史事。全書八十卷，録朝廷諭旨、大臣奏摺等，具有很高的史料價值，有武英殿刻本。

〔二〕〔清〕梁章鉅、朱智撰，何英芳點校：《樞垣記略》卷九《恩叙四》，中華書局一九八四年版，第八六頁。

〔三〕《清實録·宣宗成皇帝實録》卷一八四『道光十一年辛卯二月乙未』。

〔四〕宣統《聊城縣志》卷八《人物志·傅繩勛》。

〔五〕參見《清實録·宣宗成皇帝實録》卷三七一『道光二十二年壬寅四月甲午』。

〔六〕參見［清］陸以湉撰，崔凡芝點校《冷廬雜識》卷二《典獄》，中華書局一九八四年版，第六三頁。

〔七〕《清實録·宣宗成皇帝實録》卷四〇五『道光二十四年甲辰五月辛未』。

〔八〕袁英光、童浩整理：《李星沅日記》，中華書局一九八七年版，第五六三頁。

〔九〕《清實録·宣宗成皇帝實録》卷四〇二『道光二十四年甲辰二月癸卯』：『以陝西按察使傅繩勛爲雲南布政使。』

〔一〇〕《清實録·宣宗成皇帝實録》卷四一三『道光二十五年乙巳春正月壬申』：『調雲南布政使傅繩勛爲廣東布政使。』

〔一一〕［清］梁廷枏撰，邵循正點校：《夷氛聞記》卷五，中華書局一九五九年版，第一四五－一四六頁。

〔一二〕〔美〕費正清編，中國社會科學院歷史研究所編譯室譯：《劍橋中國晚清史》，中國社會科學出版社一九八五年版，第二五二頁。

〔一三〕章星石自廣州來見李星沅，談八大漢奸事：『黄石琴爲首，次則者介春（即耆英）、劉潯、吴廷獻、趙長齡、潘仕成也。』見袁英光、童浩整理《李星沅日記》，第六五五頁。

〔一四〕《李星沅日記》載：『章星石自粵回，談悉省城惟傅秋坪官聲甚好，甚得人心。』

〔一五〕［清］梁廷枏撰，邵循正點校：《夷氛聞記》卷五，第一四五頁。

〔一六〕光緒《廣州府志》卷八一《前事略七》。

〔一七〕《清實録·宣宗成皇帝實録》卷四三四『道光二十六年丙午九月丁未』：『以江寧布政使徐廣縉爲雲南巡撫，調廣東布政使傅繩勳爲江寧布政使。』不幾日，道光皇帝又下旨：『昨降旨，將傅繩勳調補江寧布政使，葉名琛補授廣東布政使。葉名琛現署順天府府尹，未到任以前，廣東藩司著耆英派員署理，傅繩勳仍飭即赴江寧新任。』

〔一八〕參見鄭永福主編《中國近代史通鑒·鴉片戰争》，紅旗出版社一九九七年版，第一五八一一六〇頁。

〔一九〕《兩江總督李星沅奏報藩司傅繩勳帶麥都思案人犯回省訊辦片》，中國第一歷史檔案館編：《鴉片戰争檔案史料》七，天津古籍出版社一九九二年版，第八五九一八六〇頁。

〔二〇〕《兩廣總督耆英等奏爲遵旨擬辦麥都思案并申明洋人控訴應由總理五口大臣受理摺》，中國第一歷史檔案館編：《鴉片戰争檔案史料》七，第八六〇一八六一頁。

〔二一〕《清實録·宣宗成皇帝實録》卷四五六『道光二十八年戊申六月』：『戊辰，以江寧布政使傅繩勳爲浙江巡撫，未到任前以布政使劉喜海署理。以廣西按察使馮德馨爲江寧布政使。』

〔二二〕《清實録·宣宗成皇帝實録》卷四五六『道光二十八年戊申六月庚午』。

〔二三〕《清實録·宣宗成皇帝實録》卷四五九『道光二十八年戊申九月丙申』。

〔二四〕中國水利水電科學研究院水利史研究室編校：《再續行水金鑒·長江卷一》，湖北人民出版社二〇〇四年版，第三一六頁。

〔二五〕宣統《聊城縣志》卷八《人物志·傅繩勛》。

〔二六〕參見秦國經主編《中國第一歷史檔案館藏清代官員履歷檔案全編》三，華東師範大學出版社一九九七年版。

〔二七〕《清實録·宣宗成皇帝實録》卷四六一『道光二十八年戊申十一月丙子』。

〔二八〕臺灣故宫博物院編：《宫中檔乾隆朝奏摺》第二九辑『朝隆三十二年十二月二十六日』。

〔二九〕臺灣故宫博物院編：《宫中檔乾隆朝奏摺》第三三輯『乾隆三十二年十二月二十九日』。

〔三〇〕《清實録·宣宗成皇帝實録》卷四六二『道光二十八年戊申十二月壬寅』。

〔三一〕《清實録·宣宗成皇帝實録》卷四六二『道光二十八年戊申十二月辛亥』。

〔三二〕《清實録·宣宗成皇帝實録》卷四六六『道光二十九年己酉夏四月壬寅』。

〔三三〕《清實録·宣宗成皇帝實録》卷四六八『道光二十九年己酉五月壬子』。

〔三四〕《清實録·宣宗成皇帝實録》卷四六九『道光二十九年己酉六月丙子』。傅繩勛上奏道光皇帝的時間是五月二十四日，參見李文海等《近代中國灾荒紀年》，湖南教育出版社一九九〇年版。

〔三五〕《清實録·宣宗成皇帝實録》卷四六九『道光二十九年己酉六月庚辰』。

〔三六〕《清實録·宣宗成皇帝實録》卷四七〇『道光二十九年己酉秋七月庚申』。

〔三七〕《清實録·宣宗成皇帝實録》卷四七四『道光二十九年己酉十一月甲辰』。

〔三八〕《清實録·宣宗成皇帝實録》卷四七五『道光二十九年己酉十二月己巳』。

〔三九〕《清實録·宣宗成皇帝實録》卷四六九『道光二十九年己酉六月丙子』。

〔四〇〕參見《清實録·宣宗成皇帝實録》卷四六九『道光二十九年己酉六月丙子』。

〔四一〕《清實録·宣宗成皇帝實録》卷四七二『道光二十九年己酉九月癸卯』。

〔四二〕《清實録·宣宗成皇帝實録》卷四七一『道光二十九年己酉八月乙酉』。

〔四三〕《清實録·宣宗成皇帝實録》卷四七六『道光三十年庚戌春正月甲辰』。

〔四四〕趙爾巽等《清史稿》卷一二九《河渠志》：『二十九年，江蘇巡撫傅繩勳言：「陰雨連綿，積水無從宣泄，以致江、淮、揚等屬堤圩多被衝破。請仿《農政全書》櫃田之法，以土護田，堅築高峻，内水易於車涸，勸民舉行，以工代賑，并查勘海口，開挖閘洞泄水。」帝嘉勉之。』

〔四五〕［元］王禎撰，繆啓愉、繆桂龍譯注：《農書譯注》，齊魯書社二〇〇九年版，第四〇八頁。

〔四六〕［元］王禎撰，繆啓愉、繆桂龍譯注：《農書譯注》，第三八一頁。

〔四七〕趙爾巽等：《清史稿》卷一二九《河渠志》，第三八四六頁。

〔四八〕參見《清實録·文宗顯皇帝實録》卷三『道光三十年庚戌二月丙寅』。

〔四九〕因常熟縣人口多、賦税重，清代乃析其東部爲昭文縣，常熟、昭文二縣共用一縣城，民國初廢昭文縣，并入常熟。

〔五〇〕中國水利水電科學研究院水利史研究室編校：《再續行水金鑒·長江卷一》，引《京報》載『（咸豐二年）六月二十八日江蘇巡撫楊文定奏』，第三四二頁。

〔五一〕中國水利水電科學研究院水利史研究室編校：《再續行水金鑒·長江卷一》，引《京報》載『（咸豐二年）六月二十八日江蘇巡撫楊文定奏』，第三四二頁。又《清實録·文宗顯皇帝實録》卷六『道光三十年庚戌三月辛亥』：『江蘇巡撫傅繩勛奏，白茆河年久淤塞，海口石閘啓閉不能見功，必須移建距海較遠之老閘橋地方，現已議定挑辦，得旨，依議妥辦。』

〔五二〕《清實録·文宗顯皇帝實録》卷二五『咸豐元年辛亥春正月戊戌』。

〔五三〕蔡冠洛編著：《清代七百名人傳》第一編，第三三九頁。

〔五四〕《清實録·文宗顯皇帝實録》卷一八『道光三十年庚戌九月辛亥』。

〔五五〕《清實録·宣宗成皇帝實録》卷四七一『道光二十九年己酉八月癸未』。

〔五六〕《清實録·宣宗成皇帝實録》卷四七二『道光二十九年己酉九月辛酉』。

〔五七〕《清實録·宣宗成皇帝實録》卷四七〇『道光二十九年己酉秋七月乙丑』。

〔五八〕《清實録·宣宗成皇帝實録》卷四七一『道光二十九年己酉八月丁丑』。

〔五九〕參見《清實録·宣宗成皇帝實録》卷四七一『道光二十九年己酉八月壬午』。

〔六〇〕《清實録·宣宗成皇帝實録》卷四七二『道光二十九年己酉九月乙巳』。

〔六一〕《清實録·文宗顯皇帝實録》卷一九『道光三十年庚戌冬十月辛酉』。

〔六二〕參見趙爾巽等《清史稿》卷二〇《文宗本紀》，第七一二頁。

〔六三〕《清實録·文宗顯皇帝實録》卷九『道光三十年庚戌五月丙申』。

〔六四〕《清實録·文宗顯皇帝實録》卷一〇『道光三十年庚戌五月己酉』。

〔六五〕《兩江總督陸建瀛等奏報俟天津英船駛回英使當可回粤摺》，中國第一歷史檔案館編：《鴉片戰争檔案史料》七，第九七九頁。

〔六六〕《清實録·文宗顯皇帝實録》卷一一『道光三十年庚戌六月癸亥』。

〔六七〕《清實録·文宗顯皇帝實録》卷一五『道光三十年庚戌八月癸亥』。

〔六八〕傅樂成説，傅繩勛私生活有些侈放，好多置姬妾，同時染有鴉片烟癮。傅繩勛任江蘇巡撫時，兩江總督陸建瀛與他不合，上疏劾他，説他烟槍兩杆，侍妾八人，他和他的夫人均吸鴉片。因此，於咸豐元年主動辭職。

〔六九〕傅繩勛身患何病，史料中没有記載。李星沅在道光二十三年的《日記》中寫道『傅秋坪……直爽，是山東人，略有宿病』（袁英光、童浩整理：《李星沅日記》，第四六九頁），可知傅繩勛長期患病。

〔七〇〕參見《清實録·文宗顯皇帝實録》卷二八『咸豐元年辛亥二月壬午』。

〔七一〕趙爾巽等：《清史稿》卷二〇《文宗本紀》，第七二五頁。

〔七二〕［清］張曜：《山東軍興紀略》卷二二上《團匪一》，《四庫未收書輯刊》第三輯第一三册，北京出版社一九九七年版，第七一〇頁。

〔七三〕［清］張曜：《山東軍興紀略》卷二二上《團匪一》。又《清實録·文宗顯皇帝實録》卷八四『咸豐三年癸丑二月甲申』：『命在籍前任閩浙總督劉韵珂、廣東巡撫黄恩彤、江蘇巡撫傅繩勛、湖南巡撫馮德馨等，督辦山東團練事宜。』與此記載略有不同。

〔七四〕《僧格林沁等奏報派員往山東復查傅繩勛遷移家屬等情摺》，中國第一歷史檔案館編：《清政府鎮壓太平天國檔案史料》第九册，社會科學文獻出版社一九九三年版，第一一九—一二〇頁。

〔七五〕參見《寄諭李僡著確查傅繩勛王觀澄遷移家屬實情》，中國第一歷史檔案館編：《清政府鎮壓太平天國檔案史料》第九册，第一一八—一一九頁。

〔七六〕《清實録·文宗顯皇帝實録》卷一九一『咸豐六年丙辰二月辛亥』。

〔七七〕《清實録·文宗顯皇帝實録》卷三二七『咸豐十年庚申八月丙寅』：『命山東在籍已革閩浙

總督劉韵珂、廣東巡撫黄恩彤、前任江西巡撫傅繩勛等，分辦本省團練。』

〔七八〕《清實録·文宗顯皇帝實録》卷三五五『咸豐十一年辛酉六月庚辰』。

二、署理安徽布政使傅繼勛

傅繼勛，字述之，號玉溪，又號湘屏，傅繩勛胞弟。自幼聰明敏悟，十歲便能作文，而且寫一手好字。道光元年（一八二一），十四歲的傅繼勛考中秀才，成爲縣學生員。十八歲時考取拔貢。乾隆初年規定，拔貢生選送中央後，必須參加朝考，一、二等揀選録用，三等入國子監肄業，後曾停止揀選。嘉慶七年（一八〇二）又做出規定，各省拔貢五月必須到京，六月參加朝考，其中一、二等於保和殿復試。〔一〕傅繼勛朝考一等，分發安徽，初任廬江縣知縣，時間約在道光十年以前。〔二〕道光十年任霍山縣知縣〔三〕，道光十五年至道光十六年任太湖縣知縣〔四〕。此外，他擔任過東流、歙縣、合肥、望江、貴池、全椒等縣知縣。道光二十二年前後，擢升徽州知府〔五〕，後來又擔任鳳陽知府，道光二十九年前後任太平府知府〔六〕，大概此後不久，便調任安慶知府〔七〕。

安慶時爲安徽省府治所在，傅繼勛擔任安慶知府，雖然官位没有升，但政治地位明顯提高了。這時候的傅繼勛，年過不惑，擔任地方官員已逾二十年，經驗豐富，位居首府要職。當時各省布政使屬下設有專門存放錢糧的倉庫，稱作『藩庫』〔八〕。有清一代，由於各省財政時有虧空，故朝廷經常對藩庫進行清查，繼而對虧空錢糧予以追賠、制定相應彌補措施，并對涉事官員進行處罰。傅繼勛到任不久，便參與了安徽藩庫的清查，因辦事得力，受到咸豐皇帝的嘉獎。《清實録》記載：『咸豐二年壬子六月庚辰朔，以安徽清查藩庫出力，予知府傅繼勛等加銜升叙有差。』〔九〕

可是，時隔不久，一場慘烈的戰争開始了，傅繼勛首當其衝，被捲進了戰争的漩渦。咸豐二年四月，太平天國軍隊由廣西北進。四月，攻克全州，入湖南。九月，猛攻長沙，因久攻不克，仍撤長沙之圍，繼續北上，直逼武漢三鎮。安徽軍事吃緊，全省戒嚴，水陸要道處處設防盤查奸細。當時『安徽兵僅六千，各有分防汛地，省垣單危』〔一〇〕。太平軍攻克岳州後，清兵纔安排安徽布防之事，派按察使張熙宇、游擊賡音泰扼小孤山，與壽春鎮總兵共同守禦。

咸豐二年十二月初四日，太平軍攻占武昌，沿長江順流而下，直指安慶。時安慶雖爲安徽首府，但城周僅九里，城墻高不及二丈，守軍不足三千人。安徽巡撫蔣文慶、布政使李本仁與安慶知府傅繼勛防守城内，狼山鎮總兵王鵬飛率兵駐扎於城外馬山、大觀亭一帶，按察使張熙宇率領炮船駐小孤山。兩江總督陸建瀛以欽差大臣率兵由南京出發，溯江迎戰，而他的手下也衹有兵士三千六百人。陸建瀛還没到安慶，就遇見了一些大船，船上乘載着婦女、僕從、財物等，順江而下。人言乃蔣文慶眷屬，陸大怒，欲上疏彈劾蔣。有人將此事報告蔣知道，二人遂構嫌隙。

十二月二十八日，安徽守軍抓獲太平軍探子一名。傅繼勛立即親自審問，他是訊案高手，很快就把事情弄得清清楚楚。這個探子名叫白長清，是湖北江夏人。六月，太平軍到江夏時，他投充本縣民團當了鄉勇。七月，被派遣護送槍炮赴岳州，後留在岳州協防。十月二十八日，岳州城破，被俘，投降了太平軍。十二月，太平軍西王蕭朝貴派他和另外二人去安徽探信，任務是弄清安徽清軍的布署情況，熟悉往返道路。二十五日到達安慶，在城外一旅店居住，三天後在澡堂洗澡時被安徽營兵抓獲。〔一一〕雖然抓獲的衹是一個小小的偵察兵，但傅繼勛還是感到了事態的嚴重。

十二月二十九日，蔣文慶上疏咸豐皇帝，言安慶兵力單薄，請求派兵赴長江上游迎擊太平軍。咸豐皇帝硃批道：

> 已有旨令陸建瀛與汝不分畛域，熟籌防剿矣。安省有失，江督亦難辭咎。汝可慎速籌辦，勿爲浮言所惑，尤貴和衷。若省垣先自搖亂，則合省不可問矣。汝設想此何時何事，若不將意見關打破，一誤再誤，誤人實誤己也。〔一二〕

陸建瀛至安慶，未見蔣文慶，直接乘船沿江上行，至黄州（今湖北黄岡市黄州區），與太平軍相遇。當時，太平軍士兵兩萬，有船數千，聲勢浩大。清軍未戰即潰，陸建瀛倉皇逃命，一直退到南京。安慶城小兵弱，且無險可守。咸豐三年正月十七日，太平軍渡江進攻安慶，駐守城外的王鵬飛自知不是敵手，弃營而逃。

安慶乃南京的門户，其一旦失守，南京必不可保。當太平軍攻克武昌準備南下的時候，咸豐皇帝嚴令軍政官員固守安慶，并諭琦善，如安慶失守定將其正法。但不少人認爲安慶守不住。前署廣西巡撫周天爵曾致函蔣文慶，説安慶『萬無守理』，應該馬上將糧餉運往廬州，以增援南京。〔一三〕此後，琦善也没有固守安慶，而是率兵奔向湖南。傅繼勛與周天爵是同鄉，雖然没有史料説明周天爵曾向他表達自己的意見，但同爲朝廷高官，同鄉之間應該有書信往來。按：周天爵，張秋鎮人，嘉慶十六年（一八一一）進士，歷任知縣、知府、江西按察使、陝西布政使、漕運總督、河南巡撫等，道光末任廣西巡撫，因鎮壓太平天國運動加總督銜。張秋鎮與聊城相距僅數十里，傅家、周家均爲地方世家大族，彼此很大可能有所往來。周天爵的意見，代表了當時安徽官員的普遍看法，所以傅繼勛也應該早做好了安慶失守的思想準備。當時，蔣文慶對守安慶城也失去了信心，祇是身爲巡撫，無法脱身離開，衹能坐守危城。可他不想讓更多的人與之同歸於盡，於是令傅繼勛從速準備，將安慶的糧餉解送到廬州。傅繼勛正愁無法脱身，得此美差，乃急忙携帶銀票，離開了安慶城。其他官員聽説後，個個想法脱身。接着，布政使李本仁便以押解餉銀爲名，率領一批官員逃出城去。其餘大小官吏，競相效仿，紛紛出城逃命。其實，他們祇是帶些銀票出城，大量庫銀并未運出。當天夜裏二更時分，太平軍自南城發動進攻，用木梯登城，幾乎没遇到什麽抵抗便打開城門。大軍長驅直入，蔣文慶吞金未死，爲太平軍所殺。

咸豐皇帝聽説安慶失守，且怒且懼，乃令周天爵調查安慶戰事，『如有怯懦無能、先期逃避、情罪重大、例應嚴懲者，均著奏明請旨』〔一四〕。二月二十七日，周天爵上奏，彙報調查情況，除提出王鵬飛『情罪重大』應『執法從事』之外，其餘如李本仁等，則極力爲之開脱：『藩臣李本仁遵奉諭旨，先委候補縣宫國勳解餉一萬兩，赴宿松。又帶同安慶府知府傅繼勛、同知劉丙、懷寧縣知縣許垣、知州張文斌、婺源縣知縣周葆元等，分頭搬運餉銀赴廬。』鑒於李本仁既然是奉諭旨派人解送餉銀離開的（儘管真實情況是臨陣脱逃、弃城而去），『情有可原』，所以建議給他們『革職，分别留省留營效力贖罪，以觀後效』的處分。〔一五〕不久，傅繼勛被免去了安慶知府之職，仍留在安徽繼續組織力量與太平軍對抗。

太平軍占領安慶後，共繳獲庫銀三十四萬多兩，制錢四萬多串，倉米三萬多石，大炮一百八十九門。但洪秀全等人對安慶的戰略地位認識不足，城克後第二天，便拔營進軍南京，并未在安慶派兵駐守。於是，清軍及地方官員等陸續返回。五月，太平軍西征，克和州、太平府、池州後，再次兵臨安慶，安慶不戰而克。太平軍在此設立西征主帥大本營。附近府縣相繼被攻克。後石達開率軍進駐安慶，加固城防，積粟屯兵，建立地方行政機構對這一地區實行有效的行政管理。

咸豐五年初，清軍和太平軍在安慶、廬州一帶展開了激烈的争奪戰。是年初，清軍圍困廬州。當時城中僅有太平軍數千人，『死力堅守，既無路突出』。但附近各縣均有太平軍隊伍，隨時可能前來增援。於是，清軍一面派人在七里站一帶防守，『以遏去來之路』；一面派已被革職的知府傅繼勛與刑部郎中李文安、署合肥縣知縣馬新貽等人，『帶同捐勇團練一千數百名』，雇備船隻，渡過巢湖至南岸，扼守要道，以斷外援。二月十七日，傅繼勛等人『探得有賊船百餘隻自梁山由運漕河駛來，約有賊三千餘名，赴廬救援』〔二六〕，當即安排武舉方意先等率領鄉勇，分途埋伏，往來策應。第二天中午，太平軍船隊分三路前來，傅繼勛安排的伏兵齊聲吶喊，攔腰衝出，太平軍首尾不能相顧，陣勢大亂，大敗退回。

二月二十五日，無爲、廬江兩地兩千多名太平軍由盛家橋、三河鎮一帶分路向廬州進發。傅繼勛與李文安、馬新貽等率團練兵勇迎擊，至小尖山地方相遇，鏖戰甚久，太平軍敗退。

當時福濟任安徽巡撫，他認爲傅繼勛行政能力强，在安徽任職二十多年，熟悉全省各地情況，於是專摺密保他署理安徽布政使，兼辦全省糧臺。安徽戰亂多年，糧餉缺乏，軍士飢饉，大大削弱了軍隊戰鬥力。傅繼勛任職後，多方籌辦，兵餉轉而充足，福濟十分倚重他。咸豐八年，來安、鳳陽、懷遠等地相繼失陷，福濟以有病爲由請求準假離職。咸豐皇帝下詔，指斥他久在安徽，無功而退，褫官銜、頭品頂戴。六月，翁同書繼任安徽巡撫。翁同書是道光二十年（一八四〇）進士，曾佐琦善、托明阿、德興阿等人軍務，在江蘇、安徽一帶鎮壓太平軍，屢立軍功，聲名大振。皇帝詔令其幫辦欽差大臣勝保軍務，安徽境内各軍均歸其節制。正值春風得意的時候，他根本不把傅繼勛這樣的老牌地方官員放在眼裏。傅繼勛不再受重用，提出的建議也不予采納。

傅繼勛在安徽與太平軍作戰多年，九死一生，家人音訊全無，情緒低落之際，未免生退隱回鄉之意。是年冬，傅繼勛借口患病，辭去職務。當時安慶尚爲太平軍占據，傅繼勛多年與家人失去聯繫，家人誤以爲他死於兵難。一個風雨交加的夜晚，全家老少正在他的亡靈牌位前焚香禱告，傅繼勛黯然回到家中。此後，他閉門家居八年，於同治五年（一八六六）去世。

【注】

〔一〕參見李世愉《清代科舉制度考辯》，瀋陽出版社二〇〇五年版，第一三二頁。

〔二〕光緒《續修廬州府志》卷一七《學校志》中有道光十年傅繼勛主持重修縣學的記載。

〔三〕同治《六安州志》卷一八《文職》：『傅繼勛，山東聊城人，乙酉拔貢，（道光）十年任（知縣）。』

〔四〕太湖縣地方志編纂委員會編：《太湖縣志》，黄山書社一九九五年版，第七九七頁。

〔五〕茅以升主編《中國古橋技術史》記載：道光二十二年，位於歙縣西門外的太平橋早前被水衝毁橋欄橋面，此次又被水衝毁中段，『知府張藩（或作張錫蕃）、傅繼勛計議改作，歷７年工竣』（北京出版社一九八六年版，第二六六頁）。卞利《通向世界的路：徽州古橋》記述更爲詳細：道光二十二年，衝斷了五年的太平橋又遭山洪衝圮。當時在任的知府張錫蕃雖然計劃修繕，但因缺乏資金，祇好作罷。不久，傅繼勛取代了張錫蕃任知府，因爲他此前做過歙縣縣令，所以到任後立即應尚書程祖洛、黟縣胡元熙之請决定重修太平橋，并令胡元熙全權負責。七年後，規模宏偉的太平橋方纔竣工。（遼寧人民出版社二〇〇二年版，第九五—九六頁。）

〔六〕道光二十九年四月廿五日，李星沅乘船至當塗，其在《日記》中記曰，『太平府傅湘屏、署縣林詰……差人迎』（袁英光、童浩整理：《李星沅日記》，第七八二頁）。

〔七〕道光二十九年五月十三日，李星沅乘船至安慶，泊寶塔灣，其在《日記》中記曰，『盧鳳道缺已奏委張鶴生，首府即委傅湘屏，皆可勝任愉快』（袁英光、童浩整理：《李星沅日記》，第七八四頁）。

〔八〕［清］張廷玉等《明史·職官志》載：『除兩京外，定爲十三布政司。初置藩司，與六部均重。布政使入爲尚書、侍郎，副都御史每出爲布政使。』明代稱布政使司爲藩司，其最高長官布政使則稱藩臺，入清後沿襲此稱謂。因布政使稱藩臺，故其屬下設置的錢糧倉庫稱藩庫。

〔九〕《清實録·文宗顯皇帝實録》卷六三『咸豐二年壬子六月庚辰朔』。

〔一〇〕趙爾巽等：《清史稿》卷三九五《蔣文慶傳》，第一一七七四頁。

〔一一〕參見《蔣文慶奏報拿獲奸細白長清片》，中國第一歷史檔案館編：《清政府鎮壓太平天國檔案史料》第四册，社會科學文獻出版社一九九二年版，第三三〇頁。

〔一二〕《蔣文慶奏陳省垣單薄請力争上游防剿摺》，中國第一歷史檔案館編：《清政府鎮壓太平天國檔案史料》第四册，第三三〇頁。

〔一三〕參見《蔣文慶奏報敵情緊急援兵未齊省城糧餉軍裝變通辦理摺》，中國第一歷史檔案館編：《清政府鎮壓太平天國檔案史料》第四册，第四三二頁。

〔一四〕《周天爵奏覆遵旨查明安徽殉難及逃避各官員并請分别請恤議處片》，中國第一歷史檔案館編：《清政府鎮壓太平天國檔案史料》第五册，社會科學文獻出版社一九九二年，第三九一頁。

〔一五〕《周天爵奏覆遵旨查明安徽殉難及逃避各官員并請分别請恤議處片》，中國第一歷史檔案館編：《清政府鎮壓太平天國檔案史料》第五册，第三九二頁。

〔一六〕以上引文見《和春等奏報廬州敵勢窮蹙加緊圍攻并擊退援敵摺》，中國第一歷史檔案館編：《清政府鎮壓太平天國檔案史料》第一七册，社會科學文獻出版社一九九五年版，第一四二頁。按：梁山，位於安徽和縣南。《嘉慶重修一統志》載，梁山『在（和）州南六十里，俯臨大江，亦名西梁山』，見《嘉慶重修一統志》卷一三一《和州直隸州》。

三、傅氏家族的三位知府

傅以漸的族弟傅以履，康熙年間曾任柳州府、太平府知府，是位有操守、有能力的地方官員。傅斯懌於同治、光緒之際代理湖州知府，旋總辦天津海運，後代理杭州知府，也是一位有擔當、敢作爲的地方官。傅潽於同治、光緒之際任嚴州府同知，後升任知府，因爲醉心於書畫，被上司彈劾免職，是傅氏家族中爲數不多的政績平平的官員。

（二）柳州府、太平府知府傅以履

傅以履字道坦，傅以漸的族弟，歲貢生。關於傅以履的生卒年月及入仕時間，今已無法確考。《福建通志》載：康熙二十二年（一六八三），傅以履任德化縣知縣。[一] 康熙二十三年，與汛防把總何演榮共同修建養濟院、城隍廟。明初朝廷下令各地修建養濟院，後屢建屢毁，明後期完全毁弃。清朝建立後，爲彰顯仁義政治、籠絡人心、緩和社會矛盾，十分重視對鰥寡孤獨及殘疾貧民的慈善救濟。順治五年（一六四八），清帝下詔，令『各處養濟院收養鰥寡孤獨及殘疾無告之人』[二]。後來，康熙皇帝也曾頒發興辦養濟院之詔。康熙二十三年，即傅以履任德化縣知縣的第二年，在明代舊址上予以重建養濟院，『仍舊址始建三間，後屢增建』，共建成一連八間，小廳一間，外有門墻。[三] 朱元璋曾説：『朕立城隍神，使人知畏，人有所畏，則不敢妄爲。』[四] 可見，修建城隍廟的目的是使人們遵守法紀綱常，以利於社會穩定。長期以來，城隍一直被人們視爲揚善懲惡、護城安民之神，祭祀城隍能起到安定民心的作用。傅以履上任伊始便修城隍廟，大概也有此用意。而建立養濟院，顯然是爲解决社會下層民衆的生存問題，以免社會矛盾激化。傅以履當時還采取了哪些措施，今已不得而知，但從這兩條史料，我們可以看出，他在維繫社會法紀綱常、穩定社會秩序方面十分用心，老百姓也從中得到了實惠。所以，傅以履離任後，當地人修建了『傅公祠』以紀念他的政績。《德化縣志》載：『傅公祠在

城隍廟中亭東，祀國朝知縣傅以履，汛防把總何演榮……乾隆十年，知縣魯鼎梅重修。』〔五〕

康熙二十八年，傅以履調任海鹽縣知縣。這一年，海鹽縣換了三任知縣，第一任是武定人李之藻，第二任是傅以履，第三任是潁州人連璧。〔六〕由此可知，傅以履在海鹽任知縣不超過一年時間。其中原因，史書中没有記載。

據《傅氏族譜》及傅旭安硃卷履歷記載，傅以履曾任户部山西司郎中，時間不詳。清代户部下設十四個清吏司，每司置漢郎中一人。『十四司，各掌其分省民賦，及八旗諸司廪禄，軍士餉糈，各倉，鹽課，鈔關，雜税』，『山西司兼稽游牧察哈爾地畝，土默特地糧，喀爾喀、回部定邊左副將軍辦事官屬、張家口、賽爾烏蘇臺站俸餉，烏里雅蘇臺、科布多屯田官兵番換，并各省歲入歲出之數』。〔七〕各司郎中官階，明代爲正五品，清初常有變化：初制爲三品；順治十六年改爲五品，又升爲四品；康熙六年，又改爲三品；康熙九年，定爲正五品。〔八〕傅以履任此職在康熙二十八年以後，當爲正五品官。

康熙三十九年，傅以履出任柳州知府。〔九〕次年，廣西巡撫彭鵬上疏舉薦傅以履任太平府知府，疏曰：

臣秉心戇直，處世迂疏，人但知臣惡惡之嚴，而不知臣好善之切……今臣特奉簡命調補巡撫粵東，力疾行矣，西顧尚惓惓。臣於屬吏中甄别人品，較量官方，察言觀色，詢事考言。如柳州府知府傅以履，八面通材，一塵不染，其人有猷、有爲、有守，試諸盤錯，其器自見……查太平府知府徐越計典時，以酷劾去，太平苦苛政久矣。若以柳州府知府傅以履調補，是以嚴霜而繼以陽和，萬物吐氣。〔一〇〕

按彭鵬（一六三五—一七〇四），字奮斯，號無山，福建莆田人。歷任三河縣知縣、工科給事中、貴州按察使、廣西巡撫、廣東巡撫。後人評論他『彈劾不避權貴，直聲震朝右』〔一一〕，『巡撫粤西，先聲所至，貪墨股栗。下車後，省刑布德，減税輕徭』〔一二〕。清代著名公案小説《彭公案》中的主人翁彭公，就是以他爲原型塑造的人物。光緒十八年（一八九二），貪夢道人在爲《彭公案》所作的自序中也説：『彭公乃國朝名儒，忠正廉明，才識過人。』〔一三〕彭鵬離任廣西巡撫前，推薦傅以履調任太平府知府，原因是太平府原來的知府徐越殘酷暴虐，民衆長期遭受苛政，而傅以履有謀略、有作爲、有操守，勤政愛民，可以使當地民衆儘快得以休養生息。雖然傅以履在太平府任上的宦績無資料可尋，但通過彭鵬的評價，我們大體可以知道傅以履是一位正直愛民的地方官員。按清朝規定，『正四品授中憲大夫』〔一四〕，又傅以履誥授奉政大夫，晉階中憲大夫，可知他最終爲正四品銜的知府。

（二）杭州知府傅斯懌

傅斯懌，字用之，又字豫齋，道光七年（一八二七）生，幼時家貧，曾師從東阿人張繼宗。張繼宗，字卓五，廪貢生、候選教諭，其學問深邃，諸子百家無所不通，四方學子紛紛前去拜求門下。張氏曾在聊城設帳授徒，看到傅斯懌因家貧無力求學，乃招他入塾，不僅不收學費，而且時時送給他筆墨紙張。〔一五〕傅斯懌天資聰敏，又得名師指教，過了幾年，剛到二十歲時便考取了秀才。咸豐二年（一八五二）年方二十五歲的傅斯懌參加鄉試，中舉人。次年，赴京會試，中第三甲第九十名進士，授知縣，分發浙江省。咸豐五年，任浙江省鄉試同考官。咸豐六年，代理温州府瑞安縣知縣。

在此期間，江浙一帶正值多事之秋。咸豐三年，太平天國軍隊攻占南京，隨即展開北伐、西征，向周邊地區擴大勢力範圍。一時間，浙江震動，以秘密會社爲組織形式的各種反清勢力在各地蔓延開來。傅斯懌在任的時候，瑞安附近的金錢會活動十分活躍。起初，以賣筆爲生的外地人周榮在青田、永嘉山中以秘密會社的形式聚集民衆，不少鄉民參加，一時間頗有聲勢。傅斯懌聽説後，馬上派兵前往，將其聚會之所焚燒一空，周榮等人四散逃亡。瑞安縣鄉村塾師趙鈞的日記《過來語》亦記載此事：『前村有以邪術謀不軌者，四月廿一日獲一人，供吐實。廿四日，邑主傅豫齋斯懌帶兵焚其廬，人皆稱快。』〔一六〕

咸豐八年四月，石達開率部進入浙江。五月，其部將攻占處州，逼近温州。温州一帶反清形勢進一步高漲。平陽錢倉人趙起性格爽直，慷慨好義，常周濟窮人，在江、浙及福建一帶有很高的聲望。是年夏，趙起聯絡周榮等八人，在錢倉鎮聚集，對神結盟，建立秘密組織，附近鄉民前去參加者甚多。這個組織規定，凡來參加者均發給銅錢一枚作爲入會標記，故人稱金錢會。〔一七〕此後，浙南各地民衆紛紛參加，甚至波及閩北地區，地方士紳、貢生、生員也有參加者。在此期間，傅斯懌已調離瑞安，新任知縣翟惟本性格懦弱且書生氣十足，他認爲『金錢二字適與金鄉、錢倉地名合，再三勸改爲義團』[一八]。對此，趙起假裝答應，乘機擴展勢力，會衆迅速增加，營兵、衙役亦有參加者。咸豐十一年八月，金錢會正式宣布起義，一度攻克府城温州，後幾經轉戰，於次年二月被清軍鎮壓。後來，當地士紳評論此事，仍稱道傅斯懌之見識，而指斥翟惟本等人的昏憒：

夫温州之民，非不可治之民也。秀者小黠，而野者大愚耳，豈真喜犯上而狃作亂者哉？……使非此昏眊巧滑之官（指翟惟本等），但得如傅斯懌者，及萌枿而折之，不殺一人可也。即稍熾而謀之，殺十餘人亦可也。深諱固護，顛倒錯戾，至於破郡城，突閩嶺，用兵半年，殺人幾萬……然則豈獨良民之死爲官所陷，即會匪黨與其死於戰、死於被獲誅者，豈非官實誤之哉？[一九]

傅斯懌在任瑞安知縣期間，與地方士紳集團發生過激烈衝突，事情的起因是田賦徵收的數額問題。傅斯懌來瑞安任知縣前，該地方政府與士紳的矛盾便已十分尖鋭。趙鈞記曰：『現在十室九空，朝廷又下捐輸詔。州縣承上官意旨，祇圖取媚，不顧大體，時謂之勒捐，聞者驚駭。黄撫軍宗漢嚴劄州縣，著依限照數令各殷户趕緊捐納，否則動用大簽，拘提如重犯。』[二〇]地方上頗有權勢的官宦之家，也要照常交納。趙鈞在咸豐八年正月廿二日記曰：『余到館未半月，見東家於捐輸一事，因司事者挾官横行，兄弟計無所出，雖享用豐腆，究無樂意。』[二一]文中東家指林若衣，瑞安人，道光三十年進士，歷任翰林院編修、侍講，咸豐六年任安慶知府。當時朝廷爲籌集與太平軍作戰的經費，嚴令地方捐輸錢糧，浙江是前綫清軍的主要餉源，因此對錢糧繳納要求更嚴。地方官員不敢抗旨，衹能將負擔轉嫁給民衆，即便是士紳或官宦之家也要照樣輸納。傅斯懌任瑞安知縣期間，正是清軍與太平軍激戰之年，上繳的捐輸錢糧數額自然很大，僅靠正常的辦法難以完成，於是便在田賦繳納上做起了文章。咸豐八年，銀賤錢貴，市價一兩銀兑换一千五百文銅錢。政府原規定田賦折銀繳納，而傅斯懌則要求田賦一律繳納銅錢，銀和錢的兑换率是一兩銀折銅錢二千九百八十文。這樣，田賦額便將近增長了一倍，士紳大户帶頭抗繳。傅斯懌『辦紳衿户糧太猛，故士子不服』，於是恩科舉人蔡小琴、舉人葉玉璇等十人聯合上告到道、府，請求廢除此項規定，仍按原來的辦法折銀繳納。道臺態度明朗，支持知縣的做法，嚴詞駁回他們的請求。蔡、葉等人見傅斯懌有上官撑腰，利用行政手段已經無法讓他屈服，於是聯合全城士紳來到縣衙前，『齊集堂下如堵墻』。傅斯懌并不讓步，以『軍犯廿四名自衛，縱使持刀抵禦』。那些赤手空拳的士紳們自然不是對手，其中好幾名士紳被砍傷，有一位傷勢很重，『血流漬衣』。温州知府怕事情鬧大不好收場，親自趕來處理此事，乃宣布撤銷傅斯懌的職務，以平息士紳們的怨憤。但在納糧的標準上未做出明顯讓步，規定田賦仍繳納銅錢，每兩銀折銅錢二千六百八十文，較傅斯懌規定的數目減少了三百文，算是給了士紳們一個面子。〔一二〕

傅斯懌處事果斷，敢作敢爲，在那動蕩的年代裏，政府正需要這樣的官員主持地方政務。所以，傅斯懌又於咸豐九年調任嘉善縣代理知縣。是年春，石達開率太平軍由江西入湖南，圍攻寶慶，清軍江南大營乘機合圍天京，浙江戰事減少，社會暫時趨於平静。嘉善縣地處浙江北部，屬嘉興府，大運河就從這裏流過，從傅斯懌的家鄉聊城到嘉興，乘船可直接到達，甚爲方便。由於父親年老體弱，傅斯懌把他接來嘉善就養。時過不久，咸豐十年春，其父病逝於嘉善。這時，太平軍已擊潰江南大營清軍，乘勝東進，接連攻克常州、蘇州，然後攻克嘉興，不久占領嘉善。太平軍以蘇州爲中心建立起蘇福省，長期在這個地區與清軍作戰。這樣一來，由嘉興通向聊城的交通完全斷絶。按當時的禮俗與律令，官員父母去世，其本人必須離職回鄉安葬父母，并守喪三年（清朝規定爲二十七個月），期滿後重新任職。由於當時軍情緊急，道路封鎖，傅斯懌無法返鄉葬父。嘉興知府素聞傅斯懌的才幹，乃生妒忌之心，乘機向上級報告，以其不守禮制爲名，請求革去他的官職。[二三]《聊城縣志》亦載此事：傅斯懌『以知縣分發浙江，權知瑞安、嘉善等縣，興利除弊，百廢俱舉，以憂去官』[二四]。此後，太平軍占領嘉善三年多時間，傅斯懌被阻不能回鄉，一直流寓在嘉善一帶。當時李鴻章負責江浙一帶軍事，他早聽説傅斯懌的能力和政績，於是馬上派人前往，委派傅斯懌負責組織、指揮嘉善民團與太平軍作戰。當時太平軍占據嘉善縣城，傅斯懌率民團先後固守嘉善縣的陶莊、斜塘等地，『屢挫賊鋒，聲威大震，賊不敢犯』[二五]。據説，太平軍與清軍在嘉善大小五十餘戰，陣亡將士有姓名者七百九十八人。〔二六〕當時民衆來投靠的有好幾千人，傅斯懌給他們安排住所，發給衣服糧食，願回家鄉的用船送他們回家。

同治二年（一八六三），傅斯懌守喪期滿，再次受命代理嘉善縣知縣。〔二七〕七月中旬，李鴻章自上海至嘉善、吴江等地視察，而後赴蘇州，準備與太平軍決戰。嘉興、平湖地區的太平軍馳赴嘉善，與劉秉璋、楊鼎勛部及清軍太湖水師、淮揚水師遭遇，太平軍損失慘重。此後，太平軍收縮戰綫，大部退守嘉善縣城，後與清軍在縣城附近激戰。十月二十八日，太平軍敗清軍水師，劉秉璋派兵增援。二十九日，清軍水陸各營會同知縣傅斯懌所率民團迎戰太平軍，劉秉璋的大隊人馬亦隨之趕到。雙方激戰至三十日，太平軍敗退。這時，太平軍控制的蘇州已經失守。接着，海鹽、平湖、海寧、乍浦等地也被清軍占領。嘉善的太平軍守將陳占榜、余嘉鰲等見大勢已去，多次派人面見道員吴毓芬，請求獻城投降。經李鴻章批准後，十一月二十七日，太平軍將城外營壘撤去，劉秉璋、楊鼎勛各帶小隊前往東西兩門駐扎，吴毓芬帶隊入城南門，接受投降。二十八日，『程學啓、劉秉璋、楊鼎勛帶同嘉善縣知縣傅斯懌、訓導章朱紱等入城』，太平軍投降者近兩萬人。〔二八〕清軍占領嘉善以後，傅斯懌着手安排掩埋死者屍體、整修道路、招徠流亡，『農賈還復，庠校有士，民氣乃蘇』〔二九〕。

同治三年，傅斯懌受命兼理秀水縣事，這一帶飽經戰亂，剛剛平定，百廢待舉，事務繁劇。傅斯懌一人擔任兩縣政務，心力交瘁，勞頓异常，身體幾乎難以支撑。後來又率團參加了攻克嘉興的戰鬥，旋被批准以原官留任浙江。同治四年，馬新貽出任浙江巡撫。他是山東菏澤人，道光二十七年進士，分發安徽任知縣，『除建平，署合肥，以勤明稱』〔三〇〕。當時，傅斯懌的同族傅繼勛正在安徽任知府，對馬新貽多有提携。後來，馬新貽又與傅繼勛一起在廬州、安慶一帶與太平軍作戰多年，交情甚篤。馬新貽與傅家有交情，又十分欣賞傅斯懌的才具，於是上奏讓他補任嘉善縣知縣。自咸豐三年分發浙江，至同治四年，幾經沉浮，九死一生，幸好遇到馬新貽，傅斯懌纔從代理知縣位置上走出來，成爲正式任命的知縣。

太平軍占領江浙的幾年裏，占居嘉善的太平軍首領陳占榜、余嘉鰲等『頗知愛民，歷視城外田疇，如常耕種』〔三一〕，因此嘉善縣經濟所受創傷較輕。但是戰亂之後，城市破敗，民衆窮困，處處皆然。除此之外，嘉善縣農民還面臨着更大的問題，那就是田賦負擔太重，這是一個積數百年始終未能解決的老問題。傅斯懌經過反復調查，與鄉紳民衆合議，弄清了事情的來龍去脉，向浙江巡撫馬新貽提出了減輕農民田賦負擔的請求，其呈文寫道：

竊於前明宣德五年分嘉興縣之思賢鄉等六鄉爲嘉善縣，計區二十，計額田六十萬一千三百一十六畝有奇。因與嘉興、秀水二縣壤地相連，故善境嵌有興、秀田畝，區圖雖別，册籍無稽。萬曆十年善令于世延創互推之法。康熙十年善令莫大勛有查丈之舉，而疆界卒未能清，賦額各仍其舊。至康熙三十八年紹興府通判吴家瑜按畝清丈，計虧缺田二百三十九頃，所有丈缺田畝應徵糧銀經前任巡撫張志棟題請，於丈實數内按畝加徵，均攤補額。

四十一年奉部飭查。四十二年又委托杭州府同知陳忱旦復行丈量。四十三年前任巡撫張泰交題明：『該縣地屬水鄉，波濤衝激，河港日漸廣闊，田地日漸坍削，以致缺額。』再奉部駁，四十七年飭令嘉興、秀水二縣隨同丈量，復經前任巡撫王然題明：『按册合算，丈實坐嵌并丈缺各數，均與從前兩次丈量之數相符，并無欺占隱漏等弊，經部定議均攤賠補，以符原額。』乾隆五年，前任巡撫盧焯以賠補艱難題請豁免，未蒙核准。迄今百數十年，歷久攤賠，萬分苦累。查《全書》（按：指《賦役全書》）額載善邑田六十萬一千三百一十六畝有奇，每畝額徵米一斗九升三合五抄，銀一錢六分三厘九毫七絲。復因查虧衝缺，按田每畝加徵米七合九勺九抄一撮，每畝加徵銀六厘八毫六絲七忽。是以實田而計，已暗增米至二斗一合一勺，增銀至一錢七分二厘七毫，不特較同府各屬爲數獨多，即較之通省各州縣亦所僅見。當承平之日，小民安居樂業，雖輸將竭蹶，敢不勉力支持。自發賊擄擾三載於兹，顛連困苦不能罄述。克復以來，商賈稍稍復業，而農民無以爲生，所恃者唯此田畝。虚村絶户，敗壘荒墳，田之廢弃者無論矣。即有可耕之田，苦無能耕之人，兼之農具既不皆備，耕牛盡被宰傷。往往數家之中置器一分，而彼此通用；一村之内畜牛一頭，而先後遞耕。播種既不同時，收成必多偏歉，加以傭工有費、壅田有費、貸牛賃具又有費，竭終歲之勞，所得不償所費。身家不暇計，而先籌夫維正之供；衣食且不資，而更困以公攤之款。民力幾何焉能不盡？幸蒙殊恩特沛，漕糧統减三十分中之八分，合郡士民同深感戴，但減賦原所以恤民，而恤民莫要於除累。以嘉善而言，賦雖減，而缺田未除，將來按畝起科，仍須於減定新賦之外，每畝加攤銀米方符減額。查原丈缺田二百三十九頃，應賠米四千六百一十三石八斗七升，賠銀三千九百六十六兩七錢五分，再以減額遞核，仍應賠米三千二百五十一石五斗七升。無論兵燹之餘，民力實有未逮。即以衡坍而論，康熙三十八年以前缺額已如此之多，距今百有餘年，坍削又不知凡幾，而逆匪之掘港開濠通河決壩而毀缺者更不知凡幾。若舉行丈量，則勞民傷財，曠時失業，流弊不可勝言；若仍前賠補，則虧外尚有續虧，累中復多暗累，遺患更不堪設想。民至於萬不得已，則弱者逃而强者抗，於官有礙考成，於民不免追呼，官至於無可如何，則輕報歉而重報灾，在上仍須蠲緩，在下未沾實惠，是徒有補虧之名，究無補虧之實；既無補虧之實，則雖强符乎原額而要無濟於倉儲，於國計民生兩無所益。際此皇仁渥沛，豈宜再三瀆請，惟念荒田墾種可待來年，缺額攤賠迄無了局，以重賦之區，當大兵之後，益以二萬餘畝之虛糧，困以百數十年之積累。此時救死不贍，治生綦難，實田猶是荒拋，虛畝何堪科派，減賦尚難羅掘，加攤何以補苴。籲懇將善邑從前丈缺額田二百三十九頃攤賠銀米，并請豁除等情。〔三二〕

這篇呈文是絶好的政論文章。文章首先詳述嘉善縣土地虧缺、攤賠糧米的原因，說明此問題由來已久，但歷朝均未能解決。接着開列嘉善縣虧缺田畝數、攤賠糧米數，說明攤賠之後嘉善的田賦負擔在全省爲最重。而後説明戰亂之後，農民生活困苦，生産資料缺乏，政府雖宣布減賦，但加上攤賠的數額，實際田賦額并没減少。最後畫龍點睛，説如果不切實減輕田賦，勢必造成『弱者逃而强者抗』的局面。當時太平天國運動波及半個中國，各地農民的反抗鬥争此起彼伏，文中雖未點明造成這種局面的原因，但言外之意是：如不減輕農民負擔，其反抗鬥争勢必愈演愈烈。文末的幾個反問的語式，更是句句中的，擲地有聲。一個小小的知縣，提議解決數百年未解決的土地問題，而且言辭激烈，直陳弊政，其膽識可嘉，其急民所急的品德更是令人敬佩。呈文經馬新貽上報後，即得到朝廷批准，『奉旨允行，著爲令』。張預〔三三〕感嘆道：除了傅斯懌，没人能做得到！〔三四〕馬新貽十分欣賞傅斯懌的品德和能力，所以等整個浙江安定之後，就保舉他加同知官銜。

同治二年，戰亂甫定，傅斯懌便購買城北亭坊舊宅，重新建起魏塘書院，懸匾曰『北亭講舍』，中有講堂、書樓等廳屋三十二楹，募集學田六百三十九畝五十五分。舉人王文煦、貢生顧慶模等曾任書院主講，拔貢陸憲先、吴修祜等先後掌教。〔三五〕另外，他還延請地方士紳重修嘉善育嬰堂，收養孤苦兒童。〔三六〕

同治六年，傅斯懌的母親去世，他返回故鄉聊城爲母親守喪。當時，農民軍東、西兩支隊伍正活動在山東運河沿綫，其中東農民軍在賴文光領導下早時活動於中原地區，後轉戰湖北，經河南進入山東，被李鴻章率軍圍困於黄河南岸、運河東岸、膠萊河西岸地區，次年初被清軍鎮壓。西農民軍在張宗禹率領下由河南轉戰陝西，又經山西入河南濟源，向東入直隸境，旋退至河南，後進入山東黄河以北、運河以東地區，聊城是他們活動的中心區域。傅斯懌在守喪期間，受命辦起團練，協同清軍對西農民軍作戰。同治七年七月，聊城一帶連日大雨，農民軍的騎兵無法奔馳，戰鬥力減弱。八月，李鴻章、左宗棠率領清軍將農民軍包圍於茌平一帶，農民軍突圍不成，全軍覆没。傅斯懌辦團練對農民軍作戰有功，清軍將領紛紛上疏推薦，於是他被提拔爲知府留浙江補用。後來，他負責浙江省漕糧海運，前後共七年時間，『南輸滬瀆，北濟析津，指撝帆艦，布量廒囷，勤最尤著』〔三七〕，被保舉加鹽運使銜，以道員儘先補用，後又賞加二品頂戴。

光緒九年，傅斯懌代理湖州知府。到任不久，就遇到鄉民聚集鬧事，要求緩徵賦税。倉促之間，有人提議派兵前去鎮壓，傅斯懌斷然制止，説：『如果派兵前去，那不是把老百姓看成盜賊了嗎！』於是，他隻身來到鬧事的人群中，向他們詢問情況，講明道理，鄉民隨之離去。接着，他便請示上司，要求減輕當年的賦税，得到批准後，馬上施行，事態很快得以平息。

這年冬天，他受命赴天津，總辦海運。當年聊城大災，傅斯懌把自己的薪俸全部拿出來，後來又典賣家産，救濟鄉里同族。光緒十年，調上海任滬局總辦。傅斯懌多年總辦海運，深知其中利弊。當初，法國人侵占天津一帶河岸，阻擋中國的糧船停泊，傅斯懌據理力争，劃定界限，互不侵占，後來一直沿用。光緒十一年，中國軍隊在鎮南關與法軍大戰，海路也不平静，時常遭受侵擾。當時中國海運船隻不足，常租賃外國商船，傅斯懌多次與外國商人交涉，訂立條約，方使海運順利進行。

光緒十二年，傅斯懌代理杭州知府。當時，在中國沿海的商業城市，『吕宋票』盛行。所謂『吕宋票』，乃菲律賓的西班牙殖民政府發行的一種彩票。光緒初年，有些商號在我國境内出售這種彩票。購一張全票用大洋六元，中頭彩可得大洋六萬元，依次遞減，最少至銅錢數百枚。〔三八〕開獎時，由菲律賓方面將中獎號碼送來，而後兑付。不幾年，吕宋票風行全國，凡商賈湊聚之所，均設局出售。雖偶有中大獎者，但抽獎遠在海外，過程亦無人監督，故此舉乃西班牙人利用中國人賭博贏錢心理騙取錢財的手段，每年都有大量白銀流入域外。吕宋票進入中國之日起，便有人提議禁止，兩江總督左宗棠亦曾上疏請求政府制訂章程禁買此票。清廷即批准照辦。但吕宋票大都在租界銷售，代售商多爲洋行，禁令雖可暫時抑制其蔓延，但未能禁絶，甚至後來其發行量呈逐年增加的趨勢。傅斯懌代理知府伊始，便下令禁止售買吕宋票。另外，當時杭州等地市場上流行一種『小錢』，與官方鑄造的制錢同時流通，引起了商業市場的混亂。光緒十年十月，杭州錫箔業砑工因業主發給的工資中攙用小錢而罷工。〔三九〕光緒十二年，傅斯懌到任後，即令禁止使用小錢。一時間杭州人民喜形於色，奔走相告，都説知府一上任就做了這樣的大好事，以後肯定會造福於地方。可惜的是，傅斯懌任職不到三個月，就於八月十九日因病逝世，年六十歲。『浙西之民，受君治者，皆嘆息失聲，至有爲位以哭者。』〔四〇〕

張預評價説：傅斯懌『爲學不近名，讀書能師古人之意』，與人相處，總是慢條斯理，彬彬有禮，喜怒不形於色。同僚長席相聚，朋友言談之間，常常是一言不發，但遇事則詳細詢問，條分縷析，看上去似怯儒，一旦拿定主意，則堅定不移，且很少失敗。

（三）嚴州知府傅澧

傅澧，字皖生，號達泉，傅繼勛長子。同治元年（一八六二）壬戌辛酉并科舉人。初爲右翼宗學教習〔四一〕，後任試用知縣。同治十三年，考取内閣中書，擔任過國史館校對、方略館校對、管理誥敕房兼管中書科誥敕事務、本衙門撰文、會典館協修、繪圖處協修、内閣典籍署侍讀等職務。任職期滿後，取得了同知任職資格。先任嚴州府同知，不久升任嚴州知府。傅澧工詩畫，尤長於書法。《山東通志》對傅澧的記載是『詩、書、畫兼擅其長』〔四二〕。嚴州府地處浙江西部，山巒起伏，蜿蜒巍峨，富春江、新安江從境内流過，清溪潺潺，小橋流水，風景如畫。喜歡書畫的傅澧常常被此地的山水美景所陶醉。有一次外出辦案，行到一風景優美處，吟詩作畫，流連忘返，一連住了三天。上司得知傅澧此舉，很不滿意，後來傅澧也因此而遭免職。

傅澧舉人出身，十數年便升任知府，可以算得上春風得意、仕途暢達了。這一方面説明他具有較强的行政能力，另一方面其伯父傅繩勛、父傅繼勛大概也起了不小的作用。傅氏家族自傅以漸起，便工詩，善書法繪畫，而且代代相傳，直到清季。不過，傅氏家族的官員們都把書畫當作業餘愛好，并不在這方面多所用心。而傅澘不同，他不僅愛好吟詩作畫，甚至有些痴迷，更多地顯露出了書生氣。清朝末年政治腐敗，官場混亂污濁，朝野官員相互傾軋，醉心於藝術的傅澘不適應這樣的政治環境，最終被擠出了政府官員的行列。

【注】

〔一〕《福建通志》卷二七《職官八》：『傅以履，聊城人，歲貢，康熙二十二年任。』

〔二〕《清實録·世祖章皇帝實録》卷四一『順治五年戊子十一月辛未』。

〔三〕乾隆《德化縣志》卷五《建置志》。

〔四〕［明］余繼登：《典故紀聞》卷三，中華書局一九八一年版，第四七頁。

〔五〕乾隆《德化縣志》卷八《祠宇志》。

〔六〕參見王德堅主編《海鹽縣志》，浙江人民出版社一九九二年版，第五七七頁。

〔七〕趙爾巽等：《清史稿》卷一一四《職官志》，第三二七五－三二七六頁。

〔八〕參見趙爾巽等《清史稿》卷一一四《職官志》，第三二七二頁。

〔九〕參見雍正《廣西通志》卷五八《秩官》，《四庫全書》本。

〔一〇〕雍正《廣西通志》卷一一三《藝文》，《四庫全書》本。

〔一一〕《欽定大清一統志》卷三二七《興化府》，《四庫全書》本。

【一二】《欽定大清一統志》卷三五四《廣西省》，《四庫全書》本。
【一三】［清］貪夢道人著，白莉蓉、張金環校點：《彭公案》自序，齊魯書社一九九五年版。
【一四】趙爾巽等：《清史稿》卷一一四《職官志》，第三二七二頁。
【一五】參見《民國續修東阿縣志》卷一一《人物志上·張繼宗》。
【一六】周夢江整理：《趙鈞〈過來語〉輯録》，《近代史資料》第四期，中華書局一九八〇年版。
【一七】參見趙世培、鄭雲山《浙江通史》第九卷，浙江人民出版社二〇〇五年版。
【一八】［清］黄體芳：《錢虜爰書》，馬允倫編：《太平天國時期温州史料彙編》，上海社會科學院出版社二〇〇二年版，第九二頁。
【一九】［清］孫衣言：《會匪紀略書後》，任訪秋主編：《中國近代文學大系　散文集二》，上海書店出版社一九九二年版，第二八一頁。
【二〇】周夢江整理：《趙鈞〈過來語〉輯録》，《近代史資料》第四期。
【二一】周夢江整理：《趙鈞〈過來語〉輯録》，《近代史資料》第四期。
【二二】參見李世衆《晚清士紳與地方政治——以温州爲中心的考察》，上海人民出版社二〇〇六年版，第一八三頁。
【二三】［清］張預：《鹽運使銜杭州府知府傅公墓志銘》，宣統《聊城縣志·耆獻文徵》卷又下。
【二四】宣統《聊城縣志》卷八《人物志·傅斯懌》。

〔二五〕［清］張預：《鹽運使銜杭州府知府傅公墓志銘》，宣統《聊城縣志・耆獻文徵》卷又下。

〔二六〕參見嘉善縣志編纂委員會編《嘉善縣志》第二二編《軍事》，生活・讀書・新知三聯書店一九九五年版，第七三四頁。

〔二七〕傅斯懌於同治二年再次代理嘉善縣知縣，見於宣統《聊城縣志》所載。此年李鴻章的奏疏中直接稱『嘉善縣知縣傅斯懌』，見顧廷龍、戴逸主編《李鴻章全集》一，安徽出版集團、安徽教育出版社二〇〇八年版，第四一九頁。另外，《嘉善縣志》中有嘉善縣清代知縣名録：沈繼高，直隸大興，咸豐十年；張樹松，四川崇慶，咸豐十年；丁維庚，江蘇陽湖，咸豐十年到同治元年；傅斯懌，山東聊城，同治二年到四年。參見嘉善縣志編纂委員會編《嘉善縣志》，第六九〇頁。文中未説明傅斯懌代理知縣事。

〔二八〕顧廷龍、戴逸主編：《李鴻章全集》一，第四一九頁。

〔二九〕［清］張預：《鹽運使銜杭州府知府傅公墓志銘》，宣統《聊城縣志・耆獻文徵》卷又下。

〔三〇〕趙爾巽等：《清史稿》卷四二六《馬新貽傳》，第一二二四一頁。

〔三一〕顧廷龍、戴逸主編：《李鴻章全集》一，第四一九頁。

〔三二〕嘉善縣志編纂委員會編：《嘉善縣志》第三六編《專記》，第一一一七頁。

〔三三〕張預：光緒癸未（一八八三）進士，改庶吉士，授編修，後出任江蘇侯補道。

〔三四〕［清］張預：《鹽運使銜杭州府知府傅公墓志銘》，宣統《聊城縣志・耆獻文徵》卷又下。

〔三五〕參見嘉善縣志編纂委員會編《嘉善縣志》第二八編《教育》，第八二七頁。
〔三六〕光緒《嘉興府志》卷二四《養育》，轉引自王衛平、黄鴻山《中國古代傳統社會保障與慈善事業——以明清時期爲重點的考察》，群言出版社二〇〇四年版，第二三九頁。
〔三七〕［清］張預：《鹽運使銜杭州府知府傅公墓志銘》，宣統《聊城縣志·耆獻文徵》卷又下。
〔三八〕［清］歐陽昱著，恒庵標點：《見聞瑣録》，岳麓書社一九八六年版，第三七－三八頁。
〔三九〕參見上海社會科學院經濟研究所編，李允俊主編《晚清經濟史事編年》，上海古籍出版社二〇〇〇年版，第四八三頁。
〔四〇〕［清］張預：《鹽運使銜杭州府知府傅公墓志銘》，宣統《聊城縣志·耆獻文徵》卷又下。
〔四一〕順治十年（一六五三），八旗各設宗學，凡未封爵的宗室子弟，十歲以上者，均入宗學學習。
〔四二〕［清］李放輯録：《畫家知希録》卷七引《山東通志》，《遼海叢書》本。

傅氏家族的科舉之路

明清兩朝將科舉視爲選拔政府官員的主要途徑，故於科舉之程式規定極其嚴格。讀書人必須先考取地方學校生員，然後纔有資格參加鄉試、會試。由地方學校選拔或經有關部門舉薦進入中央國子監肄業者稱爲監生，也必須參加鄉試考取舉人，然後纔能參加會試考取進士。這是一個象牙塔式的階梯結構。有清一代，在這座象牙塔的每一層階梯上，都有傅氏族人奮力攀登。

一、傅氏家族的生員

清代攻讀儒學，準備參加地方學校入學考試者稱爲童生。童生在籍貫所在地參加縣試（由知縣主持的考試）、府考（由知府主持的考試）和院試（由各省學政主持的考試），稱作小考。考試合格後，方能録爲府、州、縣學的學生，稱作生員。因西周時學校稱作庠，所以明清時也把地方學校稱作邑庠，進入地方學校的生員稱爲庠生，俗稱秀才。清代童生考取生員以後纔具有參加科舉考試的資格，因此生員是科舉考試的第一個階梯，是科舉考試的預科。

生員又分作幾個類型：享受政府撥付膳食費的生員，稱爲廩膳生，簡稱廩生。各省廩生均有定額，清初規定府學四十名，州學三十名，縣學二十名。在原定名額之外增加名額録取的生員，稱增廣生，簡稱增生。他們也是正式録取的生員，名額有嚴格限制，與廩生一樣享受政府補貼的膳食費用。還有一種叫附生，是指那些取得了入學資格，但不享受政府膳食補貼的生員。附生録取也有一定的限額，附生考試列一等者，可以補爲廩生。

清代傅氏家族世世攻讀舉業，取得生員資格者甚多，今列表統計如下（凡未注明身份者，均爲府、縣學的一般生員即庠生）。

第一代（六人）：傅以兼、傅霖瑶、傅以乾、傅以泰、傅以晋、傅以坤。

第二代（七人）：傅作礪、傅作揆、傅亮揆（增生）、傅保揆、傅岳揆、傅韶揆、傅作梅。

第三代（十四人）：傅永紹、傅永昭、傅永江、傅永譽、傅永幹、傅永祜、傅永祺、傅永祚、傅永衸、傅永濬、傅永澄、傅永伸、傅永登、傅永裕（廩生）。

第四代（十人）：傅書篪（增生）、傅史篪、傅宏猷、傅嘉會（增生）、傅廷玉、傅興祖（增生）、傅耀祖（增生）、傅廷銓、傅廷寀（武庠生）、傅廷闌。

第五代（共十六人）：傅建勛（增生）、傅承勛（官學生[一]）、傅續勛（官學生）、傅果實、傅敦實、傅汝良、傅汝霖、傅懷璉、傅士奇（廩生）、傅文鉅、傅鉞（武庠生）、傅基庠（武庠生）、傅文浩、傅文莊、傅文芬、傅文藻。

第六代（二十二人）：傅滉、傅渤、傅溱、傅瀹、傅家振（廩生）、傅淮（優廩生）、傅家駿、傅崑源、傅家傳、傅家珍、傅家徵、傅兆樞（武庠生）、傅兆楹（武庠生）、傅朝棨（武庠生）、傅兆櫺、傅兆能、傅際庚、傅蔭棠、傅元椿（增生）、傅元樟、傅兆杰、傅志勤。

第七代（九人）：傅汝洋、傅京樹（增生）、傅洽安、傅熙安、傅京然（武庠生）、傅京英（武庠生）、傅京煒（武庠生）、傅京焞、傅麟徵。

第八代（九人）：傅斯菖、傅斯坣、傅斯增（武庠生）、傅斯翃、傅斯翕、傅斯騏、傅斯堂（武庠生）、傅翰、傅斯淵（官學生）。

第九代（三人）：傅樂鋐、傅樂郇、傅樂劼。

第十代（三人）：傅楨、傅迺霖、傅國臣（武庠生）。

總計九十九人。

（説明：資料來自《清代硃卷集成》傅灊、傅旭安、傅昉安世系履歷及東郡《傅氏族譜》。其中第一代指傅以漸兄弟輩。凡選爲貢生及考取舉人、進士者均未列入。）

《聊城縣志》中記有清代縣學的生員名額，『廩膳生、增廣生各二十名，歲、科兩試各取文童二十名爲附學生……歲試取武童十五名爲武生』[一]。傅氏家族一代人中最多時生員達二十餘名，按各代人年齡間隔二十五歲計算，生員録取考試每三年進行兩次，則每次考試都有傅氏家族成員被録取爲地方學校生員。

傅氏家族經過明代上百年發展，到清初，同一行輩的家族成員間年齡已有差距，而族譜等資料中關於生員的記載均十分簡單，因此無法確定每個生員的生活年代，更無法確切知道其考取生員的時間，因此祇能以輩分爲單位進行簡單統計。大體説來，清代傅氏家族的第一、二代約生活於順治、康熙時期，第三、四代生活於雍正、乾隆時期，第五、六代生活於嘉慶、道光到咸豐時期，第七代以後生活於清末，其中自第八代起，便有不少人生活於民國或中華人民共和國成立以後。如傅氏家族第八代傅斯年爲民國時期的著名學者，第九代傅樂焕等爲現代著名史學家。大體説來，清前期傅氏家族每一代均有六七人爲生員，其數量已相當可觀。到清中期，數量又有增加，最多達一代二十二人。清後期，隨着科舉制度的衰落，傅氏家族的個別成員已不再醉心於考取功名。如傅淦考選爲拔貢後，就放浪形骸，無意科舉，儘管才華橫溢，但終生窮困潦倒。考慮到傅氏家族第八代以後的不少人生活於民國以後的時段，則清季傅氏家族幾代人考取的生員數量雖少，亦可推知這個時期其族人考取功名的熱情仍然很高，考取生員的相對比例仍然不小。

二、傅氏家族的貢生和監生

明清時期，凡在國子監肄業的學生統稱爲監生。監生大體分作四類，『入國學者，通謂之監生。舉人曰舉監，生員曰貢監，品官子弟曰蔭監，捐資曰例監』〔三〕。以舉人身份入國子監者爲舉監，此制始於明初，清代沿襲，但數量較少；以地方學校生員身份入國子監者爲貢監；高官之子可免試入國子監讀書，此謂蔭監；捐納一定量的資財也可進入國子監，叫例監。

各省學政任期爲三年，需到各地輪回舉行兩次院試，即録取兩次生員。每次録取的人數爲二三十人，其中能够考取舉人的是極少數。年復一年，生員的數量很多，於是政府又做出各種規定，選拔少數生員進入國子監學習。經地方學校選拔貢獻給皇帝的優秀學生，稱作貢生。據《明史》和《清史稿》的《選舉志》記載，明代的貢生有歲貢、選貢、恩貢和納貢四種，清代貢生分作歲貢、恩貢、拔貢、優貢、副貢和例貢六種。前五種通常稱爲『五貢』，被視爲科舉正途，由此出身者有任官資格。例貢是交納資財而獲得入國子監學習資格者，所以爲士林所排斥，不被視爲正途。

歲貢生是地方學校按照年資選送國子監學習的廪膳生員。地方學校一般每年或每兩三年選送一次貢生，所以稱歲貢。一般説來，生員入地方學校十年之後，纔能取得選送爲歲貢生的資格，選送時要按年資挨號，所以又稱挨貢。清初規定府學每年選拔一人，州學每三年選拔二人，縣學每兩年選拔一人。後來，選拔名額逐漸減少，雍正以後，小縣有四五年乃至十年選拔一人者。蒲松齡十九歲應童子試取得生員資格，過了五十多年，到了七十一歲的時候，纔被選拔爲歲貢生，可見選爲歲貢并不是容易的事情。

恩貢是遇到國家慶典或皇帝登極頒布恩詔之年所選拔的貢生，以應該類選拔的歲貢生爲恩貢，另選次貢爲歲貢。

各省學政先行在府、州、縣學廪生中選拔學行優异者，與督撫共同考核確定後，貢入國子監，稱爲拔貢。雍正年間六年選拔一次，乾隆以後改爲十二年選拔一次，府學取二名，縣學一名。

各省學政三年任滿，根據府、州、縣上報文行俱優的生員名單，會同督撫考核，按定額選取優异者送國子監，叫優貢，其標準與拔貢相當。優貢所選數額很少，乾隆年間規定，大省不超過五六名，中省三四名，小省一二名。

副貢生，是在鄉試中正榜録取名額之外列入副榜的考生，也就是舉人的備取生，他們以後可以繼續參加鄉試，也可以作爲貢生直接入國子監肄業。副榜的數額一般是正榜的五分之一。因鄉試副榜生可任各縣教職，所以由此進入國子監肄業者甚少。

以上五貢爲正途貢生，均須經過嚴格推薦、考試選取。還有些不經過考試，不論年次，靠捐資等手段進入國子監者，主要有：凡廩生在軍隊供職者可選取爲貢生，稱准貢；廩生年資不滿，靠納資捐貢者，稱廩貢；由增生納資捐貢者，稱增貢；由附生納資捐貢者，稱附貢；未取得生員資格者納資捐貢，稱例貢。〔四〕

在科舉考試的資格方面，地方學校生員和貢生、監生的地位是平等的，都必須參加鄉試，録取後纔能成爲舉人。但地方學校生員祇有中舉後纔能取得做官資格，貢生、監生則可通過科舉之外的其他考選途徑取得做官資格，所以後者的實際身份已經和地方學校生員有了很大區別。

清代傅氏家族貢生及監生人數衆多，兹統計如下：

第一代（六人）：傅以恒，貢生。傅以履，歲貢生，初任户部郎中，終任知府。傅以咸，附監生。傅以鼎，附監生，候選州同知。傅以豫，官監生，候選知縣。傅以賁，官監生。

第二代（十人）：傅作雨，歲貢生，濟南府臨邑縣訓導。傅百揆，廩貢生，候選訓導。傅啓揆，歲貢生，候選訓導。傅延生，康熙丙寅（一六八六）科拔貢生，候選教諭。傅典揆，歲貢生，候選訓導。傅聖揆，康熙己酉（一六六九）科拔貢生，江西金溪、福建建安縣丞。傅賢揆，太學生〔五〕。傅經揆，太學生，候選州同知。傅見揆，太學生。傅其揆，太學生，候選州同知。

第三代（十人）：傅永綏，歲貢生，武定府陽信縣訓導。傅永純，附監生。傅永光，附監生，候選州同知。傅永佑，太學生。傅永溥，太學生。傅永澤，太學生。傅永健，附監生。傅永緒，監生，雲南平彝縣知縣。傅永章，太學生。傅永袗，太學生。

第四代（十八人）：傅青箱，附監生。傅易篪，太學生。傅詩篪，太學生。傅新猷，附貢生。傅謨猷，太學生。傅鴻業，太學生。傅世孟，監生。傅世統，恩貢生。傅世罣，太學生，候選州同知。傅嘉郕，恩貢生。傅嘉善，太學生，候選吏目。傅崇周，太學生。傅光祖，乾隆辛酉（一七四一）科拔貢生，曹州府教授、翰林院典簿。傅廷立，太學生。傅廷珠，雍正乙卯[六]科拔貢生，四川遂寧縣知縣。傅廷琛，歲貢生，登州府招遠縣訓導。傅廷球，太學生。傅廷榕，太學生。

第五代（十五人）：傅繼勛，道光乙酉（一八二五）科拔貢生，初任知縣，終任署布政使。傅又實，太學生。傅文平，太學生。傅汝器，太學生。傅至文，太學生。傅宗文，歲貢生，候選訓導。傅宗傅，太學生。傅懷琦，恩生。傅一正[七]，乾隆乙酉（一七六五）科拔貢生，臨清直隸州武城縣教諭。傅文薈，歲貢生，候選訓導。傅文蔚，太學生。傅恕，太學生。傅文倬，太學生。傅開基，太學生。傅振基，太學生。

第六代（十二人）：傅淦，同治癸酉（一八七三）科拔貢生，候選直隸州州判。傅滤，監生，布政司理問，候補知州。傅漢，監生。傅濟，監生。傅洵，恩生[八]。傅賏，監生。傅兆機，太學生。傅兆嵩，太學生。傅兆植，太學生。傅元楷，歲貢生，候選訓導。傅秉厚，歲貢生，候選訓導。傅際擇，監生。

第七代（五人）：傅金安，監生，軍功五品頂戴。傅静安，監生。傅彤安，恩生，軍功六品頂戴。傅京安，監生。傅賡安，廪貢生，濟南府鄒平縣訓導。

第八代（六人）：傅坦，道光乙酉（一八二五）科拔貢生，武定府沾化縣教諭。傅莊，太學生。傅斯圻，太學生。傅斯淵，官學生。傅斯翬，增貢生[九]。傅斯僑，恩貢生，候選直隸州州判。

合計：八十二人。

（説明：資料來自《清代硃卷集成》傅潽、傅旭安、傅昉安世系履歷及東郡《傅氏族譜》。其中第一代指傅以漸兄弟輩。凡選爲貢生後又考取舉人、進士者均未列入。）

自順治二年（一六四五）傅以漸考中舉人始至光緒三十一年（一九〇五）廢除科舉止，在這二百六十年裹，傅氏家族參加科舉的大體有八代人，産生了貢生及監生八十二名，平均每代人中十餘人。其中可以確認爲五貢的有二十四人，平均每代爲三人。宣統《聊城縣志·選舉志》中，共記録聊城縣（含東昌衛、平山衛）歲貢、恩貢生一百八十人，記拔貢、副貢、優貢八十六人，合起來五貢人員共二百六十六名。按歲貢生每縣兩年選一人，有清一代聊城縣應選歲貢生一百三十人，再加上恩貢生，則一百八十人之數較爲可信。拔貢十餘年一選，數量有限；優貢、副貢的數量則更少，故八十六人之數也較爲可靠。但傅旭安硃卷履歷中所列的五貢人員，很多未見於《聊城縣志》中，究其原因：一是《聊城縣志》多次重修、續修，其中可能會有錯記或漏記；二是隨着人口繁衍，傅氏家族中有些人移居外地，其選取五貢人員後，未被列入祖籍縣志中。但以《聊城縣志》所記載的五貢人數與傅氏家族五貢人數比較，我們還是不難發現，清代傅氏家族産生的五貢生人數，大體爲全縣五貢生總人數的十分之一，足以説明傅氏家族對科舉之重視及家族舉業的興盛。

三、傅氏家族的舉人和進士

明清時期，鄉試每三年舉行一次，例在子、午、卯、酉之年。如遇國家慶典，亦破例舉行鄉試一次，稱恩科。當時，凡地方學校生員、國子監的貢生、監生均具有參加鄉試的資格，但并不意味着所有生員和貢生、監生都能够參加鄉試。在鄉試的前一年，凡具有參加鄉試資格的中央和地方各級學校的學生，如欲參加鄉試，均須參加本省學政主持的選拔考試，當時稱爲科試。科試取得一、二等或三等前三名者，方准許參加鄉試。鄉試中試者，爲舉人。清代山東省參加鄉試的生員人數，多時達上萬人〔一〇〕，而録取的舉人數於康熙年間一般是四五十人，雍正、乾隆年間增至七八十人，最多時也不超過一百人。〔一一〕可知，清代鄉試舉人的録取率大體在百分之一，就是説，一百個參加鄉試的考生中，纔能有一個人考取舉人。這些參加鄉試的考生，均是經過科試預選而來，如將所有生員、貢監生計算在内，舉人的考取率更低。有清一代，傅氏家族中考中舉人者共十七人，其中又考中進士者六人。

清代傅氏家族舉人出身者共十一人（凡由舉人考中進士者，均未計入）：

傅永禎，康熙二十九年（一六九〇）庚午科，任羅城縣知縣。

傅永祥，康熙五十二年（一七一四）甲午科，始任瑞金縣知縣，終任諸城縣教諭。

傅永綍，乾隆十七年（一七五二）壬申恩科，始任平陰縣教諭，終任台州府同知。

傅兆林，乾隆三十年（一七六五）乙酉科武舉，任江淮衛領運千總。

傅秉寬，乾隆五十九年（一七九四）甲寅恩科，始任英山縣知縣，終補六安州州同。

傅文彬，嘉慶十二年（一八〇七）丁卯科欽賜舉人，欽賜國子監學正。

傅沅，咸豐元年（一八五一）辛亥科，始任刑部主事，終任將樂縣知縣。

傅澘，同治元年（一八六二）壬戌辛酉并科，始任右翼宗學漢教習，終任浙江嚴州知府。

傅朝俊，光緒十一年（一八八五）乙酉科武舉。

傅昉安，光緒十七年（一八九一）辛卯科，任左翼宗學漢教習。

傅旭安，光緒二十年（一八九四）甲午科。

清代傅氏家族進士出身者共六人：

傅以漸，順治三年（一六四六）丙戌科一甲第一名，始任翰林院修撰，終任内閣大學士。

傅正揆，康熙二十一年（一六八二）壬戌科三甲第七十四名，始任山陰縣知縣，終任禮縣知縣。

傅京煇，嘉慶十年（一八〇五）乙丑科三甲第三十八名，始任蕭縣知縣，終任巴縣知縣。

傅繩勛，嘉慶十九年（一八一四）甲戌科二甲第四十七名，初任工部主事，終任江蘇巡撫。

傅浚，道光二十四年（一八四四）甲辰科二甲第七十四名，曾任吏部主事。

傅斯懌，咸豐三年（一八五三）癸丑科三甲第九十名，始任瑞安縣知縣，終任杭州知府。

依據上文統計，我們可以做如下分析：

第一，清代各個時期，傅氏家族地方生員、貢監生和舉人、進士人數分布相對均衡，但在不同的時期，也表現出明顯的差异。就地方生員、貢監生的人數來看，在清代二百多年中，除最後兩代人之外，傅氏家族其他各代均有十人以上爲生員、貢監生，其中清初兩代爲十餘人，清中期幾代多者甚至達二十餘人到三十餘人，清後期兩代爲十餘人，其分布圖呈拋物綫狀。清前期生員、貢監生人數不多，與家族人口數量較少有關係，另外傅以漸考中狀元對傅氏家族攻習舉業的刺激作用在當時還没有充分顯示出來。傅氏家族中間幾代生員、貢監生人數多，一方面與人口增加有關係，更重要的因素是傅以漸、傅正撰中進士的激勵作用開始顯現。就是説，這一時期在他們影響下致力於舉業的傅氏幼童逐漸進入了考取生員和五貢生的年齡，因此家族中出現了儒童進學的高峰。但第四代生員、貢監生中，却無一人中舉。第五代生員、貢監生中，也衹有一人考中了進士。到了第六代人，傅氏家族在科舉方面積蓄的能量終於爆發，生員、貢監生和舉人、進士多達三十五人。若以聊城縣生員總人數爲四百人計，則傅氏家族之生員人數將近占了十分之一。而且考取進士一名，舉人四名。清後期傅氏家族生員、貢監生人數減少，根本原因是第七代以後的很多人彼時尚爲幼童，未到考取生員的年齡。但這個時期，傅氏家族仍出現了進士和舉人。同光年間，傅澔與傅昉安、傅旭安叔侄三人相繼中舉，標志着傅氏家族科舉人才的興盛。但這時清朝已進入没落時期，中國歷史上延續上千年的科舉制度即將壽終正寢，傅氏家族的科舉之路也最終走到了盡頭。

第二，傅氏家族生員、貢生考取舉人、進士的比例很高。素爾訥等主持編撰的《欽定學政全書》中有官方規定的山東鄉試録取率，大體説來，清朝初年録取率不穩定：順治二年規定每録取舉人一名，應試儒生爲三十名；康熙十六年，曾提高録取率，十五名鄉試儒生取舉人一名。此後，録取率不斷降低，江南、浙江等地區均爲百名應試者録取一名舉人，山東亦大體如此。乾隆九年，『山東、河南、山西、廣東、陝西、四川爲中省，每舉人一名，録送科舉六十名』〔一二〕，但實際的録取率還要低些。有人根據《山東通志》中所記山東貢院號舍數量與所録取的舉人數，推算出雍正七年、十年、十三年及乾隆三年、六年五科的實際録取率分别爲百分之零點八八、百分之零點八六、百分之零點七六、百分之零點八、百分之零點八四〔一三〕。就是説，每録取一名舉人，參加鄉試的儒生在一百名以上。在清代，從理論上講，所有地方學校及國子監學生都具有參加鄉試的資格，但事實上，并非所有生員和監生都能够參加鄉試。爲了控制鄉試考生的總體數量，鄉試前要進行預選考試。至於科試的選取比例，史書中没有明確記載，但目前學界認爲清代生員的進學年齡平均在二十四歲，也有人在進行了大量統計之後，提出平均爲十九點七二歲的結論[一四]。若以生員进校年齡平均二十歲、離開學校年齡平均六十歲計，則其可參加科考的年限爲四十年。四十年之中，以每三年兩次録取生員，每次二十人計算，則每個縣共可録取生員五百餘人。此推算數量與清代典籍之記載大體吻合。[一五]學界有人做過統計，清代華北、華中、東南地區每縣約有生員四百人，多者可達五百到六百人；雲南、陝甘等偏僻地區，每縣在一百到二百人之間。[一六]清代鄉試舉人名額分配時一直將山東列爲中省，若以山東每縣有生員及貢生四百人計，清代山東有縣（包括縣級州）百餘，加上州、府學校的生員，則共有生員四萬至五萬人，而經過科試後可以參加鄉試的生員每縣不超過一百人，可知科試的淘汰率應爲百分之七十以上。山東鄉試的舉人中試額一般不超過一百人，則大體每縣一人，與在籍生員總人數的比例爲一比四百。如果一名生員、貢監生一生參加四次鄉試，舉人與生員、貢監生的比例也會達到一比一百。和這個比率相較，傅氏家族生員、貢監生的鄉試中試率是很高的。從整個清代來看，傅氏家族舉人（含進士）與生員、貢監生的比例大體在一比八。傅氏家族生員、貢監生考取舉人的比例是全省平均比例的十倍左右。故乾隆年間便有人説，傅氏『簪纓相繼，科第聯翩，其貢成均而入膠庠者，更未可以更僕數』[一七]。

第三，傅氏家族科舉人數在聊城縣占有較大的比例。按宣統《聊城縣志》記載，清代聊城共産生舉人一百九十二人。民國《山東通志》記載清代山東舉人數：聊城縣九十七人，東昌府七十四人，東昌衛三人，平山衛五人，共一百七十九人。因聊城縣爲東昌府首縣，故縣志將府學考取舉人數計算在内；平山衛、東昌衛均設於聊城縣境内，故亦計入聊城縣内。傅氏家族有舉人十七人，約占《聊城縣志》所記舉人數的百分之八點八五，約占《山東通志》所記舉人數的百分之九點五，約占《山東通志》所記聊城縣舉人數的百分之十七點五。而當時東昌府屬其他縣舉人數與聊城縣相差懸殊，其中考取舉人數量最少的館陶縣僅有十五名舉人，不如傅氏家族考取的舉人數多，莘縣考取舉人十七人，正好與傅氏家族考取的舉人數相同。除聊城縣外，東昌府所屬其他縣考取舉人數量最多的是高唐州，終其一縣清代共有舉人三十七人，也僅是傅氏家族舉人數的兩倍多。

就進士而言，據宣統《聊城縣志》記載，清代聊城縣共考取進士五十四名，其中傅氏一個家族考取六名，占了全縣進士總數的九分之一。又，清代東昌府所屬各縣中，考取進士數低於六人的縣共有六個，分别是恩縣（五人），高唐州（四人），館陶縣（四人），博平縣（三人），莘縣（一人），冠縣（一人）。考取進士數多於六人的縣衹有三個：茌平縣（十六人），堂邑縣（十一人），清平縣（七人）。從這些對比數字中，我們足以看出傅氏家族科舉之興盛。

【注】

〔一〕古代各級官府所辦學校肄業的學生均稱爲官學生。中央及地方各級政府所辦學校學生種類繁多，如地方學校有廪生、增生、附生等，國子監有多種貢生、監生等。因年代久遠不能確定傅氏家族中有些人爲哪一類學生，或因其他不欲確指爲哪一類學生時，則泛稱爲官學生。如係國子監學生，則泛稱太學生，而此處所稱官學生，應該是指地方學校的生員。《傅氏族譜》中所記官學生，本文均列入庠生中。

〔二〕宣統《聊城縣志》卷四《學校志·學額》。

〔三〕[清]張廷玉等：《明史》卷六九《選舉志》，第一六七六頁。

〔四〕參見劉兆璸《清代科舉》，臺灣東大圖書股份有限公司一九七九年版，第一九頁。

〔五〕明清時期國子監俗稱太學，所以太學生就是國子監肄業的學生，也就是監生。文中的『太學生』均係録《傅氏族譜》中的記載，未加改動。

〔六〕傅旭安硃卷履歷（顧廷龍主編：《清代硃卷集成》第一二七册，第一四四頁）作『雍正乙酉科拔貢』。按：雍正無『乙酉年』，故當爲『乙卯（一七三五）年』之誤。

〔七〕東郡《傅氏族譜》（道光癸卯本）：『（傅）庭芳，仕名一桂，乾隆乙酉科拔貢生，臨清直隸州武城縣教諭。』疑傅一正即傅一桂，未重複統計。

〔八〕《明史·選舉志》：『明初因前代任子之制，文官一品至七品，皆得蔭一子以世其禄。後乃漸爲限制，在京三品以上方得請蔭，謂之官生。出自特恩者，不限官品，謂之恩生。或即與職事，或送監讀書。』

〔九〕傅旭安硃卷履歷中載傅斯翚爲增貢生，見顧廷龍主編《清代硃卷集成》第一二七册，第一五一頁。而傅昉安硃卷履歷中則記其爲歲貢生，見顧廷龍主編《清代硃卷集成》第二三一册，第一一頁。

〔一〇〕《清實録》載：乾隆六年辛酉八月乙未，『山東巡撫朱定元疏稱，東省應試士子，數至一萬一千餘名，號舍不敷，請添建六百七十五間。從之』。又據《明清史料》癸編第五本《禮部題本》（『中研院』歷史語言研究所編，一九七五年，第四九六頁）記載：山東原有號舍八七二二間，雍正十年應試士子超過萬人，祇得添建。到乾隆初年，應試士子又有增加，故多次請求朝廷批准增加號舍。

〔一一〕據《欽定大清會典》載：山東鄉試之定額，順治八年最多，爲一百人，順治十七年降至四十六人，康熙後期略有增加，雍正元年達九十二人。

〔一二〕［清］素爾訥等：《欽定學政全書》，《續修四庫全書·史部》第八二八册，上海古籍出版社二〇〇二年版，第七〇五頁。

〔一三〕參見劉希偉《清代山東鄉試研究》，厦門大學二〇〇八年碩士學位論文。

〔一四〕參見左松濤《清代生員的進學年齡》，《史學月刊》二〇一〇年第一期。

〔一五〕《欽定大清會典事例》卷三八三《禮部》：『今直省府州縣學貢生、生員多者數百人，少亦不下百餘人。』

〔一六〕參見王躍生《清代『生監』的人數計量及其社會構成》，《南開學報（哲學社會科學版）》一九八九年第一期。

〔一七〕［清］朱續暐：《〈傅氏族譜〉序》，東郡《傅氏族譜》，道光癸卯本。

學林霸才傅斯年

自明代後期起，傅氏家族每一代都有不少人皓首窮經，苦讀經史。儘管他們衹是揣摸制藝，以求仕進，但一代又一代對經史之學的認知與傳承，使這個家族有了豐厚的文化積累。清季科舉制度廢除後，這種文化積累出現了順應時代的轉型，從空泛的八股制藝回歸到學術研究。在這樣的社會條件下，出現了傅斯年這位學術大家。

一、求學歲月：貫通中西之學

（一）從私塾到學堂

光緒二十二年（一八九六）農曆二月十三日，新年的節日慶典剛剛過去，在聊城相府街的傅家大院裏，人們又在歡聲笑語中籌備新的喜慶宴席。這一天凌晨，年過而立的傅旭安喜得貴子，這對於整個傅家來説，當然是天大的喜事。也許是受新年喜慶氣氛浸潤的緣故，家人給嬰兒取名斯年，表字叫孟真。

傅斯年的曾祖父傅繼勛做過安慶知府、署理安徽布政使，祖父傅淦雖然被選爲拔貢，但無意仕途，家道中落。傅淦生有三子，長子旭安便是傅斯年的父親。傅旭安於光緒二十年（一八九四）考中舉人，後任東平（今屬山東）龍山書院山長，三十九歲時病逝於任所，當時傅斯年衹有九歲，他的弟弟斯岩剛剛出生七個月。其父中年病歿，祖父也已年過花甲，養老撫孤的重擔全落在了傅斯年的母親李夫人身上。傅家別無産業生計，李夫人衹好把丈夫去世時親友故舊賻贈的幾千貫錢央人代存生息，維持全家生活。每到年底，傅旭安的學生們也必派人到聊城，送上一些生活用品及食物，并把若干銀錢存在商號裏，供他們一家來年支用。儘管如此，一家孤寡老幼生活仍十分艱難，據李夫人回憶説，當時房子壞了無錢修理，到了下雨天，屋頂漏水，她衹好撑起一把雨傘，把幼兒抱在懷裏躲雨。〔一〕

光緒二十七年春，傅斯年五周歲的時候，他的祖父便把他送進了本縣拔貢孫達宸的私塾裏讀書。孫達宸是一位聞名遐邇的老塾師，不僅品學兼優，且授徒有方，其弟子中前後有四十餘人考取了秀才以上的功名。後來，傅家的鄰居朱氏在家設立學塾，聘請馬殿仁執教，傅斯年又轉到朱氏私塾中讀書。據傅斯年的母親回憶説，傅斯年幼時十分勤奮，偶有所感，便寫在身上，結果弄得全身衣服墨黑。

光緒三十一年春，傅斯年離開了私塾，進入東昌府立小學讀書。那時的學堂，儘管辦學體制有了改變，但教學内容依然是誦讀經書。他的祖父認爲這還不够，每當傅斯年放學回家，都要另開『小竈』，繼續給他布置在學堂裏没讀過的經書作爲課外作業。日復一日，年復一年，從來都不間斷。傅斯年十一歲的時候，就已經讀完了十三經。他後來雖然十分嚴厲地批評學校讀經的做法，但是少年時代熟讀經書，無疑爲他研究古史奠定了堅實的基礎。在講解經書的同時，他的祖父也把傳統的倫理觀念、文人氣節及做人的道理傳給了他。所以後來他對弟弟傅斯岩説：『祖父生前所教我兄弟的，盡是忠孝節氣，從未灌輸絲毫不潔不正的思想。我兄弟得有今日，都是祖父所賜。』〔二〕光緒三十四年冬，傅斯年離開了他那年邁的祖父和日夜爲家庭生計操勞的母親，跟隨父親的學生侯延塽〔三〕到了天津，入天津府立中學堂讀書。

（二）《新潮》與新潮社

一九一三年，傅斯年以優异的成績考入北京大學預科。那時北大預科分甲、乙兩部，甲部偏重自然科學，乙部偏重經學和史學。傅斯年在經學、史學方面具有深厚功底和良好素養，所以他選定乙部作爲學習的方向。同入乙部學習的，有顧頡剛、沈雁冰、毛子水、袁同禮、周炳琳等。這個時期的傅斯年，已經不再像他的父祖輩那樣衹是讀經制藝，他接受了近代的新知識、新觀念，對於課餘的社會活動、學術活動表現出强烈的參與意識。一九一四年，他與同學沈沅等人發起成立『文學會』，創辦《勸學》雜志，并請嚴復題寫了刊名。文學會以研究修辭屬文、提高文學素養爲宗旨，後來他們又在此基礎上成立了『雄辯會』，進而鍛煉大家的演講辯論、辭令表達和理論思辨的能力。『雄辯會』分爲國文、英文兩部，每一部又分作演講、著述二科。傅斯年曾擔任國文部副部長兼編輯長。大概是家境貧寒抑或是過於用功的緣故，當時傅斯年的身體狀況很差，他的學習成績却很好。毛子水回憶説：

傅先生入乙部，雖身體羸弱，時常鬧病，但成績仍是全部的第一。就筆者所記到而言，當時全校學生中，似乎没有比他天資更好的。〔四〕

一九一六年夏，傅斯年以優异的成績畢業於北京大學預科，是年秋入北大文科國文門（後改稱文學院中國文學系）。當時的北京大學文科國文門中，集聚了一大批功底深厚、學識淵博的國學大師，其中章太炎的學生居多，如劉師培、黄侃等，都是執國學門牛耳的人物。傅斯年早就傾慕章太炎，入國文門後，乃潛心研究章氏的學問，深得經學大師們的贊賞。據説，『當時的真正國學大師如劉申叔（師培）、黄季剛（侃）、陳伯弢（漢章）幾位先生，也非常之贊賞孟真，抱着老儒傳經的觀念，想他繼承儀徵學統或是太炎學派等衣鉢』〔五〕。國學大師們的賞識與栽培，没能把傅斯年引入治傳統經學的道路，新文化運動中嶄露頭脚的『賽先生』，却規範了他一生的學術方向。

早在傅斯年升入北大文科國文門以前，反對封建主義的新文化運動便已經在中國大地上悄然興起。一九一五年『二次革命』後流亡日本的陳獨秀回到上海，創辦《青年雜志》，提出民主與科學的口號，揭開了新文化運動的序幕。嗣後，胡適、李大釗、魯迅等人紛紛撰寫文章批判封建主義，主張思想自由、個性解放，要求引入西方科學的學理和知識。一九一七年一月，蔡元培出任北京大學校長，爲了破除當時北大學術上守舊、思想上陳腐的局面，他大膽地提出了思想自由、兼容并包的辦學方針。一時間，新文化運動的發起者和領袖人物如陳獨秀、李大釗、魯迅、胡適等齊集北大，登上了政治和學術的講堂。從此，北大成了新文化、新思想的大本營和策源地。而那些固守經學傳統的大師們雖然極力提倡尊孔讀經、保存『國故』，把新思想、新文化説成是洪水猛獸，但是并不能阻擋新思想、新文化的傳播，更不能阻擋那些思想敏鋭、志向高遠的青年人對新潮流的涉入和推進。正是在這樣的形勢下，被國學大師們選定爲衣鉢傳人的傅斯年，毅然擺脱了舊思想、舊學術的羈絆，義無反顧地投身於新文化運動，并且走到了這場運動的前列。

直接引導傅斯年進入新文化運動營壘的是剛剛從美國留學歸國而執教於北京大學的胡適。一九一七年九月，胡適被蔡元培聘爲北大文科教授，在哲學系講授『中國哲學史』等課程，當時不少學生對胡適所講的内容持有疑義，但顧頡剛認爲『他有眼光，有膽量，有斷制，確是一個有能力的歷史家』〔六〕。顧邀同宿舍的好友傅斯年去旁聽，傅斯年聽後感到十分滿意。傅斯年的贊許，使得胡適這位年僅二十六歲的青年學者在名家雲集的北大站穩了脚跟。〔七〕從此，傅斯年等人常常出入於胡氏家門，向胡適請教學問，或一起討論問題。

傅斯年接受新思想、新文化以後，便開始檢討自己的文化知識和思想路向。他不再醉心於傳統經學，也不再景慕章太炎的學問，而是用新思想、新文化批判中國的文化傳統，并致力於新思想、新文化的傳播。到了一九一八年的秋天，新文化運動的大潮已經澎湃於全國，進步的知識分子和青年學生都在關注這場運動，并且積極地討論新文化運動的重大問題，可是作爲新文化運動宣導的雜志衹有《新青年》一種。因此，創辦新的刊物成爲時代發展的迫切需要。在這樣的情况下，傅斯年等人把辦雜志的事情提到了日程上來。辦雜志先要解决兩個基本問題，一是稿源，二是資金。以他們當時的文化、學術水準，撰寫具有新思想、新觀點和具有一定學術水準的文章，并不是很難的事情，所以他們覺得文稿『或者不至於很拮據』。但是經濟方面的困難不易解決，除參與辦刊物的同學自己凑集的一些外，缺額還很大。於是由徐彦之出面，找北大文科學長陳獨秀商量。聽説學生要辦刊物，陳獨秀心裏疑慮重重。他不是擔心學生缺乏辦刊物的能力，而是怕他們站到新文化運動的對立面上，反對這場運動。因爲他知道，北大文科國文門中守舊派勢力强大，不少教員是反對新文化運動的幹將，他怕國文門學生辦的刊物會成爲守舊派的輿論工具。所以，當徐彦之提出要校方解决經費問題時，陳獨秀態度曖昧，遲遲不予答復。傅斯年没了辦法，衹好請他的老師胡適出面。胡適向陳獨秀做了解釋并全力爲傅斯年他們擔保，陳獨秀這纔放下心來。他慨然表示：衹要你們有辦雜志的决心，并有長期辦下去的志願，經濟方面的困難可以由學校幫助解决。不久，蔡元培校長便批准校方每月撥經費兩千元，作爲傅斯年他們辦雜志的費用。

要把雜志辦好，需有一學術團體作爲依托。爲此，傅斯年找羅家倫、康白情兩人商議組織學術團體的具體辦法，很快便有十幾位同學參加了他們的組織。不久，這個團體的成員便達到了二十多人，由胡適擔任他們的顧問。按照羅家倫的提議，定雜志的名稱爲『新潮』，他們的組織便叫作『新潮社』。十一月十九日召開第二次會議，推舉傅斯年、羅家倫、楊振聲、徐彦之、康白情、俞平伯爲新潮社職員，傅斯年任主任編輯。會後，他們發表啓事，公布二十一名社員名單，且進一步揭示該雜志的宗旨：『專以介紹西洋近代思潮，批評中國現代學術上、社會上各問題爲職司。』〔八〕後來李大釗把北大圖書館的一個房間撥給新潮社使用，李辛白則幫助他們把印刷發行的事情布置妥當。

一九一九年一月一日，《新潮》雜志第一卷第一號（創刊號）出版。傅斯年撰寫的《〈新潮〉發刊旨趣書》以醒目的標題赫然刊登於卷首。首先，傅斯年闡明創辦《新潮》雜志的動機和目的。他説，今日的北京大學，已經『脱弃舊型，入於軌道』，不再祇是培養『一般社會服務之人』，而是以『培植學業』、發展學問爲目的；不再祇是適應於一般社會，而是『漸入世界潮流，欲爲未來中國社會作之先導』，照此發展下去，『期之以十年，則今日之大學固來日中國一切新學術之策源地；而大學之思潮未必不可普遍中國，影響無量』。《新潮》出版後，當即引起了巨大的社會反響。創刊號轉眼間銷售一空，以至重印到第三版，共銷售了一萬三千多册，以後幾期的銷量也常在一萬五千册左右，以至於『在南方的鄉間都可看到』〔九〕。

新潮社的創辦和《新潮》雜志的出版，與陳獨秀、李大釗、蔡元培等人的支持與幫助是分不開的。據顧頡剛回憶説，當時陳獨秀十分看重傅斯年，所以當傅斯年、徐彦之提出辦雜志的時候，陳獨秀積極向校方反映，給他們解决了經費問題。傅斯年也十分敬重陳獨秀，他的文學革命主張中批判封建倫理綱常、宣揚個人自由與個性解放的言論大都是受陳獨秀的影響而提出的。後來傅斯年雖然和陳獨秀走了不同的政治道路，但他對陳氏的感佩一生都没有改變。一九三二年，當陳獨秀在上海公共租界被捕而移交軍政部軍法司候審時，傅斯年仍仗義執言，屢述他在新文化運動中的功績，稱他是『中國革命史上光焰萬丈的大彗星』〔一〇〕。蔡元培除在經濟上對《新潮》的出版進行扶植以外，還從輿論上、道義上給予支持。面對守舊派對《新潮》的攻擊、謾罵，他公開站出來爲之辯護，説『在學生則隨其好尚，各尊所聞。當事之員，亦甚願百慮殊途，不拘一格以容納之』，『大學兼容并包之旨，實爲國學發展之資』。〔一一〕

在新文化運動剛剛興起、《新青年》孤軍奮戰之際，《新潮》雜志脱穎而出，毅然躋身於新文化陣營，追步《新青年》，倡導倫理革命，批判封建禮教，宣揚個性解放，提倡男女平等；鼓吹文學革命，反對文言文，提倡白話文，對於文學革命起到了巨大的推動作用。因爲《新潮》的文章大都出自大學生之手，而且全是用白話寫成，所以很受青年知識分子和大、中學校學生的歡迎，在社會上産生了較大的影響。

（三）在五四運動中

自《新潮》雜志出版至五四運動爆發，其間經歷了四個月稍多時間。在這一段時間裏，傅斯年在《新潮》《新青年》等刊物上總共發表了五十多篇文章，内容涉及政治、經濟、文學、史學、哲學、倫理、語言學等諸多方面，産生了强烈的社會反響。他由此而名聲大振，上至校長、教師，下至普通學生，没有人不知道他的名字。就連當時在北大圖書館做圖書管理員的毛澤東，也認識了新文化運動的頭面人物，如傅斯年、羅家倫等，而且『對他們懷着濃厚的興趣』。毛澤東曾打算和他們討論政治與文化問題，但擔心『他們都是大忙人，無暇去聽一個圖書助理員説南方話』〔一二〕。在五四運動爆發的前夕，傅斯年成了北京大學最引人注目的人物，他當然也就成爲新文化運動中北大的學生領袖。

綜觀傅斯年『五四』前夕發表的文章，可以明顯地看出他對傳統社會的批判。他的文學革命主張及其學術方面的許多見解十分深刻而有見地，他的政治思想和政治主張却顯得非常蒼白、幼稚，充滿了空想的色彩。傅斯年在《新潮》創刊號上發表《去兵》一文，把中國社會動蕩不安的原因歸結爲『兵』的存在。他説中國的官署全是『烏合之衆』，是無機體，祇會做『破壞的事情，不生産的事情，不道德的事情』。〔一三〕在一九一九年四月一日出版的《新潮》第一卷第四號上，他發表《一段瘋話》一文，把軍閥、官僚痛駡了一通，他説武人、官僚、商人、紈絝子弟妨害别人生産，掠奪社會財富，是該被清除的四種人。怎麽樣清除這些罪惡的官僚，建立有組織的官署呢？傅斯年認爲不能采用暴力革命，不能使用政治手段，最有效的辦法是組織和平請願。顯然，這個時期的傅斯年，已經接受了西方的自由主義思想，并且以之批判中國的傳統社會。

一九一九年五月一日，巴黎和會上中國外交失利的消息傳到了國内。當時，中國是以戰勝國的身份參加這次會議的，因此中國代表提出廢除德國强迫清政府與之簽訂的不平等條約，取消德國在中國享有的一切特權，將青島和山東其他地區的主權歸還給中國。但是日本軍國主義者出於侵占中國疆土的野心，早在一九一四年第一次世界大戰爆發後，便乘機占領了青島。而袁世凱企圖以割讓山東爲條件，换取日本人的支持，以便實現其登極稱帝的美夢，於是接受了喪權辱國的『二十一條』，承認山東爲日本人的勢力範圍。第一次世界大戰結束後，戰勝國在巴黎召開和會，中國人民要求收回山東主權是理所當然的事情。可是，在美、英、日、意等國的操縱把持下，爲了達到瓜分中國、坐地分贓的目的，會議竟然不顧中國的合理要求，宣布將原來德國在山東的一切特權轉讓給日本。而北洋政府的代表竟然準備接受這種蠻横無理的要求。

北洋政府代表要在和約上簽字的消息傳到了國内後，北洋政府外交委員會委員長汪大燮將此事告訴了北京大學校長蔡元培。五月二日，蔡元培又將消息轉告《國民》雜志社的北大學生許德珩和《新潮》雜志社的羅家倫、傅斯年、康白情、段錫朋等人，并召集北大學生代表和各班班長共一百多人在學生飯廳開會，揭露了巴黎和會上帝國主義相互勾結、拿中國的利益和主權做交易的罪惡行徑，指出目前處在國家存亡的關鍵時刻，號召大家奮起救國。

一個月前剛剛發表文章呼籲學生發起和平請願運動的傅斯年，聽了蔡元培校長的講話激動萬分。五月三日晚上七點，北京大學學生一千多人在北河沿法科大禮堂集會，傅斯年和《新潮》雜志社員全部參加了這次集會。北京其他高等、中等學校的學生代表也應邀前來。會議首先請《京報》社長、北大新聞學研究會講師邵飄萍報告巴黎和會上討論山東問題的經過及當前面臨的形勢。接着，到會的學生紛紛發表演説。最後，會議通過了聯合各界奮起力争、通電巴黎專使不准在和約上簽字、通電各省舉行愛國游行示威的决議，并從到會的十三所大、中學校中推舉出組織游行示威的學生代表二十人，傅斯年是其中之一。會後，北大學生上下動員，投入到游行示威的準備工作中。許德珩、傅斯年和居住在西齋的同學們幾乎徹夜未眠，連夜趕做了百餘面旗幟，以供游行隊伍使用。

五月四日上午十點，被推舉出來的二十名學生代表在堂子胡同法政專門學校開會，在傅斯年的主持下，商討學生集會的地點及游行示威的路綫等問題，决定當天下午一時在天安門前集合，然後整隊去東交民巷使館區游行示威，由他本人擔任游行示威的總指揮。大約經過一個小時的時間，會議結束，傅斯年宣布，各校學生代表立即回校組織學生，按預定計劃行動。

下午一時許，北京十三所學校的三千多名學生陸續來到天安門前，他們揮舞旗幟，高舉標語，有的喊口號，有的做講演，不少群衆被學生們的愛國熱情感動，也紛紛加入學生集會的行列。下午二時三十分左右，游行示威開始，擔任總指揮的傅斯年扛着大旗，走在隊伍的最前頭。游行隊伍走到東交民巷西口美國使館門前時，遇到外國軍警阻攔，幾經交涉，纔允許他們按指定的路綫通過。在自己的國土上游行，却受到外國人的干涉，同學們認爲這是奇耻大辱，由此更加痛恨出賣民族利益的軍閥、官僚，有的學生當即提議找賣國賊算賬！傅斯年勸大家不要激動，但當時群情激憤，根本没有人聽從他的勸阻。傅斯年没有辦法，衹好重新扛起大旗，跟隨浩浩蕩蕩的游行隊伍，經御河橋向着趙家樓曹汝霖的住宅走去。

當游行隊伍到達趙家樓時，數百名軍警早已把通往曹宅的胡同口封住。學生們義正詞嚴，向他們講道理，軍警見衆怒難犯，衹好讓游行隊伍通過。曹汝霖聽到消息後，令人關閉大門，無論學生如何交涉，曹家始終不肯開門。同學們十分憤怒，他們用旗杆把曹宅沿街房屋的椽瓦挑了下來，拿瓦片抛向院内。傅斯年的胞弟、當時正在北大預科讀書的傅斯岩等人翻過院墻進入曹宅，將大門打開，學生們蜂擁而入。當時曹汝霖正在家中與章宗祥、丁士源及一位日本記者密談，看到學生闖入院内，急忙從後門溜走。章宗祥等人没來得及走脱，被學生所包圍。同學們誤把章氏當作曹汝霖，走上前去，不管三七二十一痛打了一陣。當發現打錯人之後，便到處尋找曹氏，到了下午四點半還没有找到。同學們怒不可遏，有位學生朝曹汝霖卧室裏的羅紗帳點了把火，頓時烈焰漫天，曹宅成了一片火海。趁混亂之機逃走的丁士源將此事報告給了北洋政府，警察廳總監吴炳湘即率大隊軍警趕到趙家樓，逮捕了學生三十多人，其中北大學生十九人。

傅斯年一直主張用和平請願的方式解决政治問題，反對使用暴力手段。當游行隊伍準備衝擊趙家樓時，他便有些猶疑不决，對於火燒曹宅的做法，當然是不贊成的。因此，當熊熊大火在曹宅燃起的時候，這位游行示威的總指揮便悄然退下，回校了。

據傅樂成《傅斯年先生與『五四運動』》一文説，五月五日，傅斯年與一位陝西籍的學生發生口角，他們二人的脾氣都很暴躁，争執不下時，難免拳脚相加，傅斯年的金絲眼鏡也被打掉了。一怒之下，他宣布不再過問學生會的事情。[一四]二人爲何争吵，傅樂成没有説明。但我們以情理測度，大概是對前一天發生的火燒趙家樓一事的看法分歧引起的。這位陝西籍的同學可能主張用暴力手段解決問題，贊同火燒趙家樓，而傅斯年則反對暴力行爲，對火燒曹宅持有异議。否則，傅斯年不會因爲與人打了一架便退出學生運動。

轟轟烈烈的五四運動没有唤起傅斯年的政治熱情，他反而顯得更加消沉。在他看來，不僅學生運動拯救不了中國社會，即使是『群衆運動』也解决不了問題。要改造中國的社會，衹能靠『個人運動』。他在一九二〇年初去英國途中所寫的文稿中説：

我這次往歐洲去，奢望太多，一句話説，澄清思想中的糾纏，煉成一個可以自己信賴過的我。……青年以外的中國人是靠不住的了，但請問中國的青年又是怎麽樣？一方受遺傳的支配，一方受環境的包圍，但凡科學的公例不靈，自然有很大的危險在前面。社會是個人造成的，所以改造社會的方法第一步是要改造自己。……（3）群衆運動太普遍了，怠惰的人——自然占大多數——安於『濫竽』之列。（4）中國此日有許多問題。群衆運動很難解决，而個人運動便很容易解决。[一五]

基於這種認識，傅斯年决定出國留學，尋求用『個人運動』改造中國傳統社會的辦法。

（四）留學英德

一九一九年六月，傅斯年取得了北京大學文科國文門的畢業文憑，旋即通過了出國留學考試，被録取爲山東省官費留學生。一九一九年十二月二十六日，傅斯年離開了他曾度過六年學習生活的北京，赴上海乘輪船去英國。一九二〇年一月二日，傅斯年與俞平伯等一行離開上海，乘上了開往倫敦的輪船。在海上飄泊了將近兩個月，纔抵達英國的利物浦。抵達後第二天，他們便乘車去了倫敦。因不慣羈旅他鄉的生活，俞平伯剛到英國兩個星期便乘船離英回國了。傅斯年嗣後進了倫敦大學研究院，師從實驗心理學大師史培曼（C. Spearman，一八六三—一九四五）教授讀書，研究弗洛伊德的學説。從傅斯年收藏的圖書來看，有關心理學和弗洛伊德學説的書籍，多購於一九二一到一九二三年，這個時期他幾乎不買其他書籍，可見初到英國時，他把精力主要用到了攻讀心理學方面〔一六〕，同時修習物理學、化學和高深的數學。傅斯年對弗洛伊德學説下過很大的功夫，他自己説當時『醉心心理學』，後來章士釗也説，傅斯年是全中國最懂弗氏學説的人。〔一七〕

一個北京大學中國文學系畢業的具有深厚文史根底的青年，爲什麽對心理學和西方自然科學産生了濃厚的興趣呢？究其原因，大約有兩點：其一，新文化運動喚起了中國知識分子對自然科學的重視，他們想從中獲得必要的科學知識，尤其重要的是想學到科學的方法，然後拿這種方法去治中國傳統的學問。在他們看來，自然科學的方法具有普遍的意義，用它來治其他的學問，同樣適用。當時在中國的青年學生中掀起了一股科學熱，北京處於這股熱潮的漩渦之中，北京大學更是漩渦的中心。傅斯年在科學熱的驅使下來到了歐洲，在科學熱的激勵下熱衷於學習自然科學。後來他創辦歷史語言研究所，高揚『科學的東方學』的旗幟，倡導用自然科學的方法治中國的歷史學、語言學的思想理論乃肇基於此。其二，『五四』時期，衝破了傳統學術思想觀念羈絆的青年，對西方學術産生廣泛的興趣，他們抱着細大不捐、貪多務得的態度，務求博學多識，都想先成爲『通人』，然後專注於一門學問，自成一家。如傅斯年的内兄俞大維，初學數學、數理邏輯，繼而研究西洋古典學術，又研究歷史、法理學乃至音樂，最後轉學彈道學、軍事學。傅斯年的好友毛子水，初學經學，入北大後就讀於數學系，畢業後到北大預科教國文，到德國留學時學習地理學，又愛上了希臘文，終歸於治中國的文史考據學。

一九二〇年八月一日，傅斯年寫信給胡適，叙説自己的學習生活和思想變化，很能説明他受科學熱影響之境況及其先博後專的想法，信中説：

我到倫後，於 University College 聽講一學期，現已放暑假。此後當專致力於心理學，以此終身，倒也有趣。……近中温習化學、物理學、數學等，興味很濃，回想在大學時六年，一誤於預科一部，再誤於文科國文門，言之可嘆。……下學年所習科目半在理科，半在醫科。斯年止中對於求學之計劃比前所定又稍有變更。總之，年限增長，範圍縮小。哲學諸科概不曾選習。我想若不於自然或社會科學有一二種知道個大略，有些小根基，先去

學哲學定無着落。〔一八〕

傅斯年説自己當年是個科學迷，他不僅如飢似渴地學習自然科學知識，更留意學習自然科學方法。所以，他在研讀實驗心理學的同時，時常閲讀科學方法通論方面的書籍。現存於臺灣歷史語言研究所的傅斯年藏書中，關於科學方法通論類的書籍，有不少是他在倫敦大學讀書時購買的。

傅斯年雖然醉心於實驗心理學，熱衷於自然科學，但偶爾亦操其舊業，留意文史兩門學問。據他的朋友回憶説，當時對於蕭伯納的戲劇作品，他幾乎每一本都看過。此外，初到倫敦時，他還曾幫助英國文學家威爾斯（H. G. Wells）撰寫了《世界史綱》（The Outline of History）中有關中國古代歷史的部分。該書於一九二〇年出版，十分暢銷，至三十年代已賣出一百五十萬本。

大約在一九二二年至一九二三年之交，傅斯年産生了放弃實驗心理學改讀其他學科的念頭。在傅斯年看來，對動物的研究不能用到人的身上，所以他對實驗心理學的價值産生了懷疑，對於原來最感興趣的集體心理學也失去了信心。〔一九〕於是，他决心轉向其他學科領域，探尋新的研究方向。

一九二三年六月，傅斯年離英至德，入柏林大學文學院學習。〔二〇〕當時柏林大學有兩門學科最引人注目：一是近代物理學，愛因斯坦的相對論、普朗克的量子力學，都是轟動一時的學說；二是語言文字的考據學，這是柏林大學傳統的、久負盛名的學科。傅斯年就是受了這兩門學問的吸引來到德國的。他除聽過愛因斯坦的課以外，還修習過不少數學方面的課程。在『中研院』史語所的傅斯年檔案中，保留着他當年演算數學公式的圖表。從一九二五年至一九二六年他在柏林大學所做的數學筆記來看，其中有不少是屬於統計學方面的知識。他對這門學問頗感興趣，自言『統計的觀點，尤可節約我的文人習氣，少排蕩於兩極端』。又説，『且然』的觀念『在近代物理學尤表顯威力，幾將决定論取而代之。這個觀念，在一般思想上有極重要的施用』。〔二一〕他還廣泛涉獵自然科學其他方面的書籍，留心諸種學問。據羅家倫回憶説，有一天，他和傅斯年、毛子水等人約定到柏林康德大街二十四號一家中國餐館吃晚飯，傅斯年來時夾了一個很大的書包，他們幾個人翻開書包一看，裏面竟是三厚本地質學書。毛子水向來不愛開玩笑，這一次却很幽默地説這些書是『博而寡約』，傅孟真讀它們是『勞而無功』，惹得傅斯年暴跳如雷。〔二二〕

當時，陳寅恪、俞大維、趙元任、徐志摩、金岳霖等人都在柏林留學，傅斯年和他們時常相往還，學問志趣也相互影響。趙元任的夫人楊步偉回憶當年的情形説，在柏林的中國留學生很多，其中陳寅恪和傅斯年讀書最用功，所以有人開玩笑説他們二人是『寧國府大門前的一對石獅子』〔二三〕。

傅斯年在德國留學的後期，學習的興趣逐漸轉移到了比較語言學方面。『中研院』史語所檔案中有傅斯年一九二五年至一九二六年在柏林大學修習藏文的筆記。講授這門功課的教師是柏林大學的額外教授Franke，陳寅恪也曾跟隨他學習藏文。從傅斯年離開柏林大學的證明書來看，他曾修習過梵文文法、普通語音學。梵文文法課的教師Luders是梵文泰斗，陳寅恪學習梵文時也曾拜在他的門下。另外，傅斯年對緬甸文字也曾下過一番功夫。

在人文科學方面，傅斯年修習過人類學、邏輯學等課程。另外，從傅斯年檔案中保存的他在柏林大學的幾張借書單來看，他借閱的書籍有《波斯宗教》《後期古典佛教》等。可見，他對宗教史也很有興趣。在柏林大學留學的最後一段時間裏，傅斯年的學術興趣又從比較語言學轉到了歷史學領域。在史學思想方面，對傅斯年影響最大的，應首推以蘭克爲代表的學者的學術觀點。蘭克是十九世紀德國著名的實證主義學派（歷史語言考據學派）的創始人，西歐『科學的史學』的奠基者。他認爲一切歷史著作都是不可靠的，要明白歷史真相，祇有窮本溯源，研究原始的資料。他的歷史觀點的核心是：史料高於一切，要把歷史學變成史料學。蘭克有一句名言：『人們一向認爲歷史的任務是判斷過去并且爲了將來的世代的利益而教導現在，本著作（按：指蘭克著《拉丁與日耳曼民族史》）不指望這樣崇高的任務，它僅僅希望説明真正發生過的事情。』英國的歷史學家卡爾（E. H. Carr）就此評論説：『蘭克那句并不怎麼深刻的格言却得到驚人的成功。德國、英國甚至法國的三代的歷史家在走入戰鬥行列時，就是這樣象念咒文似的高唱這個有魔力的短句。』〔二四〕在傅斯年的藏書中，有出版於一九二〇年的《史學方法論》，這本書可能購於留德期間。此書集蘭克學派學術理論、方法之精華，是蘭克學派的代表作。十九世紀到二十世紀早期，蘭克式實證主義學派壟斷歐洲史壇，傅斯年在蘭克學派的大本營德國、英國留學達七年之久，受這種學術理論的影響很深。他在歸國前及歸國途中寫下的幾頁手記，反映了他將蘭克學派的理論、方法移植到中國史學研究中來的願望和決心。他說：

如不去動手動脚的幹——我是説發掘和旅行——他（按：指中國史學）不能救他自己的命。……我們現在必須把歐洲的歷史作我們的歷史，歐洲的遺傳作我們的遺傳，歐洲的心術作我們的心術。〔二五〕

他歸國擔任歷史語言研究所所長以後説得更明確：

不以空論爲學問，亦不以『史觀』爲急圖，乃純就史料以探史實也。……此在中國，固爲司馬光以至錢大昕之治史方法，在西洋，亦爲軟克（按：又譯爲蘭克或朗克）、莫母森之著史立點。〔二六〕

這些話道出了他的史學主張與蘭克學派的密切關係。傅斯年深信，按照蘭克學派指定的學術方向，運用西方自然科學、社會科學的理論和方法，整理中國的學術材料，就可以建立起『科學的東方學』。走過了坎坎坷坷的留學生活的漫漫長路，傅斯年終於找到了西方學術與中國傳統學問的連接點，求得了西方學術對中國傳統學術的認同。

一九二六年秋，傅斯年離開德國，返回闊别七年的故鄉。

【注】

〔一〕參見俞大綵《憶孟真》，《傅斯年全集》第七册，臺灣聯經出版事業公司一九八〇年版。

〔二〕傅樂成：《時代的追憶論文集》，第一二四頁。

〔三〕侯延塽：東平州（今山東東平縣）大羊村人，幼年在本村私塾讀書，後就讀於傅旭安任山長的龍山書院，乃傅旭安的得意門生。光緒二十八年（一九〇二）鄉試中舉。次年赴京會試，聯捷中進士，曾任刑部主事。後清廷向日本派遣留學生，侯延塽被選中，在日本學習政法三年，參加了孫中山領導的同盟會，開始從事革命活動。民國初年，任臨時參議院議員、第一届衆議院議員，哈爾濱中國銀行行長兼海關總監督。一九二一年，辭職到濟南定居，曾舉辦慈善事業。一九三七年底，日軍占領濟南後，僞山東省省長唐仰杜多次請他就任僞政府職務，均遭嚴詞拒絶。一九四二年，病故於濟南。很多文章中説，侯延塽小時候在東平城裏做商店學徒，有一次傅旭安在大街上閑走，看見一家商鋪中冷冷清清，没有顧客，衹有一個店員在專心致志地讀書。傅旭安感到奇怪，遂與之攀談，見其舉止得體，談吐文雅，得知其酷愛讀書，但因家境貧寒，無錢入學。傅旭安認爲侯十分聰穎，是可造之才，於是便帶他到龍山書院隨自己讀書，所有費用，均由自己代爲交納。侯延塽十分珍惜這來之不易的學習機會，學習十分刻苦，學業突飛猛進，三年後便一舉考中舉人。此説明顯具有演義色彩，因爲按清代學制，祇有先通過小考，取得府州縣學生員（庠生，俗稱秀才）身份，而後經過考試選拔，纔能取得鄉試資格。一商店學徒，三年内是不可能通過上述各種考試，取得參加鄉試資格的。

〔四〕毛子水：《傅孟真先生傳略》，《毛子水文存》，華齡出版社二〇一一年版，第一一六頁。

〔五〕羅家倫：《元氣淋灕的傅斯年》，梁實秋、許倬雲等：《再見大師》，岳麓書社二〇一五年版，第三四頁。

〔六〕顧潮編著：《顧頡剛年譜》，中國社會科學出版社一九九三年版，第四三頁。

〔七〕參見胡適《傅孟真先生的思想》，《胡適作品集》第二五卷，臺灣遠流出版公司一九八六年版。

〔八〕《北京大學日刊》，一九一八年十二月三日。

〔九〕顧頡剛：《回憶新潮社》，張允侯等編：《五四時期的社團》二，生活·讀書·新知三聯書店一九七九年版，第一二五頁。

〔一〇〕傅斯年：《陳獨秀案》，謝泳編：《獨立評論文選》，福建教育出版社二〇一二年版，第七一頁。

〔一一〕蔡元培：《復傅增湘函》，高平叔編：《蔡元培教育論著選》，人民教育出版社二〇一七年版，第二一四—二一五頁。

〔一二〕〔美〕埃德加·斯諾：《紅星照耀中國》，李方准、梁民譯，河北人民出版社一九九六年版，第一一二頁。

〔一三〕傅斯年：《社會——群衆》，《傅斯年集》，花城出版社二〇一〇年版，第五四頁。

〔一四〕參見傅樂成《時代的追憶論文集》，第一三六頁。

〔一五〕傅斯年：《歐游途中隨感録》，《傅斯年劄記》，商務印書館二〇一九年版，第二八—三〇頁。

〔一六〕參見王汎森《從檔案看傅斯年思想與生活的幾個側面》，《傅斯年先生百齡紀念研討會論文》，一九九六年十二月，臺北。

〔一七〕參見王汎森、杜正勝編《傅斯年文物資料選輯》，『中研院』歷史語言研究所，一九九五年，第四一頁。

〔一八〕傅斯年：《致胡適（二通）》，《傅斯年劄記》，第二四四—二四五頁。

〔一九〕參見王汎森、杜正勝編《傅斯年文物資料選輯》，第四二頁。

〔二〇〕現存柏林大學的傅斯年離開該校的證明書中注明，大學允許傅斯年入學的日期是一九二三年三月十日，説明傅斯年申請轉入柏林大學的時間應該在一九二二至一九二三年之交，但傅斯年進入柏林大學的時間，比通知的時間晚了三個月。

〔二一〕王汎森、杜正勝編：《傅斯年文物資料選輯》，第五〇頁。

〔二二〕羅家倫：《元氣淋灕的傅孟真》，《逝者如斯集》，商務印書館二〇一五年版，第一五六頁。

〔二三〕汪榮祖：《陳寅恪評傳》，百花洲文藝出版社二〇一五年版，第二八頁。

〔二四〕朱本源：《兩個世紀以來西方史學的兩大發展趨勢（兩大模式）和對它們的馬克思主義評價》，歷史科學規劃小組、史學理論組編：《歷史研究方法論集》，河南人民出版社一九八七年版，第三二三頁。

〔二五〕王汎森、杜正勝編：《傅斯年文物資料選輯》，第五五－八六頁。

〔二六〕傅斯年：《〈史料與史學〉發刊詞》，歐陽哲生主編：《傅斯年全集》第三卷，湖南教育出版社二〇〇三年版，第三三五頁。

二、嘔心瀝血：創辦歷史語言研究所

（一）歷史語言研究所的建立

一九二六年十月三十日，傅斯年抵達香港，繼而北上，回聊城省親。十二月，携胞弟斯岩赴廣州，次年春應聘出任中山大學文學院長兼國文、歷史兩系主任。

一九二六年八月，廣東大學改名爲中山大學，戴季陶出任校長。他一方面延聘知名學者來校任教，先後聘得在北京大學任教的朱家驊爲地質系教授兼系主任，在厦門大學任教的魯迅任文科教授兼教務主任；另一方面對學校領導機構進行組織上的改造，改校長制爲委員長制，由他任委員長，顧孟餘爲副委員長，朱家驊、丁惟汾、徐謙爲委員。當時文學院教學力量薄弱，亟需聘請一位在文學、史學方面有新見、有造詣的學者主持教學工作。朱家驊極力推薦傅斯年。

朱家驊曾於一九一四年赴德國留學，一九一七年回國。在一次閑談中，沈尹默對他説：『傅孟真這個人才氣非凡！』朱家驊雖未曾與傅斯年謀面，却把他的名字深深地記在了腦子裏。一九一八年至一九二四年，朱家驊再度赴德國留學，對傅斯年的情况有了進一步瞭解。當中山大學打算聘請文科學長（文學院長）的時候，朱家驊馬上想到了傅斯年。由於朱家驊極力舉薦，校務委員長戴季陶、副委員長顧孟餘亦表示同意。於是傅斯年應聘擔任了中山大學教授兼任文科學長及國文、歷史兩系主任。

傅斯年來到中山大學時，學生的期末考試剛剛結束。根據學校的安排，成績及格的學生按程度分别等級，補習國文、數學、外語三科。傅斯年精通國文、外語，雖未專攻數學，但也不是門外漢。所以進校伊始，他便忙於課程的安排和指導。次年三月一日新學期開始，他便登臺講課。在此後的一年多時間裏，他開設了『中國文學史』『尚書』『陶淵明詩』『心理學』等四五門課程。傅斯年博聞强記，許多古籍的原文和訓釋都諳熟於胸中。據聽過他講課的學生回憶説：

孟真師博學多才，開的課很多，而且不限於文學系的，我記得有『文學史』『尚書』

等五課。……《尚書》除《盤庚》等二三篇外，其餘都可背誦，常常在黑板上一段一段的寫。他的文學史没有課本，以後纔補發他自己寫鋼板的油印講義，一面起草稿，一面寫油印，常有塗改很多的地方。他上堂祇帶幾枚粉筆，登臺後就坐在藤椅上，滔滔不絶地講，隨着興之所至的寫黑板，常常不管下課鐘聲的。〔一〕

在教學過程中，傅斯年力斥中國傳統的冬烘先生式的陳腐説教，摒弃一般國學大師那樣的高頭講章，把教育的重點放在培養學生獲取新知的方法和運用資料的能力方面，力求將學生引入學術研究的殿堂。他在講課的時候，特别强調學生做到兩個方面：其一，閲讀原始資料。他講『中國文學史』課時告訴學生，研習文學，『第一要避免的，是太着重了後來人的述説，批評，整理的著作，以及叙録的通書，而不着重原書』〔二〕。其二，學會思考問題。他説：

我的『卮言日出』，非供諸君以結論，乃贈諸君以問題，有時或覺説的話彷佛徘徊歧路，毫無定見樣的，這正因爲我們不便『今日適越而昔至』。且把一切可能的設定存在心中，隨時推端引緒，證實證虚。假如這些問題刺激得諸君心上不安寧，而願工作，以求解决，便達到這講義的目的了。〔三〕

關於高等教育的培養目標，傅斯年也提出了很有價值的看法。他説，現在凡是『一切在水平綫以上的國家』，無不『以大學爲它的社會生命上一個重要機關的』，主要原因在於：在近代社會中，一個有用的人才，必須掌握一定的知識，這樣的知識不是每個人都能在社會上學得到的，在没有走向社會之前就應進行系統學習；在近代社會中，一個工作有成效的人，必須有良好的品性，這也不是在社會上能够自然養成的，須先在學校這樣一個『健康的、自由的環境』中獲得；在近代社會裏，人們是分工而又合作的，故『須有專門的技能』，『大學正爲訓練這種技能而設』〔四〕。

在傅斯年看來，高等學校的功能不僅僅在於向學生傳授文化知識，它要培養學生的品德和技能；教師要指導學生閱讀原始資料，教會學生學習的方法，啓發學生提出問題、思考問題，從而達到培養學生素質和能力的目的。傅斯年在二十世紀前期就提出了這樣的高校教學原則和學生培養目標，其遠見卓識的確讓人嘆服。幾十年來，我們一直提倡這樣的原則和目標，一直朝着這個方向努力，其效果至今仍不盡如人意。重新審視教育先賢們的理論和實踐，對於我們的教育工作大有裨益。

傅斯年熱愛教育，重視教育，尤其重視培養、選拔有才華的學生，視此爲振興中華學術的根本保證。他的理想不衹是做一個大學教員，也不衹是做一般的教學行政工作，他要將自己學到的科學知識、方法付諸實踐，組織起一批優秀的學者進行『集衆』的研究，成就中華學術的大事業。

一九二七年八月，傅斯年剛來到中山大學半年多時間，便開始實施他的『集衆』研究計劃，準備創辦中山大學語言歷史研究所，并出任研究所籌備主任。不久，語言歷史研究所正式成立。十月十六日，傅斯年召集有關人員開會，商議出版學術刊物事宜。會議决定由顧頡剛、余永梁、羅常培、商承祚等人編輯《國立中山大學語言歷史學研究所周刊》（以下簡稱《研究所周刊》），顧頡剛、楊振聲、杜定友等人編輯《圖書館周刊》，鍾敬文、董作賓等人編輯《歌謡周刊》（出版時改名爲《民間文藝》）。關於創辦語言歷史研究所的目的，當年十一月一日出版的《研究所周刊》第一集第一期的《發刊詞》講得很清楚：

語言學和歷史學在中國發端甚早，中國所有的學問比較成績最豐富的，也應推這兩樣，但爲歷史上種種勢力所縛，經歷了二千餘年還不曾打好一個堅實的基礎。我們生當現在既没有功利的成見，知道一切學問，不都是致用的。又打破了崇拜偶像的陋習，不願把自己的理性屈服於前人的權威之下，所以我們正可承受了現代研究學問的最適當的方法，來開闢這些方面的新世界。語言歷史學也正和其他的自然科學同手段，所差衹是一個分工。……我們要實地搜羅材料，到民衆中尋方言，到古文化的遺址去發掘，到各種的人間社會去采風問俗，建設許多的新學問。[五]

語言歷史研究所成立後，傅斯年一面安排出版《研究所周刊》、《圖書館周刊》、《民俗》周刊（由《民間文藝》擴充而來）、《語言歷史學叢書》；另一方面，積極進行考古調查、采集方音方言的準備工作。

一九二七年初，隨着北伐戰争的節節勝利，國民黨政府在南方的統治鞏固了下來，於是開始考慮發展文化教育事業，建立學術研究機構。五月九日，國民黨中央政治會議第九十次會議通過決議，成立中央研究院籌備處。六月，通過了蔡元培、李煜瀛、褚民誼等人關於成立中華民國大學院爲全國最高學術教育行政機關的提議。七月，國民政府頒布《中華民國大學院組織法》，明確規定大學院爲全國最高學術教育機關，承國民政府之命，管理全國學術及教育行政事宜。[六]大學院下設秘書處、教育行政處和中央研究院等機構。十月，中華民國大學院正式成立，蔡元培任院長。根據大學院的組織條例，蔡元培聘請了中央研究院籌備委員三十餘人，傅斯年爲籌備委員之一。十一月二十日，中央研究院籌備委員會召開成立大會，通過了《中央研究院組織大綱》，確定設立理化實業研究所、地質研究所、社會科學（即社會學）研究所、觀象臺四個研究機構，待條件成熟後再陸續增設其他研究機構。

從中央研究院下屬研究機構的設置來看，它最初的研究方向偏重於自然科學方面。傅斯年認爲，現代的歷史學、語言學與傳統的學術有根本的區別，它使用的是科學方法，即與生物學、地質學等自然科學使用的是相同的手段，與自然科學的差別僅在於學科的分工不同。就是說，歷史學、語言學可以建設得如同生物學、地質學一樣，成爲一門科學。一九二八年一月，他向蔡元培陳述這兩項研究工作的重要性，建議在中央研究院中設立歷史語言研究所。[七]

同年三月，中華民國大學院批准了傅斯年的提議，聘請傅斯年、顧頡剛、楊振聲爲中央研究院歷史語言研究所常務籌備委員。十一月，國民政府公布《國立中央研究院組織法》，規定中央研究院與中華民國大學院脱離隸屬關係，成爲獨立的研究機構。這一年夏天，傅斯年辭去中山大學教職，專門從事歷史語言研究所的籌建工作，籌備處辦公地點設在廣州中山大學校内。

一九二八年九月，傅斯年就任中央研究院歷史語言研究所所長。十月十四日，主持召開研究所第一次會議，二十一日召開第二次所務會，決定將該所遷至廣州市東山恤孤院後街柏園。隨後，歷史語言研究所遷至新址。至此，中央研究院歷史語言研究所正式宣告成立。〔八〕十一月，傅斯年辭去中山大學語言歷史研究所所長職務，該職務由顧頡剛繼任。

在短短兩年時間裏，傅斯年不僅在中山大學創辦了專門從事語言、歷史研究的學術機構，而且在此基礎上建立起一個全國性的學術研究機構。傅斯年之所以能够這樣迅速地推進學術組織建設，固然與他豐富的閱歷、超人的學識和杰出的領導才能有直接關係，但更重要的是創辦歷史語言研究所，發揮集體優勢，大規模地進行搜集、整理學術資料的工作，順應了時代的潮流，是中國歷史學、語言學發展的必然産物。

二十世紀二十年代初，在新文化運動的激勵下，要求破除傳統學術思想束縛、建設中國現代新學術的呼聲日益高漲。介紹西方哲學、文學和其他學科的譯著大量問世，用新理論、新方法解決中國學術問題的嘗試已經開始，這就迫切需要用大量的、新穎的研究材料來説明這些新理論、新方法，迫切需要拿新理論、新方法施用於大量的、新穎的研究材料，做出切合中國實際的新結論來。拿歷史學來説，當時中國的史料學基本上局限於文獻學的範圍，與新史學的發展不相適應，亟待史學家們開拓研究領域，搜集整理新史料。和其他各種各樣的史學觀點、史學方法相比，馬克思主義史學理論的傳播廣泛得多、迅速得多，但它同樣需要建立在發達的史料學基礎之上。當時，許多馬克思主義史學家衹限於一般地介紹歷史唯物主義基本原理，或拿一些散亂的、個別的材料説明這個原理，一旦拿這個基本原理説明、解釋中國的全部歷史，便遇到了很大的困難，其中主要的問題是材料不足。所以，馬克思主義史學家一方面認真地研究辯證唯物主義和歷史唯物主義的理論，一方面也在認真地做歷史資料的搜集整理工作。可見，搜集整理學術資料是當時時代的要求，也是歷史學發展的必然趨勢。正是在這種情况下，傅斯年順應學術發展的要求，創辦了以搜集整理學術資料爲工作宗旨的歷史語言研究所。

在近代新學術潮流中，一些學者曾對中國傳統的考據學進行改造，建立起新的文史考據學，王國維、陳寅恪、陳垣、顧頡剛等便是新考據學派的代表人物。梁啓超、胡適雖然以宣揚學術理論、治學方法著稱，但對考據學也時常垂青，表現出异常的熱情。許多留學歐美的學者相繼回國，他們掌握了西方新的研究方法，開闢了新的研究領域。考古學家李濟、語言學家趙元任，皆一時之選。這些優秀的新學問家的出現，爲以文史考據、新資料搜集整理爲主旨的學術組織的成立提供了必要的條件。歷史語言研究所成立以前，北京大學研究所國學門、清華國學研究院都曾集合一些學者進行新史料的整理研究工作，儘管其宗旨不明確，組織不嚴密，没有充分發揮集體研究的優勢，但這標志着建立此類學術機構的條件已經成熟。將優秀的學者集合在一起，建立學術組織，進行集體研究，是新形勢下學術研究的需要，是學術發展的必然結果，歷史語言研究所便是順應這種要求和趨勢而產生的學術機構。

在西方的學術理論、方法傳入中國的同時，不少外國人組成所謂『科學考察團』『遠征隊』來到中國，掠奪中國的歷史學、語言學、社會學及自然科學等方面的資料。他們以學術團體的面目出現，用一套『學術』的理由蒙騙中國人。而且，他們所搜集的資料，往往是中國學者所忽視的東西。所以，不光政府官員們對這些『考察團』『遠征隊』的性質不甚瞭解，聽任他們到處進行『科學』考察、訪問，即便是一般學者也麻木不仁，安於搞那些早已陳腐的學問，做官樣文章，坐看外國人將中國的歷史文化資料一批批偷盜了去。唯有那些具有現代學術知識和强烈民族意識的學者對此深感不安，他們也在搜集、整理新材料，但由於設備、技術缺乏，工作經驗不足，組織不力，勢力單薄，而無法與外國『考察團』相抗衡。傅斯年決心改變這種局面。他説：

不過在中國境内語言學和歷史學的材料是最多的，歐洲人求之尚難得，我們却坐看他毁壞亡失。我們着實不滿這個狀態，着實不服氣就是物質的原料以外，即便學問的原料，也被歐洲人搬了去乃至偷了去。我們很想借幾個不陳的工具，處治些新獲見的材料，所以纔有這歷史語言研究所之設置。〔九〕

他是懷着『不滿』和『不服氣』的心情，爲避免中國各種學問的原料外流而創辦歷史語言研究所的。

總之，中國歷史學、語言學的發展向人們提出了搜集整理新資料的要求，造就了一批優秀的學問家；同時，外國人對中國歷史學、語言學資料的掠奪激起了中國學者搜集保存新資料的熱情，這是歷史語言研究所創辦的客觀原因。傅斯年具有深厚的中國傳統學問的根底，又精通西方的史料學、語言學的理論和方法，具有越衆的領導、組織能力，這是他能够走到這股學術潮流的前列、成功地創辦歷史語言研究所的主觀條件和關鍵之所在。

（二）歷史語言研究所的發展

爲明確歷史語言研究所工作的指導思想和學術宗旨，一九二八年五月，傅斯年撰寫了《歷史語言研究所工作之旨趣》一文，以研究所籌備處的名義刊登在十月出版的《國立中央研究院歷史語言研究所集刊》第一本第一分上。

在這篇文章中，他首先通過對歐洲歷史學、語言學研究狀況的簡要介紹，揭示了這兩門學科的内容、範圍、方法和研究宗旨。他説：

歷史學和語言學在歐洲都是很近纔發達的。歷史學不是著史：著史每多多少少帶點古世中世的意味，且每取倫理家的手段，作文章家的本事。近代的歷史學祇是史料學，利用自然科學供給我們的一切工具，整理一切可逢着的史料，所以近代史學所達到的範域，

自地質學以至目下新聞紙，而史學外的達爾文論，正是歷史方法之大成。〔一〇〕

他説，歐洲的語言學産生於十八、十九世紀之交，經過幾個大學問家的努力，很快發達了起來，不論是綜合的系統語言學，還是各種專門的語言學，都已蔚爲大觀，尤其是實驗語言學、方言的研究，成績更爲突出。他説：

本來語言即是思想，一個民族的語言即是這一個民族精神上的富有，所以語言學總是一個大題目，而直到現在的語言學的成就也很能副這一個大題目。

中國的情況又是如何呢？傅斯年認爲，語言學和歷史學在中國發達甚早，公元前二世紀的司馬遷，傳信存疑，别擇史料，寫作《史記》八書、製作年表，『若干觀念比十九世紀的大名家還近代些』。北宋的歐陽修作《集古録》，研究直接材料，『是近代史學的真工夫』。司馬光作《資治通鑒》，『遍閲舊史，旁采小説』，和劉攽、劉恕、范祖禹諸人，利用一切可以搜集到的材料，認真比勘考訂。到北宋晚年，這方面又有長足的進步。如果按照這樣的方向發展下去，到了明朝，就應該有當代歐洲的局面了。可是元朝以少數民族入主中原，明朝崇尚浮誇，所以歷史學、語言學不僅没有進步，反而後退了。明清之際浙東學派開了『一個好端涯』，清初顧炎武的歷史考證、音韻學研究，閻若璩的歷史地理學及辨僞方面的成就，均爲世人所矚目。『亭林、百詩這樣對付歷史學和語言學，是最近代的：這樣立點便是不朽的遺訓。』但是近百年來中國的歷史學和語言學并没有沿着前人開闢的正確方向走下去，也没有因爲和西洋人接觸而借用其新工具、擴張新材料，而是煞費苦心地在那裏修元史、修清史，做官樣文章。更有甚者，不僅自己不使用新材料，就連別人正在使用的新材料也加以抹殺，如甲骨文字，外國人都在極力搜求研究，而我們語言學的『大權威』，却將其視爲贋品。這在觀念上、研究方法上都是一種大倒退。

總之，傅斯年認爲，中國的歷史學、語言學發達早，有光輝的歷史，近代以來却落伍了。歐洲的歷史學、語言學是近幾百年纔發達起來的，但發展的水準遠遠超過了中國。

判定歷史學和語言學進步與否的標準是什麽？傅斯年説：

第一，『凡能直接研究材料，便進步。凡間接的研究前人所研究或前人所創造之系統，而不繁豐細密的參照所包含的事實，便退步』。前者是所謂『科學的研究』，後者則是所謂『書院學究的研究』。比如僅以《説文解字》爲本體去研究文字學，是學究的研究；祇把《説文解字》作爲一種材料，同時使用甲骨文、金文去研究文字學，乃是科學的研究。按照司馬遷的舊公式去寫紀表書傳，是『化石的史學』；能利用各種直接材料，大到方志，小到私人日記，遠如考古發掘，近到某洋行的貿易册，把史事條理列出來，則是科學的本事。

第二，『凡一種學問能擴張他研究的材料便進步，不能的便退步』。西方人做學問不是去讀書，而是『動手動脚到處尋找新材料，隨時擴大舊範圍』，所以學問便不斷發展提高。中國古代的文字學研究，從《説文》的研究取代漢簡，到阮元的金文研究識破《説文》，再到孫詒讓、王國維的甲骨文研究，材料不斷擴充，學問一層層進步。在中國歷史學的盛時，材料用得也很廣泛，『地方上求材料，刻文上抄材料，檔庫中出材料，傳説中辨材料』。可是到了現在，中國的學者不僅不能擴充材料、去搞地下發掘，就是對於自然送給我們的材料，如敦煌文獻、內閣檔案等，也坐視其毁滅、外流，却又在那裏大談『整理國故』，這樣怎能進步！

第三，『凡一種學問能擴充他作研究時應用的工具的，則進步，不能的，則退步。實驗學家之相競如斗寶一般，不得其器，不成其事，語言學和歷史學亦復如此』。中國歷來研究音韻學的人很多，但没有突出的成就，原因是缺乏必要的工具。現代的歷史學已經成各種科學方法的彙集，地質、地理、考古、生物、氣象、天文等學科，無不供給其研究的工具。没有自然科學的幫助，許多歷史問題根本無法解決。

就以上三條標準來看，中國古代的歷史學、語言學之所以有『光榮的歷史』，是因爲古人『能開拓的用材料』。後來這兩門學科之所以式微，『正因爲題目固定了，材料不大擴充了，工具不添新的了』。

依據上述三條標準，傅斯年提出了歷史語言研究所工作的三條宗旨：第一是『保持亭林百詩的遺訓』，就是『照着材料的分量出貨物』，『利用舊的新的材料，客觀的處理實在問題，因解決之問題更生新問題，因問題之解決更要求多項的材料』。第二是『擴張研究的材料』。第三是『擴張研究的工具』。

他對以上宗旨做了三點説明。第一，『我們反對「國故」一個觀念』。歷史語言研究所并不是專門要研究中國的東西，衹是因爲搜集中國的材料容易些，研究的基礎好一些，所以纔把研究的重點放在中國的歷史學和語言學方面。歷史語言研究所的目標是擴充材料、擴充工具，一直『弄到不國了，或不故了』。第二，『我們反對疏通，我們衹是要把材料整理好，則事實自然顯明了。一分材料出一分貨，十分材料出十分貨，没有材料便不出貨』，對待材料的態度是『存而不補』，處理材料的方法是『證而不疏』。他曾打算從洛陽向西尋找材料，直到中亞地區，這樣『就脱了純中國材料之範圍了』。第三，歷史語言研究所不做普及性的工作。歷史語言研究所的工作不是『經國之大業不朽之盛事』，衹要一些『書院的學究』把一生的精力用在這個上面就行了，用不着誘導别人愛好它。

在這篇文章中，他擬定了歷史語言研究所研究工作的計劃和組織機構，同時對設立歷史語言研究所的意義進行了説明：

歷史學和語言學發展到現在，已經不容易由個人作孤立的研究了，他既靠圖書館或學會供給他材料，靠團體爲他尋材料，并且須得在一個研究的環境中，纔能大家互相補其所不能，互相引會，互相訂正，於是乎孤立的製作漸漸的難……集衆的工作漸漸的成一切工作的樣式了。

他提出破除『讀書就是學問』的風氣，公然宣布：

我們不是讀書的人，我們衹是上窮碧落下黄泉，動手動脚找東西！

最後，他提出了三個響亮的口號：

一、把些傳統的或自造的『仁義禮智』和其他主觀，同歷史學和語言學混在一氣的人，絶對不是我們的同志！

二、要把歷史學語言學建設得和生物學地質學等同樣，乃是我們的同志！

三、我們要科學的東方學之正統在中國！

在《歷史語言研究所工作之旨趣》發表以後的幾十年裏，所内的學者們一直恪守上述幾項原則，遵照傅斯年提出的研究方向進行各項研究工作。後來，勞榦先生對《歷史語言研究所工作之旨趣》一文發表了如下的評論：

這篇裏面的内容决定了以後的時期史學研究應當走的路綫，至今日還没有重大的修改。

誠然自清末以來，前輩人對於歷史學研究的意見和示範的工作不是毫無一點貢獻，衹是都比較零碎，而影響比較上也不算最大。衹有胡適之先生的《北京大學國學季刊發刊詞》和傅孟真先生的《歷史語言研究所工作之旨趣》，兩篇文字可以説是近來中國歷史研究經過上的重要文獻，而奠定了中國現代歷史學的基礎。〔一一〕

時過半個世紀，李濟先生回顧歷史語言研究所走過的歷程時，也對傅斯年《歷史語言研究所工作之旨趣》做出很高的評價：

他告訴研究所的同仁一個原則，要大家找新材料。他説：有新材料纔有新問題，有了新問題必須要找解決問題的方法；爲了解決新問題必須再找新材料，新材料又生新問題，如此連環不絶，纔有現代科學的發生。他這一原則我想歷史語言研究所的同仁到現在還一直遵守的。〔一二〕

李濟、勞幹都曾長期在歷史語言研究所從事研究工作，他們對傅斯年及其《歷史語言研究所工作之旨趣》的評價未免有過譽之處，衹可視爲一家之言。但是從字裏行間我們不難看到，《歷史語言研究所工作之旨趣》一文的確是歷史語言研究所工作的指導思想，是它賴以存在的精神支柱，對於中國現代史學史上新考據學派、史料學派的發展起到了重大的推動作用。

傅斯年籌建歷史語言研究所時，曾打算在北伐成功後將研究所一部分留在廣州，一部分遷往北平。之所以要遷歷史語言研究所至北平，主要是考慮到北平特殊的地理位置，可以爲研究工作提供諸多便利條件。其一，北平是明清都城，保存有大量的圖書典籍、檔案資料，北平圖書館、北大圖書館和清華圖書館所藏圖書文籍，皆非其他地區圖書館可比。其二，當時傅斯年擬定的搜求新材料的路綫有兩條：一是京漢鐵路沿綫，重點是安陽至易州一帶；二是由洛陽附近向西延至中亞。北平距這些地區較近，交通亦較便利，人員往返、消息傳遞及物質運輸等均相對方便。其三，二十世紀初，北平出現了兩個國學研究機構，一是北大研究所國學門，二是清華國學研究院。國内大批學術精英加盟其中，進行了卓有成效的研究工作。歷史語言研究所成立前夕，北大研究所國學門因政局動蕩、經費困難，研究工作陷於停滯。清華國學研究院的研究工作也於一九二七年王國維沉湖自盡後宣告結束。北大研究所國學門『態度極向新方向走，風氣爲胡適之等所表率』，而清華國學研究院在王國維的領導下，『頗成一種質實而不簡陋，守舊而不固執的學風』。〔一三〕歷史語言研究所遷至北平，不僅可以接受這兩個研究機構的學術成果，而且能够吸收更多的高水平研究人員，如北大研究所國學門的劉復、朱希祖、徐中舒、陳垣，清華國學研究院的陳寅恪、趙元任，都是很有成就的學者，將他們吸收到歷史語言研究所中來，必定能够大大提高歷史語言研究所的研究水準。

一九二九年初，北方局勢已趨安定。因爲廣州中山大學原來設有語言歷史研究所，所以傅斯年決定將中央研究院歷史語言研究所全部遷往北平，廣州不再留置分支機構。三月，歷史語言研究所北遷，六月，入居北海之静心齋。

起初，傅斯年準備在史語所中設立九個研究小組：文籍考訂組、史料徵集組、考古組、人類及民物組、比較藝術組，以上五組屬歷史類；漢語組、西南語組、中央亞細亞語組、語言學組，以上四組屬語言學類。歷史語言研究所正式建立時，調整爲八個組：史料學組、漢語組、文籍校訂組、民間文藝組、漢字組、考古學組、人類學民物組、敦煌材料研究組。〔一四〕由於各方面條件的限制，有些組的工作無法正常開展，而且分組過細，不便於協調合作。一九二九年六月，傅斯年主持歷史語言研究所所務會議，決定將相關的學科組加以合并，共保留三個組，即歷史組、語言組、考古組，後來人們通常稱之爲第一組、第二組、第三組。原定的研究内容，除人類學民物組因課題與蔡元培領導的社會科學研究所民族學組重複而取消之外，其餘都包括在這三個組裏。這時，陳寅恪、趙元任、李濟都來到歷史語言研究所，分别擔任歷史組、語言組和考古組的主任。

陳寅恪自幼接受傳統教育，後來留學日本、德國、法國、瑞士和美國。一九二一年，他再度赴德國，與傅斯年一起在柏林度過了四年同甘共苦的學習生活。他的學問博大精深，素爲學術界所推重。陳寅恪先傅斯年一年回國，被清華國學研究院聘請爲導師，主講佛經翻譯文學。一九二八年，歷史語言研究所成立伊始，傅斯年便聘請陳寅恪爲兼任研究員。〔一五〕一九二九年，歷史語言研究所遷至北平，當時陳寅恪已被清華大學、北京大學聯合聘爲教授，且須主持清華國學研究院工作。儘管如此，傅斯年還是下定決心，務必聘請陳寅恪擔任歷史組主任。傅斯年慨然應允陳寅恪在清華兼課的要求，陳寅恪無法推托，於是應聘擔任了歷史組主任。

趙元任是著名的語言學家，在中國音韻學尤其是少數民族語言的調查研究方面成績卓著。傅斯年在柏林大學讀書時就與趙氏交往，後趙亦被清華國學研究院聘爲導師。傅斯年在中山大學創辦語言歷史研究所後，趙曾前去參觀。〔一六〕次年，傅斯年聘其爲語言組主任。

李濟出身於士大夫家庭，一九一一年入清華學堂，後赴美國留學，攻讀人類學專業，獲博士學位，回國後曾任教於南開大學、清華大學，旋赴歐洲考察。一九二八年，李濟回到香港，順便到廣州游覽，在中山大學遇見了莊澤宣，一見面莊澤宣就告訴他：『傅斯年正到處找你！』這使得李濟大吃一驚，因爲他一向景慕辦《新潮》的傅斯年，可從來没與傅見過面。傅斯年會找他做什麽呢？傅斯年見到李濟，就像見了老朋友一樣，給他安排住處，親自陪同他去香港辦理船票的延期手續，堅持留他住了一個星期，參觀了語言歷史研究所和圖書館，介紹了相關的研究計劃。中央研究院歷史語言研究所成立後，傅斯年提出讓他主持考古組工作。李濟深深地爲傅斯年淵博的學識、宏大的氣魄和坦誠的態度所打動，他即刻接受了傅斯年的聘請，决心致力於中國的考古事業。

歷史語言研究所遷至北平後，適逢胡適任北京大學文學院院長，到處延聘名流學者講授中國文史類課程。歷史語言研究所名家如雲，自然成爲胡適聘請的重要對象。歷史語言研究所所址距北大不遠，來往甚爲方便，所内的學者們也樂於到北大兼課。但是兼課多了，所内工作肯定會受影響，所以傅斯年對所内研究人員外出兼課嚴加控制。據李方桂回憶，當時傅斯年提出一項原則，凡是歷史語言研究所的專職研究人員都不准在外面兼課。但是陳寅恪、趙元任却堅持要在清華兼課，否則就不接受所内聘任。傅斯年爲了請到這樣兩位杰出的人才，衹得退一步説：『好！衹有你們兩位可以在外兼課，别人都不許！』在這樣的情况下，陳寅恪和趙元任接受傅斯年的聘請，分别擔任了歷史組和語言組的主任。〔一七〕通過這件事可以看出，傅斯年做事，既堅持原則，又甚靈活，他的目的是把歷史語言研究所辦成第一流的學術研究機構，祇要能達到這個目的，其他的既定條款可以隨時修訂。

不久，傅斯年放寬了對歷史語言研究所研究人員外出兼課的限制。所内的學者中不少人來自高等學校，完全與教學工作脱離，他們感到不大習慣，而教學與研究工作密不可分，對研究水準的提高具有重要的推進作用。另外，高等學校裏集中了一批優秀的青年學生，從中可以選拔頂尖人才，充實歷史語言研究所的研究隊伍。所以，傅斯年、董作賓、李濟、梁思永等人後來都到北京大學做兼職教授。他們的確從北京大學的優秀畢業生中選拔了不少杰出的人才，如胡厚宣、張政烺、傅樂煥、王崇武、勞榦等，都在畢業後被選進了歷史語言研究所，後來他們當中的不少人成了史語所研究工作的骨幹。錢穆説過，『凡北大歷史系畢業成績較優者，彼（按：指傅斯年）必網羅以去』〔一八〕。李濟則把傅斯年的這種做法稱作『拔尖主義』：

> 歷史語言研究所建置的初期，各大學歷史系的高材生，每年都被他羅致去了。他的『拔尖主義』（這是他鑄造的一個名詞）往往使各大學主持歷史系的先生們頭痛。但是等到他自己辦大學的時候，他又設法子把這一群人帶回去。〔一九〕

一九二九年，傅斯年被聘請爲北京大學教授。此後，他曾講授『史學方法導論』『中國古代史專題研究』『秦漢史』『中國文學史』等課程。據鄧廣銘回憶説，他到北京大學讀書的頭一年，北大歷史系主任陳受頤決定聘請歷史語言研究所的學者講商周史，第一堂課就把傅斯年請了來。但陳受頤沒有把講課的事說明白，傅斯年以爲是隨便進行一次演講。那一天北大二院的大禮堂裏座無虛席，傅斯年走進禮堂，纔知道是被請來講課的，那堂課他講得雜亂無章。當時有人以爲傅斯年是『盛名之下，其實難副』，但後來再去聽他的課，纔知道他是個通人，其學問之大，一般教授是趕不上的。同學們佩服他的學問，去聽課的人很多。〔二〇〕

楊向奎先生回憶說，『本世紀三十年代，北京大學的教授陣營是整齊的，都是一時之選』。他在列舉歷史系教授時，首先提到的就是傅斯年，說他是『有才華的學者，才氣縱横』，說他講課『大氣磅礴，上天下地，無所不及』，『是一位淵博而有開創性的學者』。〔二一〕

楊志玖先生談到旁聽傅斯年講課的感受時說：

1934—1937年，我在北京大學史學系讀書時，曾旁聽過傅先生的先秦史專題課。我雖不能完全領會他講課的内容，但對他發表的獨到的見解，對史籍的熟悉，旁徵博引，融會中西的學識以及滔滔不絶的口才，却深感新奇和欽佩。他時而背一段《左傳》，時而翻一篇英文文獻，中西互證，左右逢源，宛如一個表演藝術家，聽他的課也是一種藝術享受。〔二二〕

傅斯年不是衹會在講堂上傳經布道的教書匠，他書教得好，行政工作做得也出色。他除主持歷史語言研究所日常行政工作之外，對北京大學的校務工作亦多所獻替。當時任北大校長的蔣夢麟，就把傅斯年與胡適視爲自己的左膀右臂。蔣氏後來回憶說：

> 九一八事變後，北平正在多事之秋，我的『參謀』就是適之和孟真兩位。事無大小，都就商於兩位。他們兩位代北大請到了好多位國內著名的教授，北大在北伐成功以後之復興，他們兩位的功勞，實在是太大了。
>
> 那個時期，我纔知道孟真辦事十分細心，考慮十分周密。〔二三〕

九一八事變以後，北方局勢動蕩不安。一九三三年二月，日軍侵占熱河，華北危急。四月，歷史語言研究所南遷上海，暫時安置於曹家渡的小萬柳堂。是年春，傅斯年受教育部長朱家驊之聘，擔任中央博物院籌備主任，他以少得可憐的經費，精心籌劃，奠定了博物院的基礎。後來，因爲工作繁忙，不堪重負，乃推薦李濟繼任此職。同年夏，傅斯年兼任中央研究院社會科學研究所所長職務。不久，中央研究院決定撤銷社會科學研究所，經總幹事丁文江提議，將社會科學研究所之民族學組歸入歷史語言研究所。社會科學研究所創立於一九二八年，其民族學組主要研究我國東北、西南邊疆地區少數民族的原始文化，曾先後進行過廣西瑤族、臺灣高山族、東北赫哲族、湘西苗族、浙江畲族的調查工作。該組歸入歷史語言研究所後，乃與所內第二組中的人類學研究部門合并，列爲第四組，聘請著名人類學家吴定良爲主任，主要研究方向爲文化人類學與體質人類學。

次年十二月，中央研究院在南京集中興建的各研究所房舍相繼竣工，歷史語言研究所由上海再遷南京欽天山北極閣的史語所大厦。

歷史語言研究所南遷，傅斯年未隨同前往，仍留居北平，在北京大學兼課。直至一九三六年春，他纔辭去北大教職，移家南京，親自主持研究所的工作。一年之後，他又不得不離開南京，率領歷史語言研究所各組開始了漂泊不定的遷播生活。

（三）歷史語言研究所的輾轉遷徙

抗日戰爭是歷史語言研究所發展史上的一個分水嶺。一九二八年至一九三七年抗日戰爭全面爆發，是歷史語言研究所迅速發展的時期。在這十年當中，所址共遷徙三次，每遷一次，研究人員增加一次，研究計劃擴充一次。殷墟的十五次考古發掘，內閣大庫檔案的收藏整理，大量的民族學、語言學資料的調查，語言學實驗室的建設，都是在這個時期進行的。若不是日本帝國主義侵華，歷史語言研究所照此速度發展下去，在資料搜集整理方面的成績真是不可限量呢。

七七事變以後至一九四九年的十餘年中，歷史語言研究所先是輾轉遷徙於西南地區，後又由南京遷到臺灣，所址先後遷徙五次，可謂顛沛流離，每況愈下。

一九三六年春，中央研究院院長蔡元培提議，由朱家驊擔任中央研究院總幹事。不久，朱家驊奉蔣介石之命出任浙江省政府主席。朱氏以封疆大吏坐守東南，無暇顧及這個學術機構。蔡元培身患重病在滬治療，院中具體事務更無力過問。故中央研究院的大小事務，均由傅斯年代爲處理。一九三七年，七七事變以後，中央研究院決定南遷。七月，傅斯年部署將院中文物運至南昌及長沙。八月，遷歷史語言研究所至長沙，分别安置於韭菜園的聖經學校及南岳的聖經學校。十月，又將存於南昌的文物運到重慶大學。

一九三八年一月，歷史語言研究所的工作人員及圖書資料、儀器設備，一部分經貴州轉至昆明，一部分取道廣西至桂林，然後繞道越南運赴昆明。到達昆明後，選定拓明東路與青雲街三號爲所址。該年秋，傅斯年移家至昆明。十月，爲躲避敵機空襲，將歷史語言研究所遷至昆明郊外，安置於龍泉鎮的響應寺和龍頭書塢。

一九四〇年，朱家驊繼蔡元培之後出任中央研究院院長，乃請傅斯年擔任中央研究院總幹事。傅斯年重情誼、性豪爽，與朱家驊是多年共事的老朋友，朱氏提出此議，他慨然應允。當時，雲南邊境軍事吃緊，昆明常遭敵機轟炸，警報頻繁。爲安全起見，歷史語言研究所準備遷往四川。傅斯年決定，要爲歷史語言研究所選一個在地圖上找不到的地方作爲新所址。於是他派芮逸夫到四川尋找這樣的地方，最終選定了南溪縣李莊鎮。是年十一月，歷史語言研究所遷到了李莊鎮，安置於板栗坳的張家大屋。傅斯年描述當年歷史語言研究所搬遷工作之艱辛時説：

前年（按：指一九四〇年）秋冬，奉命遷移。彼時交通無辦法，竭盡平生之力而謀之，一面跑警報，一面辦這些事，故每日有時走至三十里，幸而把研究所搬了。〔二四〕

史語所的學者們經歷千辛萬苦，輾轉遷徙半個中國，最後終於找到了一個看不到彌漫的硝烟、聽不見敵機轟炸、可以安心從事學術研究的地方。

抗日戰争的爆發打斷了歷史語言研究所蒸蒸日上的發展進程，但是没有中斷歷史語言研究所的各項研究工作。學者們帶着一千多箱圖書、檔案、儀器、標本，輾轉遷播，席不暇暖，食不果腹，資料缺乏，印刷困難，既定的研究方案大都難以繼續進行下去。但他們仍然根據傅斯年確定的研究宗旨，努力創造條件，研究歷史文獻，進行考古調查和發掘，進行民族學的調查和研究，撰寫出一大批頗有學術價值的著作來。陳寅恪的《唐代政治史述論稿》《隋唐制度淵源略論稿》，董作賓的《殷曆譜》，趙元任等的《湖北方言調查報告》等，都是這個時期完成出版的。傅斯年的力作《性命古訓辨證》等，也於輾轉遷徙中定稿謄清，陸續出版。

在戰火彌漫的年代裏，學者們過着近乎逃難的日子，而歷史語言研究所的研究工作始終没有間斷。這固然反映出學者們對學問的執着追求和甘願爲學術獻身的崇高精神，傅斯年的組織領導之功亦不可埋没。

戰亂期間，學術機關的遷徙是一件相當困難的事情。遷徙地址的選擇固然不容易——因爲既要考慮到新址是否安全，又要考慮到是否有足够的房屋放置圖書資料和安排工作人員的辦公生活場所。圖書資料的運輸、工作人員的運送亦非易事。當時搬運的圖書資料等有上千箱，僅文物一項就有一百五十噸重，加上大西南交通很不便利，運輸之難可想而知。歷史語言研究所的圖書、文物等資料都是無價之寶，如何妥善保管、避免損失，也是一件重要而又難辦的事情。據當事者回憶説，歷史語言研究所剛遷到南溪李莊時，當地群衆不知道它是一個什麽機構，他們見到人類學組的人頭骨及其他骨骼化石，驚异萬分，到了晚上，經常有人站在附近的山頭上高喊：『研究院殺人啦，研究院殺人啦！』當時兵荒馬亂，時有土匪出没，故研究所的安全乃是一個大問題。爲避實就虚、掩人耳目，傅斯年讓人把『善本書庫』的牌子取下，另换上『别存書庫』四個字。他親自召開會議討論治安保衛問題，提議每個人床頭上放一面小銅鑼，一旦發現异常情况，馬上鳴鑼報警，雖然大家哈哈大笑了一陣，但也引起了對安全問題的警覺意識。〔二五〕

歷史語言研究所遷李莊後的六年裏，最令傅斯年感到頭痛的是研究所工作人員的吃飯問題。由於國民黨政府各機關均遷至重慶，前往四川避難的人極多，所以當地生活物質嚴重短缺。爲解决工作人員的生活問題，他經常要和地方政府交涉，有時不惜打躬作揖，求告他人。他給駐宜賓的四川第六區行政督察專員兼保安司令王夢熊寫過不少求助的信，其中有一封信中這樣説：

請您不要忘記我們在李莊山坳裏尚有一批以研究爲職業的朋友們，期待着食米……敝院在此之三機關（歷史語言研究所，社會科學研究所，人類學研究所）約一百石，外有中央博物院約三十石，兩項共約一百三十市石，擬借之數如此……夙仰吾兄關懷民物，飢溺爲心，而於我輩豆腐先生，尤深同情（其實我輩今日并吃不起豆腐，上次在南溪陪兄之

宴，到此腹瀉一周，亦笑柄也），故敢求之於父母官者。〔二六〕

據傅樂成、屈萬里等人回憶説，在生活最困難的時候，傅斯年每餐祇能吃一盤『藤藤菜』，有時祇喝稀飯，實在接濟不上，便靠賣書度日。傅斯年嗜藏書，平日之積蓄，幾乎全部用在了買書上，不到萬不得已的時候，他是不肯賣書的。他賣書換來糧食，除解決自己的燃眉之急外，還周濟朋友。董作賓家庭人口多，生活無保證，傅斯年就拿賣書的錢接濟他。

在那戰亂的年代裏，歷史語言研究所之所以能够保持較高的學術水準，關鍵還在於傅斯年注重選拔培養學術人才。傅斯年具有不同於常人的膽識和魄力，不管生活多麼困難，環境如何動蕩，他仍一如既往，把人才的選拔、培養當作自己的重要職責。他選拔人才務求德才兼備，所謂『德』是指學術品德，即不慕權勢、不求富貴，熱愛歷史學、語言學，具有爲學術而奮鬥終生的精神。所謂『才』，是指具有扎實的學業基礎、敏鋭的分析能力，在學術研究方面有潛力、有培養前途之人。祇要符合這兩個條件，他千方百計地網致。不符合這兩個條件，無論有什麼樣的關係和靠山，抑或是自己的親朋好友，他都拒之門外。

而今馳名海内外的學者中，不少是他於戰亂期間選拔培養成才的。如嚴耕望於一九四一年畢業於武漢大學，曾跟隨錢穆在齊魯大學國學研究所繼續深造，後受安徽學院之聘前往任教，旋因戰亂滯留重慶。他素聞歷史語言研究所具有全國一流的研究水準和研究條件，便萌生了入歷史語言研究所繼續讀書的念頭，但苦於無人推薦。後來有人告訴他：『傅孟真先生的脾氣比較特別，請有名的人介紹，未必能成功，不如自己寄幾篇論文去申請入所，他若果欣賞，就可能成功。』嚴耕望抱着無可奈何、姑且一試的想法，於七月中旬寫了一份申請書，連同自己已出版和未出版的三篇論文，直接寄給了傅斯年。想不到時過不久，他就收到傅斯年寄來的快信，信中説：照論文的程度可作助理研究員，但論資歷祇能作助理員。這着實使嚴耕望喜出望外。〔二七〕此後，嚴耕望學習更加刻苦認真，加上具有良好的環境，有名師指導，不久他就寫出了許多關於古代政治制度的論著，終於成爲頗有成就的知名學者。

傅斯年在聲聲警報中主持王利器的入學考試，更堪稱學林佳話。王利器畢業於四川大學中文系，畢業論文是《風俗通義校注》。在國民黨政府舉行的第一届全國大學生會考中，該論文得了滿分。聽説北京大學文科研究所在重慶招生，他急忙前去應考。當時北京大學、清華大學和南開大學組成西南聯合大學，本科合辦，研究所則仍由各校自行辦理。北京大學恢復文科研究所，由傅斯年擔任所長。由於王利器住在僻遠的山區，等趕到重慶時已誤了考期。他抱着試一試的想法找到了傅斯年。傅斯年看了他的《風俗通義校注》後，決定對他單獨進行考試。首場考試科目是英語，當時正處在抗日戰爭最艱苦的時期，敵機時常轟炸重慶，一場英語没考完，警報就響了七次，他們也往防空洞中跑了七次。在中午吃飯的時候，傅斯年告訴王利器：『你明天回江津去吧，敵機濫炸重慶，很危險。不要考了，我告訴你，你早就取了，還準備給中英庚款獎學金。你去昆明，還是去李莊？由你選擇。昆明有老師；李莊，中央研究院歷史語言研究所在那裏，有書。』王利器選擇了去李莊，直接跟隨傅斯年做研究生。〔二八〕後來王利器也成爲知名的文史專家。

傅斯年提出，歷史學、語言學『斷不以國别成邏輯的分别，不過是因地域的方便成分工』，主張建立『科學的東方學』〔二九〕，同時，他强調引進西方社會科學和自然科學的基本理論和研究方法。所以，他在選拔人才、録取研究生的時候十分注重考察他們的外語水準。前面提到王利器的研究生入學考試第一場便是英語。另據楊志玖先生回憶説，他在一九三九年報考北京大學文科研究所研究生的時候，傅斯年『親自主持了一些口試，并檢閲每個人的英文試卷』，事後還特别對他説『你的英文還可以』。〔三〇〕

傅斯年爲歷史語言研究所制定出一個總體的研究方向，但對於研究所的研究人員來説，則完全可以根據個人的特長和學術興趣，選擇自己的研究課題，他對此從不强行干涉。李方桂留學回國後進入了歷史語言研究所，用他自己的話説『是個嶄新的留學生』。對於這樣一位青年學者，傅斯年也是放開手脚，讓他自由發展。李方桂後來回憶説：

> 但是我想做什麽事情，傅先生從來不曾回拒過，祇要我想做些什麽研究，他無不贊成，這也是一件很難得的事情。往往辦事的人總是要你做他所想做的事，而不是做你所要做的事。從這兩件事看，一是他能認識人，二是他能讓你做你所想要做的事，這的確是一個不可多得的領導人才。〔三一〕

對於在歷史語言研究所和北京大學文科研究所讀書的青年學生，傅斯年采取高標準要求、自由式發展的培養模式，即要求學生學業基礎扎實、學術研究能力强，但具體的研究方向可以根據個人的情况自由選取。北京大學文科研究所遷到李莊之前，所址設在昆明的青雲街靛花巷。當時傅斯年與歷史語言研究所的工作人員一起住在鄉下，他經常到靛花巷瞭解同學們的學習情况，有時也到研究室詢問同學們的學習進度。〔三二〕他規定歷史語言研究所定期舉行學術報告會，大家輪流擔任報告人，讀研究生的學生也不例外。王利器就做過一個題爲『家人對文解』的報告，頗得傅斯年的贊賞和大家的好評。王利器是傅斯年直接帶的研究生，當時傅斯年的研究興趣主要是先秦民族史、中國古代思想史和明史，但王利器讀本科時候的論文是《風俗通義校注》，偏重於古籍的校勘注解。在歷史語言研究所讀研究生的時候，他又對《吕氏春秋》産生了興趣。傅斯年尊重他的學術興趣，指導他以『吕氏春秋』爲題目，采用注疏體寫論文，最終完成《吕氏春秋比義》這篇長篇論文。

勞榦先生説，傅斯年對歷史語言研究所歷史組學者們的學習和研究都進行過幫助和指導。他説：

在歷史語言研究所歷史組全體同人的工作中，差不多都得到（他）很好的啓示。尤其新進的同人作好的論文，幾乎每一個字他都加以指示，使他再向嚴謹去做。〔三三〕

傅斯年身高體胖，是一個典型的山東大漢，不過他的體質不怎麽强壯，早在抗日戰爭爆發之前，他便常常患病。胡適於一九三七年寫信給他，説：『一個山東大漢，遍身是小病，嬌弱的禁不起風，如何是好！』〔三四〕抗日戰爭爆發後，他的工作壓力比從前更大，部署歷史語言研究所的遷徙工作，包括選擇遷徙地址、安排運輸、解决工作人員的給養、組織學術研究、處理日常事務，輾轉奔波，終日忙碌。後來，他出任中央研究院總幹事，院内各機關的遷徙及日常事務，均需考慮安排，更是忙中加忙。在此期間，他開始參與政治，先是參加了國民政府的『國防參議會』，後又兼任『國民參政會參政員』，經常出席會議。一九四一年的二、三月間，五十天内他竟開了五個會，會期最長的達十天。這年年初，他就覺得兩眼不舒服，但仍可上山走路。二月十八日，請眼科大夫檢查，未發現异常，大夫建議他到内科復查，但由於會議太多，所以一直拖延，以後覺得眼睛更不舒服。至三月下旬，身體亦覺不適。他入醫院檢查，不禁大吃一驚，舒张壓高至 140 mmHg（1 mmHg= 0. 133Kpa），左眼有一毛細血管破裂。醫生皆認爲情况危急，朋友也爲他擔心。没有辦法，他衹好住院治療。三個月後，病情有所好轉，而後又在家静養了兩個月，至九月份，便可外出小走。到了十月，其母突然病逝。傅斯年以自己久卧病榻，未能盡心看視母親，負疚痛心。喪葬等事，勞頓异常，其間他又參加了國民參政會會議，且爲中央研究院事務操心忙碌。年底，他自重慶赴李莊，冬天逆水行船困難，用了五天纔到達，後來一量血壓，比之前更高。醫生勸其休養兩年，但他衹休息了兩周，便又出面主持研究工作、參加國民參政會。這種窮、愁、忙的環境，使他的病情一直不能徹底好轉。

（四）歷史語言研究所的成就與貢獻

根據歷史語言研究所的工作宗旨，傅斯年很快爲各組選定了重要的研究課題。在他擔任所長的二十多年裏，各組在這些課題研究方面均取得了引人矚目的成就。

新史料的搜集與整理

歷史組把整理清内閣大庫檔案、整理校勘《明實録》作爲工作的重點。清内閣大庫檔案是指清政府存放在内閣大庫中的明末至清代的詔令、奏章、則例、移會、賀表、三法司案卷、《實録》、殿試卷及各種册簿等。内閣大庫原編爲六號，禮、樂、射、御四號所藏全是明末至清代的檔案，書、數二號除收藏賦役書、命書、硃批諭旨、鄉試録、殿試卷外，還藏有明朝文淵閣舊籍及各省府縣志。宣統元年（一九〇九），庫房損壞，這些檔案書籍被臨時搬放於文華閣兩廡和大庫外邊的庭院裏。露天堆放非長久之計，於是主管學部事務的大學士、軍機大臣張之洞奏請將其中書籍揀出，成立『學部圖書館』（北京圖書館的前身）保存。其中一部分檔案被視爲無用之物，經内閣會議討論後，擬予以焚毁。學部參事羅振玉奉命接收，發現被批准焚毁的檔案都是十分珍貴的歷史資料，於是建議學部設法予以保存。獲准後分别存放於國子監南學和學部大堂後樓裏。辛亥革命後，這批檔案材料劃歸歷史博物館收藏，於一九一七年全部移放於午門、端門洞中，當事者時或盜竊之。後來教育部曾兩次派人進行『整理』，將一些比較整齊的材料翻揀出來，其餘的則胡亂堆放，使之更加殘破散亂，盜竊之現象亦更爲嚴重。

一九二一年，歷史博物館方面經費短缺，於是在這批檔案上打起了主意，將這些檔案裝進了八千個麻袋裏，總計重量十五萬斤，以『爛字紙』之價格，計四千大洋，賣給了北京的同懋增紙店。該紙店又改用蘆席捆扎成包，準備運至定興、唐山兩地重新造紙，同時從中挑出一些較爲整齊的案卷，拿到市場上出售。羅振玉聞訊後，急以三倍之價贖回，并將已運往定興的部分案卷重新運回北京，將運至唐山的部分案卷改運到天津存放。他雇人對某些案卷進行了整理，編印成《史料叢刊初編》十册。以私人之力，對這些檔案全面進行整理絶無可能，若長期存放，其財力實亦難及。羅氏計無所出，衹好轉售他人。據傳，外國人有欲出重金購買者。一九二四年，李盛鐸以一萬六千元價格購得，乃於北平、天津分别賃屋存放。一九二七年，李氏因房租價高難以支付，且所租房屋漏雨，損及書册，乃急欲轉賣。當時平津學人雖知這批材料價值甚大，但均以價格太高且難以保存整理而未敢購買，時日本人又生覬覦之心，且已染指於兹。

一九二八年春，著名考古學家馬衡致函傅斯年，建議其購買這批檔案。當時傅斯年正在廣州中山大學任教，同時籌備成立中央研究院歷史語言研究所。他在講授『中國文學史』課程時，專門講了有關史料搜集整理的問題。他將史料分作『直接的史料』和『間接的史料』兩大類，指出在史學方面後人要想超過前人，首先『要能得到并且能利用的人不曾見或不曾用的材料』。他也提到歷史檔案問題，説《明史》是間接史料，而明檔案則是直接史料。〔三五〕如今大批的歷史檔案擺在面前，這對於以搜集新史料爲己任的傅斯年來説，自然是無價之寶。所以他接到馬衡的信後，馬上找中山大學校務委員長（校長）戴季陶、校務委員朱家驊商議，二人都説應該買下，但數萬大洋的款項難於籌措。遷延至九月，一次，傅斯年與胡適、陳寅恪三人聚餐，又談及此事。胡、陳均囑傅斯年，務必設法買下。當時中央研究院已經獨立，蔡元培出任院長，楊杏佛爲秘書長（是年十一月以後改稱總幹事），歷史語言研究所的籌備工作已就緒，正待宣告成立。傅斯年以專任研究員兼所長已成定議。於是，傅斯年決定求助於中央研究院。九月十一日，他寫信給院長蔡元培，該信全文如下：

午間與適之先生及陳寅恪兄餐，談及七千袋明清檔案事。此七千麻袋檔案，本是馬鄰翼時代由歷史博物館賣出，北大所得，乃一甚小部分，其大部分即此七千袋。李盛鐸以萬八千元（按：實爲一萬六千元）自羅振玉手中買回，月出三十元租一房以儲之。其中無盡寶藏。明清歷史、私家記載，究竟見聞有限；官書則歷朝改換，全靠不住。政治實情，全在此檔案中也。且明末清初，言多忌諱，官書不信，私人揣測失實。而神、光諸宗時代，禦虜諸政，《明史》均闕。此後《明史》改修，《清史》編纂，此爲第一種有價值之材料。羅振玉稍整理了兩册，刊於東方學會，即爲日本、法國學者所深羡，其價值重大可想也。

去年冬，滿鐵公司將此件訂好買約，以馬叔平（按：馬衡字叔平）諸先生之大鬧而未出境，現仍在京。李盛鐸切欲即賣，且租房漏雨，麻袋受影響，如不再買來保存，恐歸損失。今春叔平先生函斯年設法，斯年遂與季（按：指戴季陶）、騮（按：指朱騮先，即朱家驊）兩公商之，云買，而付不出款，遂又有燕京買去之議。昨日適之、寅恪兩先生談，堅謂此事如任其失落，實文化學術上之大損失，明史、清史，恐因而擱筆，且亦國家甚不榮譽之事也。擬請先生設法，以大學院名義買下，送贈中央研究院，爲一種之Donation，然後由中央研究院責成歷史語言研究所整理之。如此，則（一）此一段文物不致失敗，於國有榮。（二）明清歷史得而整理。（三）歷史語言研究所有此一得，聲光頓起，必可吸引學者來合作，及增加社會上（外國亦然）對之之觀念，此實非一浪費不急之事也。先生雖辭去大學院，然大學院結束事務，尚由杏佛先生負責，容可布置出此款項，以成此大善事，望先生與杏佛先生切實商之。此舉關係至深且巨也。至費用，因李盛鐸索原價一萬八千元，加以房租，共在兩萬以內，至多如此。叔平先生前云可減，容可辦到耳。〔三六〕

蔡元培收到傅斯年的信以後，便致函楊杏佛，商議購買事宜。一九二八年十二月，歷史語言研究所派員至北平，由馬衡介紹，找李盛鐸洽談，後又由陳寅恪、李宗侗出面辦理。一九二九年三月，陳寅恪致信傅斯年，說已向李盛鐸預付定金，并說由羅振玉清理印出之史料乃其中之極少數，其餘并未開包。最後，中央研究院買下了這批檔案，交由歷史語言研究所進行整理。

清季以來，這批檔案數易其主，輾轉搬運，潮濕腐爛、鼠嚙蟲蛀，損失相當嚴重。一般官僚政客，乘檢視之機，將珍貴案卷攫爲已有，加上紙店主人挑選出售，羅、李收藏時各有留取。歷史語言研究所運進時，計稱得存於天津之檔案六萬餘斤，存於北平之部分約與之相當，總計十二三萬斤，較原來已少了二萬餘斤。

一九二九年春，歷史語言研究所遷至北平後，傅斯年當即決定將存於天津的那部分檔案運回北平，與原存北平者合并一處進行整理。他選定了屬於歷史博物館的午門樓爲存放整理處。七月，教育部出面將此房舍撥給中央研究院，委托歷史語言研究所管理使用。傅斯年即派人維修午門東西廊房，作爲工作室，同時購進了整理用具。八、九月間，平津兩地檔案陸續運至。九月，傅斯年籌劃組織了『歷史語言研究所明清史料編刊會』，他與陳寅恪、朱希祖、陳垣、徐中舒五人爲編刊委員。陳寅恪博學多識，精通滿蒙文字，長於文史考證，當時雖已出任歷史語言研究所歷史組主任，但仍在清華、北大兼課。陳乃學問大家，組織領導非其所長，故歷史組之事務，包括檔案整理之規劃多由傅斯年包辦。朱希祖是北京大學教授、傅斯年的老師，他曾用心采輯明季史事，參加過北大接收的清內閣檔案的整理，在這方面很有經驗。陳垣當時是故宮博物院理事，掌文獻部，曾領導、規劃清宮檔案的分類整理，是這方面的專家。他擬定的『整理檔案八法』，即分類、分年、分部、分省、分人、分事、摘由、編目，爲這次檔案整理者所依從。他們三人名爲編刊委員，實乃傅斯年所聘之高級顧問。檔案收藏、整理、刊布之大旨方略，悉出傅斯年一人之胸臆，而具體之業務活動則多由徐中舒負責。

九月底，歷史語言研究所將招聘來的二十多名檔案整理人員分成六個小組，整理工作全面展開。至一九三〇年七月，這批檔案已清理了十之七八，因其餘部分破爛不堪，不少是片紙隻字，無法連貫，整理起來十分困難。他們把這些未經整理的檔案重新裝入麻袋，打算日後再處理。

在清理這批檔案的同時，傅斯年制定了一個龐大的出版計劃。他準備一邊進行清理、分類、編目，一邊刊印《明清史料》，將整理所得公之於世。他在《明清史料發刊例言》中說：

> 此所刊布，皆整理中隨時檢出，以爲值得流通世間者。最完美之辦法爲俟整理完事，再將一切認爲可以刊印之篇，詳加別擇，以類相從，附以考定而刊行之。如此可爲一個整個之製作。然似此事業，完工不可期之於十年之内。國内學人近年已甚注意檔案一類之直接史料，不早刊布，無以答同祈求者之望。且校訂考證之業，參加者多，成功益美。若先將『生材料』按月刊布之，則據以工作者不限吾等，憑作參考者不分地域。於是不待整理完功，先分期刊行之。〔三七〕

遵此原則，歷史語言研究所於一九三一年將首批整理的檔案公開印行，取名《明清史料》。此次印行者稱之爲『甲編』，共有十册。第一至第六册乃整理檔案時隨意揀出的文件，包括明季邊情，有關騷亂反叛事件的奏章、題本，以及瀋陽舊檔等。其中以順治朝奏章爲最多，涉及鄭成功、李定國、洪承疇等重要人物的史料皆有選録。第七册爲朝鮮史料。第八至第十册乃明季邊情方面的文件。一九三六年，出版乙編、丙編各十册。乙編第一至第六册録明季邊情文獻，第七、八册録東南沿海一帶的海盜、山賊、紅夷、倭患及黔、滇、川三省土司的文獻。第十册録農民起義方面的文獻。丙編第一册爲瀋陽舊檔，第二册爲洪承疇奏章，第三至第十册乃順治朝奏章。以上三編三十册均爲綫裝，由商務印書館印行。抗日戰爭爆發後，檔案的整理、出版工作均告停頓。抗日戰爭勝利後，丁編十册篇目内容已經選定，但因時局動蕩，遲遲未能付印。一九五一年，由中國科學院整理後，交商務印書館刊印面世，内容包括有關鄭成功的史料、明季邊情的文獻、康熙朝奏章和三藩之亂的若干文獻。

抗日戰爭爆發後，歷史語言研究所取檔案中之精華部分（約占原有件數的三分之一）隨所播遷。一九四八年至一九四九年之交，歷史語言研究所遷至臺灣的楊梅鎮，這批檔案則隨之運臺。自二十世紀五十年代中葉至七十年代，歷史語言研究所繼續刊印《明清史料》之戊、己、庚、辛、壬、癸各編。自甲編至癸編共一百册，收録史料一萬頁。另外，刊印了李光濤等人選編的《明清檔案存真選輯》三集。運往臺灣的清内閣大庫檔案共有三十一萬件，至二十世紀八十年代中期已經整理出七萬多件，約有三分之一的檔案因腐爛霉變、水漬蟲蛀而成爲殘屑碎片，另有三分之一未開箱檢視，存於歷史語言研究所傅斯年圖書館的地下室中。〔三八〕一九八六年之後，因得到聯經出版事業公司等單位的資助與合作，檔案的出版印行速度加快，至二十世紀九十年代中期，已出版近三百册。〔三九〕這批珍貴檔案資料的整理被列爲臺灣『中研院』歷史語言研究所的三大工程之一，準備將這些檔案建成影像檔，爲人們提供網絡檢索與閱讀便利。〔四〇〕

在整理内閣大庫檔案的同時，傅斯年還組織領導并親自參加了《明實録》的校勘整理工作。一九三〇年，整理内閣大庫檔案的工作人員發現案卷中有明朝内閣進呈的《熹宗實録》的散頁，而北平圖書館藏紅格本《明實録》正缺《熹宗實録》十三卷。傅斯年得知此事後，便打算從這些散頁中找到紅格本《明實録》的缺文，并據此彌補《明實録》其他部分的脱漏、改正訛誤。《明實録》主要是根據明朝檔案寫成，《明史》多取材於《明實録》。明朝檔案今存世甚少，《明實録》可以算是關於明朝歷史的最足珍貴的直接史料了，它比《明史》具有更加重要的史料價值。因此，傅斯年對此項工作十分重視，他當即做出校勘整理《明實録》的决定。

一九三〇年下半年，傅斯年向北平圖書館洽借《明實録》紅格本予以曬藍，費時年餘方完成。而内閣大庫中的千餘張《熹宗實録》散頁需逐頁裝裱，此工作至一九三二年一月始告結束。一九三二年六月，傅斯年又借得兵工署存廣方言館舊藏《明實録》，此本亦僅缺《熹宗實録》，是官方藏書中較完善的本子。待準備工作基本就緒後，傅斯年乃聘請李晋華來歷史語言研究所專門負責校勘《明實録》。李晋華曾就讀於廣州中山大學，乃傅斯年的及門弟子，畢業後入燕京大學文科研究所專攻明史，造詣頗深。次年七月，又增聘那廉君等三人爲李晋華的助手。根據傅斯年的意見，他們以紅格曬藍本《明實録》爲底本，與廣方言館舊藏本對校，遇有缺疑，則以北平圖書館藏禮王府本、北京大學圖書館藏本、武漢大學圖書館藏本及歷史語言研究所原藏朱絲欄精抄本相參校。一九三七年春，傅斯年派那廉君、張政烺去浙江南潯鎮，以重金購得劉氏嘉業堂藏本，又以此本復校。這時李晋華因患心臟病去世，其他三位助手也先後離職。七月，傅斯年又從北京大學選拔王崇武、吴相湘、姚家積三位高材生來歷史語言研究所，繼續從事嘉業堂本《明實録》的校勘工作。不久吴、姚相繼離職，王崇武於抗日戰争期間隨歷史語言研究所輾轉遷徙，繼續從事校勘工作，直到一九四八年赴英爲止。

一九三八年，歷史語言研究所遷至昆明。這時紅格曬藍本《明實録》與廣方言館本已對校完畢，爲儘快公布校勘成果，傅斯年决定將《明實録》校勘本送香港刊印。他親自審閲校勘結果、殺青定稿，在底本上寫批語、做標記，遇有异文，便用『△』標出，打算雙行排在正文下邊。凡須提行頂格排印者，他便以『：』標出。他嫌校語冗長，不便閲讀，遂用紅筆直接改正紅格曬藍本誤字，而將原來的校語略去。有的地方有必要保留校語，他便用紅筆批示：『此條存。』有些异文難以决斷孰是孰非，他便批一『查』字，由王崇武查閲各本，再做校注。傅斯年親自校勘了《太祖實録》的三十六卷，這雖祇占《明實録》的一小部分，但此篳路藍縷之舉，意義重大，功績不可埋没。

歷史語言研究所遷到臺灣後，《明實録》的校勘工作一度中斷，至五十年代中期恢復，六十年代初最終完成并付梓。

此外，在傅斯年尋求新材料的學術思想指導下，歷史語言研究所陸續購入上自先秦下至民國的金石拓片兩萬五千多張，共三萬三千八百多卷。其中多屬張鈁、劉體智、柯昌泗及北平翰茂齋舊藏，而以柯氏所藏最爲精要。這些拓片不少爲歷史語言研究所獨家收藏，乃史料價值頗高的稀世珍品。其中僅唐代墓志銘拓片就有三千餘張，是探討唐代人物生平與社會結構的重要史料。歷史語言研究所藏有民國初年劉復爲研究民間文藝而徵集的俗曲本子及歷史語言研究所建立後陸續在各地搜集的曲本，也是一種有特色的新史料。歷史語言研究所的學者們對於敦煌卷子的搜求與整理、漢魏竹簡特別是居延漢簡的整理與研究，也取得了舉世矚目的成績。

震驚中外的考古發現

考古組把田野考古發掘作爲工作的重點。傅斯年之所以在歷史語言研究所中設立考古組，是基於這樣的認識：『考古學是史學的一部份』，『在史學當中是一個獨异的部分』，科學考古所獲得的資料，是直接的史料、最可靠的史料。他説：

古代歷史，多靠古物去研究，因爲除古物外，没有其他的東西作爲可靠的史料。我國自宋以來，就有考古學的事情發生，但是没有應用到歷史上去……中國古史時期，多相信《尚書》《左傳》等書，但後來對於《尚書》《左傳》，亦發生懷疑，不可信處很多很多，於是不能不靠古物去推證。中國最早出土的東西，要算是鐘鼎彝器了。周朝鐘鼎文和商代彝器上所刻的文字去糾正古史的錯誤，可以顯明在研究古代史，舍從考古學入手外，没有

其他的方法。〔四一〕

中國的考古學起源甚早，宋代就有所謂金石學，用古器物銘文印證歷史文獻。甲骨文字發現以後，王國維將它應用於歷史研究，貢獻很大。傅斯年認爲，中國傳統的金石學家使用的方法不是科學方法，他們以文字爲研究的對象，沒有文字的器物無法用來印證史事，衹被當作古董看待。而且，他們搜集的古器物都是隨便購買來的，難以斷定其時代，不便用來研究歷史。科學考古使用的是一種新方法，它是用科學的手段發掘古器物，所以容易判定古物的年代，它不僅重視有文字的古物，對於無文字的古物同等重視。今天看來，傅斯年所談的不過是些常識性的東西，但在二十世紀二三十年代，瞭解這些常識的人并不多。而且，以學術機關的名義發布這樣的常識，這在中國學術史上還是第一次。

在歷史語言研究所成立之前，中國雖然有過許多次田野考古發掘，但那大都是外國人主持的，中國學者掌握科學考古理論及技能者甚少，更沒有建立起從事科學考古的學術機構。傅斯年旅歐期間，接受了西方現代考古學的理論和方法，回國後目睹中國考古資料外流的現狀，馬上提出要到民間搜求材料，到各地搞考古發掘。但是田野考古一般規模較大，以一人之力或數人之力實難擔當，所以他在籌辦中央研究院歷史語言研究所的時候，決心建立一個中國人自己的科學考古組織，發展中國的考古事業。他把田野考古的目標首先投向了安陽殷墟。因爲自一八九九年甲骨文字被發現以後，許多古董商來到安陽，他們除多方搜求外，每每聚衆挖掘，以至於許多古器物被毀，地層分布遭到嚴重破壞，如果不抓緊進行科學考古發掘，殷墟不久即成爲真正的廢墟。而且當時歐美及日本的一些考古學家、古史學家也注目殷墟，插手其間，收買甲骨片、古器物，致使許多甲骨片、古器物流向海外。所以，對安陽殷墟進行科學的考古發掘已是刻不容緩的事情了。

在這樣的情況下，未待歷史語言研究所正式成立，傅斯年便開始進行殷墟考古的準備工作。一九二八年八月，他派董作賓去安陽，瞭解甲骨出土的情況。董作賓從當地農民手裏買得部分甲骨片，又做了實地勘察，從而斷定此地區仍有甲骨片及古器物埋藏，有繼續發掘的價值。他回廣州向傅斯年彙報了情況，傅斯年當即做出決定，派其再次返回安陽，進行試探性發掘。十月初，董作賓返回安陽小屯村，工作十七天，共發掘出古器物十餘種、甲骨百餘片。試掘的成功增强了傅斯年大規模發掘殷墟的信心，他當即寫工作報告給中央研究院，要求組織人員對殷墟進行考古發掘。報告中說：

> 安陽縣之殷故墟，於三十年前出現所謂龜甲文字者；此種材料，至海寧王國維先生手中，成極重大之發明。但古學知識，不僅在於文字；無文字之器物，亦是研究要件；地下情形之知識，乃爲近代考古學所最要求者。若僅爲取得文字而從事發掘，所得者一，所損者千矣。……此次初步試探，指示吾人向何處工作，及地下所含無限知識，實不在文字也。〔四二〕

中央研究院接到報告後，立即表示同意派考古組去安陽發掘。傅斯年乃抓緊時間籌措資金、購置發掘器具、聘請工作人員。董作賓於古文字方面造詣頗深，但田野考古非其所長。時逢在美國攻讀考古學多年且獲得人類學博士學位的李濟留學歸來，董作賓自謙難以擔當領導大規模地下發掘之重任，而屬意於李濟。傅斯年聘李濟爲考古組主任，負責領導組織發掘，董作賓亦偕同前往，襄成其事。

一九二九年三月，李濟、董作賓領導的殷墟大規模考古發掘全面展開。在近兩個月的時間裏，他們在殷墟附近的洹上村一帶開挖三處，掘得甲骨六百八十片，古器物、獸骨、陶片出土甚多。同時繪製了詳細的發掘圖，記録了地下文物的出土位置及地層分布情況。

當時河南局勢動蕩，土匪活動猖獗，李濟等人將發掘所得的一部分文物藏於當地兩所中學裏，一部分送到北平歷史語言研究所内進行研究整理。那時候，一般人根本不知道科學考古的重要意義，把歷史語言研究所的考古發掘和投機商人、盜墓者的『挖寶』行爲同等看待。一般學人對科學考古工作的程式也不甚瞭解，以爲李濟他們將挖掘的東西帶回北平是想攫爲己有。河南省圖書館和當時被人稱爲『新城隍廟』的河南省民族博物院的某些人，打着保護地方文物的旗號，散發傳單，以報紙爲輿論工具，攻擊傅斯年『既無學識，又無計劃』，鼓動地方政府阻撓歷史語言研究所的考古發掘。〔四三〕是年秋，李濟、董作賓領導的發掘活動受阻。十月下旬，二人由安陽返回北平，向傅斯年報告了上述情況。

傅斯年瞭解詳情後，急速趕往南京，向中央研究院及有關當局做了彙報及解釋，而後直奔河南，於十一月二十四日抵達開封。他利用官方交涉、私人晤談、公開演講等方式宣傳科學考古知識，説明歷史語言研究所的考古發掘旨在促進中國考古學、歷史學的發展，而發掘出的古器物運回北平，是爲研究之需要，因爲所掘古物等必經研究後方可陳列，一俟研究完畢，即於首都和本地展覽，以供參觀和學術研究之用。同時他誠懇表示，歷史語言研究所願借此發掘之機，爲河南省培植考古人才，幫助河南高等學校建立研究機構。考古學家石璋如回憶當時傅斯年做學術報告的情況説：

白天向各方接洽，夜裏在大禮堂作學術演講，上自天文，下至地質、科學、哲學、文學、史學等，無不涉及。……尤其於考古學、古生物學，更爲精詳的發揮，一講兩三個鐘頭毫無倦容，并且讓大家提出問題，當場給以解答。雖然大雪盈尺，而來聽講的人則大禮堂上幾乎不能容納。〔四四〕

傅斯年在河南省活動月餘，殷墟考古發掘纔得以繼續進行。他曾風趣地説：『你瞧，我爲你們到安陽，我的鼻子都碰壞了！』後來李濟評論這件事情説：『這件事情若不是傅先生辦，別人也辦不下來，而安陽的田野考古工作也就做不下去。』〔四五〕

一九三一年二月，李濟率考古工作隊再赴安陽，對殷墟進行第四次發掘，發掘範圍從小屯向東擴展到後崗，向西擴展到四盤磨。四月底，傅斯年到發掘現場進行視察，三日後返回北平。一九三二年十一月，傅斯年在李濟的陪同下第三次來到安陽，察看了剛剛發掘出的商代房屋遺址。這個遺址位於小屯村附近，夯土臺長六十餘米，周圍有柱礎，明晰地展現出殷人的居住遺迹。而後他又前往河南浚縣，視察歷史語言研究所考古組發掘的衛國大墓。一九三五年春，歷史語言研究所考古組對殷墟進行第十一次發掘，參加這次發掘的工作人員、民工等共三百餘人，是規模最大的一次發掘。五月中旬，傅斯年再次來到發掘現場視察，同時前往的還有法國漢學家伯希和等人。這時，在西北崗發掘地，西區的四座大墓已快挖到底部，東區的四百多座小型墓葬也正在挖掘。雖然這些墓葬均曾被盜掘，但殘存的古器物數量仍然十分可觀。比如高七十多厘米的大牛鼎，稍低一點的大鹿鼎、大圓鼎，各種車馬器、兵器、禮器、飲食器、裝飾品，還有大量的車坑、馬坑、象坑、鳥坑、人頭坑、無頭葬坑等。面對這樣宏大的發掘現場和各種精美的出土器物，伯希和不斷地發出驚嘆和贊美。兩天以後，傅斯年離開安陽返回歷史語言研究所。

自一九二八年至一九三七年七七事變以前的十年間，在傅斯年的領導下，歷史語言研究所考古組對安陽殷墟共進行了大小十五次發掘，其中對小屯殷代帝王都城的發掘十二次，侯家莊西北崗殷代帝王陵墓發掘三次，另外發掘了殷都近郊、洹水西岸的殷代遺址十二處，除出土了大量甲骨片、銅器、陶器、石器、骨器和蚌器外，還發現了宫殿、窖穴和陵墓遺址，收穫至爲豐富。他們的發掘雖因抗日戰争爆發而中止，但僅僅這十五次發掘所得，便已震驚海内外，堪稱二十世紀世界田野考古史上最重要的成果之一。

經由傅斯年的組織籌劃，歷史語言研究所考古組還與山東省有關部門聯合組成山東古迹研究會，先後在章丘龍山鎮城子崖發掘兩次，在滕州安上村、曹王墓，王墳峪故址，日照瓦屋村、大孤堆發掘各一次。其中以龍山鎮城子崖的發掘最爲引人注目。城子崖遺址的發現，與傅斯年對於中國上古史的研究有直接的關係。傅斯年認爲，中國古代文化是多元的，它并非起源於一處後向周邊擴展，而是起源於多處并相互影響。直到周秦時期，北方沿海地區的文化與中原文化尚有明顯的差异。他一方面用文獻資料説明自己的觀點，另一方面則想通過田野考古爲這種觀點找到直接的、可靠的史料證據。他説：

我們以爲中國考古學如大成就，決不能僅憑一個路綫的工作，也決不能但以外來物品爲建設此土考古年代學之基礎，因爲中國的史前史原文化本不是一面的，而是多面互相混合反映以成立在這個文化的富土上的。憑藉現有的文籍及器物知識，我們不能自禁的假定海邊及其鄰近地域有一種固有文化，這文化正是組成周秦時代中國文化之一大分子。於是想，沿渤海黄海省分當在考古學上有重要的地位，於是有平陵臨淄的調查（近年又有沿山東海岸的調查），於是有城子崖的發掘。這個發掘之動機，第一是想在采陶區域以外作一試驗，第二是想看看中國古代文化之海濱性，第三是想探比殷虚——有絶對年代知識的遺迹——更早的東方遺址。〔四六〕

龍山鎮城子崖是中國國家學術機構按照預定目的，由中國的考古學家們獨立調查發現的、獨立組織發掘的第一處史前文化遺址。雖然傅斯年没有親自參加這兩次發掘，但是他的決策、規劃之功不可泯滅。他對中國史前時期田野考古的貢獻是不該被淡忘的。

歷史語言研究所考古組還曾與河南省有關部門合作，組成河南古迹研究會，發掘了當時的浚縣劉莊、大賚店，輝縣琉璃閣、氈匠片，鞏縣塌坡、馬峪溝等的多處文化遺址，采掘到有關河南彩陶文化、拍紋陶器和春秋衛國墓葬等大量考古資料。此外，他們當時還在雲南、四川、甘肅、陝西、山西、察哈爾、綏遠、西康、安徽等地做了許多考古工作。所有這些工作，不僅爲中國的田野考古學奠定了基礎，而且爲中國上古史的研究提供了最爲可靠的材料。

傅斯年對中國現代科學考古事業的發展做出了巨大的貢獻，主要表現在以下兩個方面：

第一，他結合中國的實際，闡釋了科學的考古學理論，對於中國科學考古事業的建立和發展起到重要的推進作用。其一，傅斯年極力提倡從事科學的田野考古，以此取代中國傳統的金石學。他指出，金石學家們的古器物是從别人手裏徵集來的，這些器物一旦脱離了原來埋藏它們的地層，其科學性和可靠性便隨之減低；而且金石學家所注意的衹是刻辭銘文，限制了考古學研究的範圍。現代考古學不是收購古物，而是到古遺址去實地采集發掘；不是衹研究有文字的器物，而是把古人活動的所有遺存均囊括於研究的範圍之中。這種思想觀念的宣傳普及，促使中國現代考古學度過了童年階段，逐漸成熟了起來。其二，關於考古學與歷史學的關係，傅斯年認爲，考古學是歷史學的一個分支學科，二者密切相關，不可分離。但是考古學從內容到方法上都有自己的特點，因而它又是一門相對獨立的學科，不可與一般意義上的歷史學混爲一談。歷史學的進步有賴於新史料的發現，科學考古發掘出的彝器、明器、甲骨及人們生活的一切遺存，都是寶貴的新史料，因而田野考古是發現新史料的重要途徑。他指出，科學考古服務於歷史研究，歷史學的進步離不開現代考古學，而科學的考古的發展亦依賴於史學的進步。這種思想對現代考古學的健康發展起了有益的作用。其三，傅斯年一再强調田野考古要借用地質學方面的知識，分清地層，理清古器物的分布年代。據羅家倫説，傅斯年在德國留學時，曾閱讀地質學書，由此推測當時他便有將地質學知識用於考古學的想法。一九二九年殷墟發掘之初，他做了『考古學的新方法』的學術演講，對殷墟的地層結構進行了年代分析，指出其最深者爲殷，其餘三層爲隋、唐、明。兩年後參加殷墟發掘的梁思永進一步提出按土質、土色劃分地層以區別史前各種文化的方法，這對於中國田野考古事業的發展曾起到重要的推動作用。

第二，他組織和領導了中國現代大規模的考古發掘，揭開了中國田野考古的輝煌畫卷。其一，傅斯年在先秦史方面造詣頗深，對於現代考古學的基本理論也十分精通，所以他能够爲歷史語言研究所考古組選定一些具有重要發掘價值的田野考古基地，使考古組在短時期内取得震驚中外的成績。殷墟、城子崖等重大考古遺址的發掘，首功當推傅斯年。其二，傅斯年重視人才，愛惜人才，知人而善用。他聘請選拔考古方面的人才，給他們提供良好的工作條件，使之充分發揮個人的聰明才智。馳譽中外的考古學家李濟曾説，他是因爲受傅斯年之聘主持殷墟考古發掘而得以施展抱負的，如果没有傅斯年的幫助，他在考古學方面的成績肯定要小得多。梁思永、郭寶鈞、石璋如等都是因爲被傅斯年選拔參加殷墟考古發掘而得到鍛煉，後來纔成爲著名的考古學家的。董作賓、胡厚宣等則致力於殷墟甲骨文字的研究，成績卓著。歷史語言研究所選拔培養的年輕考古工作人員、古文字研究人員，以後大都成爲該學科的領軍人物。從這個意義上講，傅斯年對中國現代考古學的貢獻，是遠遠超過考古發掘本身的。其三，傅斯年以超衆的社交、組織能力，多方奔走，精心籌劃，爲歷史語言研究所考古工作的順利進行提供了基本的保證。二十世紀二三十年代，政局動蕩，國庫空虛、學術不受重視、研究經費短缺，殷墟最初的幾次發掘規模甚小，原因就在於費用不足。後來傅斯年多方奔走，四出募集，考古經費日漸增加。到一九三四年，僅殷墟每年便可得到數萬元的發掘經費，使得田野考古工作有了可靠的物質保障。另外，當考古組與地方當局發生衝突、糾紛時，傅斯年不避艱辛爲之排解，以其非凡的社交能力，迅速平息了風波。這些不爲學界重視的組織協調工作，實乃進行科學研究必不可少的環節。其四，傅斯年十分重視考古成果的刊布。歷史語言研究所出版過多篇發掘報告、考古工作報告，從這些文章的命名、撰寫方法到出版發行，傅斯年都親自過問。這些發掘成果很快就被學術界采用，對於推動中國考古學和古史學的發展起到重要的作用。

語言學、人類學方面的社會調查

在歷史語言研究所中，語言學和歷史學的地位是平等的。傅斯年之所以將二者置於同一個研究所裏，有兩個方面的原因。其一，他認爲歷史學和語言學在中國都有着悠久歷史、良好的研究傳統且同爲當時比較落後的學科，均可以用科學的治學方法加以改造、扶植和培養。其二，他認爲語言學和歷史學關係至爲密切。早在學生時代，他就强調説，語言文字之學是讀一切書——當然也包括歷史書——的門徑。後來他在歐洲用力研讀比較語言學，也有借此以治歷史學的想法。他生平最自負的著作《性命古訓辨證》，便使用了由語言學入手進而討論思想史諸問題的方法。雖然語言組的工作不像殷墟考古發掘那樣舉世矚目，但也取得了一些開創性的成就。傅斯年毅然擺脱中國傳統的語言文字學研究方法的束縛，抛弃章太炎的權威，聘請具有現代科學知識的語言、語音學專家，用科學的工具、實驗的方法研究中國的語言學。

在歷史語言研究所遷臺以前的二十年裏，語言組的學者們在全國範圍内進行了廣泛的語言和方言的調查。其中比較重要的，在漢語方面，有湖北、湖南、江西、四川、雲南、福建、廣東等省的全省性漢語方言調查。在少數民族和其他語言方面，有廣西、貴州、雲南、四川等省的僮侗語、苗瑶語、藏緬語的調查。主持這些調查的趙元任、李方桂，參加調查的丁聲樹、董同龢、吴宗濟、張琨、楊時逢等，都是很有成就的語言學家。他們所調查的湖北、湖南、四川、雲南等地的漢語方言和龍州土語、武鳴土語、莫語、水語、麽些話、西藏口語等非漢語的材料，都已有專書出版。語言組還在南京的北極閣建立了語言實驗室，用科學實驗的方法對各地語言進行分析。中國語言學的崛起，也曾使外國的語言學家咋舌，這成績自然應歸功於研究所的語言學家，但傅斯年的領導、規劃之功不可抹煞。

歷史語言研究所的人類學組雖然成立較晚，在歷史組、語言組、考古組成立後組建，但取得的成績也很突出。歷史語言研究所人類學組的前身——中央研究院社會科學研究所民族學組，曾先後在我國東北、西南邊疆地區對各少數民族的原始文化進行調查研究。人類學組成立後，因東北淪陷，於是將調查的重點轉向了西南地區，於一九三四年舉行了西南民族調查。一九三五至一九三六年，又利用參加中英會勘中緬南段邊界的機會，對該地區各少數民族狀況進行了調查。抗日戰爭期間，歷史語言研究所遷於大西南，其人類學組之調查亦遍於西南地區，先後進行過貴州、四川、西康的少數民族調查，昆明北門外之人骨發掘。爲了及時公布調查結果，該組在體質人類學方面出版了《人類學集刊》二卷，涵蓋山東人類體質研究、亞洲人種初步分類、華北平原中國人之體質測量等方面。在文化人類學方面，則有廣西凌雲瑶族、松花江下游的赫哲族、湘西苗族的調查報告，臺灣高山族原始文化、浙江景寧敕木山畲族調查等多方面的著作出版。同時，對安陽出土的殷周時期人體骨骼進行了研究。所有這些調查和研究，在中國民族學和人類學史上，無不具有開創性意義。

傅斯年創辦的歷史語言研究所及其研究工作在中國近代學術史上具有重要的意義。

第一，積累了豐富的學術資料。遵照傅斯年提出的『擴張研究的材料』的宗旨，歷史語言研究所的學者們努力搜求整理新材料，地下埋藏的甲骨、金石、陶瓷、竹木的文字刻辭及實物，地上遺存的古公廨、古廟宇、其他古建築、雕塑繪畫，少數民族語言、文字、民物、制度、風俗、觀念、信仰，各地的方言、方音，群經舊籍、檔案、方志、筆記、小説、戲曲、詩文、宗教典籍等，統統被當作研究資料予以搜集整理，爲歷史學、語言學和其他社會科學積累了豐富的研究資料。

第二，開拓了學術領域。歷史語言研究所的學者們致力於使用新工具、新方法研究新材料，破除了千百年來由文獻到文獻的傳統學術研究方式，開闢了歷史學、史料學、文獻學、考古學、甲骨學、簡牘學、古器物學、古人類學、文化人類學、民族學、語言學、語音學等新的學科和研究領域，促進了中國學術事業的繁榮和發展。

第三，培養了優秀的學術人才。傅斯年聘請陳寅恪、李濟、趙元任、李方桂、董作賓、徐中舒等著名學者領導、參與各組的研究，爲他們創造良好的工作條件，同時注意培養年輕學者。夏鼐、張政烺、胡厚宣、梁思永、郭寶鈞、石璋如、陳樂素、陳述、勞榦、嚴耕望、全漢昇、凌純聲、丁聲樹、陳槃、傅樂焕、楊志玖、何兹全、馬學良等，年輕時都在歷史語言研究所工作過。他們成爲蜚聲中外的學問家，與歷史語言研究所的培養不無關係。從這個意義上講，傅斯年領導的歷史語言研究所對中國近现代學術事業的發展做出了巨大的貢獻。

【注】

〔一〕中華民國史事紀要編輯委員會編：《中華民國史事紀要（初稿）　中華民國十六年（一九二七）正月至二月》，第一一二七頁。

〔二〕傅斯年：《中國古代文學史講義》，歐陽哲生主編：《傅斯年全集》第二卷，湖南教育出版社二〇〇三年版，第八頁。

〔三〕傅斯年：《中國古代文學史講義》，歐陽哲生主編：《傅斯年全集》第二卷，第一一頁。

〔四〕傅斯年：《中山大學民國十七年届畢業同學録序》，文明國編：《傅斯年自述》，安徽文藝出版社二〇一四年版，第一一四頁。

〔五〕董作賓：《歷史語言研究所在學術上的貢獻》，《大陸雜志》（臺灣）一九五一年第二卷第一期。這篇《發刊詞》未署作者姓名，董作賓斷定『必是孟真先生的手筆』。而顧潮編著《顧頡剛年譜》（中國社會科學出版社一九九三年版）則認爲是顧所作。從《發刊詞》的學術觀點、基本主張來看，其與傅斯年當時的思想最相吻合，與傅斯年後來撰寫的《歷史語言研究所工作之旨趣》一文如出一轍，故我們認爲它應出自傅斯年之手。如果是他人起草，那麼基本思想也肯定是傅提出來的。

〔六〕參見中央教育科學研究所編《中國現代教育大事記》，教育科學出版社一九八八年版，第一三四頁。

〔七〕參見王懋勤編《『中研院』歷史語言研究所大事表》，《『中研院』歷史語言研究所四十周年紀念特刊》，一九六八年。

〔八〕參見王懋勤編《『中研院』歷史語言研究所大事表》，《『中研院』歷史語言研究所四十周年紀念特刊》，一九六八年。又據顧頡剛日記，一九二八年九月，傅斯年出任史語所所長。見顧潮編著《顧頡剛年譜》，中國社會科學出版社一九九三年版。

〔九〕傅斯年：《歷史語言研究所工作之旨趣》，《傅斯年全集》第四册，臺灣聯經出版事業公司一九八〇年版，第二六〇頁。

〔一〇〕傅斯年：《歷史語言研究所工作之旨趣》，《傅斯年全集》第四册，第二五三頁。以下引文凡未注來源者，均引自此文。

〔一一〕勞幹：《傅孟真先生與近二十年來中國歷史學的發展》，《大陸雜志》（臺灣）一九五一年第二卷第一期。

〔一二〕李濟：《創辦史語所與支持安陽考古工作的貢獻》，《傳記文學》（臺灣）一九七六年第二八卷第一期。

〔一三〕《傅故所長孟真先生手迹釋文》，《『中研院』歷史語言研究所四十周年紀念特刊》，一九六八年。

〔一四〕傅斯年在《歷史語言研究所工作之旨趣》一文中提出史語所分設九個組。一九二八年史語所油印的研究人員名録中則分爲八個組。參見王汎森、杜正勝編《傅斯年文物資料選輯》，第六五頁。

〔一五〕載歷史語言研究所一九二八年研究人員名録，參見王汎森、杜正勝編《傅斯年文物資料選輯》，第六五頁。

〔一六〕顧潮編著《顧頡剛年譜》中説，一九二八年十一月，李濟、趙元任來廣州，參觀中山大學語言歷史研究所和圖書館。

〔一七〕參見李方桂《讓你做你想要做的事》，《傳記文學》（臺灣）一九七六年第二八卷第一期。

〔一八〕王汎森、杜正勝編：《傅斯年文物資料選輯》，第七〇頁。

〔一九〕李濟：《值得青年們效法的傅孟真先生》，《傅斯年傳記資料》（一），第六八頁。

〔二〇〕參見鄧廣銘《回憶我的老師傅斯年先生》，聊城師範學院歷史系等合編：《傅斯年》，山東人民出版社一九九一年版，第二頁。

〔二一〕楊向奎：《史壇憶往》，《中國史研究動態》一九八九年第二期；《回憶傅孟真先生》，聊城師範學院歷史系等合編：《傅斯年》，第九—一一頁。

〔二二〕楊志玖：《回憶傅斯年先生》，聊城師範學院歷史系等合編：《傅斯年》，第三四頁。

〔二三〕蔣夢麟：《憶孟真》，《西潮 新潮》，中國工人出版社二〇一五年版，第四〇六頁。

〔二四〕傅樂成：《傅孟真先生年譜》，《傅斯年全集》第七册，第三〇二頁。

〔二五〕參見那廉君《傅孟真先生軼事》，《傳記文學》（臺灣）一九六九年第一五卷第六期。

〔二六〕那廉君：《追憶傅孟真先生的幾件事》《傅孟真先生軼事》，《傳記文學》（臺灣）一九六九年第一四卷第六期、一九六九年第一五卷第六期。

〔二七〕參見嚴耕望《我對傅斯年孟真先生的感念》，《治史三書》，上海人民出版社二〇〇八年版，第二九〇－二九一頁。

〔二八〕王利器：《六同求學前後——回憶導師傅孟真先生》，聊城師範學院歷史系等合編：《傅斯年》，第一三頁。

〔二九〕傅斯年：《歷史語言研究所工作之旨趣》，《傅斯年全集》第四册，第二六二－二六六頁。

〔三〇〕楊志玖：《回憶傅斯年先生》，聊城師範學院歷史系等合編：《傅斯年》，第三五頁。

〔三一〕李方桂：《讓你做你想要做的事》，《傳記文學》（臺灣）一九七六年第二八卷第一期。

〔三二〕參見楊志玖《回憶傅斯年先生》，聊城師範學院歷史系等合編：《傅斯年》，第三五頁。

〔三三〕勞榦：《傅孟真先生與近二十年來中國歷史學的發展》，《大陸雜志》（臺灣）一九五一年第二卷第一期。

〔三四〕一九三七年四月，胡適因《獨立評論》稿源不足向傅斯年催稿，信中説了這樣一番話。原信見王汎森、杜正勝編《傅斯年文物資料選輯》。

〔三五〕傅斯年：《中國古代文學史講義》，歐陽哲生主編：《傅斯年全集》第二卷，第四三頁。

〔三六〕傅斯年：《致蔡元培》，歐陽哲生主編：《傅斯年全集》第七卷，湖南教育出版社二〇〇三年版，第七〇－七一頁。

〔三七〕傅斯年：《明清史料發刊例言》，《傅斯年全集》第四册，第三五七－三五八頁。

〔三八〕參見《團結報》一九八七年八月一日第八版。

〔三九〕參見《『中研院』歷史語言研究所簡介》，『中研院』歷史語言研究所，一九九五年。

〔四〇〕參見王戎笙《赴臺參加『海峽兩岸清史檔案研討會』散記》，《中國史研究動態》一九九三年第一期。

〔四一〕傅斯年：《考古學的新方法》，《傅斯年全集》第四册，第二九〇－二九一頁。

〔四二〕《國立中央研究院歷史語言研究所十七年度報告》，《史學方法導論》，上海古籍出版社二〇一一年版，第一五七－一五八頁。

〔四三〕參見王芝琛、劉自立編《1949年以前的大公報》，山東畫報出版社二〇〇二年版，第八二頁。

〔四四〕傅樂成：《傅孟真先生年譜》，《傅斯年全集》第七册，第二八四頁。

〔四五〕李濟：《創辦史語所與支持安陽考古工作的貢獻》，《傳記文學》（臺灣）一九七六年第二八卷第一期。。

〔四六〕傅斯年：《『城子崖』序》，《傅斯年全集》第三册，臺灣聯經出版事業公司一九八〇年版，第二〇七－二〇八頁。

三、學術成就：史料學派的主帥

（一）史學思想

『歷史學衹是史料學』

清末民初，科舉制度既廢，學術研究興起。隨着社會矛盾、民族危機的加深和西方學術理論的舶來，傳統史學走到了末路，一種用新觀點、新方法研究、解釋中國社會歷史的新史學成長起來。新史學的主流是由梁啓超、王國維等人所宣導的實證史學。對傅斯年學術思想取向影響最大的，是中國近代實證史學的另一位重要代表人物胡適。

在德國留學的幾年裏，傅斯年曾專攻比較語言學，同時接受了曾壟斷歐洲史壇的實證主義學派的觀點。經過長期求索，傅斯年找到了西方學術與中國傳統學術的對接點，求得了西方學術對中國傳統學術的認同。於是，他決心將西方的學術理論移植於中國傳統學術的沃土中，建設新的中國史料考據學。他提出『歷史學祇是史料學』的觀點，對自己的史學思想進行了全面闡發。

傅斯年認爲，『史學的對象是史料』，他說：

> 歷史這個東西，不是抽象，不是空談。……歷史的對象是史料，離開史料，也許成爲很好的哲學和文學，究其實與歷史無關。〔一〕

在論證這個命題的時候，他首先將史論和歷史哲學從史學中排斥出去，說『發揮歷史哲學或語言泛想」『不是研究的工作』〔二〕，『以簡單公式概括古今史實，那麽是史論不是史學』〔三〕。同時，他把著史也排除在史學之外，説『著史每多多少少帶點古世中世的意味，且每取倫理家的手段，作文章家的本事』〔四〕。他在北京大學講授『史學方法導論』時，曾將『史的觀念』『著史』『史學』三者予以了明確區分〔五〕；在《歷史語言研究所工作之旨趣》一文中，首先强調説『歷史學不是著史』。顯然，傅斯年所説的『史學』乃專指歷史研究，不包括歷史哲學、歷史評論，也不包括史書的寫作。所以，『歷史學祇是史料學』這句話的本意是説，歷史學的任務祇是整理與研究史料，因此它就是史料學。將歷史哲學、史論和史書寫作全都排除於史學之外，那麽『史學』這個概念中就祇剩下了可以使用科學方法的史料處置學，於是他便順理成章地得出『歷史學祇是史料學』的結論。

傅斯年提出，史學進步的關鍵是『擴張研究的材料』。他説：『史料的發見，足以促成史學之進步，而史學之進步，最賴史料之增加。』〔六〕他説，從司馬遷到司馬光，中國的史學之所以不斷進步，那是因爲他們能够使用各種各樣的材料。後來中國的史學之所以不再進步，則是由於史料没有擴充。就此，他提出了一個令一般學者聞之咋舌的口號：

我們不是讀書的人，我們祇是上窮碧落下黄泉，動手動脚找東西！〔七〕

傅斯年强調全面搜集各種各樣的材料，特别是搜集新材料。他指出，近代以來西方學術之所以發展，是因爲他們不僅僅依靠文獻的記載，還『動手動脚到處尋找新材料，隨時擴大舊範圍』。中國的史學要想進步，也必須在這方面尋求出路。他說：

我們要能得到前人所得不到的史料，然後可以超越前人；我們要能使用新得材料於遺傳材料上，然後可以超越同見這材料的同時人。〔八〕

傅斯年提出了搜集史料的兩個原則：一是『全』，二是『新』。這也是歷史語言研究所史料搜集工作的信條。

傅斯年提出，『史學的工作是整理史料』。因爲傅斯年認定史學的對象是史料，所以他必然得出『史學的工作是整理史料』的結論來。怎樣整理史料呢?他强調要有客觀的態度和實事求是的精神。他說：

我們反對疏通，我們衹是要把材料整理好，則事實自然顯明了。一分材料出一分貨，十分材料出十分貨，沒有材料便不出貨。……所以我們存而不補，這是我們對於材料的態度；我們證而不疏，這是我們處置材料的手段。材料之内使他發見無遺，材料之外我們一點也不越過去說。〔九〕

他的照着材料出貨、『一分材料出一分貨』的主張，無論當時還是今天，都是治史料學者應該恪守的重要原則。

傅斯年『歷史學衹是史料學』的思想，糾正了中國傳統史學之重視史書編纂、忽視史料搜集整理的偏向，扭轉了史學界用個人主觀意識曲解史實、依照倫理觀念斫飾歷史、按照政治需要寫作帝王將相家譜及教科書的舊的史學觀念，使史學向着『存真』『求實』的方向發展，開創了史學研究的新局面。他把古往今來人們生活的一切遺存，不論是物質的還是觀念的遺留，統統當作史料看待。這使人們對史料的意蘊有了新的認識，對歷史研究的觀念大爲擴展，擺脱了千百年來由文獻到文獻的書蠹式的研究方式，開闢了一個個嶄新的史學領域。

『要科學的東方學之正統在中國』

傅斯年在德國留學期間，顧頡剛將自己疑古史的論著寄給了他，傅斯年讀後一贊三嘆。他回信給顧，對其推崇備至。漸漸地，他意識到疑古派的觀念中有一個誤區，那就是『以不知爲不有』〔一〇〕，『據不充之材料，作逾分之斷定』〔一一〕。他決定走出這個誤區，重建中國的新史學。從歐洲留學歸來不久，他就公開表明自己的觀點，提出『以自然科學看待歷史語言之學』，要把歷史學建設成『與各自然科學同列之事業』〔一二〕，使之成爲『客觀的史學』『科學的東方學』。

他在中山大學創辦語言歷史研究所時説：『語言歷史學也正和其他的自然科學同手段，所差祇是一個分工。』〔一三〕後來他又説：現代的歷史學研究，須使用『各種科學的方法』〔一四〕，地質學、地理學、考古學、生物學、氣象學、天文學等，都爲歷史學提供了研究的工具。很明顯，傅斯年所説的科學的歷史學，是用科學方法研究的歷史學，更準確地説是用科學方法研究的史料學。説到底，歷史學即史料學的科學性，祇在於它的研究方法的科學性，在於能用科學的手段，去研究直接的史料，去搜集和使用新材料。至於史料學之外的其他歷史學科，那是配不上『科學』二字的。他揭示的『科學的史學』『歷史學祇是史料學』等命題，皆以此爲立論的基點。

傅斯年主張用科學的方法改造中國的舊史學，號召史學家們從文獻堆裏走出來，走向社會，走向民間，廣泛搜求新史料，用科學的方法處理新史料，解決新問題，建立中國科學的史料考據學。他在學術理論上是個通人，提倡考據，但不拘泥於考據；倡導以自然科學方法治史，但不排斥其他方法；否認史事有則有例，但主張把社會發展分作若干時期，認定進化論適用於人類社會，認爲文化的演進有階段性，號召『把發生學引進文學史來』。在新考據學家中，他的才、學、識皆堪稱一流。有人稱他爲『科學派』的領袖，或稱他爲『史料學派』的旗手兼舵手，是不過分的。〔一五〕

彙集『各種科學的方法』

比較的方法

用比較的方法處理史料、研究史事，在我國有着悠久的歷史。二十世紀初，這種方法在新考據學家手中得到充分的發展，王國維提出『二重證據法』，『將地下紙上打成一片』。陳寅恪提出用古詩文證史的方法（又稱文史互證法），開闢出比較方法的新天地。胡適也曾明確地提出研究古學要『博采參考比較的材料』『用比較的研究來幫助國學的材料的整理與解釋』〔一六〕。

傅斯年繼承中國歷史比較研究的優良傳統，借鑒西方比較文學、比較語言學的理論和方法，對於用比較方法治史料學的理論進行了全面總結和系統説明。他認爲，比較是處理史料的最根本的、最重要的方法：

假如有人問我們整理史料的方法，我們要回答説：第一是比較不同的史料，第二是比較不同的史料，第三還是比較不同的史料。〔一七〕

他將史料學的比較方法歸納爲八對性質不同的史料的對勘互證：一是直接史料對間接史料，二是官家的記載對民間的記載，三是本國的記載對外國的記載，四是近人的記載對遠人的記載，五是不經意的記載對經意的記載，六是本事對旁涉，七是直説對隱喻，八是口説的史料對著文的史料。

與王國維、陳寅恪等人相比，傅斯年的史料比較方法在内容上範圍廣泛得多，理論上也細密完備得多。他將上述理論貫徹到治史的實踐中去，寫出了一些頗有價值的學術論著。他將金文、甲骨文與歷史文獻的記載比勘互證，用以研究先秦史、古代思想史，用私家的記載與官書正史結合研究明朝歷史，其成就均爲史學界所稱許。

語言學的方法

傅斯年認爲，哲學是語言的副産品，以語言學作爲立足點，可以『解決哲學史之問題』。基於這樣的認識，他在《性命古訓辨證》中提出了從語言學入手治思想史的方法。一九四七年中央研究院舉行第一届院士選舉時，傅斯年提交了這部著作并自作介紹與評價説：

此書雖若小題而牽連甚多。其上卷統計先秦西漢一切有關性命之字義，其結論見第十章。本章中提出一主要之問題，即漢字在上古可能隨語法而异其音讀也。以語言學之立點，解决哲學史之問題，是爲本卷之特點，在中國尚爲初創。其中泛論儒墨諸家之言性與天道，引起不少哲學史上之新問題，富於刺激性。其地理及進化的觀點，自爲不易之論。其下卷乃將宋學之位置重新估定。〔一八〕

在這本書的上卷中，傅斯年搜集卜辭、金文中有關性、命二字的資料一萬餘條，通過比較，説明其原訓及字義演變，對先秦時期的哲學、倫理觀念進行梳理，進而討論其發展演變過程，涉及思想史上的許多問題。他認爲『思想非静止之物』，故研究思想史方面的問題，一定要持歷史演進之觀點；思想乃由語言所支配，故治思想史須從語言入手，用語言學的觀點察其本源，用歷史的觀點求其變化，二者參互并用，不可或缺，不可偏廢。他批評二程、朱熹、戴震、阮元都把古代儒家的思想看作永恒不變的真理，不去分析其演變過程，衹倡言『求其是』，把一個『是』字看作絶對的東西、永久的準繩。他們雖然懂得從語言學入手解决思想史方面的問題，但由於缺乏歷史觀點，仍不能得出正確的結論。

傅斯年繼承中國古代學者『以辭通理』的優良傳統，借鑒西方語言考據學方法，輸入發展演變的觀點，輔之以歷史比較的方法，創立了由語言學入手治思想史的新方法，對中國古代思想史的研究做出了重要的貢獻。但他對語言與思想關係的理解有偏差，斷言『哲學乃語言之副産品』，認爲『思想必爲語言所支配』『甚受語法之影響』，忽視經濟、政治、社會諸方面因素對思想的支配作用，難以揭示決定思想發展演變的深層原因。

自然科學的方法

傅斯年自稱早年是個『科學迷』，認爲自然科學的方法具有普遍的意義，可以用來治其他的學問。後來，他又特別强調用自然科學方法研究歷史學：

> 利用自然科學供給我們的一切工具，整理一切可逢着的史料，所以近代史學所達到的範域，自地質學以至目下新聞紙，而史學外的達爾文論，正是歷史方法之大成。……又如現代的歷史學研究，已經成了一個各種科學的方法之彙集。地質，地理，考古，生物，氣象，天文等學，無一不供給研究歷史問題者之工具。……若干歷史學的問題非有自然科學之資助無從下手，無從解決。〔一九〕

這裏所説的『利用自然科學供給我們的一切工具』研究歷史，包含兩層意思：其一，將自然科學的知識直接運用於史學研究，解決歷史問題。例如通過推算《左傳》中關於日食的記載是否正確，判定此書是否爲劉歆僞作；要進行考古發掘，必須經過科學訓練。他頗有感慨地説：『古史學在現在之需用測量本領及地質氣象常識，并不少於航海家。』〔二〇〕其二，將自然科學知識和方法引入史學領域加以改造，使之成爲史學方法。比如統計學的方法本是一種數學方法，引入史學領域後，便成爲歷史研究的方法。他在中山大學任教時，寫過一部《統計學方法論》的講義，在北京大學講『史學方法導論』時，其中也有一節講『統計方法與史學』。可惜這兩種講義僅存篇目，具體内容已不得而知。

不少人將二十世紀三四十年代中央研究院歷史語言研究所爲核心的史學派別稱爲『史料學派』，認爲『傅斯年是這個學派的旗手兼舵手』〔二二〕。傅斯年隨歷史語言研究所到達臺灣後，成爲『臺灣史學界的領袖』，『雖然在抵臺後兩年便因病逝世，但他的史學理論影響臺灣史學幾十年』。〔二三〕傅斯年的史學思想是中國史學發展的結果，是西方史學理論傳入中國後與中國傳統史學融會的產物，也是傅氏家族文化在社會轉型時期開出的燦爛之花。

（二）中國古代歷史研究

傅斯年對商周史、秦漢史、明史、古代民族史做了廣泛深入的研究，在許多方面取得了開創性成就。

史前文明多元説

一九二八年，歷史語言研究所考古組在山東章丘龍山鎮發現城子崖文化遺址，於一九三〇年、一九三一年進行了兩次發掘，一九三四年出版考古報告《城子崖》。傅斯年在爲發掘報告所作序言中提出了史前文明多元説：

中國的史前史原文化本不是一面的，而是多面互相混合反映以成立在這個文化的富土上的。憑藉現有的文籍及器物知識，我們不能自禁的假定海邊及其鄰近地域有一種固有文化，這文化正是組成周秦時代中國文化之一大分子。〔二三〕

在傅斯年看來，中國古代文化呈多元性，中華民族文明史就是這種多元文化交匯混合的歷史；中國上古時期存有甚多族類。儘管他的這種多元説長期没有被學界采納甚至遭到批判，但隨着田野考古的發展，他的論斷愈來愈被考古資料所證實。近些年，中國古代文明起源於多個中心，差不多已經成爲考古學界的共識。〔二四〕

夷夏東西説

傅斯年認爲，在中國歷史上，東漢以後的古代社會經常發生南北之間的政治對立。在東漢以前，長江流域經濟不發達，先民們的政治、組織活動，大約以河、濟、淮流域爲囿。就此區域之地理形勢來看，僅有東西之分，而無南北之隔，所以三代及三代以前，經常發生東西抗争。具體言之，則是東系之夷、商與西系之夏、周的抗争。而抗争之結果是『夏夷交勝』。

他提出，整個夏代的歷史，可以考知者，全是夷、夏鬥争的歷史。開頭是益啓之争，而後是羿浞與少康之争，最後是湯、桀之争。夏代的夷夏之争十分劇烈，也十分明顯，祇是被春秋戰國的大一統哲學家給抹煞或曲解了。〔二五〕這種觀點發表後，當即引起學界的關注，徐炳昶對豫西夏文化進行調查，王獻唐對山東古國史進行研究，都認爲夷夏東西説可爲定論。隨着考古資料的不斷豐富和研究的逐步深入，傅斯年的説法似有進一步被證實的趨勢，誠如鄒衡先生所言：

當前考古學界已公認東方特别是山東的考古學文化基本上屬於東夷系統的文化，在考古學上印證了『夷夏東西説』。〔二六〕

目前，仍有學者對『夷夏東西説』持有异議〔二七〕，應該説夷夏文化之東西差异是十分明顯的，但這種差异并不是絶對的，這兩個文化系統中都有明顯的南北之别，也是不容忽視的問題。傅斯年根據歷史文獻的記載對古代的東夷等部族進行研究，提出過不少有價值的見解。

商族起源於東北説

古人以爲商是起源於西方之民族。清代學者對此提出异議，後來王國維著《説商》《説亳》，指出商是起源於東方的民族。〔二八〕一九三〇年，徐中舒著文説商族初起於環渤海之地區，而後由東向西發展。〔二九〕約與此同時，傅斯年提出并論證了商族起源於東北之説。他從五個方面論證了自己的觀點。第一，《詩經·商頌》有『天命玄鳥，降而生商』的故事，後代的神話與此同類者全是東北地區之民族及淮夷各族。第二，《詩經·商頌》曰『宅殷土芒芒』。殷土在何處？經過一番考證，他認爲其地望在河、濟之間的兖州（古衛地，非今之兖州）。第三，《詩經·商頌》有『相土烈烈，海外有截』句。距其最近的海當爲渤海，最近的、最有可能的『海外』便是遼東半島或朝鮮半島北境。以上史料已明確告訴我們，殷人的祖先起自東北。第四，根據王國維的考證，殷人的先王王恒、王亥、上甲微皆曾與有易氏發生關係。有易氏居住在易水流域，則殷人必居於今河北之中部或南部矣。第五，《山海經》中雖有些荒誕不經的故事，但《大荒經》所記地望并不紊亂，其中有關『帝俊』的記載，可知其『獨占東北方最重要之位置』。甲骨文中有帝俊，殷人稱其爲高祖。此亦可證明殷人的祖先生活於東北地區。〔三〇〕

有關商族起源之地點，目前學術界尚有争議，除極少數學者仍持商起源於西方的觀點外，絶大多數學者認爲商是起源於東方的民族。但對於商起源於東方之何地，則又有渤海沿岸説、山東半島説、河北北部説及東北説等。儘管傅斯年提出的商起源於東北地區説乃一家之言，但他創立此説并提出了不少有價值的論據，對商族起源研究有重要的意義。近年來不少學者將遼西紅山文化與殷商考古文化進行比較，認爲二者存在某些内在的聯繫，從而使殷先人起源於東北之説有了堅實的考古學基礎。〔三一〕

商周關係

周人何以能够滅商？傅斯年認爲儒家經典中所謂商王殘忍暴虐、周先人文化進步且有良德的説法全靠不住。他説：

世傳紂惡，每每是紂之善。紂能以能愛亡其國，以多力亡其國，以多好亡其國，誠哉一位戲劇上之英雄，雖 Siegfried 何足道哉。我想殷周之際事可作一齣戲，紂是一大英雄，而民疲不能盡爲所用，紂想一削『列聖恥』，討自亶父以下的叛虜，然自己多好而縱情，其民老矣，其臣迂者如比干，鮮廉寡耻如微子，箕子則爲清談，諸侯望包藏陰謀，將欲借周自取天下，遂與周合而夾攻，紂乃以大英雄之本領與運命争；終於不支，自焚而成一壯烈之死。周之方面，毫無良德，父子不相容，然狠而有計算，一群的北虜自有北虜的品德。齊本想不到周能聯一切西戎南蠻，牧誓一舉而定王號。及齊失望，尚想武王老後必有機會，遂更交周。不料後來周公定難神速，齊未及變。周公知破他心，遂以伯禽營少昊之墟。〔三二〕

傅斯年自己説這不是考證古史，而是一篇『笑話』，但他又自信世傳的『隆周貶紂』的故事并不見得比這笑話更符合歷史事實，『越想越覺世人貶紂之話正是頌紂之言』。讀了上面的文字，我們不禁想起郭沫若對商紂王的評價來。在傅斯年的文章發表約十年之後的一九三七年，郭沫若著《借問胡適》（後改名爲《駁〈説儒〉》）一文，説紂的失敗『表示着一幕英雄末路的悲劇，大有點象後來的楚霸王，歐洲的拿破侖第一。他自己失敗了而自焚的一節，不也足見他的氣概嗎？』〔三三〕郭沫若的這番『英雄崇拜的感慨話』（郭自謙之辭）并不是他自己的發明，而是傅斯年言論的翻版。總之，自傅斯年以後，不少學者認爲，古籍中對於紂亡周興原因的傳述是失實的。最近幾年，尚有不少人寫文章繼續申述類似的觀點。

傅斯年認爲：周建立後分封諸侯，各諸侯國統治者之部族不僅人數甚少，且文化亦較落後，而被統治的殷遺民不僅人數衆多，且文化發達程度比周人高，故民間長期保持着殷人的傳統信仰和習俗。《論語·先進》：『先進於禮樂，野人也。後進於禮樂，君子也。如用之，則吾從先進。』傅斯年認爲諸家的訓釋皆不通。〔三四〕他説這裏的『野人』是指農夫，是殷遺民；『君子』是指統治者，是周人。這句話的意思是：那些先到了開化程度的，是鄉下人（殷遺民）；那些後到了開化程度的，是周人。如果問我何所取用，則我是站在開化的鄉下人一邊的。這是殷文化高於周文化的證明。〔三五〕傅斯年强調指出，滅商的周人起初比商人落後，周滅商不是文明取代野蠻，這一點已成爲學術界公認的事實。

班爵制度與周初封國

傅斯年對殷周時期的班爵制度進行研究，認爲《周禮》上説的『五等爵』制與《尚書》、《詩經》、金文不合，以其他史籍推論亦不可通。他認爲『五等爵』并非一回事，既無差等可言，亦無所謂班列。〔三六〕此後，董作賓、郭沫若、楊樹達等人都對五等爵制進行過研究，他們也認爲古代爵名無定稱，五等爵係後人拼凑的理論。〔三七〕

關於周初的分封，傅斯年也發表了與衆不同的見解。《詩經·小雅·大東》有『小東大東，杼柚其空』，鄭玄箋云『小也大也，謂賦斂之多少也。小亦於東，大亦於東，言其政偏，失砥矢之道也』。傅斯年説這是『求其説不得而敷衍其辭者』。他在此處引鄭玄之説，是認爲大東、小東是地理名稱。《詩經·魯頌·閟宮》有『奄有龜蒙，遂荒大東』句，已指明大東之所在，即泰山以南、以東的地區。而小東當指今山東、河南交界處的范縣、濮陽一帶，即秦漢以來的東郡。以上地理概念與周初封國之地望關係甚大。傅斯年對周初東方的封國进行研究，認爲魯、齊、燕初封時皆在成周東南，後來纔遷至今山東、河北一帶；申、吕、許皆在成周之

南。〔三八〕

東北地區史研究

九一八事變發生後，傅斯年提出『書生報國』，號召學者發爲議論，著爲文字，指斥日本侵略者，喚起民族覺悟。爲駁斥日本人『滿蒙在歷史上非支那領土』的謬論，他邀請方壯猷、徐中舒、蕭一山、蔣廷黻四人，聯合編寫《東北史綱》。上古至隋以前爲第一卷，由傅斯年撰寫。〔三九〕

在第一章中，他首先以民族學知識、考古資料、文獻記載，説明古代東北人與中原人屬同一種族，『人種的、歷史的、地理的，皆足説明東北在遠古即是中國之一體』。第二章討論戰國秦漢時期東北各族與內地交往的情況，指出燕、秦、漢均曾在遼東設郡進行管理，遼東、遼西至朝鮮在戰國秦漢時爲同一方言區。第三章討論西漢至魏晉時期內地政權在東北地區所設的郡縣。第四章述説兩漢魏晉時期東北各族分布情況。第五章叙述漢晉之時有關東北地區的幾件大事。〔四〇〕此書倉促寫就，在史料運用、史實考證及若干細節方面甚多罅漏粗疏處，出版之後，受到繆鳳林、鄭鶴聲等人的激烈批評。從傅斯年手擬的一份寫作計劃來看，他曾打算回應繆、鄭等人的批評，亦準備對《東北史綱》第一卷進行修訂，終因工作繁忙而未果，其餘幾位學者擬撰寫的幾册均因種種原因擱置。

此書出版後，曾由李濟節譯成英文送交國際聯盟李頓調查團。從後來該調查團給國際聯盟的報告中有關內容來看，此書受到了一定程度的重視。

秦漢史與明史研究

傅斯年在北京大學曾開設『秦漢史』課，惜其講義没有保存下來。在他的學術論著中，討論秦漢思想史的很多。他曾研究西漢地方行政制度，認爲西漢初年分封同姓王的制度，既不同於西周的分封，後來中國歷史上也無其例。另外，在傅斯年的檔案中，有一份名叫《赤符論》的文化史通論寫作提綱，共列有三十個題目，討論秦漢時期的政治、社會、文化、人物等。可見他對漢代歷史有過深入研究，有真知灼見，祇是没有著之竹帛流行於世而已。

傅斯年對明史頗有興趣，而且下了很大的功夫。在歷史語言研究所保存的傅斯年檔案中，有王雲五、黎東方邀請他撰寫明史著作的書信數通。黎東方在信中説，如果傅斯年不答應，再找吴晗寫。吴晗寫《朱元璋傳》時，曾先將寫作提綱寄給傅斯年，請求指教。吴晗在信中還説，他最近在《清華學報》發表的《明教與大明帝國》一文，是『三年前在北門外草地上躲避警報時和先生（指傅斯年）的一次談話演繹而成文』[四一]。另外，在傅斯年的一個一九三九年的筆記本中，記有他準備編寫的《明書三十志》的目録。據鄭天挺回憶説，傅斯年邀他共同寫作此三十篇志，擬用五年時間完成，認爲此志寫成，則明史不必重修。[四二]

從傅斯年留存的檔案看，他搜集了遼代帝後哀册的拓片，編有宋遼關係文書目録，可見對遼史也有興趣。他還準備寫作《清太祖建號時八旗制之性質》等文章，又準備編寫《民國北府紀》（民國史），也曾擬定一個龐大的寫作計劃，衹是因爲庶務繁忙，加上英年早逝，所以許多研究成果没有留給後人。

（三）中國古代思想史研究

傅斯年注重搜集新史料，但同樣重視挖掘、整理傳統文獻資料，他依據歷史文獻研究先秦諸子，利用甲骨文、金文研究商周天命觀和人性論，在中國古代思想史研究方面取得了世人矚目的成就。

先秦諸子研究

諸子出於職業説

春秋戰國時期百家并興、异説紛起，傅斯年認爲諸子百家『衹能生在一個長久發達的文化之後，周密繁豐的人文之中』。具體説來，當時出現諸子并興局面的原因有四：第一，春秋戰國時期書寫工具有了很大進步，著書立説有了『必要的物質憑借』。第二，春秋戰國之世，政治無主，傳統之禮已不能支配社會，加上世變紛繁，必然『磨擦出好些思想來』。第三，春秋之世經濟文化方面出現了新趨勢，民族融合加强，這是諸子思想産生的沃土。第四，社會組織變化，部落式國家進而成爲軍戎大國。諸侯尚侈，養客之風大盛，爲各種學説産生提供了條件。〔四三〕《漢書·藝文志》有九流十家出於王官之説，胡適作《諸子不出於王官論》力駁此説，以爲諸子之出并無背景。傅斯年説胡適之論『甚公直』，但亦『不盡揣得其情』。諸子雖并非出於王官，但『諸子之出實有一個物質的憑借』。無論是有組織的儒墨顯學，還是無組織的學派，思想傾向都受其職業的支配，所以《漢書·藝文志》說諸子出於王官，『其辭雖非，其意則似無謂而有謂』〔四四〕。

傅斯年對諸子産生的地域背景做了分析。他説，齊地近海，可能因海路交通而接觸些异人，加上姜、田兩氏頗有些禮賢下士的君王，所以這裏文化發達，五行論、托名管晏的政論、齊儒學、齊文辭均産生於此。魯是周人在東方開闢之地，但畢竟是二等國家，於是拿詩書禮樂作法寶的儒家産生於此。宋是文化悠久的國家，其人心術質直、民風淳樸，且富有宗教性，所以墨家能以宋地爲重鎮。周、鄭在當時爲文化中心，文化比較落後的三晋因地近周、鄭而受其影響，出了不少學者。

儒家與墨家、黄老學派之争

傅斯年認爲儒家是先秦諸子的先驅，進入戰國後儒家首先遇到了來自墨家的挑戰。墨子早年學儒，後以不安於儒學而革命，故其學説之内容範圍全與儒家同，而立意全與儒家异。總體説來，儒家『持中』，而墨家走極端。儒墨之争的結果是儒勝而墨敗。

戰國時期，儒家還遇到了黄老刑名一派及陰陽家的挑戰。入漢以後，儒家與他們的鬥争更加激烈。傅斯年説：

> 儒家黄老之戰在漢初年極劇烈，這層《史記》有記載。漢代儒家的齊學本是雜陰陽

的，漢武帝時代的儒學已是大部分糅合陰陽，如董仲舒；以後緯書出來，符命圖讖出來，更向陰陽同化。所以從武帝到光武雖然號稱儒學正統，不過是一個名目，骨子裏頭是陰陽家已篡了儒家的正統。直到東漢，儒學纔漸漸向陰陽求解放。〔四五〕

儒家思想在漢代站穩了脚跟，以後不斷隨時代的變化有些小變動，遂統治中國社會達兩千多年。〔四六〕他還認爲，中國社會雖然經過了戰國的大動蕩，但宗法制度未破除，宗法思想仍支配着社會倫理，黄老申韓諸學説可用於政治，却不能爲社會倫理觀念所認同，故難深入人心，而儒家思想保留宗法觀念最多，易於爲社會所接受。

老莊學派及其演變

傅斯年同意清儒汪中之説，認爲《老子》的作者是戰國人太史儋。《老子》一書的内容大約可分兩方面，一是道術，二是權謀。《韓非子》一書中《解老》《喻老》兩篇所解釋的正是老子的本旨。他認爲今本《莊子》乃向秀、郭象所編定，其分爲内、外、雜三部分全憑主觀，既無邏輯標準，也無前人遺説爲據，若以《天下》篇衡量，則《逍遥游》《秋水》等篇最接近莊子的本旨，是則外篇、雜篇反比内篇更能反映莊子的思想。在傅斯年之前，學界普遍認爲《莊子》的内篇反映了莊子的思想，而外篇乃其後學所作。近些年有的學者深入研究《莊子》一書，所得結論正與傅斯年的觀點相同。〔四七〕

神仙方術本起於燕齊海濱，因其影響小，故求比附顯學以自重。其起初依附於儒家，文景之世又附於黄老，《淮南子》一書已顯露出這種趨勢。漢武帝以後，陰陽學説已磅礴於世，道家便向它靠近，這與漢初的黄老之學便大异旨趣了。漢魏之際，儒學停滯，老氏之學復興。魏晋時期的『老』是『莊老』，既不同於戰國的老學，也不同於漢初的黄老。黄老乃治國之具，莊老乃玄談之資。《老子》洞明世事，主張以權術禦衆；《莊子》人情練達，流露出無可奈何的感情，主張糊裏糊塗，以不了而了之。干寶《晋紀總論》説『學者以莊老爲宗而黜六經』，不言『老莊』而言『莊老』，甚得時代之要旨。至於説晋人葛洪的神仙之術，北魏寇謙之的符籙之術，離老子學説就更遠了。〔四八〕

傅斯年對於先秦諸子中的其他學派，如儒家孟荀二派、墨家、道家莊子學派、陰陽家、齊晋的政論家、稷下學派，雜家等也都做過一些分析研究，篇幅所限，不再詳述。

天命、人性之論

在《性命古訓辨證》〔四九〕一書中，傅斯年對中國古代之天命觀、人性論進行縷析，進而深入探討中國思想史中的許多重要問題。

在這部書的上卷，他將周代金文、周誥、《詩經》、《左傳》、《國語》、《孟子》、《荀子》、《吕氏春秋》中的生、性、令、命四字進行了全面統計，而後分析研究，所得結論是：

> 獨立之性字爲先秦遺文所無，先秦遺文中皆用生字爲之。至於生字之含義，在金文及《詩》《書》中，并無後人所謂性之一義，而皆屬於生之本義。後人所謂性者，其字義自

《論語》始有之，然猶去生之本義爲近。至《孟子》，此一新義始充分發展。令之一字自古有之……不知其朔。命之一字，作始於西周中葉，盛用於西周晚期，與令字僅爲一文之异形。其『天命』一義雖肇端甚早，然天命之命與王命之命在字義上亦無分别。〔五〇〕

此書上卷重在解釋性、命二字的字義及其演變，一般不涉及思想方面的問題。中卷主要討論周初至戰國時期的天道、人性觀念，其中以儒家各派與墨家爲重點。

傅斯年認爲，遠古時代没有産生抽象的皇天觀念，經過『甚多政治的、社會的、思想的變化』，纔由宗神演進爲上帝，由不相干的群神演進爲皇天的系統。他對孫海波《甲骨文編》中的『帝』字進行統計，得出結論：殷人最初衹有單稱的帝，後來先王等纔冠以帝字。爲了將天帝與祖先之帝加以區别，殷人在單稱的上天之帝前面加上一個『上』字曰『上帝』。後來周人繼承殷商文化，上帝便成爲一個普遍的觀念，『無黨無偏』『其命無常』，完全失去了宗神性。

他説，到東周時出現了五種不同的天命論：一是命定論，以爲天命固定，不可改易，此觀念源於民間；二是命正論，以爲天眷無常，天根據人的行爲善惡以降福禍，這是周人的正統思想；三是俟命論，承認天福善禍惡，但認爲天有時亦不按此原則行事，此説流露出非宗教的道德思想趨向；四是命運論，此説自命定論出而更有理性色彩，它源於民間迷信，至鄒衍創立五德終始之論，乃形成複雜的系統；五是非命論，此論自命正論出，而更變本加厲，墨家持此説。傅斯年説西周與戰國是兩個完全不同的時代，介於二者之間的春秋時期是一個轉變的時期、一個充滿矛盾的時代。在這個時期，舊觀念尚未完全破除，新思想已在萌生之中，對於天人關係的看法也是如此。春秋時期的社會變動在孔子思想中有明顯反映，他談性命與天道時，表現出過渡的、轉變的色彩。其人性論中也充滿着矛盾，一方面説人生本性相近，因習染而相遠；另一方面又説人有上智下愚之分，有生而知之與學而知之之别。

孔子言中庸之道，持中間立場，墨子沿着與此相反的方向走向極端。儒者於鬼神疑信參半，時而表現出不信的姿態；墨子則堅信鬼神存在，弃儒家的天道自然論而向全神論邁進。但墨子是一位革新的宗教家，他把天人格化、道德化，將人的道德理智全納入宗教範疇，對儒家的命正論、俟命論提出嚴厲批評，以爲朝代興亡、人之禍福皆由人的行爲造成，非天所預定。

孟子從反墨學的立場出發闡揚儒學，比孔子更近於泛神論和自然神論，更少宗教色彩。他在性格、言談、邏輯方面皆非孔子正傳，立意常與《論語》相悖。他喜談人性，首創性善説，認爲仁義禮智皆是生來就有的禀賦，擴充之則爲善，爲外物所累則爲惡。他强調内心修養，此與孔子的人性説、教育論是不同的。孟子也談命、天命，但他説的天命含有義、則的意義。他有時將性、命二字連貫使用，視天命與人性爲一事，『謂性中有命，命中有性，猶言天道人道一也，内外之辯妄也』[五一]。其思想是半自然論的、人本主義的。他用人道解天道，使得儒家思想前進了一大步，人本主義形成了。

荀子持性惡説，認爲人之生也本惡，其所以至善者，人爲之功也。這就等於説，歷代聖賢皆學問而得，力行所致，如從其本性自然發展，則衹能歸於惡而無法達到善。這種理論雖難自圓其説，但從邏輯方面看遠在孟子性善説之上，與孔子的人性説較爲接近。尤其是由此引發的動力學論，更與孟子相違而得孔子正傳。在天道觀方面，荀子超越孔、孟故域，另闢新徑，達到無神論境界。傅斯年評價荀子之學是『一面直返於孔子之舊，一面援法而入以成儒家之新』。他總結儒家天道觀念發展演變的過程，説：

早年儒家者，於天道半信半疑者也，已入純倫理學之异域，猶不肯舍其宗教外殼者也。孔子信天較篤，其論事則不脱人間之世，蓋其心中之天道已漸如後世所謂『象』者，非諄諄然之天命也。孟子更罕言天，然其決意掃盡一切功用主義，舍利害生死之繫念，一以是非爲正而毫無猶疑，尤見其宗教的涵養，彼或不自知，而事實如此。自孟子至於荀子，中經半世紀，其時適爲各派方術家備極發展之世。儒家之外，如老子莊周，後世强合爲一，稱之曰道家者，其天道論之發展乃在自然論之道路上疾行劇趨。老子宗天曰自然，莊子更歸天於茫茫冥冥。荀子後起，不免感之而變，激之而厲，於是荀子之天道論大异於早年儒家矣。〔五二〕

傅斯年認爲，先秦儒家思想比較單純，不管是荀子援法入儒，還是孟子闡揚心學，都不是雜學。後來陰陽家借儒學以自重，至秦始皇坑儒，儒學也不得不附於陰陽學以求生存。所以，到了漢初，儒學已成爲雜於陰陽的儒學。

漢儒人性説的特點爲善惡二元論，最先發揮這種觀點的是《春秋繁露》。董仲舒以人副天數爲立論之本，由陰陽家的天道二元論推演出人性二元論。此後，許慎、鄭玄等人，《白虎通義》及種種緯書皆據此發揮，於是此説成爲漢代四百年間人性論的正統。漢代的通人碩儒對性二元論亦有异議，劉向的性情相應説、揚雄的性善惡混説、王充的性三品説、荀悦的性情相應兼三品説，對此正統人性説皆提出批評。

傅斯年指出自晚周至魏晋，人性論的發展經歷了三個階段：晚周爲分馳時代，性善性惡之辯由此産生；西漢至東漢初年爲綜合時代，百家合流，异説雜糅，性二元論最盛行，東漢至魏晋爲净化時代，人智復明，拘説迂論漸以廓清，性三品説漸漸取代了性二元論。

張政烺讀過《性命古訓辨證》書稿後，贊嘆道：『數千年儒學精蘊所在，竟使原委條貫，豁然大白於今日，誠快事哉！』[五三]勞幹曾説這部著作『對於中國哲學思想史是一部很重要的典籍』[五四]。趙紀彬也説此書：『窮究天人之際，通論思想之變，溥薄淵泉，精義時出，實有美不勝收之概。』[五五]

傅斯年討論思想史上的問題，十分重視其『物質憑借』，認爲思想意識皆有物質條件爲依托。他從此觀點出發解釋思想史上的現象，立論堅實，析辨深刻。他用歷史的觀點探究『歷來之變』，用歷史演進的觀點考察思想意識變化的軌轍。不管是研究某一個學派，還是研究某一種思想觀點，他都十分注重考察它們的來龍去脉，或討論其發展階段，或考察其演進之迹。無論是研究方法還是具體論斷，都達到了那個時代所能達到的最高水準。

傅斯年一生的學術著作數量不多，於是有人爲他英年早逝，没有把全部學問留給後人而深感惋惜；有人抱怨他過多地從事行政工作，影響了著書立説；也有人尤其是後來的學者認爲他并没有多高的學術水準，没有多大的學術貢獻。但是，衡量一個人學術水準的高低、學術貢獻的大小，不應單純以著作數量的多少判斷。誠如許冠三所説：『即令長達兩百頁的《性命古訓辨證》不算「巨著」，僅僅是《歷史語言研究所工作之旨趣》一文，和準此而推行的現代研究事業，已足够令他名垂史林了。』〔五六〕鄧廣銘也做過類似的評價，説：『我們不能用著作多少來衡量一個人在學術上的貢獻。即如傅先生（按：指傅斯年）關於中國古代史的文章，幾乎每一篇都有其特殊的貢獻，都具有開創性的意見和里程碑性的意義。』〔五七〕

九一八事變之後，民族危機日益加劇，傅斯年作爲一個『狂熱的愛國者』，毅然走出書齋，爲救亡圖存奔走呼號，爲中央研究院及史語所的遷徙盡心操勞。他對國民政府的腐敗政治深惡痛絶，對蔣介石的專制獨裁也不無微辭，抨擊孔祥熙，討伐宋子文，是名動朝野的『傅大炮』。但囿於自由主義的政治立場，他始終不能與國民黨决裂，而是與蔣政府若即若離。在國共决戰的緊要關頭，他還是跟隨蔣介石東渡臺灣，出任臺灣大學校長，於一九五〇年底因腦溢血病逝。

【注】

〔一〕傅斯年：《考古學的新方法》，《傅斯年全集》第四册，第二九〇頁。

〔二〕傅斯年：《歷史語言研究所工作之旨趣》，《傅斯年全集》第四册，第二六二－二六三頁。

〔三〕傅斯年：《閑談歷史教科書》，《傅斯年全集》第四册，第三一〇頁。

〔四〕傅斯年：《歷史語言研究所工作之旨趣》，《傅斯年全集》第四册，第二五三頁。

〔五〕參見傅斯年《史學方法導論》，《傅斯年全集》第二册，臺灣聯經出版事業公司一九八〇年版。

〔六〕傅斯年：《史學方法導論》，《傅斯年全集》第二册，第三九頁。

〔七〕傅斯年：《歷史語言研究所工作之旨趣》，《傅斯年全集》第四册，第二六四頁。

〔八〕傅斯年：《史學方法導論》，《傅斯年全集》第二册，第九頁。

〔九〕傅斯年：《歷史語言研究所工作之旨趣》，《傅斯年全集》第四册，第二六二頁。

〔一〇〕傅斯年：《戰國子家叙論》，《傅斯年全集》第二册，第一〇三頁。

〔一一〕傅斯年：《論太史公書之卓越》，《傅斯年全集》第二册，第八〇頁。

〔一二〕傅樂成：《傅孟真先生年譜》，《傅斯年全集》第七册，第二七八頁。

〔一三〕傅樂成：《傅孟真先生年譜》，《傅斯年全集》第七册，第二七六－二七七頁。

〔一四〕傅斯年：《歷史語言研究所工作之旨趣》，《傅斯年全集》第四册，第二五九頁。

〔一五〕參見許冠三《新史學九十年》，岳麓書社二〇〇三年版，第二二七頁。

〔一六〕胡適：《〈國學季刊〉發刊宣言》，《胡適文存》貳，華文出版社二〇一三年版，第一五頁。

〔一七〕傅斯年：《史學方法導論》，《傅斯年全集》第二册，第五頁。以下引文未注出處者，皆出自此文。

〔一八〕傅樂成：《傅孟真先生年譜》，《傅斯年全集》第七册，第三〇〇頁。

〔一九〕傅斯年：《歷史語言研究所工作之旨趣》，《傅斯年全集》第四册，第二五三－二五九頁。

〔二〇〕傅斯年：《歷史語言研究所工作之旨趣》，《傅斯年全集》第四册，第二六〇頁。

〔二一〕許冠三：《新史學九十年》，第二二七頁。

〔二二〕肖黎主編：《中國歷史學四十年 1949—1989》，書目文獻出版社一九八九年版，第六〇六頁。

〔二三〕傅斯年：《『城子崖』序》，《傅斯年全集》第三册，第二〇七－二〇八頁。

〔二四〕二十世紀後期以來，絶大多數學者持中華文明起源多元説或多元一體説。參見嚴文明《中國文明起源的探索》，《中原文物》一九九六年第一期；吴汝祚《探討中華文明起源的幾個有關問題》，《華夏考古》一九九五年第二期。

〔二五〕參見傅斯年《夷夏東西説》，《傅斯年全集》第三册，第一一九－二九頁。

〔二六〕王迅：《〈東夷文化與淮夷文化研究〉序言》，北京大學出版社一九九四年版。
〔二七〕參見楊向奎《評傅孟真的〈夷夏東西説〉》，中國先秦史學會編：《夏史論叢》，齊魯書社一九八五年版。程德祺《夏爲東夷説》，《中央民族學院學報（哲學社會科學版）》一九七九年第四期。
〔二八〕參見王國維《觀堂集林》，中華書局二〇〇四年版。
〔二九〕參見徐中舒《國立中央研究院殷人服象及象之南遷》，《國立中央研究院歷史語言研究所集刊》一九三〇年第二本第一分。一九七九年，徐中舒又在《四川大學學報（哲學社會科學版）》上發表《殷商史中的幾個問題》，説殷人早期活動於山東半島的齊魯地區。
〔三〇〕參見傅斯年《夷夏東西説》，《傅斯年全集》第三册，第一〇三頁。
〔三一〕論證商族起源於東北地區的論文甚多，較有代表性的有：金景芳《商文化起源於我國北方説》，《中華文史論叢》第七輯（復刊號），上海古籍出版社一九七八年版；張博泉《關於殷人的起源地問題》，《史學集刊》一九八一年復刊號；干志耿等《商先起源於幽燕説》，《歷史研究》一九八五年第五期。
〔三二〕傅斯年：《與顧頡剛論古史書》，《傅斯年全集》第四册，第四八四－四八五頁。
〔三三〕郭沫若：《青銅時代·駁〈説儒〉》，《郭沫若全集·歷史編》第一卷，人民出版社一九八二年版，第四五二頁。

〔三四〕郭克煜説，關於這句話，歷來的注釋五花八門，但均不得正解，直到傅斯年方有一圓滿解釋。參見郭克煜等《魯國史》，人民出版社一九九四年版。

〔三五〕參見傅斯年《周東封與殷遺民》，《傅斯年全集》第三册，第一六四—一六五頁。

〔三六〕參見傅斯年《論所謂五等爵》，《傅斯年全集》第三册，第三四—七〇頁。

〔三七〕參見王健《西周政治地理結構研究》，中州古籍出版社二〇〇四年版。

〔三八〕以上引文未注出處者皆引自傅斯年《大東小東説》，《傅斯年全集》第三册。

〔三九〕因《東北史綱》衹撰寫出版了第一卷，而出版時封面上題爲五人『共編』，於是後人誤以爲此書乃五人合撰，更有人認爲非出自傅斯年之手，近年又有人説乃徐中舒所寫。一九九一年五月，曾在歷史語言研究所從事研究工作的古文字學家胡厚宣撰文，力辯其誣，指出此書確出自傅斯年之手。參見《〈東北史綱〉第一卷的作者是傅斯年》，《史學史研究》一九九一年第三期。

〔四〇〕參見傅斯年《東北史綱》，國立中央研究院歷史語言研究所，一九三二年。近年多家出版社重新排印此書，均可參閲。

〔四一〕吴晗的信現存臺灣歷史語言研究所傅斯年檔案中，王汎森、杜正勝編《傅斯年文物資料選輯》中有影印件，可參閲。

〔四二〕參見吴廷璆等編《鄭天挺紀念論文集》，中華書局一九九〇年版。

〔四三〕傅斯年：《戰國子家叙論》，歐陽哲生主編：《傅斯年全集》第二卷，第二六五－二六七頁。

〔四四〕傅斯年：《戰國子家叙論》，歐陽哲生主編：《傅斯年全集》第二卷，第二六一頁。

〔四五〕傅斯年：《戰國子家叙論》，歐陽哲生主編：《傅斯年全集》第二卷，第二六八－二六九頁。

〔四六〕參見傅斯年《論孔子學説所以適應於秦漢以來的社會的緣故》，《傅斯年全集》第四册，第四三八－四五〇頁。

〔四七〕任繼愈、張恒壽均認爲《莊子》外篇反映了莊子的思想，而内篇乃後學所作。參見任繼愈主編《中國哲學發展史·先秦》，人民出版社一九八三年版；張恒壽《莊子新探》，湖北人民出版社一九八三年版。

〔四八〕參見傅斯年《性命古訓辨證》，歐陽哲生主編：《傅斯年全集》第二册，第三七〇－三七三頁。

〔四九〕傅斯年《性命古訓辨證》一書，寫作於抗戰之初，後經戰亂，上、下卷在上海排印，中卷在香港排印，故版式不一。一九八〇年臺灣聯經出版事業公司出版《傅斯年全集》，將此書收入其中，後各家出版者多據此校訂出版。

〔五〇〕傅斯年：《性命古訓辨證》，《傅斯年全集》第二册，第一七三－一七四頁。

〔五一〕傅斯年：《性命古訓辨證》，《傅斯年全集》第二册，第三五六頁。

〔五二〕傅斯年：《性命古訓辨證》，《傅斯年全集》第二册，第三六七－三六八頁。

〔五三〕王汎森、杜正勝編：《傅斯年文物資料選輯》，『中研院』歷史語言研究所，一九九五年。

〔五四〕勞幹：《傅孟真先生與近二十年來中國歷史學的發展》，《大陸雜志》（臺灣）一九五一年第二卷第一期。

〔五五〕趙紀彬：《趙紀彬文集》第二卷，河南人民出版社一九八五年版，第一四頁。

〔五六〕許冠三：《新史學九十年》，第二三七頁。

〔五七〕鄧廣銘：《回憶我的老師傅斯年先生》，聊城師範學院歷史系等合編：《傅斯年》，第八頁。

附録

一、傅以漸傳〔一〕

傅以漸，字于磐，山東聊城人。順治三年一甲一名進士，授弘文院修撰。八年，遷國史院侍講。九年，遷左庶子。十年，歷秘書院侍講學士、少詹事，擢國史院學士。十一年，授秘書院大學士。十二年，詔陳時務，條上安民三事。加太子太保，改國史院大學士。先後充《明史》《太宗實録》纂修，太祖、太宗《聖訓》并《通鑑》總裁。又命作《資政要覽》後序，撰《内則衍義》，覆核《賦役全書》。十四年，命以漸及庶子曹本榮修《易經通注》。十五年，偕學士李霨主會試。考官入闈，例得携書籍，言官請申禁，以漸請仍如舊例，許之。入闈病咯血，請另簡，命力疾料理。尋加少保，改武英殿大學士，兼兵部尚書。旋乞假還里，累疏乞休。十八年，解任。康熙四年，卒。

二、傅以漸傳〔二〕

傅以漸，字于磐，號星巖，山東聊城人。順治三年，一甲一名進士，授弘文院修撰。四年，充會試同考官。五年，充《明史》纂修官。八年閏二月，遷國史院侍講。九年正月，充《太宗文皇帝實録》纂修官。六月，遷左庶子。十年正月，遷秘書院侍講學士。五月，遷少詹事。閏六月，擢國史院學士。七月，教習庶吉士。十一年八月，授秘書院大學士。十二年正月，詔陳時務，因條上安民三事。又命作《資政要覽》後序。二月，諭獎密勿抒誠諸大臣，加以漸太子太保，尋改國史院大學士，充文武殿試讀卷官。時編輯太祖高皇帝、太宗文皇帝《聖訓》，暨《通鑒》全書，以漸并充總裁。又承旨撰《内則衍義》。會户部進新修《賦役全書》，亦命覆核。十三年八月，京察自陳乞罷。得旨：『卿輔弼重臣，醇誠樸慎，勤勞密勿，倚任方殷，豈可引例求退？著益抒猷念，佐成化理。』十四年二月，以漸同庶子曹本榮奉諭曰：『朕覽《易經》一書，義精用溥，範圍天地萬物之理，自魏王弼、唐孔穎達有注釋、《正義》，宋程頤有《傳》，迨朱熹《本義》出，而後之學者宗之。明永樂間命儒臣合元代以前諸儒之説，彙爲《大全》，於易理多所發明，但其中同异互存，不無繁而可删，華而寡要。且迄今幾三百年，儒生學士，發揮經義者，亦不乏人，當并加采擇，輯成一編，昭示來兹。爾等殫心研究，融會貫通，務期約而能該，詳而不複，俾羲經奥旨，炳若日星，以稱朕闡明四聖作述至意。』十二月，修《易經通注》以進。十五年二月，偕學士李霨充會試主考官。入闈舊俱携書籍，至是言官奏定禁例。以漸疏請凡出題應用書籍，敕部照例給發，庶免漏誤。下部議。令内監試察驗，仍准携入。以漸因闈中咯血，疏言：『入闈七日，幸硃卷尚未謄進，乞賜另遣一員，同李霨任事。』得旨：『著力疾料理闈事。』四月考滿，加少保。九月改内院爲内閣，授以漸武英殿大學士兼兵部尚書。屢以疾乞假，温旨慰留。聖祖御極，復疏乞罷。解任在籍調理。康熙四年四月卒，年五十有七。以漸爲官，以清勤著，學者稱星巖先生。著有《貞固齋詩集》。

三、《明史紀事本末》序〔三〕

編年之史自春王，序傳之史自子長，而紀事之史古無聞焉。然而賈誼、賈山借秦爲喻，《千秋金鏡》述古作鑒，説者謂其言甚類紀事，特微焉而不彰，略焉而不詳，故於世罕稱道。至有宋袁樞紀事始著，自此以來，史體遂三分矣。夫考一代之統系，必在編年；尋一人之終始，必存序傳。若夫捆車載乘，至可汗牛、充棟集帷，尤難衡石。一事而散漫百年之中，一事而縱横數人之手，斷非紀事不爲功，宜其書公卿樂得而爲討論，朝廷樂得而備顧問也。

有明三百年，事如棼絲，若其經營之宏遠，纘緒之英偉，君臣一德而昌，上下睽否而亡。宦寺執柄而孽延數世，女戎造妖而禍發盈朝。大禮聚訟而思假天饗祖之難，盜賊蜂生而思守令險厄之要。賈子有云：『前事不亡，後事之師。』一代興衰之緒，實志古者考鏡得失之林也。

谷子霖蒼夙有網羅百代之志，既膺簡書，督學於浙，以其衡文之暇，搜輯明世全史，分紀其事，得八十篇，復各列爲論斷，次見於後。閲其紀事而汚隆興廢之故、賢奸理亂之形，洞如觀火，較若列眉。更讀其論斷諸篇，又無不由源悉委，揣情擄實。賈昌之説故事，歷歷目前；馬援之畫山川，曲折具見，洵一代良史也。

皇上右文求治，博購群書，金繩玉檢，重趼而至。行見事畢還朝，挾中郎之枕秘，遇聖天子止輦諮詢，因得從容爲《過秦》《金鏡》之詞，自附於二賈、九齡之後，垂光史册，著美熙朝，余且得簪筆而記其後也。是爲序。

時順治戊戌嘉平〔四〕，太子太保、武英殿大學士兼兵部尚書聊城傅以漸撰。

四、《聊城縣志》序〔五〕

余嘗讀中秘所藏《職方輿地圖》，知帝王大一統之模不可淺見寡聞窺也：首之以京畿十三省，中之以邊鎮，終之以川海、江山、河岳、漕黄、馬政、朝貢，各有圖説，各有方略，蓋直舉魏俊民等所上之形勢驛站，桂萼之詳四方阨塞政俗善敗之故，羅洪先之計里畫方，胡松之增表唐虞以下大都會，若春秋而降會盟征伐之所，悉歸標列，即細至墩軍占驗憑限户口不遺焉，輒不禁嘆爲地理家第一書。余既生長東昌，曾不能舉一府之故實爲後人示則效，豈不見笑於大方之家也哉！

然亦嘗參考東昌之志矣，其書爲泓陽王公所定，不溢美，不妄傳，每一叙論，多咨嗟儆惕之詞，卓哉先輩之典型乎。已而搜求聊城舊志，則僅寥寥二卷，分爲方域、建置、賦役、官守、人物、藝文，名之曰『略』，誠哉其略也，乃欲一旦而詳之，則戛戛乎其難言，何者？心靈法天，實學法地，千萬世不改封山浚川之《禹貢》，亦千萬人難掩華衮斧鉞之《春秋》。夫婦可以與知，薦紳反難措手。

當鼎革兵火之後，册籍多亡，况夙夜在朝數年，鄉風頗變，床笫養病，諮訪維稀，幸逢涇陽何父母來主縣政，慈仁性秉，練達學成，撫舊志之止於萬曆十有五年，修之者知縣韓公亦涇陽人氏，屈指計之，已七十載。此七十載中，鄉團何以散而并，風俗何以醇而巧，古迹形勝何以存而荒，城池何以堅守而獨不懼大難，官署何以姑爲補葺，倉場虚而鋪舍頽也，坊牌淪而户口凋也。天下多故，先其急者，物力已竭，是救時之不得不然者。而最不可一言盡，無如賦役一事。萬曆末有新餉之加，天啓、崇禎間有『剿餉』『練餉』之加，徭車日起，民兵肆訌，税課多而漏，河漕滯而增，俵馬皆無用之肥，鹽法爲有名之竄。

我世祖章皇帝開闢中夏，即革三餉，而兵馬一總於滿洲，此非百姓之變更生者乎？辛丑偶一加派，旋即報罷，故二十年來稍見豐盈。我聊城物價平賤，丁口殷聚，則官守之得其人也，故當志官守。人物亦較前朝震發者多人，故當志人物。其舊志闕遺者，增而入之。景行高山，固爲後學定法程哉。藝文有關風化，無不備采於其後。何公用心，可謂勤矣。且每聆其緒論，無日不以恤民愛士爲念，而有不得如所懷來者，則時勢爲之，其微指隱躍於斷論之間，吾又感於《漢書·循吏傳》矣。

康熙二年歲次癸卯秋八月朔吉，少保兼太子太保、大學士令養病邑人傅以漸謹題。

五、《北河續紀》序〔六〕

讀行所無事之文，知治河之智當圖其大。然不勤則智滲，不敏則智斷，不卓且練，智將流而爲孱爲猛。矜新發之硎，弗能深究乎當世之故，底績告功，幸實慮多，况水利精於南，而北人久不之講。

我國家循元明都燕，歲漕四百萬，獨寄命於河流一綫，而淺梗多溢，誠勞心積患之時，乃帝俞都水主張秋事者，惟我嵩岳閻公是賴。公學精性命道濟軍民，初抵，始見岸瘠而塗堙，輒皇然切納溝之耻〔七〕，仰副河撫，奔查於千五百里之間，核水泉，徵樁芻，嚴工餉，督築鑿。庚寅九月，河决荆隆，寢餐率廢，目力殫竭，始有乎成。壬辰夏秋，霪雨百日，繼以大河洙源口之决，又復滔天。公痛加興築，尚未卜功成何日。如此其勤，殆智所迫而出之者乎？功令嚴切之下疇不經營夙夜，而才非倚馬，得毋上弦急而下弦絶。吾觀公之治河也，地分尺丈，餽晝昕夕，算如燭照，行若靈發，方駐濟流，未幾而抵津門矣，方宿河干，未幾已稽泉泗矣。朝廷之上重共服其才。於本職掌外，益之以臨清閘座，官民舟集，各依流順去，興利除害，如共司安樂者，是智之迅而有能也，敏也。年來法紀爲奸胥所竊骫者，曷可勝數？持之以公平，肅之以體統，有功則單寒皆沐其殊褒，有罪即奥援必置之重法。畏若神明而後愛如父母，非智之老且高，抑安能卓卓若是？膺此道者報最於三載，然不經大變易興耳，即偶一不再，或幸可恃。公兩遘非常之河決，初臘，事事創造，今則胸有成竹，風土人情世故物理，了了筆下，森森舌下，所擊輒應，所發輒收，蓋又熟練圓通，而人欽其智之久當大成也。試問何以得此，悉心搜訪，有謝在杭先生所著之『河程』『河源』『河政』『河議』『河工』『河靈』在。準古訂今，吾公又重較增補，而壽之梨棗，俾後人有所取法，是更引天下之智於無窮，日勤日敏，日卓日練，以行地爲經天，從治水作富國，宋白諸公豈得專美於近代哉！大有爲於天下，是之謂行所無事於天下。

順治九年壬辰陽月之朔，年弟傅以漸拜題。

六、《易經通注》序〔八〕

歲在丙申嘉平之望，臣與日講官臣本榮，恭承敕命，纂修《易經》，合注《説傳》義之紛綸多端者，采擇折衷，務令約而能該，詳而不複，簡切洞達，輯成一編。臣等竊嘆皇上聰明天縱，固已探畫前之秘，猶復教天下以學《易》之法，何惓惓無窮也。臣智識弇淺，安能副皇上闡明四聖作述之心。顧自幼懔遵父師之訓，專以《易經》起家，得窺中秘書者又十餘年，所不辭固陋，輒搜取漢、魏、唐、宋、元、明諸家刻本，涉獵商訂，寒暑弗間，凡二十閲月而采録粗完。仰塵睿鑒，臣例有序弁首。

夫《易經》者，聖人持世之書，非讖緯術數之書也。通經者帝王取士之法，非詩賦策論之法也。以三古之卦爻，流傳千載，而愈見其新，竭天下之聰穎，發揮奥妙，而難窮其趣，蓋天人共貫之學，理數兼該之妙。以爲易，則百姓皆與其能；以爲難，則士大夫反失其指。其故皆由於各成一家，而彼此不相通。經莫先於談理，乃不談有關治道之理，而談奇遁吐納之理。講説本義，姑爲舉業之資；青紫方拾，竟游心於玄冥。甚至登壇高講，或偶拈章句，雜以釋道，或引證别卦，或亂竄繫辭。試清夜自揣，果能一卦如一句否？果能一部前後不相背戾否？臣謂虚字實字，俱當一一體勘，數聖人精思妙用，真一字增減不得，始成其爲天下第一書。則研理之難，難在精確而廣大。《易》不止爲卜筮作，即卜筮可《易》言乎？不齋戒洗藏，則靈應不出；不光明正大，則貞悔不確。黄裳隨象，古人瞿然未敢當也，事吉則吉，事凶則凶，讀《易》而參之以二三之心，作事可知，卜筮亦可知矣。

臣謂《易經》爲人事設也，談理之精，正以究事中之千態萬變，即推天造，不墮空廓，則措諸實事之難。難在顯著而端方，况乎人情世故，練則愈熟，説書而不能達情，是視聖賢爲太不可及也。諸子百家，皆得聖人之一偏，誠能融會而統括之，則道終於貫，而人情世故，無不了了，何必輕舍舊業而競好新聞？故不必詳列其誰氏之説，總期達乎經文而止。能專其情，乃謂合天下之情。夫以一人著，不如以天下著之爲大也。本義之未詳者，參以諸家之辨論；傳注之或漏者，發以文章之華茂。非後人之見解勝乎前人，則日積月累之研窮者極耳。故説書作文，不遵功令，即神奇何益？是又範俗之不可已矣。且世之讀《易》者，臣惑焉，此爻彼爻，倏好倏醜，輒爲之强解曰：稽實待虚，存體應用。獨不思夫象與爻重猶可言，爻與象重不可言。與其重複，繫之何益。文言發乾坤之藴，重而又重，又何貴乎詞之費也。臣謂大道無極，性靈日變，方見以爲如此，而又非如此所可盡。文、周不必襲伏羲之圖，孔子何必執文、周之解？或因而暢達其旨，或轉而抑揚其機，層疊發揮，字字皆聖人之心髓。至於象與爻异，蓋全體分用，理固不同，履豫之五，噬嗑之四，豈不昭昭哉！序卦自當從兩卦之門筍合縫處爲之，雜卦自當從反對錯綜處求之。此則臣一得之愚也，雖不敢謂有當於殫心研究，融會貫通，析理精深，敷辭簡易之敕諭，而可以研理，可以措事，可以達情，可以範俗，可以免挂漏重複者。果當於睿慮之萬一，更懇欽賜嘉名，垂之永久。庶無負專敕臣等之意，臣等亦竊附名於不朽焉。

光禄大夫、少保兼太子太保、武英殿大學士兼兵部尚書加一級臣傅以漸謹序。

七、傳以漸詩四首

早朝咏爐烟次同院韵〔九〕

玉殿晨開静羽旗，遥看烟氣上彤墀。微升寳鼎分行細，直接晴雲散縷遲。旭日乍融光似篆，曉風欲定靄成絲。清芬想像浮龍衮，仗外千官望自知。

登春臺〔一〇〕

百尺憑高處，三陽啓泰時。登臨人共適，節候此偏宜。博厚恢基鞏，芳韶品滙滋。接天雲物麗，拔地霽光奇。暖送花如笑，喬遷鳥亦嬉。披襟欣自得，拾級樂忘疲。臺迥躋仁壽，春和被聖慈。太平真有象，化宇景熙熙。

鳳凰來儀〔一一〕

美善隆千古，鳴球奏舜韶。無爲臻至治，有鳥下層霄。五色文章麗，元音律吕調。儀隨兩階羽，來應九成簫。蒲坂重華協，丹山萬里遥。德輝閑自覽，和氣默相招。靈瑞占威風，休嘉集聖朝。雍容諧樂舞，景運倍光昭。

題扇頁詩〔一二〕

雨洗高天月洗流，有人鐵笛喚龍游。波光不射錢王弩，曙靄争看李郭舟。自是長鼉司夜鼓，可教黃鶴舞仙樓。海雲蕩潏須臾裏，萬望芙蓉幾朵留。

八、傅以漸墓志銘〔一三〕

皇清光禄大夫少保兼太子太保兵部尚書武英殿大學士星巖傅公墓志銘

太子太保、內國史院大學士加一級、前吏户刑三部尚書、吏兵工三部左侍郎管右侍郎事、吏户二部都給事中、浙江典試、甲辰丁未文武會試總裁、纂修實録總裁、戊戌辛丑甲辰殿試充讀卷官、渠梁進士、通家侍生杜立德〔一四〕頓首拜撰文

賜進士出身、中憲大夫、太常寺少卿、前翰林院提督四譯館太常寺少卿、禮科都給事中、刑科左右給事中、吏科給事中、戊戌會試同考、本年武闈收掌試卷、經筵侍講、瀛臺三召對年眷弟任克溥〔一五〕頓首拜書丹

賜進士第、山西布政使司分守冀寧道參議、受業門人劉元運〔一六〕頓首拜篆蓋

少保兼太子太保、兵部尚書、武英殿大學士傅公，諱以漸，號星巖，于磐其字也。先世係江右永豐人，後移籍山左聊城。其始祖諱回，祖爲冠縣尹，生子七人，及任滿南歸，携四子

從，而留三子於北。一居冠縣，一居博平，其諱祥者，奉母僑居東昌。母殁，葬於城南隅，因不忍去，遂家焉。祥生綸，爲聊城邑庠生。綸生諭，諭生天榮，天榮生思敬。自諭以下，皆奉恩追贈榮禄大夫。思敬生二子，其次即星巖公。

公生之夕，聞心海公得异夢，知其不凡。舞象時訓以《孝經》及名賢諸書，引古先哲士及郡中諸前賢相摩切，公悉能心志之。七歲授四書，及成童，讀《詩》《易》，習舉子業，輒能矻矻入解。期以遠大，質秉醇厚。其不屑與俗儕輩相齮齕，見者鄉人士重爲大過人之器。以獨富所學，積學累功，深於墳典。受業於莘邑少司空孫興公，先生之門，屢試皆冠多士。食餼芹宫，高文篤行，久具公輔矩度，而爲閭族所矜式者，至今鄉人譽不置口。曾十六歲從大廷尉繩武顧公至京師，見旅壁有題迪礪志之語者，公見之，争自奮勉。顧公异之，乃曰：『士無不以訓行爲務而特來見，於弱冠年以楷先型爲孜孜，其思無不齊者若是。且都會繁華地，少年士甚不至逐緒牽情足矣，乃何以度越凡近也？真弗可及！』越二載，又入都揖同鄉高軒貴卿，人知仰止，方在偉瞻，忽而心動蠕蠕，即促諸偕行者以歸。甫抵里，而太夫人果以疾卒。僻踴號涕，絶而後蘇。人以爲誠孝所感，根於天性。讀禮之餘，益肆力於《春秋》，删諸經濟書，以閎志於學。乙酉登賢書，丙戌成進士，對策大廷，擢第一甲第一名。授修撰，乃本朝開科殿元之首，文章功業都人士競相期慕。殊自立不苟，讀書中秘，凡奉命屬文，鴻文典册，輒錚錚有先輩風。因纂修史書以覃恩，加級侍讀。壬辰纂《太宗文皇帝實録》，歷升侍讀學士，教習庶常。人景前哲，守官以正。丁亥，分房會闈，所取多知名士。每於文藝中卜人，將來經濟，以臺閣相勸望。甲午，枚卜揆席，公適居次，世祖章皇帝以條陳安民大計，有當上意，破格特簡，輿情怡然，稱爲得人。

世祖留心經史，公博學多才，有所纂修著述，名必預焉。如修太祖、太宗《聖訓》，《通鑒》，皆充總裁。其《内則衍義》《賦役全書》《易經通注》等書，雖史官職掌所隸，而其言垂世而立教，足以炳蔚文表，潤色大猷。乙未，加太子太保。戊戌，會試天下，公充總裁官。闈中偶病，力疾視事，文尚理要。共事諸公云：知文，公事也，衡能文之人於知人。而夜分不倦，抱病以訂甲乙，無乃太績。甫試，藥餌稍憩，以藻鑒驪黄，未爲不善，公益鼓舞以盡所閲，人稱公之愷悌作人，以勉襄王事。果於棘闈有光，諸弊厘然。隨以考滿，加少保，一子入監讀書，改内閣武英殿大學士兼兵部尚書銜。顧問啓沃，每以忠厚和平爲念，十月以疾請。及陛辭，世祖命學士傳諭：慰以養病生子爲急務。仍賜藥備途中用。其有得於聖眷之隆如此。歸里，閉户不出，惟日在藥爐前，以著書爲勤。後七年而卒。

由諸生以歷仕宦，計四十餘年。生平無疾言倨色，無少長貴賤，咸善遇之。退食之餘，手不釋卷，録書載筆，皆端楷有法，嗜古好學，出於天性然也。諸如天文、律歷、兵農、漕馬諸大政，多有編綴。至於經史諸子，素所優者，又刻《太史名編》及《中規篇》行世。嘗與同館諸後進及門弟子言，必教以奉命著書，事事當從敬天法祖爲本。門庭肅清，毫無貴介氣。其尤難及者，位居鼎鉉，驕矜嫉忌從未存之心，與人和藹。接過汲獎後人，惟恐不逮。所稱休休有容，與古大臣争烈者，非公其誰與歸？

公事親孝，待宗族鄉黨及親愛，有困乏周之。聞百姓疾苦，則咨嗟慨嘆，思拯濟之。閭里有義舉，心默然贊其成，而不自居其長。歷官宰執，食不重味，常衣浣濯之衣，有晏子高風。易簀時諄諄爲夢中語，皆感君恩恤民隱之事。且引司馬温公臨終遺言，以告嗣子。其德器文章事業豈非天所篤生，以相我國家開太平之業者乎？獨是得子維艱，常爲祖先嗣續計，憂形於色。以公盛德，當繁後胤、光前業，而有無遑厥後之嘆，天之報施善人孰短與長，概不可解然。公所立嗣子，名宅揆，英年駿發，其醇謹饒有父風，則天之所以報公者，即在嗣子一人，又何必爲公痛哉。

公生萬曆己酉十月十三日子時，卒於康熙四年乙巳四月十九日午時，享年五十有七。妻虞氏，誥封一品夫人，東昌衛官舍虞公諱志德女。嗣子一，宅揆，國學生，娶東昌府學庠生許公諱襄璽女。女一，早殤。孫一，永綏，幼未聘。今於康熙己酉〔一七〕十一月二十五日卜葬於祖兆之東，爲之銘曰：

維天降岳，篤生名賢。佐興景運，文行翩翩。齊魯之國，洙泗之源。遺風善教，哲人出焉。大廷對策，董賈名篇。著書天禄，藜火夜然。鴻章披世，忠質秉天。翊贊大業，簪筆細旃。事功經濟，著述可傳。避賢抱疾，高卧林泉。德優才劭，勛被歌弦。璘珣真眠，億萬斯年。

九、重修永嘉縣學廟記〔一八〕

甌瀕海多濕、多颶風，府、永二文廟，其興廢者屢矣。郡之紳士於乾隆癸亥年（一七四三）醵金重新之，規制宏大，甲於兩浙。乾隆丁亥（一七六七）颶風作，復毀。觀察李公時任郡守，下其議於縣，聚紳士謀所以葺之。余適自泰順調劇永嘉，曰：是余之責也，捐俸以爲之倡。紳士踴躍相勸，共輸金若干，壞者易之，圮者建之，漫者圬之，既固既飭，視昔有加。復以其餘力建文昌閣於縣學之西，於是二學之規模大備。觀察李公勒其事於府學矣，命余就縣學記之。於戲！善之不可以不繼，業之不可以不修，有如是夫！《易》曰：『不遠復，無祇悔。』《書》曰：『厥修乃來。』夫士之學亦若是已矣。

方今聖學昌明，文治日新，山陬海隅，莫不向學。况甌固素稱小鄒魯也，宋明諸君子道德文章炳於志乘，而繼之者不少概見何也？志不立焉耳！人之性非生而壞，嗜欲溺之，外誘撼之壞矣。然而乍見之惻隱，呼蹴之良心，平旦夜氣幾希相近，無不可修。有志者早覺之於將壞之時，反之於始壞之日，不畏難，不苟止，去故而更新，則壞者可復，不壞者可固也。惟自暴自弃，甘即於壞，或因循苟且，坐待其壞，斯無可如何耳。

先王立學所以教人，各修其壞，以復其性也。修之道奈何？亦曰復其故而已矣。夫濁晦之氣如海，外誘之撼如風，嗜欲之溺如濕，一旦覺悟如新，克治不怠，加修改過以去其腐壞，遷善以復其舊觀，赫絢以新其面目，擴充以大其規制，學既成矣，因其爲實，發爲輝光，巍乎焕乎，可以淑身，可以善世。大道之否塞畢開，聖賢之體用具足，而學於是爲大備矣！有志者事竟成，不其然與！雖然，知其美矣，苟無大力者以振之，則人不悟。已悟焉，或承之不力，而爲之無序，則亦不足以知其美，生其悟。而復承之以力，爲之有序，學之成可操券得也。故夫隨波逐流者，壞之媒也。因陋就簡者，修之賊也。察其機以致其決，明之則也；踵其事以增其華，功之倍也。夫爲學亦若是已矣。

二學既成，觀察李公既以大力振之於始矣，余與諸紳士敬承其後，幸不廢墜，因於落成之日而通其理於學以記之。

乾隆三十六年（一七七一）仲夏日。

一〇、重修江心寺西塔碑記〔一九〕

余聞西方聖人以造塔爲一大善緣，多寶如來臨滅度時亦云：欲供養我者應起一大塔，浮圖七級，卓立霄漢，見者改容，頓生善念，是謂功德無量無邊，不可思議。此佛者之言也。儒者則不然。夫東甌爲山水窟，江心孤嶼，密邇郡城，東西二塔聳雲表，爲一方偉觀。名流游憩，翰藻如新；忠魂托迹，精英猶在。地以人傳，風流不泯，後之人流連慨慕，頓使江山增色。廢圮不治，亦莅斯土者滋愧也。

前觀察李公琬守郡時，曾修東塔。公解組歸，以西塔屬余倡率其事。方鳩工經始，即以艱去任，僅築三層，不克合尖。洎服闋，重令永嘉，自栝至甌，舟中遥矚，三層塔仍懸懸在望也，心殊歉然。乃訪諸西郊，得紹商鄭、傅二生，諭以意，二生忻然諾，倡捐得錢千緡；經紀土木，調度工師，則藉邑紳曾公唯之力爲多。不二周告成厥事。噫嘻，是可以報李公命矣！寺僧亟請撰記以紀顛末，會秩滿，例當入覲，瓜期既代，篆務紛紜，無暇捉筆，又匆匆行李戒途矣。時當春暮，維舟江岸，海潮未至，皓月初升。倚棹嶼前，水色迷離，波光蕩颺，鐘聲到船，蓬窗下翹首雙塔，如挾星辰而欲動。因思昨諾《塔記》，急研墨書之。至所謂善緣勝果，亦願西佛庇鄭、傅諸人以寶筏慈帆，普甌中萬姓以和風甘雨，於余又何冀焉。第此後倘得重過永嘉，再攬中川之勝，斯則余之私願也。鐘殘燭灺，江潮既上，舟人將解纜行，命僕敲僧門，俾之勒諸石。

一一、朱母王安人傳〔二〇〕

節孝朱母王安人，吾郡眉生孝廉贈承德郎之繼室，壽民農部學籛之母也。孝廉與余爲從舅行，亦余家族甥。余與其兄峻生觀察爲總角交，情同手足。曩宦京華，共寓如一家，其家事知之詳且真，則於安人之德之節，言之非同溢美之詞焉。

安人爲登郡福山白海先生女，至性天賦，名訓深嫻，在家已夙著孝友，年二十三歸孝廉。時姑已歿，惟翁在堂。夫兄峻生先生供職銓部，迎養京寓。自娣於歸，事事分姒勞，無不周妥，姒深德之。翁恒對客道新婦賢。未幾，翁病目失明，婦躬侍盥飲，問寒燠，稟晴陰，絮絮述舊事新聞，以遣老人悶，故尤得歡心也。孝廉因兄京官，况累出就館，遂勸宿館中，冀慰翁望子速成心，問視爲代職之，無稍怠。

乃孝廉兩罷禮闈，竟遘疾不起。誓以身殉，而兒在褓，前室女僅周歲。安人撫之育之，未敢違夫永訣之言，此心固天鑒之耳。嗣是依伯氏，養孤子，與兩堂兄就傅。伯氏愛侄逾己子，常以其體弱懼寒暑侵，不忍過督。而安人之内課，獨寬以寓嚴焉。每蓄甘旨，俟兒夜課歸室食之，猶挑燈勖之讀，讀未竟，亦不就枕，習以爲常。撫前室女，自幼愛憐，如己出。及長，教以德工，歸茌平邑庠生劉毓琦，即余甥也。未三年，以産卒。安人馳往痛哭曰：『吾二十年心血，已耗其半矣。』迨乙卯〔二一〕伯氏卒，哀泣逾恒。壽民已食餼，猶諄諄切訓，恐負伯氏教育恩。壽民於己未〔二二〕果售，而安人已嬰疾年餘，床笫呻吟聞報强起，謂之曰：『吾今可以報汝父矣！』逾月卒。越二年，請於朝，得旌。又逾年，壽民成進士，觀政户部。又逾年，安人入郡中節孝祠，設位致祭焉。

贊曰：余於安人之德之節，以至戚，故得於見聞最切。見之真，故紀之實；聞之諗，故叙之詳。嘗悉安人謂人曰：『吾性最直。』余綜安人一生，事衰翁無怠容，成夫志多苦節，義方教子，卒以成名，而於伯氏鍾愛猶子之心，尤足以報之無遺憾，詎不韙歟？求之烈丈夫中，所謂具百折不迴之概以成乃忠貞，即此直字完之也。今乃於安人得之，微特增光家乘，亦閭里戚黨之榮也，誠足風也已懿夫。

一二、傅譜詩詞二首

揚州慢・維揚感舊〔二三〕

髠柳黄凋，病楓紅皺，暮鴉萬翅盤青。認瓜洲進泊，更踏葉閒行。戀衰草、壕空卧馬，涷旌風掣，殘壘雲平。似千年遼鶴，飛來重認蕪城。

冶春罷唱，步紅橋、誰數秋螢。問綺樹珠簾，銀箏畫舫，寒月無聲。轉首雪鴻疑夢，朱顔换、劍鐵飄零。悵孤篷欹枕，依然人語潮生。

題項文彦《绿天草庵瀹茗圖》〔二四〕

蟹眼松風竹火爐，绿天洗盞笑相呼。纔離中禁閑雲押，却傍南池鬥酪奴。雪竇細泠鳴澗壑，墨林甘露沁蕉梧。何須更戴烟波笠，如此悠然絶世無。

【注】

〔一〕趙爾巽等：《清史稿》卷二三八《傅以漸傳》，第九四九六頁。

〔二〕蔡冠洛編著：《清代七百名人傳》第一編，中國書店一九八四年版。

〔三〕［清］谷應泰：《明史紀事本末》傅以漸序，上海古籍出版社一九九四年版。順治十五年（一六五八）冬，谷應泰寫成《明史紀事本末》一書，請時任武英殿大學士傅以漸爲之作序。谷應泰（一六二〇—一六九〇），字賡虞，號霖蒼，豐潤縣（今河北唐山市豐潤區）人，順治四年（一六四七）進士，歷任户部主事、員外郎，後以户部郎中出任浙江提督學政。他學問淵博，精通經史，到任後邀集學者，編寫明代史書。關於史書體裁，谷氏最推重南宋袁樞首創的紀事本末體，所以他編纂明史，便采用了這種體裁。歷時兩年，成書八十卷。傅以漸讀後，十分興奮，對此書做出很高的評價，稱谷氏爲『一代良史』，認爲此書可『垂光史册，著美熙朝』。

〔四〕嘉平：臘月的别稱。司馬遷：《史記·秦始皇本紀》：『三十一年十二月，更名臘曰「嘉平」。』此後便有人以『嘉平』代指臘月。

〔五〕選自宣統《聊城縣志》載『舊志傅序』，清宣統二年（一九一〇）刻本。此乃傅以漸晚年居家養病期間所作。

〔六〕［清］閻廷謨：《北河續紀》傅以漸序，《四庫全書存目叢書·史部》第二二三册，齊魯書社一九九六年版。明朝萬曆年間，謝肇淛奉命主持北河分司河務，駐張秋（今屬山東省陽穀縣），其間寫成《北河紀》一書。入清以後，沿襲明代制度，仍以工部主事駐張秋管理北河。順治七年（一六五〇），黄河决於荆隆口（今河南封丘西南），流至張秋衝决運河，當時閻廷謨主持張秋河務，督率夫役日夜修治，次年河防初具規模。爲了保存有關北河的各種資料，閻廷謨在謝肇淛《北河紀》的基礎上，『删其不宜於今者，增其正行於今者』，作《北河續紀》，於順治九年刊行。全書七卷，分記『河程』『河源』『河政』『河議』『河工』『河靈』。閻廷謨爲河南孟津人，順治三年進士，與傅以漸爲同年。時傅以漸任内翰林秘書院侍讀，應閻氏之請求，爲《北河續紀》作了這篇序言。

〔七〕《孟子·萬章上》：『（伊尹）思天下之民，匹夫匹婦有不被堯舜之澤者，若己推而内（納）之溝中。』意思是説，在伊尹看來，普天之下的老百姓中，有一個人没有蒙受堯舜恩澤的，就好像是自己把他推進山溝中一樣。

〔八〕［清］傅以漸、曹本榮撰：《易經通注》，《叢書集成初編》第四三四册，商務印書館一九三六年版。順治皇帝即位後在孝莊皇太后的嚴厲管教下，認真學習儒學經典，漢學修養迅速提高，但艱深繁蕪的解經之書還是讓他感到難於卒讀。順治十三年底，年方十八歲的順治皇帝諭示傅以漸和曹本榮，説《易經》一書意義精深博洽，窮盡天地萬物之理，但官學讀本《周易大全》存在同异互存、博而寡要等缺陷，他希望能讀到一種内容簡要、析理精深的注解本。因爲傅以漸熟讀經書，對《易經》的理解尤其精深，所以此項工作交由他來主持。『深得老氏之學』的傅以漸，秉承順治皇帝的旨意注釋《易經》，借以表達自己的見解。

〔九〕徐世昌：《晚晴簃詩匯》第一册，中國書店一九八八年版，第二六一頁。按《宸垣識略》載，太和殿前爲露臺，名丹陛，陛間列寶鼎十八，丹陛下有廣場，爲文武官員行禮處，每逢大典，皇帝均在此受賀（〔清〕吴長元：《宸垣識略》，北京古籍出版社一九八二年版，第二三頁）。早朝時，殿門敞開，寶鼎中香烟靄靄，升騰空中，故大臣們的早朝詩中多咏及爐烟。如施閏章《元旦擬早朝》詩有『丹闕晨開敞御筵，朝元會好傍爐烟』（見〔清〕施閏章著，吴家騶點校《施閏章詩》下，廣陵書社二〇〇六年版，第九八二頁）句，陳廷敬《長至朝賀》詩曰『朝衣舊惹爐烟重，旭日新移扇影多』（見湯用彬等編著，鍾少華點校《舊都文物略》，書目文獻出版社一九八六年版，第一九頁）。傅以漸詩以咏爐烟爲題，寫早朝景象：玉殿的大門早已打開，羽旗静静地列在兩邊，遠遠看去，爐中香烟升上了宫殿的層層臺階。從寶鼎中微微升起的香烟分成細行，一直升到天空中與晴雲相接，然後慢慢散去。這時候，旭日冉冉升起，光綫與爐烟相融，好似曲曲篆文，晨風徐徐，朝霞如絲。清芬的寶鼎香烟想必會浮落在皇帝綉有龍形圖案的禮服上，儀仗隊外邊的官員們祇要抬頭望去便能知曉了。這是一首寫早朝景物的詩，先寫爐烟、晴雲、旭日、朝霞，最後落筆於帝王，所展現的是平静祥和的景象。

〔一〇〕王凱賢選注：《中國歷代狀元詩・清朝卷》，昆侖出版社二〇〇七年版，第二頁。此爲傅以漸所作試帖詩。試帖詩起源於唐代，爲科舉考試所采用，多爲五言六韵或五言八韵的排律，以古人詩句或成語等爲題，冠以『賦得』二字，所以又叫『賦得體』。清代乾隆以後鄉試、會試第一場均考五言八韵試帖詩一首，定制甚嚴。『登春臺』，語出《老子》第二十章：『荒兮，其未央哉！衆人熙熙，如享太牢，如春登臺。』『荒』指世人不修心德，如同田地荒蕪；『央』乃無所歸止之義。這句話意思是説：人們私欲滋盛，日甚一日，無法遏止。下邊接着説，衆人追求私利，貪圖世情，熙熙攘攘，如同享太牢、春登臺一樣，心情愉悦。此詩雖以老子之言爲題，但意境與老子截然不同。春日融融，登臨高臺，鳥語花香，景物綺麗，拾級而上，心曠神怡。結尾依試帖詩的慣例，歌頌天子聖德，稱道太平景象。

〔一一〕『鳳凰來儀』語出《尚書・益稷》：『《簫韶》九成，鳳皇來儀。』孔傳曰：『儀，有容儀。備樂九奏而致鳳皇，則餘鳥獸不待九而率舞。』應劭《風俗通義》説，舜作韶樂，形制效法鳳凰之容儀，十管參差，如鳳之翼（參見［漢］應劭撰，王利器校注《風俗通義校注》，中華書局一九八一年版，第三一〇－三一一頁）。試帖詩多歌功頌德之作，一般没有深刻的思想内容，但也可看出作者的政治主張，如『無爲臻至治』句，便是傅以漸政治思想的精髓。

〔一二〕傅以漸所題扇頁今藏蘇州博物館。這是一首七言律詩，不著題目，其寫作背景也未可知，祇能據字面意義解釋。從全詩的内容看，這大概是咏江邊夜雨朝晴的詩作。首聯説，雨水清洗了高闊的天空，而月色彷彿清洗了水流，有人吹響了鐵笛，好像在呼唤蒼龍出游。次聯中『錢王弩』典出《宋史・河渠志》，『浙江通大海，日受兩潮。梁開平中，錢武肅王始築捍海塘，在候潮門外。潮水晝夜衝激，版築不就，因命强弩數百以射潮頭，又致禱胥山祠。既而潮避錢塘，東擊西陵』（［元］脱脱等：《宋史》卷九七《河渠志》，中華書局一九七七年版，第二三九六頁）。『李郭舟』典出《後漢書・郭太傳》，『郭太字林宗，太原界休人也。……游於洛陽。始見河南尹李膺，膺大奇之，遂相友善，於是名震京師。後歸鄉里，衣冠諸儒送至河上，車數千兩。林宗唯與李膺同舟而濟，衆賓望之，以爲神仙焉』（［宋］范曄撰，［唐］李賢等注：《後漢書》卷六八《郭太傳》，中華書局一九六五年版，第二二二五頁）。這兩句的意思是：風平浪静，波光粼粼，用不着錢王弩射落潮頭；曙光初現，烟雲靄靄，祇看見舟船并行水上。第三聯説，從此長鼉守夜司鼓，可以讓黄鶴在仙樓上翩翩起舞。鼉，即揚子鰐，又名鼉龍，皮可張鼓，鼓聲嘭嘭如鼉鳴，名曰『鼉鼓』。最後一聯説：須臾之間，海雲翻滚，洶涌激蕩，那水中的芙蓉花，千萬還是留下幾朵供人觀賞吧！其詩寫景，但寓深意，明清鼎革，中華大地如雨後江山一洗如新，而當政的皇帝，如神龍出游。眼下大勢已定，不用再大動干戈，處處呈現的是歌舞升平的景象，但是説不定什麽時候還會有風浪涌起。他希望當政者對漢族的英才們不要趕盡殺絶，應當留下他們爲國家增添光彩。

〔一三〕『文革』中，傅以漸墓被毁，墓志銘被挖出，故有拓片傳世。『文革』結束後，重修傅氏墳墓，墓志銘又被埋入墓中，而拓片存傅氏族人處。本文根據拓片整理。

〔一四〕杜立德：字純一，明崇禎進士，入清後歷任中書科中書、户科給事中、吏科都給事中等。順治十六年（一六五九）升任刑部尚書，康熙元年（一六六二）調户部，三年後調任吏部，加太子太保，康熙九年任保和殿大學士兼禮部尚書。杜立德爲官清廉，忠於職守，康熙皇帝説他秉性忠厚，做事光明磊落，直言進諫，堪稱良臣。此墓志銘當爲其任吏部尚書期間所作。

〔一五〕任克溥（一六一八—一七〇三）：字海眉，山東聊城人。順治四年（一六四七）進士，授南陽府推官，十三年調任吏科給事中，十五年充會試同考官，轉禮科都給事中，後任太常寺少卿。康熙年間先後遷左、右通政，刑部侍郎。其在任職太常寺少卿期間爲傅以漸墓志銘書丹（書寫墓志）。

〔一六〕劉元運：山東東昌衛（治今山東聊城市）人，順治三年舉人，翌年中進士。

〔一七〕康熙己酉：康熙八年（一六六九）。

〔一八〕作者傅永綍，傅永綍乃傅以漸嫡孫，其文頗得傅以漸筆法真諦。此文原載光緒《永嘉縣志》卷七，轉引自金柏東主編《温州歷代碑刻集》，上海社會科學院出版社二〇〇二年版，第三一一—三一二頁。永嘉縣瀕臨大海，氣候潮濕，多有颱風，所以府、縣的文廟經常毀圮而重修。乾隆八年（一七四三）當地士紳曾出資重修，到乾隆三十二年又毀圮。温州知府李琬令永嘉縣重修。這時侯正趕上傅永綍從泰順調來永嘉任知縣，他捐出自己的俸禄作爲宣導，士紳紛紛捐助，不僅將縣學修繕如初，而且在縣學以西新建了文昌閣。傅永綍根據知府的安排，寫了這篇紀念文章。

〔一九〕作者傅永綍，此文原載《孤嶼志》卷五，轉引自金柏東主編《温州歷代碑刻集》，第三一三頁。

〔二〇〕作者傅繩勛，文章選自宣統《聊城縣志・耆獻文徵》卷中。

〔二一〕乙卯：咸豐五年（一八五五）。

〔二二〕己未：咸豐九年（一八五九）。

〔二三〕林葆恒編，張璋整理：《詞綜補遺》，上海古籍出版社二〇〇五年版，第三一九七頁。傅氏家族中工於詩詞者，前有傅以漸，後有傅潽。傅潽有文集《石雲詞》，朱德慈《近代詞人考録》將其列爲詞人（參見朱德慈《近代詞人考録》，中國社會科學出版社二〇〇四年版）。《詞綜補遺》注曰『傅潽，字畣洤，山東聊城人。同治癸酉舉人，内閣中書。有《石雲詞》』（林葆恒編，張璋整理：《詞綜補遺》，第三一九七頁）。按：畣，古同答，傅潽號達泉，又作『畣洤』。『癸酉』乃『辛酉』之誤。又葉恭綽編《全清詞鈔》亦收録傅潽這首《揚州慢》，其注曰『傅潽，字畬淦，山東聊城人，同治十二年舉人，官內閣中書』（葉恭綽編：《全清詞鈔》卷二七，中華書局一九八二年版，第一三九二頁）。按：同治十二年即癸酉年，則此錯誤與《詞綜補遺》同出一源。又傅潽曾與王鵬運相唱和，王鵬運詞中記曰：『寒夜不寐，率意倚聲，得《摸魚子》後半，莫知詞之所以然也。明日答泉倚是調見寄，且徵和作，因足成之。同聲之應，有如是夫？』其《摸魚子》詞曰：『耐殘更、篝燈覓句，寂寥誰是同調？故人知我纏綿意，鏤玉裁冰相勞。君莫笑，算一度風花，一度傷懷抱。長歌浩渺。盡望遠低徊，衡寒辛苦，休爲外人道。　憐花瘦，知否看花人老？明年春信還早。軟紅日月消磨易，生怕林嘲壑誚。歸也好、只畫裏烟巒，無地供游釣。餐霞自飽。便長揖青山，爛炊白石，夢穩嶺雲表。』（［清］王鵬運著，劉映華注：《王鵬運詞選注》，廣西民族出版社一九八四年版）按：劉映華在注中説，『答泉：答淦。傅潽字答淦，山東聊城（今縣）人，同治十三年（一八七四）舉人到閣，有《石雲詞》』。同樣弄錯了傅潽中舉的年份。按：王鵬運字幼霞，廣西臨桂（今屬廣西桂林）人，生於道光二十九年（一八四九），少有才名，人稱『烏衣巷佳弟子』。同治九年本省鄉試舉人，次年入京，會試不第，同治十三年爲內閣中書，改內閣侍讀，後任御史、禮科掌印給事中等職。性耿直，曾因議和事彈劾李鴻章等人，言辭激切，聲震朝野，後參加戊戌時期的維新運動。王鵬運嗜金石，後乃專注於詞，著有詞集多種，在古人詞集校勘方面用力頗深，影響極大。王鵬運與傅澧同一年考取内閣中書，且性情相投，又都愛好詞作，故有唱和之作。

〔二四〕原畫爲北京納高國際拍賣有限公司二〇一〇年春季藝術品拍賣會拍品，收藏者不詳，今不知藏於何處。這首詩是傅澧應項文彦之請，在項氏所作《緑天草庵瀹茗圖》上所題。詩後有款曰『奉陰階前輩雅令，就乞指正。東郡傅澧』，下鈐『畬洤』印章。項文彦，山陽（今江蘇淮安）人，晚清著名畫家、書法家，其作品爲多家博物館收藏。詩中描寫項氏畫中景物，抒發了閑逸之情，詩意清新，韵律工整，亦爲佳作。